Anja Röcke
Soziologie der Selbstoptimierung

Suhrkamp

Dieses Buch entstand mit Unterstützung
des Centre Marc Bloch Berlin
und der Humboldt-Universität zu Berlin.

2. Auflage 2022

Erste Auflage 2021
suhrkamp taschenbuch wissenschaft 2330

Umschlag nach Entwürfen
von Willy Fleckhaus und Rolf Staudt
Druck und Bindung: C. H. Beck, Nördlingen
Dieses Buch wurde klimaneutral produziert:
climatepartner.com/14438-2110-1001.
Printed in Germany
ISBN 978-3-518-29930-2

www.suhrkamp.de

suhrkamp taschenbuch
wissenschaft 2330

Produktiver arbeiten, mehr leisten! Noch fitter werden, noch schöner! Selbstoptimierung steht im Mittelpunkt gegenwärtiger sozialer Anforderungen und individueller Sinnwelten kapitalistischer Gesellschaften. Doch was ist mit Selbstoptimierung genau gemeint? Handelt es sich um ein neues Phänomen? Welche individuellen und gesellschaftlichen Voraussetzungen und Konsequenzen hat es? Entlang dieser drei Fragen entwickelt Anja Röcke eine so klare wie grundlegende Begriffsdefinition, diskutiert die Geschichte der Selbstoptimierung und bestimmt die Faktoren, die Selbstoptimierung als gleichermaßen zentrales wie ambivalentes Phänomen der spätmodernen Gesellschaft ausmachen.

Anja Röcke ist Gastprofessorin am Institut für Sozialwissenschaften an der Humboldt-Universität zu Berlin.

Inhalt

I
Selbstoptimierung – eine Leitidee der Gegenwart

Produktiver arbeiten und mehr leisten! Fitter und schöner werden! Sich besser und glücklicher fühlen! Die Optimierung des Selbst steht im Mittelpunkt gegenwärtiger gesellschaftlicher Anforderungen und individueller Sinnwelten, zumindest in der westlichen Welt. Es grassiert ein Glauben an individuelle Potenziale, die gehoben werden müssen und keinesfalls verschenkt werden dürfen, denn es gilt, das Bestmögliche aus sich (und anderen, zum Beispiel den eigenen Kindern) zu machen.[1] Auch wenn die Idee des Fortschritts in Misskredit geraten ist und die gegenwärtige gesellschaftliche und weltpolitische Lage einige Zweifel an ihr aufkommen lässt – an sich selbst kann, soll und will jede(r)[2] arbeiten. Dies gilt insbesondere für die Angehörigen der urbanen und akademisch gebildeten »neuen Mittelklasse«: Gerade für sie scheint »das Ich der einzige mögliche Ort für Verbesserungen zu sein«.[3]

Längst sind es in westlichen Gesellschaften daher nicht mehr nur Arbeitsprozesse oder Maschinen, die optimiert werden, sondern die Menschen optimieren sich selbst: Die Lebensführung wird mithilfe von Ratgebern und Coaches in die bestmögliche Work-Life-Balance gebracht, spezifische Präparate werden zur Leistungssteigerung oder für ein höheres Wohlbefinden eingenommen

1 Gerhard Gamm, »Das Selbst und sein Optimum. Selbstverbesserung als das letzte Anliegen der modernen Kultur«, in: Ralf Mayer u. a. (Hg.), *Inszenierung und Optimierung des Selbst. Zur Analyse gegenwärtiger Selbsttechnologien*, Wiesbaden 2013, S. 31-56; Denis Hänzi, »Verheißungsvolle Potenziale. Ein neues Ideal der zukunftssicheren (Selbst-)Investition?«, in: *Berliner Journal für Soziologie* 25/1-2 (2015), S. 215-236; Vera King u. a. (Hg.), *Lost in Perfection. Impacts of Optimisation on Culture and Psyche*, London, New York 2019; Dierk Spreen, *Upgradekultur. Der Körper in der Enhancement-Gesellschaft*, Bielefeld 2015.

2 Um die Geschlechtszuschreibungen sprachlich adäquat abzubilden, wird in diesem Buch nicht das generische Maskulinum, sondern jeweils die männliche und die weibliche Form oder das Binnen-I verwendet; gleichwohl sind auch Personen jenseits dieser Zweiteilung mitgemeint.

3 Zygmunt Baumann, *Retrotopia*, Berlin 2017, S. 148. Zur »neuen Mittelklasse« vgl. Andreas Reckwitz, *Die Gesellschaft der Singularitäten. Zum Strukturwandel der Moderne*, Berlin 2017, Kapitel V.

und der Körper – das Schaufenster schlechthin für eine ge- oder misslungene Selbstoptimierung – wird trainiert oder technisch modifiziert.[4] Gegenwärtige Optimierungsphantasien reichen von ganz alltäglichen Praktiken der Verbesserung des eigenen Lebens bis hin zu post- und transhumanistischen Vorstellungen von Unsterblichkeit, »Superintelligenz«[5] oder (gen)technisch-digitaler Neu- und Andersartigkeit des Menschen. Im Bildungsbereich, im Hobby- wie im Profisport, in der Arbeitswelt, aber auch in der alltäglichen Lebensführung befeuern Digitalisierung, Quantifizierung, Produktivitäts-, Leistungs- und Effizienzdruck Prozesse der Selbstoptimierung. »Die Aufforderung, aktiv zu sein und sich zu optimieren, begleitet den Alltag […] wie ein Schatten, den man nicht abwerfen kann.«[6] Sie ist, mit anderen Worten, »Teil unserer Lebenswelt«.[7] Befeuert wird diese Entwicklung auch von den Neurowissenschaften, denen zufolge die Erforschung der Funktionsweisen des menschlichen Gehirns erst am Anfang stehe, es vielleicht menschliche Fähigkeiten und Potenziale gebe, die noch gar nicht bekannt seien.[8] Im Schönheitsbereich verkörpert ein weltweit dominierendes »griechisch-antikes Schönheitsideal […] im wörtlichen Sinn bestimmte Leistungsparameter« und sorgt dafür, dass »Disziplin und Selbstdisziplin, die als Voraussetzung für Gesundheit betrachtet werden«, eingefordert werden.[9] Eine neue Stufe des menschlichen Perfektionsstrebens und des modernen »Steigerungsspiels« scheint erreicht, die die Kultur der »Unruhe« und der »Aktivierung« individueller und gesellschaftlicher Potenzen mit einer spezifischen

4 Boris Traue, *Das Subjekt der Beratung. Zur Soziologie einer Psycho-Technik*, Bielefeld 2010; Greta Wagner, *Selbstoptimierung. Praxis und Kritik von Neuroenhancement*, Frankfurt/M., New York 2014; Jürgen Martschukat, *Das Zeitalter der Fitness. Wie der Körper zum Zeichen für Erfolg und Leistung wurde*, Bonn 2020.

5 Nick Bostrom, *Superintelligenz. Szenarien einer kommenden Revolution*, Berlin 2016. Zur Kritik am Transhumanismus vgl. Dierk Spreen u. a. (Hg.), *Kritik des Transhumanismus. Über eine Ideologie der Optimierungsgesellschaft*, Bielefeld 2018.

6 Steffen Mau, *Das metrische Wir. Über die Quantifizierung des Sozialen*, Berlin 2017, S. 183.

7 Julian Nida-Rümelin, *Die Optimierungsfalle. Philosophie einer humanen Ökonomie*, München 2015, S. 29.

8 Vgl. Alain Ehrenberg, *Die Mechanik der Leidenschaften. Gehirn, Verhalten, Gesellschaft*, Berlin 2019.

9 Maren Lorenz, »Optimierung als ästhetisiertes und naturalisiertes Ideal«, in: *Zeitschrift für Pädagogik* 1 (2020), S. 56-63, hier S. 56.

Form der Selbstüberbietung verknüpft.[10] Aussehen, Sexualität, Fitness, körperliche und kognitive Leistungen, Emotionen, die Organisation des Alltags – den Interventionsmöglichkeiten sind keine Grenzen gesetzt. Immer wieder lässt sich ein weiteres Element ausfindig machen, das man »besser optimieren«[11] kann, möglicherweise bis hin zur völligen Selbstreferentialität.

Von Selbstverbesserung zu Selbstoptimierung

Das ›Selbst‹, auf das sich (die Rede von) Selbstoptimierung bezieht, ist zugleich Subjekt und Objekt: Die Akteure wirken optimierend auf Facetten ihres Körpers, ihrer Psyche oder der Art und Weise der Gestaltung ihres Alltags ein.[12] Das Ziel dieses Einwirkens liegt darin, das situativ bestmögliche, über dem ›normalen Maß‹ liegende Ergebnis zu erreichen, das aber immer wieder ›getoppt‹ werden kann. Die grundlegende Intention ist es, besser zu werden, aber nicht im Sinne eines ›besseren Scheiterns‹ (Samuel Beckett), sondern des ›besser Bessermachens‹. Dieses Unterfangen hat daher kein Ende. Selbstoptimierung in einem engeren Sinn bezeichnet demnach nicht einfach nur Verbesserungsmaßnahmen, die darauf zielen, dass der Zustand zum Zeitpunkt t1 besser ist als zum Zeitpunkt t0. Diese Art von allgemeiner Selbstverbesserung hat eine sehr lange historische Tradition, ja stellt vielleicht sogar eine anthropologische Universalie dar.[13] Bei der Selbstoptimierung kommen zur Idee der Verbesserung ein instrumenteller Selbstbezug sowie

10 Zum »Steigerungsspiel« vgl. Gerhard Schulze, *Die Beste aller Welten. Wohin bewegt sich die Gesellschaft im 21. Jahrhundert?*, München 2003, S. 81; zur Kultur der »Unruhe« vgl. Ralf Konersmann, *Wörterbuch der Unruhe*, Frankfurt/M. 2017; zur »Aktivierung« vgl. Stephan Lessenich, »Der Arme in der Aktivgesellschaft – zum sozialen Sinn des ›Förderns und Forderns‹«, in: *WSI-Mitteilungen* 56/4 (2003), 214-220.

11 *Kursbuch 171: Besser optimieren*, hg. von Armin Nassehi, Hamburg 2012.

12 Diese einfach klingende Beschreibung impliziert weitreichende theoretische Voraussetzungen, die im sechsten Kapitel genauer dargelegt werden.

13 Aleida Assmann, Jan Assmann (Hg.), *Vollkommenheit. Archäologie der literarischen Kommunikation X*, München 2010; Maren Lorenz, *Menschenzucht. Frühe Ideen und Strategien 1500-1870*, Göttingen 2018; Anna Katharina Schaffner, *The Art of Self-Improvement: Ten Timeless Truths*, New Haven, London 2021 (i. E.); Peter Sloterdijk, *Du mußt dein Leben ändern. Über Anthropotechnik*, Berlin 2014.

eine Form der Unabschließbarkeit und der infiniten Möglichkeit zur Überbietung und möglicherweise vollständigen Transzendierung gegebener Parameter und Begrenzungen hinzu. Genau hierin liegt auch der Überschneidungsbereich zum Post- und Transhumanismus. Synonym zu Selbstoptimierung könnte man daher auch den Kunstbegriff der Selbst-›Verbesterung‹ verwenden. Es reicht nicht, gut zu sein, sondern es geht darum, immer besser zu werden, ›alles herauszuholen, was geht‹, *ohne fixen Zielpunkt*. Mehr und weiter geht immer. Dabei ist nicht nur die Erzeugung eines Mehrwertes (zum Beispiel in Form von mehr Leistung) zentral, sondern auch und unter Umständen sogar vornehmlich die Erzielung von Wettbewerbsvorteilen gegenüber Dritten. Die ökonomische und die soziale Dimension gehen Hand in Hand. Selbstoptimierung steht in der Gegenwart für eine Form kompetitiver Subjektivität, die in wachsendem Maße auf quantifizierenden Formen des sozialen Vergleichs beruht.[14] Spezifisch ist darüber hinaus der grundlegende Selbstbezug der Praktiken, die anders als etwa religiöse Formen der Askese keinem Gott oder einer anderen übernatürlichen Einheit gewidmet sind, sondern sich ausschließlich auf die eigene Person und die eigenen Interessen richten. Der Begriff steht also für eine Kombination von selbst- und körperbezogenem Verbesserungs- und Leistungsdenken, Streben nach individueller Besonderheit und struktureller Überbietung.

Mit Blick auf die realen Praktiken ist es schwer bis unmöglich, genau anzugeben, ab wann ein einfaches Verbesserungshandeln, von dem es im Alltag westlicher Gesellschaften so viele Beispiele gibt, zu einem Prozess der Selbstoptimierung im engeren Sinn wird. Fitnesstraining und Yoga, gesunde Ernährung, die Arbeit am äußeren Erscheinungsbild ebenso wie an den persönlichen Fähigkeiten und Kompetenzen, lebenslanges Lernen, das Aufpeppen des Lebenslaufes und der Besuch eines Coaches – ist das Selbstverbesserung oder Selbstoptimierung? Gerade weil in der Praxis die Grenzen stets verschwimmen, ist es Aufgabe der Soziologie, ein klares begriffliches Instrumentarium zu schaffen, um mit diesem analytischen und heuristischen Werkzeug ein tieferes Verständnis von gesellschaftlichen Prozessen zu erlangen. Dabei ist es wichtig, möglichst offen und unvoreingenommen an den Phänomenbereich

14 Vgl. Mau, *Das metrische Wir.*

heranzugehen sowie vorhandene Widersprüche und Ambivalenzen nicht auszublenden, sondern systematisch zu berücksichtigen. Gerade Selbstoptimierung ist nicht nur ein vielschichtiges, sondern auch ein konstitutiv ambivalentes Phänomen, bei dem sich eine Reihe wichtiger Paradoxien für gegenwärtige Subjekte bündeln: das Verhältnis von Selbst- und Fremdexpertise etwa, das Spannungsverhältnis zwischen dem Eigenwertcharakter und der Leere eines rein formalen, auf prinzipielle Überbietung setzenden Maßstabes sowie dasjenige zwischen der radikalen Selbstreferentialität und der strukturellen Außen- und Wettbewerbsorientierung von Optimierungsprozessen. Zudem scheiden sich die Geister an der gesellschaftlichen Bedeutung von Selbstoptimierung: Während die einen darin den Ausdruck von umfassender »Entfremdung« und »Verdinglichung« sehen, vermuten andere darin ein spezifisches »Glücksversprechen«, das an eine Vorstellung von Freiheitsgewinnen und Emanzipation gebunden ist.[15]

Nicht alle Mitglieder westlicher Gesellschaften sind gleichermaßen von den hier skizzierten Optimierungstendenzen tangiert, und dies gilt nicht nur für Zeiten globaler Pandemien oder Umweltkatastrophen, wie wir sie aktuell erleben. Sehr alte und kranke Menschen etwa haben in der Regel gänzlich andere Werte und Nöte als solche der Optimierung ihres Selbst. Zudem richtet sich die Selbstoptimierung als gesellschaftliche Erwartungshaltung nicht an alle gleichermaßen, sondern primär an diejenigen, denen die prinzipielle Fähigkeit zur eigenen Optimierbarkeit überhaupt zugesprochen beziehungsweise zugemutet, nahegelegt oder gar aufgezwungen wird. Darüber hinaus scheint es geschlechtsbezogene Unterschiede in der Art und Weise zu geben, welche Form der Optimierungsanspruch jeweils erhält. Im Rahmen gegenwärtiger Körperoptimierungen etwa gehe es, so Barbara Rendtorff, primär um »Mängelbeseitigung bei Frauen und Verbesserung (phallisch-aggressiver) Erfolgsorientierung bei Männern«, wobei auch schon historisch frühere Beispiele eine klare Geschlechterdifferenzierung aufwiesen. Daraus schließt sie, dass »Optimierungsbestrebungen *strukturell* heteronormativ differenzbetonend und vereindeutigend

15 Hartmut Rosa, *Resonanz. Eine Soziologie der Weltbeziehung*, Berlin 2016, S. 680; Sarah Miriam Pritz, Greta Wagner, »Zeitdiagnostische Konkurrenzen. Selbstoptimierung im Spannungsfeld von Quantifizierung und Singularisierung«, in: *Zeitschrift für Theoretische Soziologie* 2 (2018), S. 293-302, hier S. 297.

sind«, vorhandene Stereotypen also nicht nur nicht beseitigen, sondern bestätigen und vertiefen.[16]

Es spricht viel dafür, in bestimmten Milieus der Mittelklasse die zentrale Trägerschicht der Selbstoptimierung zu sehen. Gerade für die akademisch gebildeten und urban verorteten Fraktionen ist Andreas Reckwitz zufolge die Orientierung am Ideal der »erfolgreichen Selbstverwirklichung« charakteristisch, was bedeutet, dass sie sich sowohl selbst verwirklichen als auch Erfolg haben wollen.[17] In diesem Kontext gerinnt der gesellschaftliche Appell zur Selbstoptimierung zur »neuen ersten Bürgerpflicht«[18] und zur individuellen Tugend, die tagtäglich bewiesen sein will. Die Arbeit an der eigenen Fitness und Attraktivität gehört daher ebenso zum Alltag wie die Beschäftigung mit Fragen gesunder Ernährung und die Verbesserung der eigenen beruflich-fachlichen Kompetenzen. Die Angehörigen dieser gesellschaftlichen Gruppe sind aufgrund ihrer kulturellen Orientierungen wie auch ihrer sozialstrukturellen Zwischenposition besonders prädisponiert, auf selbstoptimierende Praktiken zu setzen, was unter Umständen auch die »optimale Förderung des kindlichen Nachwuchses« mit einschließt.[19]

Grundsätzlich impliziert die Rede von der zentralen Trägerschicht nicht, dass alle und jede(r) davon betroffen sind. Nicht bei allen Angehörigen der Mittelschicht dringt der gesellschaftliche Optimierungsappell gleichermaßen oder überhaupt in die alltägli-

16 Barbara Rendtorff, »Lässt sich Geschlecht optimieren?« Vortragsmanuskript, Köln 2020, Hervorhebung im Original. Höppner/Schmitz kommen in ihrer Analyse von Medienberichten zu pharmakologischem Neuro-Enhancement aus den Jahren 2006 bis 2011 zu dem Ergebnis, dass es in diesem Diskurs zu einem »Fortschreiben geschlechtsspezifischer Ungleichheiten« kommt, etwa wenn es bei erfolgsorientierten Männern um die »Steigerung ihrer rationalen Fähigkeiten« geht, bei Frauen hingegen um die »Regulierung ihres Gefühlshaushalts«. Vgl. Grit Höppner, Sigrid Schmidt, »Erfolgreich optimiert? Das neuropharmakologische Optimierungsparadigma und dessen geschlechtliche Implikationen«, in: *GENDER – Zeitschrift für Geschlecht, Kultur und Gesellschaft*, 5/1 (2013), S. 39-55, hier S. 53, S. 42.

17 Reckwitz, *Gesellschaft der Singularitäten*, S. 285-341.

18 Dirk Maxeiner, Michael Miersch: »Selbstoptimierung ist die neue erste Bürgerpflicht«, in: *Die Welt*, 3. 3. 2014 ⟨https://www.welt.de/debatte/kolumnen/Maxeiner-und-Miersch/article125771182/Selbstoptimierung-ist-die-neue-erste-Buerger pflicht.html⟩, letzter Zugriff 9. 9. 2020.

19 Steffen Mau, Fabian Gülzau, »Selbstoptimierung, Selbstverwirklichung, investive Statusarbeit«, in: *Zeitschrift für Pädagogik* 1 (2020), S. 29-35, hier S. 33.

che Lebensführung durch oder wird dort einfach umgesetzt.[20] Exemplarisch hierfür steht die literarische Figur des Florent-Claude aus Michel Houellebecqs Roman *Serotonin*. Am Beispiel dieser Figur zeigt Houellebecq eindrucksvoll, wie ein gänzlich nichtoptimiertes Leben aussehen kann. Florent-Claude, ein 46-jähriger Agraringenieur, bezeichnet sich selbst als »substanzlose[s] Weichei« und beschreibt sein Leben als eine Form des »schlaffen und schmerzvollen Zusammensacken[s]«, das er mehr passiv erduldet als aktiv führt.[21] Selbstoptimierung ist das genaue Gegenteil: kein passives Sich-Bescheiden mit den bestehenden Unzulänglichkeiten, sondern der dezidierte Versuch, seinen Zustand zu verändern, sich zu verbessern, ja das Mittelmaß zu überschreiten. Für die dafür notwendige Art von Aktivismus sei ebenfalls ein literarisches Zitat angeführt, das aus Heinrich Bölls Erzählung »Es wird etwas geschehen. Eine handlungsstarke Geschichte« stammt, in der der Protagonist die Angestellten einer Fabrik beschreibt:

> Es wimmelte in Wunsiedels Fabrik von Leuten, die verrückt darauf waren, ihren Lebenslauf zu erzählen, wie eben handlungsstarke Persönlichkeiten es gerne tun. Ihr Lebenslauf ist ihnen wichtiger als ihr Leben, man braucht nur auf einen Knopf zu drücken, und schon erbrechen sie ihn in Ehren. Wunsiedels Stellvertreter war ein Mann mit Namen Broschek, der seinerseits einen gewissen Ruhm erworben hatte, weil er als Student sieben Kinder und eine gelähmte Frau durch Nachtarbeit ernährt, zugleich vier Handelsvertretungen erfolgreich ausgeübt und dennoch innerhalb von zwei Jahren zwei Staatsprüfungen mit Auszeichnung bestanden hatte. Als ihn Reporter gefragt hatten: ›Wann schlafen Sie denn, Herr Broschek?‹, hatte er geantwortet: ›Schlafen ist Sünde!‹ Wunsiedels Sekretärin hatte einen gelähmten Mann und vier Kinder durch Stricken ernährt, hatte gleichzeitig in Psychologie und Heimatkunde promoviert, Schäferhunde gezüchtet und war als Barsängerin unter dem Namen Vamp 7 berühmt geworden.
>
> Wunsiedel selbst war einer von den Leuten, die morgens, kaum erwacht, schon entschlossen sind, zu handeln. ›Ich muß handeln‹, denken sie, während sie energisch den Gürtel des Bademantels zuschnüren. […] Wenn er sein Büro betrat, rief er seiner Sekretärin als Gruß zu: ›Es muß

20 Zur »[a]mbivalente[n] Rezeption gesellschaftlicher Appelle« siehe Heide von Felden (Hg.), *Selbstoptimierung und Ambivalenz. Gesellschaftliche Appelle und ambivalente Rezeptionen*, Wiesbaden 2019.

21 Michel Houellebecq, *Serotonin*, Köln 2019, S. 7f. Diese Dimension ist nur ein Aspekt von vielen anderen, um die es im Buch geht. Auch thematisiere ich nicht weiter die überwiegend misogynen Auslassungen des Autors.

etwas geschehen!‹ Und diese rief frohen Mutes: ›Es wird etwas geschehen!‹ Wunsiedel ging dann von Abteilung zu Abteilung, rief sein fröhliches: ›Es muß etwas geschehen!‹ Alle antworteten: ›Es wird etwas geschehen!‹ Und auch ich rief ihm, wenn er mein Zimmer betrat, strahlend zu: ›Es wird etwas geschehen!‹ Innerhalb der ersten Woche steigerte ich die Zahl der bedienten Telefone auf elf, innerhalb der zweiten Woche auf dreizehn, und es machte mir Spaß, morgens in der Straßenbahn neue Imperative zu erfinden [...].[22]

Auch, wenn hier nicht von Selbstoptimierung die Rede ist, so wird zumindest ein Teilelement des ihr zugrundeliegenden ›Geistes‹ deutlich, dem zufolge permanente Aktivität gefordert ist. Im beschworenen beziehungsweise eingeforderten Geschehen (›Es muss/wird etwas geschehen!‹) drückt sich der Aktivitäts- und Tatendrang genauso aus wie die inhaltliche Leere dessen, was sich ereignen mag. Die Parodie auf die Vergangenheit von Broschek und von Wunsiedels Sekretärin könnte auch Teil eines gegenwärtigen Satire-Programms zur Selbstoptimierung sein – dabei stammt der Text aus dem Jahr 1956, als die deutsche oder auch andere westliche Gesellschaften noch weit vom Leitbild eines permanenten persönlichen Aktivismus entfernt waren. Beispielsweise wäre in den fünfziger Jahren »kaum jemand auf die Idee [gekommen], abends noch eine Runde zu joggen und dabei gar seine Körperdaten aufzuzeichnen, um sich fit zu halten«.[23] Gleichzeitig macht dieses literarische Beispiel deutlich, dass sich zumindest Elemente dessen, was gegenwärtig unter dem Stichwort Selbstoptimierung diskutiert wird, bereits in früheren Zeiten finden lassen.

Aber beginnen wir im Hier und Jetzt. Selbstoptimierung ist, so die Ausgangsthese dieser Studie, eine wirkmächtige Tendenz der Gegenwart, die es wert ist, genauer betrachtet zu werden, denn sie ist inhärenter Bestandteil eines auf Leistung, Erfolg und Selbstverwirklichung ausgerichteten Wertekanons gegenwärtiger westlicher Gesellschaften.[24] Sie ist ein Paradigma der Gegenwart wie auch einer ihrer Schlüsselbegriffe, der bestimmte kulturelle und politische

22 Heinrich Böll, »Es wird etwas geschehen. Eine handlungsstarke Geschichte (1956)«, in: ders., *Doktor Murkes gesammeltes Schweigen und andere Satiren*, Köln 2018, S. 107-117, hier S. 110-112.

23 Martschukat, *Das Zeitalter der Fitness*, S. 103.

24 Sighard Neckel, *Flucht nach vorn. Die Erfolgskultur der Marktgesellschaft*, Frankfurt/M., New York 2008.

Werte transportiert.[25] Als Leitidee vermittelt Selbstoptimierung den Menschen Orientierung und Sinn und findet ihren Niederschlag in zahlreichen Organisationen etwa aus dem Bereich der Bildung und des Gesundheitswesens. Gleichzeitig ist sie auch umstritten und umkämpft.[26] Der Duden etwa definiert Selbstoptimierung als »jemandes [übermäßige] freiwillige Anpassung an äußere Zwänge, gesellschaftliche Erwartungen oder Ideale u. Ä.« und führt folgende Beispiele an: »mit Selbstoptimierung lässt sich fast jeder Lebensbereich perfektionieren; Apps für die Selbstoptimierung; Erwachsenwerden heißt heute oft sich präsentieren, verkaufen, anpassen können, mit einem Wort: Selbstoptimierung; vermeintlich gelungene Selbstoptimierungen«.[27] Selbstoptimierung erscheint hier als etwas Künstliches und zwanghaft Auferlegtes. Diese Perspektive ist repräsentativ für eine dominant (kultur)kritische Rahmung des Begriffs in Deutschland.

Die Kritik daran erfolgt dabei grundsätzlich aus verschiedenen Richtungen. Im Rahmen einer konservativen Fundamentalkritik wird Selbstoptimierung als Teil einer hegemonialen Werteordnung in Frage gestellt, die insbesondere von den Anhängern der neuen Mittelklasse verkörpert werde. Kritisiert werden »Lebens- und Arbeitsformen«, die sich auf »Selbstoptimierung und Selbstdisziplinierung« stützen und sich exemplarisch in Bereichen wie Ernährung, Bildung und Gesundheit zeigen. Gegen diese und weitere Ausprägungen eines auf individualistischer Optimierung fußenden Lebensstils werden die Ansprüche von »Tradition, Region oder

25 Ulrich Bröckling, »Optimierung, Preparedness, Priorisierung. Soziologische Bemerkungen zu drei Schlüsselbegriffen der Gegenwart« ⟨https://www.soziopolis.de/beobachten/gesellschaft/artikel/optimierung-preparedness-priorisierung/⟩, letzter Zugriff 19. 8. 2020. Bröckling bezieht diese Analyse nicht auf ›Selbstoptimierung‹, sondern auf ›Optimierung‹. Zu ›Schlüsselbegriffen‹ vgl. klassisch Raymond Williams, *Keywords*, London 1976, sowie Ulrich Bröckling, Axel T. Paul, Stefan Kaufmann (Hg.), *Vernunft – Entwicklung – Leben. Schlüsselbegriffe der Moderne. Festschrift für Wolfgang Eßbach*, München 2004.

26 Zur institutionellen Dimension vgl. Diana Lindner, »Institutionalisierung von Optimierung. Organisation als intermediärer Ort der Fortschrittsgestaltung«, in: *Psychosozial* 39/1 (2016), S. 25-37; zu Konflikten um Leitideen vgl. Uwe Krähnke, *Selbstbestimmung. Zur gesellschaftlichen Konstruktion einer normativen Leitidee*, Weilerswist 2007, S. 27 f.

27 ⟨https://www.duden.de/rechtschreibung/Selbstoptimierung⟩, letzter Zugriff 24. 3. 2020.

Nation« in Stellung gebracht sowie die Bedeutung »primordiale[r] Wir-Identitäten« betont.[28] Eher (links)liberale Spielarten der Kritik stoßen sich an der überbordenden und entfremdenden Macht des Kapitalismus beziehungsweise den damit verbundenen Tendenzen einer umfassenden Ökonomisierung oder aber an den nicht absehbaren Folgen (gen)technischer Körpermodifikationen für die menschliche Gattung.[29] Gefordert wird aber kein Systemwechsel, sondern die Einhaltung humanistischer Werte, Entschleunigung, die Zurückweisung übertriebener Perfektionsansprüche oder auch eine »neue Lebenskunst«.[30]

Die Kritik an Selbstoptimierung reiht sich darüber hinaus in eine breitere Diskussion zu den Schattenseiten einer auf permanente Leistungssteigerung und Selbstüberbietung gerichteten spätmodernen Lebensweise ein. Inzwischen liegen eine ganze Reihe von Schriften zu psychosozialen Erschöpfungs- und Erkrankungssymptomen wie Burnout oder Depression vor, die freilich nicht nur mit Blick auf die gesellschaftlichen Optimierungstendenzen im engeren Sinn entstanden sind.[31] Es scheint demnach Punkte zu geben, an denen sich auf Optimierung zielende Praktiken in ihr Gegenteil verkehren, beispielsweise dann, wenn Formen des medikamentös gestützten ›Körpertunings‹ mit äußerst negativen gesundheitlichen Konsequenzen einhergehen oder wenn sich Akteure dermaßen für ihre Arbeit einsetzen, dass sie krank davon werden oder sich die Qualität ihrer sozialen und emotionalen Beziehungen radikal verschlechtert. Folgt man der These von Alain Ehrenberg, dann ist die Depression »das Geländer des führungslosen Menschen, sie ist nicht nur sein Elend, sondern das Gegenstück zur Entfaltung seiner Energie« und damit die zeitgenössische psychische Erkrankung

28 Cornelia Koppetsch, *Die Gesellschaft des Zorns. Rechtspopulismus im globalen Zeitalter*, Bielefeld 2019, S. 121, S. 127, S. 172.

29 Ulrich Bröckling, *Das unternehmerische Selbst. Soziologie einer Subjektivierungsform*, Frankfurt/M. 2007; Rosa, *Resonanz*; Jürgen Habermas, *Die Zukunft der menschlichen Natur. Auf dem Weg zu einer liberalen Eugenik?*, Frankfurt/M. 2001.

30 Ariadne von Schirach, *Du sollst nicht funktionieren. Für eine neue Lebenskunst*, Stuttgart 2014.

31 Thomas Fuchs u. a. (Hg.), *Das überforderte Subjekt. Zeitdiagnosen einer beschleunigten Gesellschaft*, Berlin 2018; Vera King u. a. (Hg.), *Lost in Perfection*; Sighard Neckel, Greta Wagner (Hg.), *Leistung und Erschöpfung. Burnout in der Wettbewerbsgesellschaft*, Berlin 2013.

par excellence.[32] Diese Perspektive, die allerdings nicht unumstritten ist,[33] verweist einerseits auf die ›dunkle Seite‹ der Selbstoptimierung, andererseits aber auch darauf, dass es zu kurz gegriffen wäre, dieses Phänomen, das es im Verlaufe dieser Arbeit näher zu bestimmen gilt, ausschließlich als Ausdruck einer Zwangssituation zu verstehen. Selbstoptimierung ist keine Form der nackten Ausbeutung oder der »Verdinglichung des Selbstverhältnisses«.[34] Es gibt diese Erscheinungsform, und sie ist in der gegenwärtigen Gesellschaftsformation vermutlich verbreiteter als je zuvor. Selbstoptimierung erschöpft sich darin jedoch keineswegs, und es wäre zu kurz gegriffen, sie darauf zu reduzieren. Viele Menschen *wollen* an sich arbeiten, wollen das Bestmögliche erreichen, wollen an die Grenze des körperlich oder auch mental Machbaren gehen oder sogar darüber hinaus – und in manchen Fällen sogar dann, wenn sie genau dies eigentlich ablehnen.[35] Wie lässt sich das erklären? Worin besteht der Reiz der Selbstoptimierung? Wie lässt sich der bisweilen enorme Aufwand erklären, den Menschen im Rahmen selbstoptimierender Praktiken betreiben, bis hin zur massiven Selbstschädigung? Woher kommt dieses Streben nach Selbstoptimierung und welche gesellschaftliche Bedeutung hat es?

Auf diese Fragen kann diese Arbeit keine erschöpfenden Antworten liefern. Sie möchte gleichwohl einen grundlegenden Beitrag zur Entwicklung einer Soziologie der Selbstoptimierung leisten, denn eine solche gibt es bislang nicht. Zwar gibt es eine wachsende Zahl von Veröffentlichungen zu Selbstoptimierung beziehungsweise den dazugehörigen Themenfeldern – also zu Bereichen wie Therapie und Beratung, Selbstvermessung, Gesundheit, Schönheit

32 Alain Ehrenberg, *Das erschöpfte Selbst. Depression und Gesellschaft in der Gegenwart*, Frankfurt/M. 2004, S. 306.

33 Vgl. Josua Handerer u. a., »Die vermeintliche Zunahme der Depression auf dem Prüfstand. Epistemologische Prämissen, epidemiologische Daten, transdisziplinäre Implikationen«, in: Fuchs u. a. (Hg.), *Das überforderte Subjekt. Zeitdiagnosen einer beschleunigten Gesellschaft*, Berlin 2018, S. 159-209; Martin Dornes, *Macht der Kapitalismus depressiv? Über seelische Gesundheit und Krankheit in modernen Gesellschaften*, Frankfurt/M. 2016.

34 Rosa, *Resonanz*, S. 177.

35 Christophe Dejours, *Souffrance en France. La banalisation de l'injustice sociale*, Paris 1998, S. 15 f.; Jürgen Straub, Oswald Balandis, »Niemals genug! Selbstoptimierung und Enhancement. Attraktive Praktiken für verbesserungswillige Menschen?«, in: *Familiendynamik. Systemische Praxis und Forschung* 1 (2018), S. 72-83.

und (Neuro-)Enhancement; inzwischen liegen auch eine Reihe von Sammelbänden und Schwerpunktheften zum Thema Selbstoptimierung vor.[36] Die bestehenden Beiträge verteilen sich jedoch über verschiedene Disziplinen (insbesondere die Erziehungswissenschaften, Geschichtswissenschaften, Kulturwissenschaften, Philosophie, Psychologie und Soziologie), nehmen wenig aufeinander Bezug und sind auch begrifflich sehr heterogen.[37] Insgesamt betrachtet ist die bestehende Literaturlage also zunehmend unübersichtlich. Gleichzeitig ist das Konzept weit davon entfernt, einen ähnlich zentralen Stellenwert in der gegenwärtigen soziologischen Literatur zu erlangen, wie ihn andere Prozessbegriffe wie etwa Prekarisierung oder Subjektivierung längst haben.

In Anbetracht der zunehmend ausufernden Literaturlage kann der Anspruch nicht in einer vollständigen Aufarbeitung der gesamten Forschungslandschaft bestehen. Gleichwohl sollen in diesem Buch zumindest für die Soziologie, und insbesondere für die kultursoziologische Diskussion, die bestehende Forschung systematisiert sowie vorhandene Perspektiven und empirische Ergebnisse berücksichtigt werden. Darüber hinaus liefert die vorliegende Untersuchung eine (begriffs)historische und theoretische Perspektivierung des Phänomens und entwickelt einen Vorschlag zur soziologischen Profilierung des Begriffs, denn die Meinungen darüber, was Selbstoptimierung eigentlich genau bezeichnet (und welche gesellschaftliche Rolle sie spielt), gehen in der Literatur weit auseinander. Im deutschen akademischen Kontext findet man sowohl eine weite Definition, die Selbstoptimierung allgemein mit Verbesserung gleichsetzt,[38] als auch engere Fassungen des Begriffs, die primär auf Formen der technisch basierten Selbstvermessung

36 Vgl. Marcel Eulenbach, Thorsten Fuchs (Hg.), *Selbstoptimierung – theoretische und empirische Erkundungen*, Weinheim, Basel 2021 i.E.; von Felden (Hg.), *Selbstoptimierung und Ambivalenz. Gesellschaftliche Appelle und ambivalente Rezeptionen*; *Selbstoptimierung. Psychoanalyse im Widerspruch*, Heft 55, 2016.

37 Für einen ersten Systematisierungsansatz in der Soziologie vgl. Anja Röcke, »(Selbst)Optimierung. Eine soziologische Bestandsaufnahme«, in: *Berliner Journal für Soziologie* 27/2 (2017), S. 319-335.

38 Felix Klopotek, »On Time Run. Immer unterwegs, niemals ankommen, auf dem Weg durch die Zonen der Selbstoptimierung«, in: ders., Peter Scheiffele (Hg.), *Zonen der Selbstoptimierung. Berichte aus der Leistungsgesellschaft*, Berlin 2016, S. 9-34.

oder andere Ausprägungen »technischer Optimierung« abheben.[39] Stefanie Duttweiler hingegen bezeichnet damit »kleine Modifikationen der alltäglichen Lebensführung hin zu einem glücklicheren, fitteren oder gesünderen Leben«.[40]

Fragestellung

Vor diesem Hintergrund möchte das vorliegende Buch Antworten auf folgende drei Fragen liefern: 1. Was ist Selbstoptimierung? 2. Ist Selbstoptimierung etwas Neues? 3. Welche individuellen und gesellschaftlichen Voraussetzungen und Folgen hat Selbstoptimierung? Die Frage, was Selbstoptimierung ist, ist nicht ontologisch gemeint. Entsprechend geht es nicht darum, eine Bestimmung davon zu liefern, was Selbstoptimierung ihrem ›Wesen‹ nach bedeutet. Das Ziel ist es vielmehr, den Begriff als solchen ernst zu nehmen, nach seinen unterschiedlichen theoretischen wie empirischen Dimensionen zu fragen und ihn inhaltlich auszuarbeiten. Dieses Buch plädiert daher für eine offene Herangehensweise an das Thema, um Selbstoptimierung in ihren verschiedenen Facetten verstehen und analytisch durchdringen zu können. Die zweite, historische Frage ist auf einer allgemeinen Ebene angesiedelt. Es sollen also nicht einzelne institutionelle Arrangements analysiert, sondern ein Verständnis dafür entwickelt werden, an welche inhaltlichen Traditionen die Idee der Selbstoptimierung anknüpft. Handelt es sich um etwas grundsätzlich Neues, ist sie ein Produkt der Entwicklungen der jüngeren und jüngsten Gegenwart oder im Gegenteil tief in der Geschichte der westlichen Moderne oder gar der westlichen Geschichte *tout court* verwurzelt? Wenn sich an den Idealen von »Schönheit, Gesundheit und Leistung« tatsächlich »seit 2000 Jahren kaum [etwas] geändert« hat, wie Maren Lorenz ihre Position pointiert zusammenfasst,[41] dann gibt es vielleicht auch schon Formen der Selbstoptimierung in und seit der Antike. Der Ausdruck ›westliche Moderne‹ wird hier einerseits im Sinne

39 Ruth Conrad, Roland Kipke (Hg.), *Selbstformung. Beiträge zur Aufklärung einer menschlichen Praxis*, Münster 2015, S. 10.

40 Stefanie Duttweiler, »Alltägliche (Selbst)Optimierung in neoliberalen Gesellschaften«, in: *Aus Politik und Zeitgeschichte* 66/37-38 (2016), S. 27-32, hier S. 27.

41 Lorenz, »Optimierung als ästhetisiertes und naturalisiertes Ideal«, S. 62.

eines Epochenbegriffs, andererseits zur Bezeichnung des primären geographischen Bezugsraumes der nachfolgenden Darstellung verwendet.[42] Sie bildet den Umfang und die Ausdifferenzierung der bestehenden Selbstoptimierungsdebatte ab, die sich vor allem im deutschsprachigen sowie im englisch- und französischsprachigen Raum abspielt. Es steht außer Frage, dass eine vergleichende Perspektive zu Praktiken und Theorien der Selbstoptimierung außerhalb der westlichen Welt äußerst spannend wäre, Gleiches gilt für eine dezidiert postkoloniale Herangehensweise, die vorwiegend westliche Optimierungspraktiken im globalen Zusammenhang von historisch entstandenen Macht- und Herrschaftsverhältnissen sieht. Allein, beides übersteigt den Rahmen der vorliegenden Arbeit bei Weitem. Die dritte Frage nach den individuellen und gesellschaftlichen Voraussetzungen und Folgen von Selbstoptimierung wird nicht in derselben Intensität wie die anderen beiden Fragen behandelt. Gleichwohl wird die bestehende Literatur auch auf diese Frage hin abgeklopft; am Schluss wird sie nochmals aufgegriffen und zeitdiagnostisch zugespitzt.

Als Arbeitsdefinition sei Dagmar Fenners Definition von Selbstoptimierung den nachfolgenden Überlegungen vorangestellt, die es im Verlauf der Darstellung weiter zu präzisieren und zu vertiefen gilt: »›Selbstoptimierung‹ lässt sich ganz allgemein definieren als kontinuierlicher Prozess der ständigen Verbesserung der persönlichen Eigenschaften und Fähigkeiten mittels Selbstthematisierung, rationaler Selbstkontrolle und permanenter Rückmeldungen hin zur bestmöglichen persönlichen Verfassung.«[43] Selbstoptimierung ist demnach durch einen ausgeprägten Selbstbezug, durch die Orientierung an stets weiterer Verbesserbarkeit und durch eine Form des rational kalkulatorischen Zugriffs auf das Selbst gekennzeich-

42 In der soziologischen Diskussion zur Moderne spielt die Vielfalt oder auch Pluralität der Moderne(n) eine je nach Theorietradition mehr oder minder große Rolle, vgl. hier nur Shmuel N. Eisenstadt, *Die Vielfalt der Moderne*, Weilerswist 2000; Thomas Schwinn, »Aspekte und Probleme eines pluralen Moderneverständnisses«, in: *Österreichische Zeitschrift für Soziologie* 38/4 (2013), S. 333-354. Der Begriff der westlichen Moderne bezeichnet hier den geographischen und kulturellen Kontext dieser Arbeit, ohne im Einzelnen auf die Eigenheiten des süd-, ost- und nordeuropäischen Raums einzugehen.

43 Dagmar Fenner, »Selbstoptimierung« ⟨http://www.bpb.de/gesellschaft/umwelt/bioethik/311818/selbstoptimierung⟩, letzter Zugriff 10. 9. 2020.

net. Diese allgemeine Definition kommt auf verschiedenen Ebenen zur Geltung. Es gibt Selbstoptimierung als *Idee*, also etwa in Form eines allgemeinen kulturell-gesellschaftlichen, organisatorischen oder individuellen Leitbildes, auf das sich die Akteure in ihrem Handeln direkt oder indirekt beziehen und das auch zur Ideologie gerinnen kann.[44] Diese Idee kann, muss aber nicht im *Begriff* der Selbstoptimierung ihre semantische Gestalt erhalten. Wie die gleich folgenden Ausführungen zur internationalen Diskussion sowie die zum semantischen Feld von Selbstoptimierung im zweiten Kapitel zeigen werden, gibt es eine ganze Reihe möglicher Alternativbegriffe, etwa »personal development«, »enhancement« oder »biohacking«, die auch im deutschen Kontext Anwendung finden. Darüber hinaus gibt es die Ebene der *Praktiken*. Auch hier gilt, dass es selbstoptimierende Praktiken geben kann, ohne dass die Akteure eine genaue oder auch nur vage Vorstellung von Selbstoptimierung als Idee haben oder gar ihr Handeln mit diesem Begriff bezeichnen. Des Weiteren lässt sich Selbstoptimierung als eine *Form der Subjektivierung* wie auch als *Art der Lebensführung* begreifen, die die Identität der Akteure und ihr Leben insgesamt prägen.

Die Unterscheidung verschiedener Ebenen, die sich allerdings überlappen können und daher nicht trennscharf sind, erlaubt es, mehr Ordnung und Struktur in eine sehr unübersichtliche Debatte zu bringen und den gestellten Forschungsfragen auf den Grund gehen zu können. Dies beinhaltet eine Arbeit am Begriff selbst und zielt darauf, einen Beitrag für ein besseres Verständnis der Genese und Bedeutung von Selbstoptimierung als Kultur- und Sozialphänomen der (spät)modernen Gesellschaft zu leisten. Dafür wurden vorhandene empirische Analysen berücksichtigt, nicht aber eigene empirische Studien zu selbstoptimierenden Praktiken durchgeführt. Das Buch verfolgt ebenso wenig das Ziel, eine politische Ökonomie, Gendertheorie oder Kritische Theorie der Selbstoptimierung zu entwickeln, auch wenn vereinzelt auf entsprechende Theoriebausteine Bezug genommen wird. Im Kern geht es stattdessen darum, sowohl das analytische Potenzial des Begriffs der Selbstoptimierung auszuloten, als auch darum, das Phänomen selbst

44 Vgl. Spreen, *Upgradekultur*; Gamm, »Das Selbst und sein Optimum«; Florian Heßdörfer, »Die Leere der Optimierung. Versuch über eine Ideologie ohne Idee«, in: *Politische Psychologie* 1 (2017), S. 110-123.

in seiner »Kulturbedeutung« und seinem »geschichtlichen So-und-nicht-anders-Gewordensein[]« zu begreifen.[45]

Internationale Perspektivierung

Dafür ist es als Erstes wichtig, die vor allem im deutschsprachigen Raum geführte Diskussion zu Selbstoptimierung im Rahmen der internationalen sozialwissenschaftlichen Diskussion über die Charakteristika und subjektiven Folgen von wachsendem Leistungs- und Exzellenzstreben im gegenwärtigen Kapitalismus zu verorten. Es fällt sofort ins Auge, dass der Begriff Selbstoptimierung und seine wortwörtlichen Übersetzungen wie *optimisation of the self*, *self-optimisation* oder auch *l'optimisation de soi* in die internationale akademisch-mediale Debatte deutlich später Eingang gefunden haben als in Deutschland und nicht absehbar ist, ob sie sich ähnlich wie in Deutschland weiter verbreiten und durchsetzen werden. Die Gründe hierfür müssen ebenso offenbleiben wie die Frage danach, inwiefern die Übersetzungen und Verwendungsweisen des Begriffs dieselben Bedeutungen und Konnotationen wie im Deutschen aufweisen. So viel scheint aber klar: Es gibt auch in Frankreich, Italien, Großbritannien oder den USA nicht *die* eine sprachliche Entsprechung für Selbstoptimierung, sondern ein weites semantisches Feld. Es umfasst, wie im deutschsprachigen Raum, Begriffe aus dem Bereich der Humanistischen Psychologie (*self-actualisation*, *self-motivation*, *personal development*) und der Biotechnologie beziehungsweise Bioethik (*enhancement*, *biohacking*) genauso wie aus dem Bereich des Trans- und Posthumanismus (*cyborg*, *l'humain augmenté*, *potenziamento*).

Auch wenn sich der Selbstoptimierungsbegriff in Ländern wie Frankreich oder den USA bisher nicht oder weniger durchgesetzt hat, heißt dies nicht, dass es nicht der Sache nach vergleichbare Diskussionen gäbe, ganz im Gegenteil. Ein Beispiel hierfür ist der in den 1980er-Jahren einsetzende Exzellenzdiskurs in amerikanischen Unternehmen, der entgegen überkommenen Rationalisierungsbestrebungen das individuelle Erfolgsstreben in den Vorder-

45 Max Weber, »Die ›Objektivität‹ sozialwissenschaftlicher und sozialpolitischer Erkenntnis«, in: ders., *Gesammelte Aufsätze zur Wissenschaftslehre*, hg. von Johannes Winckelmann, Tübingen 1988 [1904], S. 146-214, hier S. 170 f.

grund stellt und individuelle *Champions* befördern möchte. Das von Thomas J. Peters und Robert H. Waterman veröffentlichte Buch *In Search of Excellence. Lessons from America's Best-Run Companies* (1982) gehört zu den meistverkauften Managementbüchern überhaupt.[46] Die persönlichen und psychosozialen Kosten eines im Rahmen des Exzellenzdiskurses transportierten Imperativs der »Hyper-Leistungsfähigkeit« (*l'impératif d'être ›hyper performant‹*) diskutieren Nicole Aubert und Vincent de Gaulejac in Frankreich schon Anfang der 1990er-Jahre. Die beiden AutorInnen beschreiben die krank machenden Folgen einer Lebensweise, in der sich eine Logik des »Immer-leistungsfähiger« mit einer Logik des »Immer-schneller« verbindet.[47] 1991 veröffentlicht Alain Ehrenberg ein Buch über den neuen »Performanzkult« in Frankreich. Er beschreibt eine »Gesellschaft der verallgemeinerten Konkurrenz«, in der »jedes Individuum in seiner Arbeit, seinen Hobbies oder seinem Gefühlsleben sein Leben wie ein wahrer Experte seiner eigenen Performanz« führen soll und »sportliche Champions« ebenso wie Unternehmensführer zu »Symbolen sozialer Exzellenz« geworden seien. In diesem Rahmen diskutiert er auch die zunehmende Einnahme leistungssteigernder Mittel – interpretiert als »Logistik des Individuums in permanenter Aktivität« – und spricht vom »unternehmerischen Selbst«.[48] Auch Nikolas Rose thematisiert im Rahmen seiner an Foucault angelehnten Genealogie des modernen Subjekts die Figur des »enterprising self«, die in Deutschland maßgeblich von Ulrich Bröckling eingeführt und popularisiert wurde, und definiert sie folgendermaßen:

Das unternehmerische Selbst macht ein Unternehmen aus seinem Leben, strebt die Maximierung seines Humankapitals an, plant eine Zukunft für sich und versucht sich zu formen, um zu werden, was es anstrebt. Das unternehmerische Selbst ist somit ein aktives und kalkulierendes Selbst,

46 Thomas J. Peters, Robert H. Waterman, *In Search of Excellence. Lessons from America's Best-Run Companies*, New York 1982. Vgl. Ulrich Bröckling, *Das unternehmerische Selbst*, S. 62. Siehe auch Tobias Peter, *Genealogie der Exzellenz*, Weinheim, Basel 2014, S. 49-57.

47 Nicole Aubert, Vincent de Gaulejac, *Le coût de l'excellence*, Paris 1991, S. III.

48 Alain Ehrenberg, *Le culte de la performance*, Paris 1991, hier S. 14, S. 16, S. 266, Übersetzung A. R. Die an jeden Einzelnen gerichteten Imperative der Lebensführung bezeichnet er als »Singularisierung« (ebd., S. 16); vgl. dazu Reckwitz, *Gesellschaft der Singularitäten*, und Kapitel V.2.

ein Selbst, das über sich selbst Überlegungen anstellt und auf sich selbst einwirkt, um sich zu verbessern.[49]

Roses Lesart zufolge spielen die »psy disciplines« eine »Schlüsselrolle« für die Konstitution (post)moderner Subjektivität. Aus diesem Bereich nämlich stammen die neuen »Experten«, die nach dem sukzessiven Bedeutungsverlust der klassischen Lebensführungsmächte Religion und Tradition den Menschen sagen, was sie zu tun und zu denken haben und wie ihr Leben auszusehen hat. Im Rahmen dieser neuen Beratungskonstellation werden »existentielle Fragen« über das Ziel des Lebens und die Bedeutung von Leid transformiert »in technische Fragen über die wirksamsten Möglichkeiten zur Bewältigung von Störungen und zur Verbesserung der Lebensqualität«. Einer der zentralen Ratschläge dieser neuen Experten lautet, aus sich und dem Leben ein Projekt zu machen, an seinen Emotionen genauso zu arbeiten wie an seinen »häuslichen und ehelichen Arrangements«, an den »Beziehungen mit der Arbeit« genauso wie an den »sexuellen Lusttechniken«, und bei alldem einen Lebensstil zu entwickeln, der den »Existenzwert« einem selbst gegenüber »maximiert«.[50]

Auch in der Welt des Managements setzt sich zunehmend eine Projektlogik durch, wie Luc Boltanski und Ève Chiapello in *Der neue Geist des Kapitalismus* darlegen. Sie identifizieren auf der Grundlage von Managementtexten die Entstehung einer »projektbasierten Polis«, in der sich der Wert von Personen primär an ihrer Fähigkeit bemisst, immer wieder neue Projekte zu beginnen. Im Rahmen des neuen kapitalistischen Geistes erlangt also nicht mehr diejenige Person Erfolg und Anerkennung (beziehungsweise, in ihrer Theoriesprache, *grandeur*, das heißt ›Größe‹), die nach Schema F ihren Dienst verrichtet, sondern diejenige, die aktiv, kommunikativ, flexibel und vernetzt ist und sich letzten Endes über die Arbeit selbst verwirklicht. Es versteht sich von selbst, dass in dieser neuen Welt die Unterschiede zwischen Privat- und Berufssphäre verschwinden, denn das Leben ist nichts anderes »als eine *Abfolge* von Projekten«. »Der hohe Wertigkeitsträger verzichtet darauf, lebenslang ein einziges Projekt (eine Berufung, einen Beruf, eine

49 Nikolas Rose, »Das Regieren von unternehmerischen Individuen«, in: *Kurswechsel* 2 (2000), S. 8-27, hier S. 12.

50 Nikolas Rose, *Inventing Our Selves. Psychology, Power, and Personhood*, Cambridge, New York 1998, S. 39, S. 151, S. 157, Übersetzung A. R.

Ehe etc.) zu verfolgen. Er ist mobil. Nichts darf seine Bewegungen beeinträchtigen.«[51]

Die negativen Konsequenzen einer derart entgrenzten und entgrenzenden ökonomischen Logik thematisierte Ende der 1990er-Jahre Richard Sennett in seinem Essay *The Corrosion of Character*. Er fragt sich, welche Auswirkungen der flexible Kapitalismus auf die Persönlichkeitsstrukturen und den sozialen Zusammenhalt hat, und verwendet das Konzept des »drift«, also des Dahintreibens, um einen Zustand persönlich ethischer Fragilität zu beschreiben. Bei ›Driftern‹ werden die Fundamente der Selbstachtung ebenso wie stabile familiäre und andere soziale Bindungen sukzessive untergraben.[52]

Ein Jahr nach Beginn der Finanzkrise erscheint die Studie von Pierre Dardot und Christian Laval *The New Way of the World. On Neo-Liberal Society*. Die beiden Autoren verwenden die Begriffe »entrepreneurial subject«, »neo-liberal subject« oder auch schlicht »neo-subject« synonym und verstehen diese Persönlichkeitsform als Resultat einer »neoliberalen Rationalität«, die sich ihre Subjekte selbst formt. Dieses Subjekt »verhält sich wirklich als Teil eines Wettbewerbs, indem es seine Ergebnisse maximieren muss, sich Risiken aussetzt und die volle Verantwortung für mögliche Misserfolge übernimmt«.[53] Für Jim McGuigan definiert sich das »neoliberal self« maßgeblich über seine ausgeprägte Konsumorientierung, seinen unternehmerischen Scharfsinn und einen politischen Individualismus, der sich gegen jegliche universalistische Daseinsvorsorge wendet.[54]

Den sogenannten »neurochemical selves« geht Nikolas Rose in einem Aufsatz nach, in dem er sich mit biomedizinischen Techniken der Selbstbearbeitung auseinandersetzt. In diesem Zusammenhang prägt er auch den Begriff der »somatischen Individualität« und versteht darunter

51 Luc Boltanski, Ève Chiapello, *Der neue Geist des Kapitalismus*, Konstanz 2003, S. 156, S. 169.

52 Richard Sennett, *Der flexible Mensch. Die Kultur des neuen Kapitalismus*, Berlin 1998, Kap. 1.

53 Pierre Dardot, Christian Laval, *The New Way of the World. On Neo-liberal Society*, London 2013 [2009], S. 259-261, Übersetzung A. R.

54 Jim McGuigan, »The Neoliberal Self«, in: *Culture Unbound. Journal of Current Cultural Research* 6/1 (2014), S. 223-240, hier S. 234.

die Tendenz, zentrale Aspekte eines Individuums in körperbezogenen Ausdrücken zu definieren […] und den Körper in der Sprache der zeitgenössischen Biomedizin zu verstehen. Ein ›somatisches‹ Individuum zu sein heißt in diesem Sinn, die eigenen Hoffnungen und Ängste mit Bezug auf diesen biomedizinischen Körper zu kodieren und zu versuchen, sich selbst zu reformieren, zu heilen oder zu verbessern, indem man auf diesen Körper einwirkt. Auf der einen Seite beinhaltet dies die Umformung des sichtbaren Körpers über Diät, Training und Tattoos. Auf der anderen Seite beinhaltet dies, Probleme und Wünsche mit Bezug auf die inneren ›organischen‹ Funktionen des Körpers zu verstehen und zu versuchen, darauf Einfluss zu nehmen – in der Regel mit pharmakologischen Eingriffen.[55]

Rose macht hier die Körperbezogenheit gegenwärtiger Selbsttechniken deutlich und verweist auch auf Praktiken der Selbstoptimierung, etwa des Neuro-Enhancement, aber ohne diesen Begriff selbst zu verwenden. Die Begriffe optimieren, Optimierung oder Selbstoptimierung tauchen in diesem wie auch in den anderen hier genannten Texten kaum oder gar nicht auf, so wenig wie während der 1990er-Jahre in Deutschland. Dies ändert sich erst mit dem Jahrtausendwechsel, zunächst in Deutschland, dann mit deutlicher Verzögerung und insgesamt auch weniger umfangreich im internationalen Kontext. Ein erstes Beispiel für die zunehmende internationale Verbreitung der Rede von Optimierung ist der Erfahrungsbericht von zwei Organisationsforschern, die in Form eines wissenschaftlichen Selbstversuchs ein ganzes Jahr lang eine Vielzahl von (auch so benannten) Optimierungsstrategien, -methoden und -techniken angewendet haben.[56] Ein weiteres Beispiel ist ein Aufsatz von Chiapello über Optimierung im Kontext von Finanzialisierung, der vermutlich Ausdruck eines internationalen Begriffstransfers ist.[57] Im Rahmen der Analyse gegenwärtiger Prozesse der wachsenden Finanzialisierung charakterisiert Chiapello das »optimierende Subjekt« (*optimising subject*) folgendermaßen:

55 Nikolas Rose, »Neurochemical Selves«, in: *Society* 41/1 (2003), S. 46-59, hier S. 54, Übersetzung A. R.

56 Carl Cederström, André Spicer, *Auf der Suche nach dem perfekten Ich. Ein Jahr in der Optimierungsindustrie*, Berlin 2018 (im englischen Original 2017 erschienen).

57 Es handelt sich bei dem Aufsatz um die verschriftlichte Form eines Vortrages zur Tagung »Lost in Perfection. Folgen und Grenzen von Optimierung in Kultur und Psyche« aus dem Jahr 2015 in Hamburg. Chiapello wurde als Referentin für diesen Vortrag eingeladen, und es ist zu mutmaßen, dass sie zu genau diesem Vortragsthema angefragt wurde.

[D]as optimierende Subjekt kalkuliert jede Handlung in Bezug auf den zu erwartenden Gewinn, nicht nur im Hinblick auf die Nützlichkeit (Vergnügen und Leid), sondern auch im Hinblick auf ein Kapitalwachstum (das heißt seine oder ihre Fähigkeit, zu einem späteren Zeitpunkt Rendite zu erwirtschaften). Dies verhärtet die projektbasierten gesellschaftlichen Anforderungen [...]. Arbeiter sollen nicht nur Kontakte knüpfen und Netzwerke vergrößern (soziales Kapital), um ihre *employability* zu entwickeln und ihre Fähigkeit, nach Abschluss eines Projekts ein neues zu finden; jeder Aspekt ihres Lebens soll jetzt dank einer beträchtlichen Ausweitung der Bedeutung von ›Kapital‹ ›produktiv‹ sein. Auch wenn sie kein Geld verdienen, können sie in ihr ›Human‹-, ›Gesundheits‹- oder ›emotionales‹ Kapital ›investieren‹.[58]

Chiapello beschreibt in dieser Passage ein instrumentelles Selbstverhältnis, das auf einer kapitalistischen Verwertungslogik basiert. Der Unterschied zur Analyse in *Der neue Geist des Kapitalismus* besteht primär darin, dass sich nach Ansicht der Autorin die dort thematisierte Situation noch einmal verschärft hat. Nun muss wirklich *jeder* Aspekt im Leben daraufhin abgeklopft werden, ob er einen ökonomischen Mehrwert generieren kann. Der Mensch entwickelt sich, mit anderen Worten, zum Kapitalisten des Selbst (»capitalist of the self«).[59] Chiapello bedient sich also der Optimierungssemantik, inhaltlich aber besteht nur ein gradueller Unterschied zwischen dem *optimising subject* und dem unternehmerischen Subjekt der projektbasierten Polis. Zudem bleibt die Analyse weitgehend auf den Bereich der Ökonomie fokussiert; es fehlt die Frage nach der gesellschaftlichen Verankerung des sich selbst ökonomisierenden und optimierenden Subjekts jenseits von ökonomischen Faktoren im engeren Sinne.[60]

Selbstoptimierung bezeichnet, so die hier verfolgte Perspektive, einen breiteren Phänomenbereich, der sich nicht auf die Figur des

58 Ève Chiapello, »Optimisation in a Context of Financialisation«, in: Vera King u.a. (Hg.), *Lost in Perfection. Impacts of Optimisation on Culture and Psyche*, London, New York 2019, S. 13-23, hier S. 20 f., Übersetzung A. R.

59 Marion Fourcade, »Ordinalization: Lewis A. Coser Memorial Ordinalization: Award for Theoretical Agenda Setting 2014«, in: *Sociological Theory* 34/3 (2016), S. 175-195, hier S. 189.

60 Was Chiapello ebenfalls nicht eigens thematisiert, sind Formen der spezifisch körper- oder auch technikbasierten Einwirkung auf das Selbst, wie Praktiken der Selbstvermessung oder des Enhancement; überhaupt bleibt die Darstellung zu konkreten Praktiken blass.

›unternehmerischen Selbst‹ reduzieren lässt. Das unternehmerische Selbst ist *eine* mögliche Ausprägung von Selbstoptimierung, aber nicht die einzige. Auch technikutopische Figuren wie Cyborgs, Bodybuilder oder Personen wie die Fitness-Influencerin Pamela Reif, die ihre vier Millionen AbonnentInnen auf Instagram und ihre knapp eine Million Follower auf YouTube mit Fitness-, Schönheits- und Ernährungstipps versorgt, gehören zum Kreis jener, die Selbstoptimierung betreiben.[61] Dasselbe gilt für Motivationstrainer Jürgen Höller, der seine Leidenschaft für Selbstoptimierung (sowie sein monetäres Interesse daran) während sogenannter »Power-Days« unter die Leute bringt, mit denen er schon einmal das Münchener Olympiastadion gefüllt hat.[62] Um Selbstoptimierung als Kultur- und Sozialphänomen zu verstehen, muss also ein breiteres Bild gezeichnet werden. Es muss neben der Sphäre der Ökonomie auch die Bereiche von Kultur und Technik umfassen und danach fragen, welche Ideen und Praktiken dieses Phänomen ausmachen, auf welchen individuellen und gesellschaftlichen Voraussetzungen es basiert und was tatsächlich neu daran ist. Der kursorische Blick auf die deutschsprachige und internationale Diskussion über Selbstoptimierung und vergleichbare Phänomene hat gezeigt, dass die hier verfolgten Forschungsfragen alles andere als trivial sind. Eine Beschäftigung mit ihnen verspricht Aufschluss über zentrale gesellschaftliche Anforderungen und Tendenzen der Gegenwart sowie über ihre historischen Ursprünge zu liefern. Darüber hinaus zeigt ein Blick auf konkrete Praktiken der Selbstoptimierung, dass das Phänomen nicht nur gegenwärtige gesellschaftliche Entwicklungen paradigmatisch zum Ausdruck bringt, sondern auch weit verbreitet ist.

61 ⟨https://www.myself.de/leben/beruf-karriere/portraits/pamela-reif/⟩, letzter Zugriff 24. 3. 2020, ⟨https://www.gala.de/stars/starportraets/pamela-reif-21999950.html⟩, letzter Zugriff 24. 3. 2020.

62 Zu den »Power-Days«, vgl. ⟨https://www.socialperform.de/pd/⟩, letzter Zugriff 24. 3. 2020, sowie die Fernsehdokumentation »Der Motivationstrainer« von Julian Amershi und Martin Rieck, NDR 2017.

Gesellschaftliche Verbreitung selbstoptimierender Praktiken

Die Zahlen, die nachfolgend präsentiert werden, können nur als Näherungswert oder ›proxy‹ für die mögliche gesellschaftliche Verbreitung von Selbstoptimierung dienen, da sie in anderen Forschungszusammenhängen erhoben worden sind und daher für sich genommen auch keine Auskunft darüber geben, ob es sich tatsächlich in jedem Fall um selbstoptimierende Praktiken handelt oder ob diese in einen ganz anderen Sinn- und Handlungszusammenhang eingebunden sind. Gleichwohl geben sie Anhaltspunkte dafür, die gesellschaftliche Relevanz des Phänomenbereichs, um den es hier geht, zu beurteilen. Exemplarisch geht es im Folgenden um vier Bereiche:[63]

1) die Konsultation von Ratgebern;
2) den Konsum leistungssteigernder Substanzen in Bereichen der Fitness, im Arbeitskontext und im Rahmen von Bildungsinstitutionen;
3) das Durchführen von Schönheitsoperationen;
4) Praktiken der technisch basierten Selbstvermessung.

Zur Verbreitung der Konsultation von Ratgeberliteratur liegen kaum Zahlen vor, auch ist das Feld sehr unübersichtlich.[64] Einer österreichischen Umfrage aus dem Jahr 2015 zufolge antworteten zwei Prozent der Befragten auf die Frage, wer oder was sie am meisten in ihrer Lebensführung beeinflusst habe, mit »Bücher/Texte/Ratgeber«. Im Buchhandel insgesamt lag der Umsatzanteil der Ratgeberliteratur im Jahr 2017 mit 14,3 Prozent an dritter Stelle, hinter Belletristik (31,9 Prozent) sowie Kinder- und Jugendliteratur (16,3 Prozent).[65] Am meisten verkauften sich im Jahr 2015 Ratge-

63 Eine genauere Beschreibung der hier diskutierten Beispiele findet sich in Kapitel III. Für eine genauere Analytik der Praktiken vgl. Kapitel VI.

64 Dies gilt auch für den Bereich von Coaching und Therapie. Im Bereich des Business-Coaching ist Deutschland der drittgrößte Markt hinter dem US-amerikanischen und dem britischen Markt. Der Markt wächst, und Indizien zufolge weitet er sich zunehmend auch auf den Privatkundenmarkt aus. Unternehmen betrachten Coaching in wachsendem Maße nicht aus einer »defizit-, sondern [einer] lösungsorientierte[n] Perspektive« ⟨https://nlpcoach.wordpress.com/2019/01/29/coaching-in-zahlen/⟩, letzter Zugriff 24.3.2020.

65 Das sind 0,2 Prozent weniger als im Jahr 2016; daraus lässt sich aber keine allgemeine Tendenz ablesen. Vgl. Statista 2018, *Dossier: Buchmarkt*, ⟨https://

ber zum Bereich Ernährung (25,7 Prozent), gefolgt vom Thema Gesundheit (20,4 Prozent) und Lebenshilfe/Alltag (15,5 Prozent), was sich auch in den Bestsellerlisten widerspiegelt.[66] Mit der zunehmenden Verbreitung von Smartphones (siehe unten) stellen Podcasts ein wachsendes Segment im Beratungsbereich dar, also digitale Audio- oder Videobeiträge zu bestimmten Themen, die man abonnieren kann. Auch hier steht das Thema Gesundheit im Jahr 2017 mit 39 Prozent weit oben, der Bereich »Ratgeber/Coaching/Produktivität« liegt bei 29 Prozent. Die Anzahl der HörerInnen von Podcasts in Deutschland ist über die letzten Jahre konstant gestiegen, von 2,1 Millionen im Jahr 2012 auf 7,5 Millionen im Jahr 2016.[67] Der Podcast von international bekannten Autoren wie etwa des US-Amerikaners Tim Ferriss zählt über 100 Millionen Zuhörer. Der Podcast beinhaltet neben Interviews mit »world-class performers« zu ihren jeweiligen Erfolgs- und Optimierungstricks im Alltag die Themen seiner Erfolgsbücher wie etwa *The 4-Hour Workweek* oder *The 4-Hour Chef*.[68] Insgesamt kommt eine Vielzahl der Selbstoptimierungs-Gurus aus dem US-amerikanischen Kontext, und mit Ausnahme der Bereiche Schönheit und Fitness scheint die Mehrzahl männlichen Geschlechts zu sein – eine genauere empirische Aufschlüsselung gibt es dazu aber noch nicht.

Was den Konsum leistungssteigernder Substanzen betrifft, bezeichnet (Neuro-)Enhancement in der Regel die Verbesserung mental kognitiver Funktionen, z.B. im Arbeits- und Bildungskontext; Doping hingegen wird zumeist mit der Steigerung sportlicher Leistungen über die »Verbesserung der zugrunde liegenden körperlichen Fähigkeiten«[69] in Verbindung gebracht. In der Sportsoziologie wird zwischen Doping (der Konsum verbotener Substanzen,

de.statista.com/statistik/studie/id/10912/dokument/buchmarkt-statista-dossier/〉, letzter Zugriff 27. 3. 2020, S. 25. Einige Zahlen zu den USA finden sich u. a. in Eva Illouz, *Die Errettung der modernen Seele. Therapien, Gefühle und die Kultur der Selbsthilfe*, Frankfurt/M. 2009, S. 273.

66 〈https://www.amazon.de/gp/bestsellers/books/536302/ref=zg_bs_unv_b_2_189602_2〉, letzter Zugriff 24. 3. 2020.

67 Statista 2019, *Dossier: Podcasts* 〈https://de.statista.com/statistik/studie/id/50128/dokument/podcasts/〉, letzter Zugriff 27. 3. 2020, S. 36, S. 7.

68 〈https://tim.blog/podcast/〉, letzter Zugriff 24. 9. 2020.

69 Franz Baumgarten u. a., »Neuroenhancement zur Steigerung der kognitiven Leistungsfähigkeit im Alltag«, in: Antje Dresen u. a. (Hg.), *Dopingforschung. Perspektiven und Themen*, Schorndorf 2015, S. 217-232, hier S. 221.

der bei Wettkämpfen kontrolliert und bei Aufdeckung sanktioniert wird) und »Substanzgebrauch zur Leistungssteigerung« im Freizeit- und Breitensport unterschieden.[70] Zu Letzterem gibt es einzelne Schätzungen. Kläber zufolge haben 13 bis 16 Prozent der Kundinnen und Kunden von Fitness-Studios in Deutschland Erfahrungen mit einem Substanzgebrauch zur Leistungssteigerung, wobei die Grenze zu illegalen Praktiken des Dopings fließend ist.[71] Geht man von einer Mitgliederzahl in Fitness-Studios von etwa zehn Millionen aus (2017), dann wären das 1,3 bis 1,6 Millionen Menschen. Ähnlich sehen die Zahlen zum Konsum leistungssteigernder Substanzen im Bereich Ausbildung und Arbeit aus. Laut einer Studie der DAK nehmen rund 5 Prozent der aktiv erwerbstätigen Personen zwischen 20 und 50 Jahren Medikamente ohne medizinische Notwendigkeit zur Verbesserung der geistigen Leistungsfähigkeit ein, was einer Gesamtzahl von gut 1,3 Millionen Menschen entspricht; 2,2 Prozent tun dies häufig bis regelmäßig.[72] Studien zum Neuro-Enhancement im Bildungsbereich in Deutschland kommen ebenfalls auf einen Anteil von um die zwei Prozent je nach Untersuchungsgruppe.[73]

Auch für Schönheitsoperationen wurde für das Jahr 2009 eine Gesamtprävalenz von 2,3 Prozent der deutschen Bevölkerung ab

70 Pavel Dietz u. a., »Substanzgebrauch im Freizeit- und Breitensport«, in: Dresen u. a. (Hg.), *Dopingforschung*, S. 185-200, hier S. 187.

71 Mischa Kläber, »Entgleister ›Körperkult‹ und Medikamentenmissbrauch im Breitensport«, in: *Pharmakon* 4/1 (2016), S. 43-48, hier S. 44.

72 DAK Forschung, *DAK Gesundheitsreport 2009*, S. 55-57. Für die Berechnung der Gesamtzahl von gut 1,3 Millionen Menschen wurden die Beschäftigtenzahlen aus dem Jahr 2010 verwendet (Statistisches Bundesamt, *Statistisches Jahrbuch 2018*, Roggentin 2018, Kap. 13).

73 Eine Studie zum Neuro-Enhancement bei GymnasiastInnen und BerufsschülerInnen in Deutschland hat eine Lebenszeitprävalenz von 1,55 Prozent für die Einnahme verschreibungspflichtiger Medikamente zur kognitiven Leistungssteigerung ermittelt; für den Konsum illegaler Substanzen wie etwa Kokain oder Ecstasy lag sie bei 2,42 Prozent. Vgl. Andreas Franke u. a., »Non Medical Use of Prescription Stimulants and Illicit Use of Stimulants for Cognitive Enhancement in Pupils and Students in Germany«, in: *Pharmacopsychiatry* 44/2 (2011), S. 60-66. Bei Studierenden in Deutschland liegen die Werte bei 0,78 Prozent für die verschreibungspflichtigen Medikamente und bei 2,93 Prozent für illegale Substanzen. In den USA sind die Werte deutlich höher und reichen bei Elite-Einrichtungen an der Ostküste bis über 20 Prozent (vgl. Wagner, *Selbstoptimierung*, S. 50).

18 Jahren ermittelt, was etwa 1,5 Millionen Menschen entspricht. Im internationalen Vergleich stand Deutschland 2017 mit drei Prozent der weltweiten Behandlungszahlen an sechster Stelle hinter den USA (18,4 Prozent), Brasilien (10,4 Prozent), Japan (7,2 Prozent), Mexiko (4,4 Prozent) und Italien (4,1 Prozent). Der Anteil der Frauen liegt dabei deutlich über dem der Männer: In Deutschland wurden im Jahr 2018 84,3 Prozent aller Schönheitsoperationen an Frauen durchgeführt (weltweit 87,4 Prozent), was ein Indikator für die Verfestigung von Geschlechterrollen im Rahmen von Optimierungsanforderungen ist.[74] Hinsichtlich der Gesamttendenz konstatieren Appel u. a. im Jahr 2015, »dass die Bereitschaft, mithilfe einer invasiven Körpermodifikation die Verbesserung des eigenen Aussehens zu erreichen, stark angestiegen ist«.[75] Zusammengenommen ergeben die hier aufgeführten Zahlen zur Nutzung von Ratgeberliteratur, dem Konsum leistungssteigernder Substanzen sowie zu den Schönheitsoperationen eine statistisch relevante Größe von einigen Millionen Menschen in Deutschland, die eher zu- als abnimmt.

Betrachtet man darüber hinaus die Zahlen zum Self-Tracking, also die Verwendung digitaler Geräte zur Vermessung von körperlichen Werten oder Aktivitäten, dann steigen die Werte nochmals signifikant an. Laut einer Umfrage im Auftrag des Digitalverbands Bitkom benutzten im Jahr 2015 63 Prozent der deutschen Bevölkerung ab 14 Jahren ein Smartphone, was in etwa 44 Millionen Menschen entspricht. 74 Prozent dieser NutzerInnen luden sich zusätzliche Apps auf ihr Gerät herunter, darunter beispielsweise Fitness- oder Gesundheits-Apps.[76] Einer Schätzung zufolge waren

74 Dieter Korczak, »Schönheitsoperationen im Licht der empirischen Sozialwissenschaften«, in: *Face – ZWP* Spezial_Sozialwissenschaften (2010), ⟨https://epaper.zwp-online.info/epaper/sim/fa/2010/fa0410/epaper/ausgabe.pdf⟩; DGÄPC, *DGÄPC-Statistik 2018*, S. 8, ⟨https://www.dgaepc.de/wp-content/uploads/2018/10/DGAEPC-Statistik_2018.pdf⟩; ISAPS, *Global Survey 2018 Press Release*, S. 2 ⟨https://www.isaps.org/wp-content/uploads/2019/12/ISAPS-Global-Survey-2018-Press-Release-English.pdf⟩, letzter Zugriff jeweils 27. 3. 2020.

75 Antonia Appel u. a., »Körperbild und Körperschmuck«, in: *Psychotherapeut* 60 (2015), S. 505-510, hier S. 509.

76 In Deutschland vermaßen laut einer Marktstudie rund 21 Prozent der Bevölkerung Daten in mindestens einem Lebensbereich. Vgl. Grieger & Cie Marktforschung, *Quantified Wealth Monitor 2016. Potenziale für die Monetarisierung von Self Tracking und Kunden-Daten* ⟨https://docplayer.org/32147952-Dr-grieger-cie-

weltweit im Jahr 2017 325 000 verschiedene Gesundheits-Apps für Smartphones verfügbar; insgesamt wurden etwa 3,7 Milliarden Downloads in diesem Jahr verzeichnet.[77] In Deutschland ist bis zum Jahr 2018 die Zahl der Smartphone-Besitzer auf 89 Prozent der Bevölkerung geklettert, aber auch weltweit ist die Entwicklung rasant.[78] Betrachtet man nur junge Menschen (12-19 Jahre), liegen die Zahlen noch höher: Bereits im Jahr 2015 hatten laut JIM-Jugendstudie 92 Prozent der Jugendlichen in Deutschland ein Smartphone, im Jahr 2017 sogar 97 Prozent.[79] Der Besitz eines Smartphones oder die Installation einer Fitness-App macht einen zwar noch nicht zum Selbstvermesser oder zur Selbstoptimiererin. Die Wahrscheinlichkeit, eine/r zu werden, ist in Anbetracht dieser Zahlen aber hoch.

Die Soziologie hat nicht nur mit Blick auf diese Zahlen, sondern auch hinsichtlich der oben dargelegten gesellschaftlichen Entwicklungen und Zusammenhänge allen Grund, sich mit dem Thema Selbstoptimierung zu beschäftigen, denn es berührt zentrale soziologische Forschungsfelder und Fragestellungen. Dies betrifft auf der grundsätzlichsten Ebene die Frage nach Struktur und Beschaffenheit moderner und spätmoderner Gesellschaften und Formen der Vergesellschaftung. Dazu gehört des Weiteren die Frage nach dem kulturellen System der westlichen Moderne, also nach den leitenden Ideen und Werten. Eine wichtige Rolle spielen darüber hinaus die weitaus umfassenderen Prozesse der Ökonomisierung,

marktforschung.html⟩, letzter Zugriff 10.9.2020. Das ist etwas weniger als in Frankreich, wo im Jahr 2016 laut einer Umfrage 24 Prozent der Bevölkerung ein digitales Gerät zur Selbstvermessung verwendete. In den USA gaben bei einer repräsentativen Telefonbefragung aus dem Jahr 2013 sogar 60 Prozent an, ihr Gewicht, ihre Ernährung und ihre Bewegung zu tracken. Vgl. Faustine Régnier, Louis Chauvel, »Digital Inequalities in the Use of Self-Tracking Diet and Fitness Apps: Interview Study on the Influence of Social, Economic, and Cultural Factors«, in: *JMIR mHealth and uHealth* 6/4 (2018). Zu Fitness-Apps vgl. Statista 2018, *Dossier: Fitness Apps* ⟨https://de.statista.com/statistik/daten/studie/859815/umfrage/nutzung-von-fitness-apps-in-deutschland⟩, letzter Zugriff 27.3.2020.

77 ⟨https://www.fda.gov/medical-devices/digital-health-center-excellence/device-software-functions-including-mobile-medical-applications⟩, letzter Zugriff 8.4.2020.

78 ⟨https://www.techbook.de/mobile/smartphones/huawei-apple-co-unloesbares-problem⟩, letzter Zugriff 24.3.2020.

79 Sabine Feierabend u. a., *JIM 2017. Jugend, Information, (Multi-)Media. Basisstudie zum Medienumgang 12- bis 19-Jähriger in Deutschland*, Stuttgart 2017, S. 8.

der Quantifizierung oder auch der immer weiter reichenden Technisierung des Sozialen. Ebenfalls zu berücksichtigen sind neuartige Praktiken der Valorisierung im Kulturkapitalismus (Andreas Reckwitz) wie das Branding bestimmter Nährstoffe als ›Superfood‹, neue Formen der Soziokalkulation (Uwe Vormbusch) oder auch der Verdatung und Vermessung des Sozialen (Steffen Mau). Schließlich werden ebenso Fragen nach Praktiken der Distinktion (Pierre Bourdieu), der Stilisierung (Hans-Peter Müller) und Singularisierung (Reckwitz) der Lebensführung berührt wie auch solche nach den gegenwärtigen Formen und Modi der Subjektivierung, die eng mit makrogesellschaftlichen Entwicklungen verbunden sind. Das Themenfeld der Selbstoptimierung ist also sehr ergiebig und in einer einzigen Arbeit nicht zu bewältigen. Das Ziel dieser Studie ist es vor diesem Hintergrund, ein genaueres und theoretisch fundiertes Verständnis von Selbstoptimierung zu entwickeln, Einblicke in ihre historische Tiefendimension, ihre semantischen Ausprägungen und ihre gesellschaftliche Einbettung in der Gegenwart zu liefern und einen Analyserahmen für die weitere empirische und theoretische Forschung zu diesem Thema zu entwickeln.

Aufbau des Buches

Nach diesem einleitenden Kapitel folgt im nächsten, zweiten Kapitel eine begriffshistorische Perspektivierung von Selbstoptimierung. Herkunft und Bedeutungen der Begriffe Optimum, Optimierung und Selbstoptimierung werden ebenso herausgearbeitet wie die aktuellen Verwendungsweisen von Selbstoptimierung im öffentlichen Diskurs. Letzteres wird am Beispiel der Wochenzeitung *Die Zeit* dargestellt. Die mediale Analyse macht den kulturkritischen Unterton deutlich, der für die deutschsprachige Debatte um Selbstoptimierung, zumindest in einem eher linksliberalen Blatt wie *Die Zeit*, typisch ist. Im Schlussteil des Kapitels werden die gesellschaftlichen Implikationen der herausgearbeiteten Ergebnisse thematisiert und die Optimierungssemantik in Zusammenhang mit der Art der Gesellschaftsstruktur gebracht.

Das dritte Kapitel legt den Fokus auf die Praktiken der Selbstoptimierung und bietet eine erste Übersicht über verschiedene Typen. Daran anschließend geht es um die Frage, ob es derartige

Praktiken schon vor der Begriffserfindung in den 1950er-Jahren gegeben hat. Es wird argumentiert, dass Idee und Praxis der Selbstverbesserung eine sehr lange historische Vergangenheit haben und es in diesem Kontext auch Beispiele für Formen der Verbesserung gegeben hat, die im weiteren Sinne optimierend sind. Sucht man aber – entsprechend einer engeren Definition – nach Praktiken, die primär selbstbezogen sind und dem Prinzip einer grenzenlos steigerbaren Performanz und systematisch kontrollierter Verbesserbarkeit folgen, wird man in der Vormoderne und bis weit ins 19. Jahrhundert hinein nicht fündig werden. Dies gilt umso mehr, wenn man nach technisch basierten Varianten oder einem gesellschaftlichen Leitbild der Selbstoptimierung fragt.

Das vierte Kapitel führt diese historische Perspektive weiter und fragt nach den kulturellen Voraussetzungen dafür, dass sich eine engere Idee von Selbstoptimierung überhaupt herausbilden kann. Zur Beantwortung dieser Frage werden drei Konzepte aus dem kulturellen Leitprogramm der westlichen Moderne näher betrachtet, was jeweils anhand eines zentralen Referenzautors geschieht: Bildung (Wilhelm von Humboldt), Fortschritt (Marquis de Condorcet) und Rationalisierung (Max Weber). Daran schließt sich ein vierter Abschnitt über ein Ratgeberbuch von Gustav Großmann zur Selbstrationalisierung aus den 1920er-Jahren an. Das Buch selbst wie auch sein Autor sind weit von der kulturhistorischen Bedeutung eines Humboldt, Condorcet oder Weber entfernt. Gleichwohl ist der Text aus inhaltlichen Gründen interessant und bedeutsam, weil sich in ihm bereits zentrale Bausteine der deutlich späteren Diskussionen zum ›unternehmerischen Selbst‹ finden und sich an diesem Beispiel die Differenzen zwischen (Selbst-)Rationalisierung und Selbstoptimierung gut verdeutlichen lassen.

Das fünfte Kapitel fasst den Forschungsstand in der kultursoziologischen Diskussion in Deutschland zusammen, der neben inhaltlich-analytischen Bausteinen auch wichtige Bestandteile zur weiteren historischen wie auch gesellschaftlichen Einordnung von Selbstoptimierung liefert. Ein zentraler Impuls für die kultursoziologische Diskussion in Deutschland kam aus Frankreich, und zwar aus den biopolitischen Schriften von Michel Foucault, auch wenn dieser selbst den Begriff der Optimierung nur beiläufig verwendet und nicht weiter ausgeführt hat. Für die deutschsprachige Diskussion werden vier theoretische Argumentationsmodelle herausgearbeitet: eine kontingenztheoretische Genealogie von Optimierung (Michael Makropoulos), die Perspektive einer Ökonomisierung des Sozialen (Ulrich Bröckling; Stefanie Duttweiler), eine Theorie massenkultureller Subjektivierung (Hannelore Bublitz) und eine kulturtheoretische Analyse moderner Subjektkulturen (Andreas Reckwitz). In allen vier Herangehensweisen wird Selbstoptimierung als spezifisch modernes beziehungsweise genauer: spätmodernes Phänomen begriffen, das auf einem Prozess der Überbietung basiert. Dennoch geht es in diesen Schriften meist nur am Rand um die Optimierung des Selbst, und es fehlt entsprechend eine konzise analytische Beschreibung und theoretische Einbettung.

Ausgehend von diesem Befund geht es im sechsten Kapitel darum, eine eigene analytische Perspektive auf Selbstoptimierung zu entwickeln. Dafür wird als Erstes ein Kontrastbeispiel zu Selbstoptimierung beschrieben: Michel Foucaults Darstellung der antiken »Sorge um sich«. Als Zweites folgt eine Präsentation des inhaltlichen Kerns von Selbstoptimierung anhand ihrer zeitlichen, sachlichen und sozialen Dimension. Damit wird eine idealtypische Darstellung der Idee von Selbstoptimierung geliefert. Nach einem dritten Abschnitt, der weitere analytische Präzisierungen zum Konzept des Selbst und zu den Selbstverhältnissen enthält, beschäftigt sich der vierte Teil des Kapitels mit Selbstoptimierung als Praxis. Hier werden die Logik der Praxis im Allgemeinen sowie die Struktur selbstoptimierender Praktiken im Besonderen dargestellt. Im fünften Teil geht es um Selbstoptimierung als Subjektivierung und als Lebensführung. Damit werden zwei unterschiedliche theoretische Ansätze beleuchtet, mit denen ein Verständnis von Selbstoptimierung auf der Akteursebene gewonnen wird und die sehr weitreichende Konsequenzen für die Persönlichkeit und für die Alltagsgestaltung haben.

Das siebte und abschließende Kapitel bietet zunächst eine Zusammenfassung der zentralen Ergebnisse des Buches. Daran anschließend werden auf Grundlage ausgewählter aktueller Gesellschaftsdiagnosen die Rolle und die Bedeutung von Selbstoptimierung in der Gegenwart diskutiert. Mit dieser zeitdiagnostischen Einordnung, gedacht als Beitrag zu einer öffentlichen Debatte zu diesem Thema, endet das Buch.

II
Optimum, Optimierung, Selbstoptimierung. Begriffshistorische Perspektiven

»Ist nicht der Ausdruck ›Sexualität‹ erst spät, zu Beginn des 19. Jahrhunderts aufgetaucht? Die Tatsache darf weder unterschätzt noch überinterpretiert werden. Sie zeigt etwas anderes an als eine Umarbeitung des Vokabulars; doch offensichtlich bezeichnet sie nicht das plötzliche Hervortreten dessen, worauf sie sich bezieht. Sein Gebrauch ist in Verbindung mit anderen Phänomenen zustande gekommen: ein ganzer Einsatz von verschiedenartigen Erkenntnisbereichen [...]; die Aufstellung einer Menge an teilweise überlieferten, teilweise neuen Regeln und Normen, die sich zudem auf religiöse, gerichtliche, pädagogische und medizinische Institutionen stützen; Veränderungen auch in der Art und Weise, wie die Individuen dazu veranlasst werden, ihrer Verhaltensführung, ihren Pflichten, ihren Lüsten, ihren Gefühlen und Empfindungen und ihren Träumen Sinn und Wert zu verleihen.«[1]

Was Foucault im vorstehenden Zitat in Bezug auf die Sexualität beschreibt, lässt sich – ohne die Analogie hier überstrapazieren zu wollen – auch auf das Thema Selbstoptimierung übertragen. Wie noch genauer zu zeigen sein wird, taucht auch der Ausdruck Selbstoptimierung erst vergleichsweise spät, um die Mitte des 20. Jahrhunderts, auf, bevor er sich ab Beginn der Wende zum neuen Jahrtausend zunehmend verbreitet. Diese Entwicklung sollte ebenfalls ›weder unterschätzt noch überinterpretiert‹ werden, ist aber für sich genommen begründungsbedürftig. Zudem steht der Gebrauch des Ausdrucks Selbstoptimierung ebenfalls im Zusammenhang mit einer ganzen Reihe von Phänomenen, die man primär nicht dem Gegenstandsbereich des hier diskutierten Phänomens zuordnen würde: etwa einer Vorstellung von individuellem und gesellschaftlichem Fortschritt, der Entstehung einer spezifischen Art der Sozialisation oder einer erhöhten sozialen Mobilität innerhalb der Gesellschaftsstruktur – das vierte und das fünfte Kapitel werden diese

1 Michel Foucault, »Gebrauch der Lüste und Techniken des Selbst«, in: ders., *Schriften in vier Bänden. Dits et Ecrits. Band IV*, hg. von Daniel Defert und François Ewald, Frankfurt/M. 2005 [1983], S. 658-686, hier S. 659.

und noch weitere Phänomene aufgreifen und thematisieren. Diese Phänomene sind zugleich wichtige Elemente zur Beantwortung der Frage, wie Selbstoptimierung zu einer Leitidee und auch einem Leitbegriff der Gegenwart werden konnte, einer Idee und einem Begriff also, die sowohl breit anschlussfähig als auch umkämpft und kritisierbar sind. Entsprechend der klassisch-begriffshistorischen Lesart »bündeln« Begriffe »Erwartungen« und »versammeln Erfahrungen«, sind also Indikatoren bestimmter gesellschaftlicher Entwicklungen wie auch des gesellschaftlichen Wandels insgesamt. Gleichzeitig haben sie aber auch »ihre eigene Seinsweise«, sind also »nicht bloße Epiphänomene der sogenannten wirklichen Geschichte«.[2] Wie verhält es sich mit diesem Spannungsfeld in Hinsicht auf ›Selbstoptimierung‹?

Betrachten wir zunächst den Ausdruck selbst. Das Wort Selbstoptimierung besteht aus zwei Teilen: ›Selbst‹ und ›Optimierung‹. Die Substantivierung ›Selbst‹ ist ein Kunstwort, das laut Duden im deutschen Sprachraum im 18. Jahrhundert auftaucht, vermutlich als Übertragung aus dem Englischen (*the self*), und das »das seiner selbst bewusste Ich« bezeichnet. Aus einer »religiös-moralische[n]«[3] Konnotation entwickelt sich allmählich ein säkulares Verständnis vom Selbst, maßgeblich vermittelt über die Psychologie.[4] ›Optimierung‹ ist dem lateinischen Wort *optimum* entlehnt, was eine Substantivierung von *optimus* (bester, hervorragendster; Superlativ von *bonus* = gut) ist und allgemein das ›Beste‹ oder ›Hervorragendste‹ bedeutet. Das Suffix ›ung‹ von (Selbst-)Optimierung wiederum verweist darauf, dass es sich um einen Vorgang oder eine Tätigkeit handelt, also um einen »Bewegungsbegriff«.[5] Derartige Begriffe sind der semantische Niederschlag einer sich mit der Entstehung der Moderne verändernden Sicht auf die Gesellschaft, die nicht mehr vorgegeben ist, sondern von den Akteuren selbst gestaltet wird und dynamisch ist. Vor diesem begriffshistorischen Hintergrund lässt sich Selbstoptimierung vorläufig als ein Prozess der

2 Reinhart Koselleck, »›Neuzeit‹. Zur Semantik moderner Bewegungsbegriffe«, in: ders., *Vergangene Zukunft. Zur Semantik geschichtlicher Zeiten*, Frankfurt/M. 1989, S. 300-348, hier S. 301.

3 Duden, *Herkunftswörterbuch. Etymologie der deutschen Sprache*, Mannheim 2001.

4 Uwe Krähnke, *Selbstbestimmung. Zur gesellschaftlichen Konstruktion einer normativen Leitidee*, Weilerswist 2007, S. 31 f.

5 Vgl. Koselleck, »›Neuzeit‹«.

selbstinduzierten Suche nach dem Besten definieren, was im weiteren Verlauf der Arbeit aber noch präzisiert und zugespitzt wird.

Es gibt eine ungeheure Vielzahl der Komposita mit ›Selbst‹, die in den hier diskutierten thematischen Zusammenhang passen. Dazu gehören die von Foucault in seinem Spätwerk untersuchten »Technologien des Selbst« genauso wie historische oder gegenwärtige Formen der »Selbstthematisierung«, die von der christlichen Beichte bis zu gegenwärtigen Formen der Selbstvermessung reichen.[6] Des Weiteren spielen Ausdrücke wie Selbstverwirklichung, Selbstentfaltung, Selbstzucht, Selbstbildung, Selbsterziehung, Selbstvervollkommnung, Selbstveränderung bis hin zu Selbstformung eine Rolle,[7] aber auch Selbstbestimmung, Selbstgestaltung, Selbsttherapie oder Selbstrationalisierung. Aus dem Englischen zu ergänzen wären Komposita wie *self-improvement*, *self-help*, *self-culture*, *self-management*, *self-activation*, *self-efficacy*, *self-awareness*, *self-actualisation* oder *self-motivation*, die weitgehend aus den Bereichen des Managements und der (Humanistischen) Psychologie stammen;[8] aber auch inhaltlich verwandte Begriffe wie *enhancement*, *personal development*, *human florishing*, *bodyhacking*, *biohacking* und *cyborg*. Des Weiteren beinhaltet das semantische Feld noch folgende Begriffe, die hier der Einfachheit halber nur auf Deutsch aufgelistet werden: Maximierung, Potential, Fähigkeiten, Überbietung, Perfektibilität, Vervollkommnung, Wachstum, Entwicklung, Entfaltung, Steigerung, Aktivierung, Effektivität und Effizienz.

Das semantische Feld, in das Selbstoptimierung eingebettet ist, umfasst also sehr verschiedene Bereiche, die hier nur angedeutet

6 Michel Foucault, »Technologien des Selbst«, in: ders., *Schriften in vier Bänden. Dits et Ecrits. Band IV*, hg. von Daniel Defert und François Ewald, Frankfurt/M. 2005 [1982], 966-998; Alois Hahn, »Zur Soziologie der Beichte und anderer Formen institutionalisierter Bekenntnisse: Selbstthematisierung und Zivilisationsprozeß«, in: *Kölner Zeitschrift für Soziologie und Sozialpsychologie*, 34/3 (1982), S. 407-434; Eryk Noji, Uwe Vormbusch, »Kalkulative Formen der Selbstthematisierung und das epistemische Selbst«, in: *Psychosozial* 41/2 (2018), S. 16-34.

7 Vgl. Roland Kipke, *Besser werden. Eine ethische Untersuchung zu Selbstformung und Neuro-Enhancement*, Paderborn 2011, S. 79-86.

8 Vgl. Eva Illouz, *Die Errettung der modernen Seele. Therapien, Gefühle und die Kultur der Selbsthilfe*, Frankfurt/M. 2009; Jürgen Straub, »Selbstoptimierung im Zeichen der ›Auteronomie‹. Paradoxe Strukturen der normierten Selbststeigerung: von der ›therapeutischen Kultur‹ zur ›Optimierungskultur‹«, in: *Psychotherapie & Sozialwissenschaft* 15/2 (2013), S. 5-38.

werden können. Es reicht vom Themenfeld der Selbstgestaltung, Selbstthematisierung und Selbstverbesserung bis hin zu spezifischen Techniken der Selbstbearbeitung, umfasst konkrete Bereiche wie etwa die von Bildung und Erziehung, (Körper-)Arbeit, Wirtschaft oder Gesundheit und ist an verschiedene Zielhorizonte gebunden: Effizienz und Effektivität genauso wie Glück oder Entfaltung. Selbstoptimierung ist ein schillernder Begriff, der je nach Perspektive und Kontext eine andere Färbung annimmt. Eine mögliche grobe Ordnung in dem weit ausgreifenden semantischen Feld erreicht man mit der Unterscheidung von Begriffen, die einen primär instrumentellen Bezug auf das Selbst ausdrücken, und solchen, in denen der Eigenwert der Person eine wichtige Rolle spielt. Zu Letzterem gehören die antiken Technologien oder Praktiken des Selbst, die einer Ethik der »Sorge um sich« entsprechen;[9] auch der Gedanke der Selbstvervollkommnung und Kipkes Konzept der Selbstformung passen in diesen Rahmen.[10] Auf der instrumentellen Seite stehen Konzepte wie Selbstzucht und Selbsterziehung, Selbstverwertung, Enhancement, Selbstrationalisierung wie auch Selbstoptimierung. Im sechsten Kapitel wird diese Differenz inhaltlich weiter ausgearbeitet und Selbstoptimierung der Selbstsorge im Sinne einer kontrastierenden Herangehensweise gegenübergestellt. Schließlich macht es im Kontext begrifflich-semantischer Überlegungen auch Sinn, mögliche Abgrenzungsbegriffe von Selbstoptimierung zu betrachten. Dazu gehören Resignation, Passivität, Lethargie, Antriebslosigkeit, Faulheit, Trägheit, Fatalismus, Selbstgenügsamkeit, Sich-ins-Schicksal-Ergeben, Selbstzufriedenheit, Verharren im Status quo, Luxus, Vollkommenheit, Muße, Genuss oder auch (nicht übertreffbare) Meisterschaft.[11] Selbstoptimierung kann Verschiedenes umfassen, aber nichts, was mit Stillstand, Ruhe, Passivität und rein zweckfreiem oder ›überflüssigem‹ Genuss zu tun hat.

Dieses Kapitel enthält keine voll ausgearbeitete Begriffsge-

9 Michel Foucault, *Die Sorge um sich. Sexualität und Wahrheit 3*, Frankfurt/M. 2015 [1984].

10 Ruth Conrad, Roland Kipke (Hg.), *Selbstformung. Beiträge zur Aufklärung einer menschlichen Praxis*, Münster 2015; Kipke, *Besser werden*.

11 Es ist wohl kein Zufall, dass diese Liste auch auf eine der christlichen Totsünden verweist: die Trägheit. Das Verhältnis von Selbstoptimierung zur christlichen Theologie wäre eine eigene Arbeit für sich.

schichte, sondern es folgt dieser Perspektive nur so weit, wie sie dem leitenden Forschungsinteresse dienlich ist. Entsprechend sind auch die verwendeten Beispiele nur exemplarischer Natur und decken nicht alle denkbaren Bedeutungsfacetten ab.[12] Zudem hat die begriffshistorische Perspektive in Bezug auf Selbstoptimierung auch Grenzen, da bisher kaum lexikalische Quellen zur Verfügung stehen; die einzige Ausnahme bildet der Eintrag im Duden, der im ersten Kapitel zitiert wurde. Aus diesem Grund basiert die Analyse auf anderen Quellen: dem Digitalen Wörterbuch der deutschen Sprache und dem Google Books NGram Viewer. Sie vermitteln ein Bild der sukzessiven Bedeutungsausweitung von Selbstoptimierung wie auch der Diffusion des Begriffs in verschiedene gesellschaftliche Bereiche. Am Beispiel der Begriffsanalyse der Wochenzeitung *Die Zeit* für die Jahre 1999 (Zeitpunkt des erstmaligen Auftauchens des Begriffs) bis zum Jahr 2015 zeigt sich auch die tendenziell (kultur)kritische Begriffsrahmung von Selbstoptimierung im öffentlichen Diskurs in Deutschland, für die es aus der kultursoziologischen Diskussion noch weitere Belege geben wird. Das Kapitel beginnt allerdings nicht mit Selbstoptimierung, dem jüngsten der hier analysierten Ausdrücke, sondern geht chronologisch vor: vom Optimum zur Optimierung bis hin zur Selbstoptimierung. Ganz zum Schluss des Kapitels wird die eingangs gestellte Frage nach dem Verhältnis von begrifflich-semantischer und gesellschaftlicher Entwicklung nochmals aufgegriffen. Ist Selbstoptimierung eher ein Ausdruck des gesellschaftlichen Wandels – oder nimmt sie diesen vielleicht sogar vorweg?

II.1 Optimum

›Optimum‹ ist, wie bereits dargelegt, dem lateinischen Wort *optimum* entlehnt und bedeutet das ›Beste‹ oder ›Hervorragendste‹. Einen frühen Beleg für diese Verwendung findet sich in der berühmten Passage aus Leibniz' *Theodizee* aus dem Jahr 1710, in der er begründet, weshalb die Menschen in der besten aller möglichen

12 Die Übergänge zwischen Begriffs- und Ideengeschichte sind fließend. Zur weiteren Diskussion dazu mit entsprechenden Literaturhinweisen vgl. Krähnke, *Selbstbestimmung*, S. 19 f.

Welten leben. Leibniz formuliert sein Argument in Form eines mathematischen Gleichnisses:

> Und wie in der Mathematik ohne ein *Maximum* und *Minimum*, kurz ohne etwas bestimmt Unterschiedenes, alles gleichförmig verläuft, oder wenn dies nicht möglich ist, überhaupt nichts geschieht, so lässt sich dasselbe von der vollkommenen Weisheit sagen, die gleichen Regelmäßigkeiten untersteht wie die Mathematik: gäbe es nicht die beste *(optimum)* aller möglichen Welten, dann hätte Gott überhaupt keine erschaffen.[13]

Eingang in die moderne akademische Debatte findet der Begriff im deutschsprachigen Raum zu Beginn des 20. Jahrhunderts. ›Optimum‹ meint laut Duden: ein »(unter den gegebenen Voraussetzungen, im Hinblick auf ein Ziel) höchstes erreichbares Maß, höchster erreichbarer Wert«.[14] Ein Beleg für diese Bedeutung findet sich in Max Webers Diskussion zu Lujo Brentanos Buch *Die Entwicklung der Wertlehre*. Dort schreibt Weber: »Jede Maschine z.B. pflegt ein Optimum der Leistungsfähigkeit für bestimmte Zwecke zu haben: eine darüber hinaus verstärkte Zufuhr von Heizstoffen oder Beschickung mit Rohmaterial usw. vermindert zunächst relativ, dann absolut, das Ergebnis ihrer Leistung.«[15] Diese eingebaute Begrenzung hat systemische, also im jeweiligen Systemzusammenhang liegende Gründe, die hier nicht weiter interessieren. Wichtig ist

13 Gottfried Wilhelm Leibniz, *Die Theodizee*, Hamburg 1968 [1710], S. 101. Laut Koselleck findet sich schon bei Leibniz die Idee, dass sich »das Optimum [...] in der zeitlichen Erstreckung ständiger Verbesserung« vollzieht, was eine grundlegende Figur des modernen Fortschrittsbegriffs ist. Reinhart Koselleck, »Fortschritt«, in: Otto Brunner u. a. (Hg.), *Geschichtliche Grundbegriffe. Historisches Lexikon zur politisch-sozialen Sprache in Deutschland*, Bd. 2: E-G, Stuttgart 1979, S. 351-423, hier S. 374.

14 ⟨https://www.duden.de/rechtschreibung/Optimum⟩, letzter Zugriff 24. 3. 2020. Daneben gibt der Duden eine weitere Bedeutung aus dem Bereich der Biologie an: »günstigste Umweltbedingungen für ein Lebewesen«. Dafür findet sich im Oxford English Dictionary ein erster Beleg aus dem Jahr 1848. ⟨http://www.oed.com/vies/Entry/132080?redirectedFrom=optimum#eid⟩. Das Centre National de Ressources Textuelles et Lexicales belegt für den französischen Sprachraum eine erste »isolierte« Referenz für das Jahr 1771; der erneute und verallgemeinerte Gebrauch wird erst für das 20. Jahrhundert festgemacht ⟨https://www.cnrtl.fr/etymologie/⟩, letzter Zugriff jeweils 24. 3. 2020.

15 Max Weber, »Die Grenznutzenlehre und das ›psychophysische Grundgesetz‹«, in: ders., *Gesammelte Aufsätze zur Wissenschaftslehre*, hg. von Johannes Winckelmann. Tübingen 1988 [1908], S. 384-399, hier S. 397 f.

die Charakterisierung der Idee des Optimums: Besser als optimal geht es nicht. Ist das Optimum erreicht, kann es keine Besserung mehr geben. Für Weber steckt zudem im Begriff des Optimums ein »teleologischer ›Funktionswert‹: ›Optimum‹ – wofür?« Es muss also stets danach gefragt werden, mit welcher Ziel- oder Zwecksetzung er verwendet wird. Entsprechend konkretisiert Weber den Begriff des Optimums noch etwas genauer:

> Er taucht ersichtlich speziell da – es interessiert uns nicht: ob überall und ob nur da – auf, wo wir, ausdrücklich oder stillschweigend, mit der Kategorie des ›Zweckes‹ operieren. Und dies geschieht, indem wir einen gegebenen Komplex von Mannigfaltigkeit als eine *Einheit* denken, diese Einheit auf einen bestimmten *Erfolg* beziehen und [sie] alsdann *an* diesem konkreten Erfolg – je nachdem er erreicht, nicht erreicht, unvollständig erreicht, durch Aufwendung von wenig oder von viel Mitteln erreicht wird – als ›Mittel‹ zur Erreichung seiner *bewerten* [...].[16]

Die Kategorie des Erfolgs bezeichnet hier konkret den Grad der Zielerreichung. Der Erfolg bemisst sich also danach, wieweit das erstrebte Ziele auch realisiert werden konnte. Es geht, wie Weber an einer anderen Stelle in Bezug auf das »Prinzip des ›kleinsten Kraftmaßes‹« schreibt, um das »Optimum des Erfolges im Vergleich mit den aufzuwendenden Mitteln«.[17] Die Suche nach dem Optimum ist für Weber demnach ein Unterfangen, das einer streng zweckrationalen Logik folgt und bei dem Mittel und Ziele genau abgesteckt und hinsichtlich der erwarteten Ziele evaluiert sein müssen. Im vierten Kapitel wird uns diese Definition im Rahmen von Webers Bürokratiebegriff nochmals begegnen. Gleichzeitig macht Weber deutlich, dass der Begriff eines ›Optimum‹ »[...] weder spezifisch psychologischer, noch psychophysischer, noch physiologischer oder biologischer Natur«, sondern »einer ganzen Anzahl von unter sich im übrigen sehr heterogenen Problemen gemeinsam ist«.[18] So lässt sich das Optimum der Leistungskraft von Maschinen genauso bestimmen wie ein bestimmter ökonomischer, politischer und gesellschaftlicher Zustand hinsichtlich eines zu erreichenden Optimums gedacht werden kann.

16 Ebd., S. 398; Hervorhebungen im Original.

17 Max Weber, *Wirtschaft und Gesellschaft. Grundriß der verstehenden Soziologie*, hg. von Johannes Winckelmann. Tübingen 1972 [1921], S. 32.

18 Weber, »Die Grenznutzenlehre«, S. 399.

Ein Beispiel dafür ist die ebenfalls aus der Zeit des beginnenden 20. Jahrhunderts stammende Idee des Pareto-Optimums (auch Pareto-Effizienz genannt), das auf den italienischen Ingenieur, Ökonomen und Soziologen Vilfredo Pareto zurückgeht. Der Begriff selbst scheint aber nicht von ihm zu stammen,[19] so dass noch zu überprüfen wäre, ab wann er sich tatsächlich durchgesetzt hat. Der Sache nach aber beschreibt Pareto in seinem *Manuale di economia politica* von 1906 das, was später als Pareto-Optimum bekannt wurde: eine »[g]esellschaftliche Situation, in der es nicht möglich ist, die Wohlfahrt eines Individuums durch eine Re-Allokation der Ressourcen zu erhöhen, ohne gleichzeitig die eines anderen Individuums zu verringern«.[20] Es handelt sich um ein für die Neoklassik typisches Gleichgewichtsmodell, mit dem noch heute im Rahmen der Wohlfahrtsökonomik gearbeitet wird. Das Optimum ist so lange nicht erreicht, wie man A besserstellen kann, ohne B gleichzeitig schlechterstellen zu müssen. Ist das Optimum erreicht, sind die Güter bestmöglich verteilt. Ebenso wie in Webers Maschinenbeispiel ist dann eine Verbesserung der Situation nicht mehr möglich; sie ist optimal. Ändert sich allerdings einer oder mehrere der involvierten Parameter, muss sich auch das Gesamtgefüge ändern, um das für die neue Situation bestmögliche Ergebnis zu finden. Das Optimum stellt daher keinen absoluten Wert dar, sondern bestimmt sich relational nach Maßgabe der involvierten Parameter und der konkreten Kontextbedingungen.

Die inhaltliche Zielsetzung und die zur Anwendung kommenden Parameter sind dabei äußerst variabel. Während Weber über das Optimum einer Maschine nachdachte und Pareto sich mit dem Optimum aus einer wohlfahrtsökonomischen Perspektive beschäftigte, befasste sich der Wirtschaftsprofessor Andreas Predöhl während der Zeit des Nationalsozialismus mit den Beschaffenheiten eines »völkischen Optimums«.[21] Predöhl forschte am Kieler Ins-

19 Gottfried Eisermann, *Vilfredo Pareto. Ein Klassiker der Soziologie*, Tübingen 1987, S. 92.

20 ⟨https://wirtschaftslexikon.gabler.de/definition/pareto-optimum-45936⟩, letzter Zugriff 24. 3. 2020; Bei Pareto findet sich die entsprechende Textstelle in Abschnitt VI, §33 seines Buches. Vilfredo Pareto, *Manuale di economia politica*, Pordenone 1994 [1906], S. 92.

21 Andreas Predöhl, »Weltwirtschaft vom völkischen Standpunkt«, Vortrag gehalten in der Gesellschaft der Kaufleute im Hansischen Hochschulring zu Hamburg

titut für Weltwirtschaft und diente sich dem politischen Regime an, seine genaue Rolle im Nationalsozialismus ist in der Forschung aber nicht letztgültig geklärt.[22] Predöhls Überlegungen zum ›völkischen Optimum‹ stehen ebenfalls in einem wohlfahrtsökonomischen Kontext. Von zentraler Bedeutung ist das Verhältnis von Staat und Wirtschaft, genauer: das Verhältnis von »Staatsraum« und »Wirtschaftsraum«.[23] Binde die staatliche Politik die Wirtschaft in den Welthandel ein und erziele somit einen größtmöglichen materiellen Wohlstand, werde, so Predöhl, das »ökonomische Maximum« erreicht. Das »ökonomische Minimum« hingegen entsteht laut Predöhl dann, wenn es zu viele Staatsinterventionen gibt.[24] Gute Wirtschaftspolitik bemaß sich somit für Predöhl nach dem Gleichgewicht beziehungsweise »nach dem erstrebenswertesten Punkt zwischen dem Ökonomischen Maximum und dem Minimum«.[25] Dieser Punkt müsse von der Politik bestimmt werden, wirtschaftliches Handeln also politischen Zielsetzungen untergeordnet werden. Das »völkische Optimum« schließlich befinde sich genau am Schnittpunkt von maximalem Bruttoinlandsprodukt und der Erreichung staatlicher, das heißt völkischer Ziele.[26] In diesem ökonomisch-politischen Gleichgewichtsmodell stellte also das Volk den »politische[n] Letzthintergrund«[27] dar, und die politische Führung hatte auf Grundlage der von Wirtschaftswissenschaftlern geleisteten Expertise zu entscheiden, wie man diese Setzung bestmöglich erreicht.

Wie diese Beispiele verdeutlichen, ist die Zielorientierung ei-

am 2. November 1937, Hamburg 1937, S. 11 f., zitiert nach Christoph Scheuplein, »Wirtschaftliches Maximum, völkisches Optimum: Raumwirtschaftstheorie und -politik bei Andreas Predöhl«, in: Heinrich Mäding, Wendelin Strubelt (Hg.), *Vom Dritten Reich zur Bundesrepublik: Beiträge einer Tagung zur Geschichte von Raumforschung und Raumplanung*, Hannover 2009, S. 84-106.

22 Vgl. Scheuplein, »Wirtschaftliches Maximum, völkisches Optimum«, S. 84 f.

23 Vgl. Gunnar Take, *Forschen für den Wirtschaftskrieg. Das Kieler Institut für Weltwirtschaft im Nationalsozialismus*, Berlin 2019, S. 103.

24 Vgl. Take, *Forschen für den Wirtschaftskrieg*, S. 104, hier ohne direkte Quellenangaben zu Predöhl.

25 Vgl. ebd., S. 105.

26 Predöhl, »Weltwirtschaft vom völkischen Standpunkt«, S. 6, zitiert nach Take, *Forschen für den Wirtschaftskrieg*, S. 106. Bei Take findet sich auf derselben Seite eine Abbildung zu Predöhls Konzept des ›völkischen Optimums‹.

27 Vgl. Scheuplein, »Wirtschaftliches Maximum, völkisches Optimum«, S. 95.

nes Optimums variabel. Die Frage Webers nach dem ›Wofür‹ muss also stets neu gestellt und beantwortet werden. Gleichzeitig ist die ›Kategorie des Zweckes‹ immer auch mit der Frage verbunden, aufgrund welcher Mittel das Optimum erreicht werden soll. Eine Formalisierung und Modellierung erfährt dieser Gedanke im mathematisch-technischen Verfahren der Optimierung.

II.2 Optimierung

Wie ›Optimum‹ stammt auch Optimierung vom lateinischen *optimus* (der/das Beste). Die Begriffsverwendung ist bis zur Mitte des 20. Jahrhunderts äußerst selten, steigt jedoch ab Ende der 1950er-Jahre sukzessive an. Vereinzelt taucht auch der Begriff schon früher auf;[28] ab den 1950er-Jahren aber entwickelt sich ein mathematisch-technisch-betriebswirtschaftliches Verständnis, das sich verbreitet und durchsetzt. In einer an die interessierte Öffentlichkeit gerichteten Einführung zu diesem Thema macht Frank-Michael Dittes die (betriebs)wissenschaftliche Idee von Optimierung gut verständlich: »Der wissenschaftliche Zugang zur Optimierung erfordert [...] einerseits die detaillierte Beschreibung des zu optimierenden Systems und eventueller Randbedingungen, denen es unterworfen ist. Andererseits muss klar definiert sein, welche Größe optimiert werden soll, welches Ziel also verfolgt wird.«[29] In gängigen Lexika wird ausschließlich auf diese Lesart verwiesen. Erste Belege stammen aus den 1960er- und 1970er-Jahren. Im *Brockhaus* beispielsweise wird das Lemma erstmals in der 17. Auflage aus dem Jahr 1971 aufgeführt. Dort heißt es:

> Aufsuchen des kleinsten (*Minimierung*) oder größten (*Maximierung*) Wertes einer Funktion (Zielfunktion, Objektfunktion) in einem bestimmten, durch Nebenbedingungen, oft in Form von Gleichungen oder Ungleichungen beschriebenen (zulässigen) Bereich. Sind Zielfunktion, Gleichun-

28 Vgl. die Belege, die es zumindest zum englischsprachigen Begriff der Optimierung (*optimisation*) und zum Verb optimieren (*to optimise*) gibt, im Oxford English Dictionary ⟨http://oed.com⟩, letzter Zugriff: 24.3.2020. Hier wird auch deutlich, dass der Begriff ursprünglich einen breiteren Bedeutungsgehalt hat als der, der ihm ab den 1950er-Jahren zugeschrieben wird.

29 Frank-Michael Dittes, *Optimierung. Wie man aus allem das Beste macht*, Berlin 2015, S. 2, Hervorhebungen weggelassen.

gen und Ungleichungen linear, so liegt eine *lineare Optimierungsaufgabe* vor. Das Optimum wird in einer Ecke des zulässigen Bereichs angenommen und kann mit numerischen Verfahren (*Simplex-Algorithmus*) berechnet werden. Optimierungsaufgaben haben große Bedeutung bes. in den Wirtschaftswissenschaften, so für die Maximierung des Gewinns bei beschränkten Produktionsfaktoren (Kapital, Maschinen, Arbeitskraft) oder für die Minimierung der Kosten. Da sie bei Planungsaufgaben von Bedeutung sind, spricht man auch von *Programmierungsaufgaben* (*programming*). In den *Wirtschaftswissenschaften* hat O. die Bedeutung von ›bestmöglicher‹ Zielerreichung, wobei die Ziele unterschiedlich sein können, z.T. auch miteinander konkurrieren (Zielkonflikte), die O. kommt dann als Kompromiß zwischen mehreren Zielen zustande. Häufig besteht die O. aber entweder in der Maximierung einer ökonom. Zielgröße (Produktion, Umsatz, Gewinn) oder in der Minimierung einer solchen (Aufwand, Kosten).[30]

Der im Zitat genannte Simplex-Algorithmus wurde vom US-amerikanischen Mathematiker George B. Dantzig (1914-2005) entwickelt, der auch als Vater der linearen Optimierung gilt. Lineare Optimierung ist ein Teilgebiet des *Operations Research*, das im Zweiten Weltkrieg entwickelt wurde. Angewandte Mathematik, Wirtschaftswissenschaften und Informatik kommen hier zusammen, um quantitative Modelle und Methoden zur Entscheidungsunterstützung zu entwickeln und einzusetzen. Mit der mathematischen und computergestützten Umsetzung von Optimierungsaufgaben wird eine bis dahin nicht mögliche Systematik in Planungs- und Programmieraufgaben erreicht. Dementsprechend beschreibt Dantzig (2002) die Reichweite des *Linear Programming* mit pathetischen Worten als Teil einer »großen revolutionären Entwicklung«, »mit der die Menschheit in die Lage versetzt wird, allgemeine Ziele zu formulieren und detailliert darzulegen, wie man ›am besten‹ seine Ziele in praktischen Situationen großer Komplexität erreicht«.[31] Daraufhin listet er drei Mathematiker (Fourier, de la Vallée Poussin, Kantorowitsch) auf, die schon vor ihm in diese Richtung gedacht hätten, was aber ohne Konsequenzen geblieben sei. Schließlich führt er das mangelnde Interesse an Optimierung darauf zurück, dass es vor 1947 noch keine Computer gegeben hat:

30 *Brockhaus. Enzyklopädie in 20 Bänden. Mot-Oss*, Wiesbaden 1971.
31 George B. Dantzig, »Linear Programming«, in: *Operations Research* 50/1 (2002), S. 42-47, hier S. 42, Übersetzung A. R.

»Das Nichtvorhandensein von Computern war, so glaube ich, der zentrale Grund für das komplette Desinteresse an Optimierung vor dem Jahr 1947.«[32] Anstatt klarer Ziele oder objektiver Funktionen habe es bis 1946 nur Ad-hoc-Regeln gegeben. Mitte des Jahres 1947 habe er dann entschieden, diese Ad-hoc-Regeln durch explizite und mathematisch berechenbare Funktionen zu ersetzen. Das Ergebnis war die Erfindung der Simplex-Methode.[33] Die Neuerung bestand also darin, dass man bisherige Überlegungen zur Suche optimaler oder bestmöglicher Lösungen nun mithilfe von Computern und mathematischen Algorithmen deutlich verbessern und systematisieren konnte. Auch in *Meyers Neues Lexikon* (1963), verlegt in der DDR, kann man unter dem Lemma ›Optimierung‹ lesen: »Zur praktischen Lösung von O.sproblemen müssen wegen ihres Umfangs meist programmgesteuerte elektronische Rechenautomaten eingesetzt werden.« Die variable politische Zielsetzung oder Rahmung des Prozesses wird in die marxistische Weltanschauung eingepasst: »Unter kapitalistischen Verhältnissen dient die O. meist der Erzielung von Maximalprofit, in sozialistischen Verhältnissen der rationellen Ausnutzung der Produktivkräfte.«[34] Ob in der kapitalistischen oder der sozialistischen Variante – Optimierung ist hier fest im technisch-mathematischen Bereich von Produktionsprozessen verwurzelt. Dies zeigt sich nicht zuletzt bei Betrachtung jener Wörter, die typischerweise in Verbindung zu ›Optimierung‹ gebraucht werden. Das Digitale Wörterbuch der deutschen Sprache hat sie in einer Wortwolke visualisiert (vgl. Abbildung 1).

Optimierung geht mit Prozessen der Quantifizierung und der Objektivierung einher. Die involvierten Parameter müssen ebenso wie die erstrebte Zieldimension quantitativ beschreibbar sein. Darüber hinaus ist Optimierung in diesem technischen und ökonomischen Kontext an eine Vorstellung von vorhandenen Zwängen gebunden:

32 Ebd., S. 43, Übersetzung A. R.

33 Ebd.

34 *Meyers Neues Lexikon in acht Bänden. Sechster Band: Muskat-Ribot*. Leipzig: VEB Bibliographisches Institut 1963.

35 »Optimierung«, in: DWDS – Digitales Wörterbuch der deutschen Sprache, hg. von der Berlin-Brandenburgischen Akademie der Wissenschaften, ⟨https://www.dwds.de/wb/Optimierung#wp-1⟩, letzter Zugriff 24. 3. 2020.

Abbildung 1: Typische Verbindungen zu ›Optimierung‹[35]

> Streng genommen gibt es keine Optimierung, wenn es keine Zwänge oder Widersprüche zwischen Zielen gibt. Das Ziel von Optimierung ist es, den größten Nutzen aus den Zwängen zu ziehen, die für die Kalkulation relevant sind, unabhängig davon, ob diese Zwänge Budget, Zeit, Energie oder antizipierte negative Effekte betreffen. […] Das Ziel ist es, das Beste aus dem zu machen, was es gibt, das beste Gleichgewicht zwischen widersprüchlichen Zielen zu finden (z.B. den größtmöglichen Output zu produzieren und gleichzeitig unter einer gewissen Verschmutzungsschwelle zu verbleiben).[36]

Optimierung ist demnach nicht allgemein mit Maximierung gleichzusetzen, sondern mit der »Maximierung von Zielen unter Realitätszwängen«.[37] Dies aber bedeutet, dass sich Optimierung und Maximierung der Sache nach voneinander unterscheiden. Maximierung folgt einer quantitativen Logik, bezieht sich auf nur ein

36 Ève Chiapello, »Optimisation in a Context of Financialisation«, in: Vera King u.a. (Hg.), *Lost in Perfection. Impacts of Optimisation on Culture and Psyche*, London, New York 2019, S. 13-23, hier S. 14, Übersetzung A. R.

37 Ebd., S. 15.

Element und ist endlich. Es geht darum, ein Element mit Blick auf einen bestimmten einzelnen Parameter maximal auszubeuten, also z.B. eine Öl- oder Erdgasquelle bis zur völligen physischen Erschöpfung und/oder bis zur wirtschaftlichen Erschöpfung, das heißt ihrer Unrentabilität. Bei Optimierung hingegen steht eine qualitative Logik im Vordergrund, die mehrere Elemente umfasst und potenziell unendlich ist. Es geht darum, das bestmögliche Ergebnis zu einem gegebenen Zeitpunkt unter Berücksichtigung der vorhandenen Ressourcen und Kontextbedingungen zu erreichen, und dieser Kontext ist maßgeblich von Zwängen wie etwa der Knappheit von Zeit und Gütern geprägt. Mit anderen Worten: »Nutzen, Knappheit, konkurrierende Ziele, Entscheidungszwang« bilden die Matrix, vor deren Hintergrund im ökonomischen Kontext Optimierungsentscheidungen getroffen werden (müssen).[38] In diesem Sinn findet der Begriff auch Eingang in die klassische soziologische Diskussion. Der Soziologe Talcott Parsons etwa ordnet im Rahmen seiner allgemeinen Handlungstheorie den Optimierungsbegriff dem ökonomischen Bereich zu, wenn er »das utilitaristische Prinzip der Nutzenmaximierung in ein Streben nach ›Optimierung der Bedürfnisbefriedigung‹ (*optimization of gratification*)« übersetzt.[39]

Ab der Wende zum neuen Jahrtausend wird zunächst in Deutschland, später auch in anderen Ländern, die Optimierungssemantik allmählich vom technisch-betriebswirtschaftlichen auch auf andere gesellschaftliche Bereiche ausgedehnt. Dies vollzieht sich aber nur langsam. Im Jahr 2000 verwendet beispielsweise Ulrich Bröckling, einer der zentralen Optimierungstheoretiker in Deutschland, den Begriff noch in einem primär betriebswirtschaftlichen Sinne; erst später überträgt er ihn auch auf soziale Zusammenhänge und diskutiert nun auch Formen der Selbstoptimierung.[40]

38 Edgar Forster, »Die brüchige Welt der Optimierung«, in: *Zeitschrift für Pädagogik* 1 (2020), S. 15-20, hier S. 15.

39 Zitiert nach Ulrich Bröckling, »Optimierung, Preparedness, Priorisierung. Soziologische Bemerkungen zu drei Schlüsselbegriffen der Gegenwart« ⟨https://www.soziopolis.de/beobachten/gesellschaft/artikel/optimierung-preparedness-priorisierung/⟩, letzter Zugriff 19. 8. 2020.

40 Ulrich Bröckling, »Totale Mobilmachung. Menschenführung im Qualitäts- und Selbstmanagement«, in: ders. u. a. (Hg.), *Gouvernementalität der Gegenwart. Studien zur Ökonomisierung des Sozialen*, Frankfurt/M. 2000, S. 131-167. Zu Bröcklings Perspektive auf Selbstoptimierung vgl. Kapitel V.2.

Gleichzeitig stellt sich die Frage, wie er überhaupt auf die Optimierungssemantik kam, die zu der Zeit noch in einem eher betriebswirtschaftlichen Kontext lokalisiert war. »Der Begriff lag in der Luft«, lautete seine Antwort auf diese Frage.[41] In der Luft lag zum damaligen Zeitpunkt beispielsweise eine wachsende Kritik an den als neoliberal bezeichneten wirtschaftspolitischen Reformen in Deutschland wie auch anderswo. Attac Deutschland wird im Jahr 2000 gegründet, zwei Jahre nach der Erstgründung der Organisation in Frankreich. Ebenfalls aus dem Jahr 2000 stammt der von Bröckling selbst mitherausgegebene Sammelband zur *Ökonomisierung des Sozialen*, in dem eine sich sukzessive ausbreitende Logik der Ökonomisierung kritisiert wird. Zur gleichen Zeit gibt es auch eine rege öffentliche bioethische Debatte zu den Themen Klonen und Präimplantationsdiagnostik. 1996 kam das Schaf Dolly als erstes geklontes Säugetier auf die Welt, was eine breite internationale Diskussion über das Für und Wider des Klonens auslöste. Anfang der 1990er-Jahre wurde in Deutschland zum ersten Mal die Präimplantationsdiagnostik (PID) durchgeführt, worüber sich im Bundestag im Frühjahr 2000 eine intensive Debatte entspann. Auch Jürgen Habermas meldete sich in dieser Diskussion zu Wort. Zum Thema Präimplantationsdiagnostik schrieb er, dass es »heute schon schwierig [ist], die Grenze zwischen der Selektion unerwünschter und der Optimierung erwünschter Erbanlagen einzuhalten«.[42] Der Optimierungsbegriff taucht hier also im Kontext der Debatte um Gentechnik auf, und zwar als Bezeichnung für technische Manipulationen am Menschen als Gattungswesen. Als im Jahr 2008 die deutsche Übersetzung der bioethischen Studie *The Case against Perfection* (2007) von Michael Sandel erscheint, ist die Assoziation von technischen Verbesserungen der Naturausstattung des Menschen mit ›Optimierung‹ bereits etabliert.[43] Sämtliche Stellen im Buch, in denen der Autor von »enhancement« oder »to enhance« spricht, werden in der deutschen Fassung mit »Optimierung« oder »optimieren« übersetzt. Und so lautet der erste Satz in einer Rezension des Buches aus der *Frankfurter Allgemeinen Zeitung* etwas reißerisch: »Egal ob offen oder

41 Persönliches Telefongespräch mit Ulrich Bröckling, 21.12.2017

42 Jürgen Habermas, *Die Zukunft der menschlichen Natur. Auf dem Weg zu einer liberalen Eugenik?*, Frankfurt/M. 2001, S. 41.

43 Dies bedeutet selbstredend nicht, dass immer, wenn von diesem Thema die Rede ist, auch die Optimierungsbegrifflichkeit zur Anwendung kommt.

verdeckt: Der Zwang zur Optimierung von Körper und Geist ist allgegenwärtig.«[44] Ausgehend von einer sukzessiven Verbreitung des Begriffs der Optimierung taucht zu diesem Zeitpunkt auch der Ausdruck Selbstoptimierung immer häufiger auf. Noch aber handelt es sich um einen wenig etablierten Begriff.

II.3 Selbstoptimierung

Selbstoptimierung bedeutet in einem allgemeinen Sinn, dass sich die Optimierungsbestrebungen auf das Selbst, also auf die eigene Person, richten. Das Selbst optimiert sich, ist Subjekt und Objekt in einem. Das Wort Selbstoptimierung ist vergleichsweise neu. Einer Umfrage aus dem Jahr 2014 zufolge hatten es 61 Prozent der Deutschen bis dato nicht gehört oder gelesen.[45] Entsprechend gering ist die Verbreitung des Begriffs, auch wenn sie sich seit seinem Aufkommen deutlich erhöht hat. Dies zeigen die Wortverlaufskurven des Google Books Ngram Viewer und des Digitalen Wörterbuchs der deutschen Sprache (vgl. Abbildungen 2 und 3).

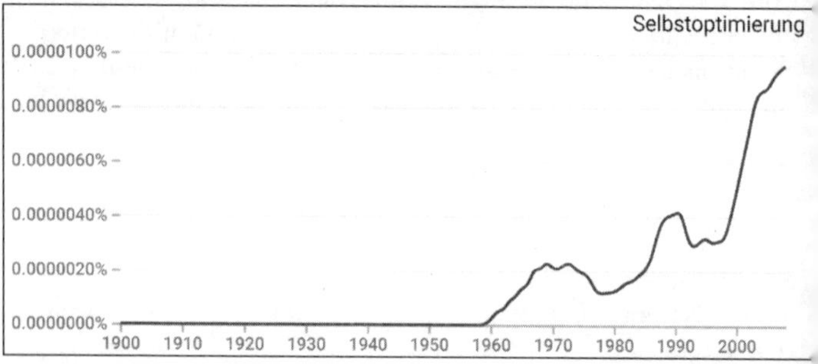

Abbildung 2: Google Books Ngram Viewer – Wortverlaufskurve für ›Selbstoptimierung‹[46]

44 Christian Geyer, »Wie fit hätten Sie mich denn gerne?«, in: *Frankfurter Allgemeine Zeitung*, 28. 4. 2008, S. 39.

45 Nürnberg Institut für Marktentscheidungen (2014) ⟨https://www.gfk-verein.org/compact/fokusthemen/das-optimierte-selbst%EF%83%B1⟩, letzter Zugriff 24. 3. 2020.

46 Die angeführten Quellen bei Google sind bisweilen fehlerhaft, insbesondere wenn es um die Verweise zu historisch älteren Quellen geht. Dennoch halte ich

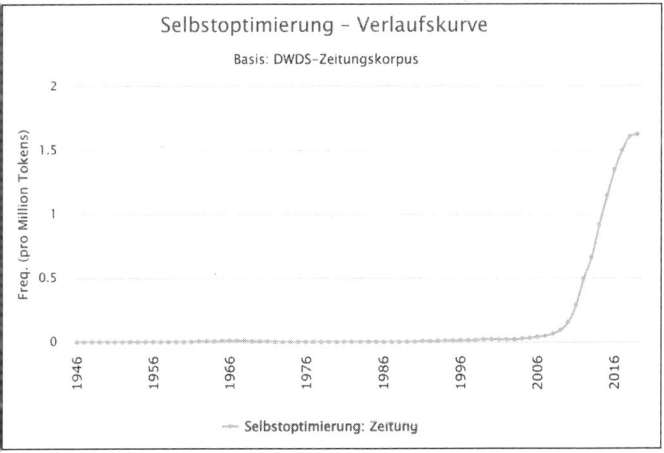

Abbildung 3: DWDS-Wortverlaufskurve für ›Selbstoptimierung‹[47]

Der Google Books Ngram Viewer zeigt eine Begriffsverwendung bereits ab dem Ende der 1950er-Jahre an; danach verläuft die Linie mit zwei Höhepunkten um die Jahre 1970 und 1990 kontinuierlich, ab Ende der 1990er-Jahre massiv nach oben. Im Zeitungskorpus des DWDS, das sich zum überwiegenden Teil auf Belege aus der Zeitung *Die Zeit* stützt, stammt der erste Beleg aus dem Jahr 1999. Dies ist ein Anzeichen dafür, dass die mediale Diskussion *über* den Begriff später begonnen hat als seine Verwendung im Rahmen forschungsbezogener Diskussionen. Danach häufen sich die Verweise erst langsam, dann vermehrt ab dem Jahr 2010.

Die Wortverteilung ist zu gering, als dass das Digitale Wörter-

die angezeigte Gesamttendenz für richtig. Quelle: ⟨https://books.google.com/ngrams/graph?content=Selbstoptimierung&year_start=1900&year_end=2008&corpus=20&smoothing=2&share=&direct_url=t1%3B%2CSelbstoptimierung%3B%2Cc0⟩, letzter Zugriff 24. 3. 2020.

47 DWDS-Wortverlaufskurve für ›Selbstoptimierung‹, erstellt durch das Digitale Wörterbuch der deutschen Sprache, ⟨https://www.dwds.de/?q=Selbstoptimierung⟩, letzter Zugriff 24. 3. 2020. Das Zeitungskorpus ist allerdings lückenhaft. Für die *Berliner Zeitung* und den *Tagesspiegel*, die beide nur bis zum Jahr 2005 erfasst sind, beinhaltet das Korpus lediglich vier Belege für die *Berliner Zeitung* (2001) und einen Artikel aus dem *Tagesspiegel* (2002). Nur *Die Zeit* wird für den Untersuchungszeitraum voll erfasst (114 Belege).

buch der deutschen Sprache eine Graphik über die ›typischen Verbindungen‹ des Begriffs generieren könnte wie bei ›Optimierung‹. Daher mussten die Verwendungskontexte anders rekonstruiert werden, wofür zwei Wege gewählt wurden: die Quellen der beim Google Ngram Viewer angegebenen Verwendungsstellen und eine Stichwortsuche in der Wochenzeitung *Die Zeit*. Eine Auflistung der vom Google Books Ngram Viewer angegebenen Quellen belegt eine klare Ausweitung des Verwendungskontextes von Selbstoptimierung. Die ersten Verweise sind rein industrietechnischer Provenienz; es geht um Produktionsprozesse, Eisenhüttenwesen, technisches Messen. 1963 stammt ein Verweis aus dem pädagogischen Kontext (die Selbstoptimierung eines pädagogischen Programms). Eine Quelle bezieht sich auf die Regelungstechnik, die in einem engen Zusammenhang mit der neuen Wissenschaft der Kybernetik steht und aus der die meisten Belege bis Mitte der 1970er-Jahre stammen – also der Zeit, in der es eine erste Spitze bei der Begriffsverwendung gibt. Die Kybernetik, die sich nach dem Zweiten Weltkrieg als neuer disziplinenübergreifender Zweig der Wissenschaft entwickelt hat, beschäftigt sich mit dynamischen und selbstregulierenden Systemen. Regelung beschreibt in der Kybernetik »Systeme, die durch Rückkopplungsprozesse die Stabilität des Systems gewährleisten sollen. Es handelt sich um geschlossene Systeme, die selbsttätig, also automatisch, einen bestimmten Soll-Wert des Systems aufrechterhalten.«[48] Diese Systeme finden sich in den verschiedensten Bereichen: im menschlichen Nerven- und Verhaltenssystem genauso wie innerhalb technischer Apparaturen oder Produktionsprozesse.[49] Selbstoptimierung bezeichnet hier demnach sich selbst regulierende und sich selbst adaptierende Prozesse innerhalb von Menschen oder Maschinen.

1993 findet sich der erste Verweis zur Bereitschaft von Arbeitnehmern zu Selbstoptimierung. In den 1990er-Jahren gibt es

48 Lars Bluma, *Norbert Wiener und die Entstehung der Kybernetik im Zweiten Weltkrieg. Eine historische Fallstudie zur Verbindung von Wissenschaft, Technik und Gesellschaft*, Münster 2005, S. 26.

49 Zum Nerven- und Verhaltenssystem vgl. Friedhart Klix, *Information und Verhalten. Kybernetische Aspekte der organismischen Informationsverarbeitung. Einführung in naturwissenschaftliche Grundlagen der allgemeinen Psychologie*, Berlin 1971, S. 508; zum Bereich Technik vgl. die Beispiele zu Passagen mit ›Selbstoptimierung‹ (SO) oben.

weitere Belege aus dem Bereich Arbeit und Unternehmensstrukturen, was wohl mit der in dieser Zeit beginnenden Diskussion zur Subjektivierung von Arbeit zu tun hat.[50] Im Jahr 2002 erfolgt der erste Verweis auf das Themenfeld Biomacht/Biopolitik, was auf eine wachsende Rezeption von Foucaults Schriften zu diesem Themengebiet hindeutet.[51] Im Jahr 2003 wird Selbstoptimierung mit Bezug zu Formen der Mensch-Maschine-Symbiose diskutiert, 2005 taucht das Thema der Sexualität, 2006 der Bereich der Ratgeberliteratur und 2010 das Themenfeld Gesundheit und Schönheit auf. Danach diversifiziert sich das Feld der Verweise noch weiter aus. Es kommt also im Verlauf der Jahre nicht nur zu einem quantitativen Anstieg der Belege (insbesondere ab den 2000er-Jahren), sondern auch zu einer qualitativen Ausweitung der thematischen Bezüge, weg vom industrietechnischen Bereich, hin zu verschiedenen gesellschaftlichen Bereichen und dem Menschen.

Ein ähnliches Bild ergibt sich bei einer Analyse von Artikeln aus der Wochenzeitung *Die Zeit*. Der dortige Verwendungskontext hat mit Fragen der (Selbst-)Regelungstechnik nur mehr äußerst wenig bis gar nichts gemein. Deutlich wird zudem eine negative Rahmung des Begriffs. Die wenigen eher positiv konnotierten Textstellen zu Selbstoptimierung thematisieren sie als Mittel gegen schlechte Gewohnheiten, als ideales Mittel dafür, den »Körper wieder auf Linie« zu bringen, oder heben die »ganze Energie, die in Selbstoptimierung steckt«, hervor.[52] An den negativ konnotierten Textstellen finden sich vermehrt solche Argumente, die im fünften Kapitel unter der Perspektive einer Ökonomisierung des Sozialen näher erläutert werden. Die Liste der selbst erstellten Codes zu Passagen mit ›Selbstoptimierung‹ vermittelt davon einen Eindruck; die Codes nehmen die vorhandene Wortwahl auf, geben diese zum Teil aber verkürzt wieder: »Ständige SO« (6 Mal); »Zeitgeist, der SO propagiert« (3 Mal); »SO als Gegensatz zu Altruismus« (3 Mal). Folgende

50 Martin Baethge, »Arbeit, Vergesellschaftung, Identität – Zur zunehmenden normativen Subjektivierung der Arbeit«, in: *Soziale Welt* 42/1 (1991), S. 6-19.

51 Vgl. auch Kapitel V.1.

52 Wochenzeitung *Die Zeit*, Ausgabe 52/2012 (19. 12. 2012), S. 5, »Kein Wein ist keine Lösung« (Ursula März); Ausgabe 33/2013 (8. 8. 2013), S. 13, »Das tollere Ich« (Julia Friedrichs); Ausgabe 44/2012 (25. 10. 2012), S. 59, »Fein gemacht! Lebenshilfe-Apps sollen uns fitter, gesünder und organisierter machen. Werden wir mit ihnen zu Kontrollfreaks oder wirklich zu besseren Menschen?« (Franziska Bulban).

Elemente tauchen jeweils einmal auf: »Ideologem der andauernden effizienzorientierten SO«; »Im Zeitalter des Individualismus arbeiten alle an derselben SO«; »Jedermanns SO als Dystopie«; »Medikalisierung und SO menschlicher Wesen«; »Ökonomisierung als Sog zur SO«; »Endlosschleife der Selbstbefragung und SO«; »Wer hat Studenten das Einmaleins der permanenten SO beigebracht«; »Dauerappell zu SO und Selbstbewirtschaftung«; »Wahn von einer SO mit technischen Mitteln«; »Gnadenlose SO«; »Von heuchlerischer Gesellschaft zu SO getrieben«; »SO und totale Kontrolle«; »Marktkonforme SO«; »Vor lauter SO das Leben versäumen«; »Die Kultur der SO wuchert ungeregelt«; »Gebote der SO«; »Vorwurf: Aus Museum wird Ort der SO«; »Neoliberaler Zwang zur SO«; »Neoliberale SO«; »SO. Fast so schlimm wie Fitnessstudio«; »Der Druck zur SO wird noch größer«.

Auf Grundlage einer vagen gouvernementalitätstheoretischen Rückendeckung wird Selbstoptimierung hier nicht nur zum »schicken Schimpfwort«, sondern bisweilen sogar zum »Skandaltypus«, der »die idealtypisch befürchteten Entwicklungen als Ausgangspunkt« nimmt und sie »auf der Basis extremer Beispiele« mit einer Analyse der gegenwärtigen Situation vermengt.[53] Allein der Begriff birgt die kritische Haltung und verdeutlicht die inhaltliche Stoßrichtung.

Die hier durchgeführte Analyse basiert auf einem kleinen Textkorpus, das nicht repräsentativ für den gesamten öffentlichen Diskurs zu Selbstoptimierung ist. Im Rahmen einer breiter angelegten und tiefer gehenden Analyse wäre zu prüfen, inwiefern es sich um die typische Begriffsrahmung und -interpretation einer eher linksliberal-bildungsbürgerlichen Zeitung und ihrer Leserschaft handelt, wie sie von der Zeitung *Die Zeit* maßgeblich abgebildet wird, oder ob sich etwas Vergleichbares auch in anderen Publikationen und Öffentlichkeiten findet.

Es ist nicht erstaunlich, dass beispielsweise innerhalb bestehender Selbstoptimierungs-Bewegungen aus Bereichen wie Fitness, Gesundheit oder Biohacking eine verbreitet positive Konnotation des Begriffs zu finden ist. Dies verdeutlicht exemplarisch eine

53 Eberhard Wolff, »›Selbstoptimierung‹: Ein Skandaltypus«, in: *Uni Nova. Das Wissenschaftsmagazin der Universität Basel* 132 (2018) ⟨https://www.unibas.ch/de/Forschung/Uni-Nova/Uni-Nova-132/Uni-Nova-132-Essay.html⟩, letzter Zugriff 17.8.2020.

Selbstbeschreibung aus dem Podcast *Talking Brains – The Art of Mental Performance*, der »Biohacker, Selbstoptimierer und alle, die noch mehr aus sich herausholen wollen«, adressiert:

> In der Welt eines echten Biohackers steht High-Performance und ständige Selbstoptimierung ganz oben auf der Liste. Zur Optimierung deiner mentalen Performance wertvolle Tipps und Hebel von uns, die wir dir in unserem Podcast gemeinsam mit spannenden Gästen vorstellen werden. Du willst dich nicht mit Halbwissen abspeisen lassen, sondern von den Besten auf ihrem Gebiet lernen? Dann schalte ein und stille deinen unermüdlichen Wissensdurst.[54]

Selbstoptimierung wird hier eindeutig gutgeheißen. Auf der Webseite zu einer internationalen Biohacking-Konferenz heißt es des Weiteren: »Biohacking handelt von der Optimierung der menschlichen Performance, der Gesundheit und des Wohlbefindens mithilfe der neuesten Wissenschaft, entwickelten Technologien, Top-Experten und datengesteuerten Selbstexperimenten.«[55] Auch bei Bildungs- oder Gesundheitsökonomen sind Idee und Begriff der Selbstoptimierung eher positiv als negativ konnotiert. Selbstoptimierung ist demnach anschlussfähig für die unterschiedlichsten Interpretationen. Es handelt sich um eine semantische »Unschärfeformel«,[56] wie dies oben bereits mit Bezug zur Idee des Optimums wie auch der Optimierung dargelegt wurde. In Analogie zu Max Webers Frage »›Optimum‹ – wofür?«[57] stellt sich also auch hier aus systematischen Gründen immer neu die Frage: ›Selbstoptimierung – wofür?‹

II.4 Optimierungssemantik und Gesellschaftsstruktur

Charakteristisch für die Optimierungssemantik ist einerseits ihre inhaltliche Offenheit, die sie für äußerst verschiedene Konstellationen und Kontexte anwendbar macht, andererseits aber auch ihre enge Verbundenheit mit der ›Kategorie des Zweckes‹. Wenn man

54 ⟨https://www.brain-effect.com/podcast⟩, letzter Zugriff 24.3.2020.

55 ⟨https://new.biohackersummit.com/⟩, letzter Zugriff 25.3.2020, Übersetzung A. R.

56 Nina Verheyen, *Die Erfindung der Leistung*, München 2018, S. 23.

57 Weber, *Wirtschaft und Gesellschaft*, S. 32, siehe oben Abschnitt II.1.

optimiert, geht es stets um die Frage, mit welchen Mitteln und in Hinsicht auf welches Ziel oder welchen Zweck dies geschieht. Etwas optimieren heißt demnach, zweckrational-kalkulierend den Mitteleinsatz im Hinblick auf das jeweilige Ziel situativ bestmöglich zu bestimmen, mögliche Trade-offs zwischen den involvierten Parametern zu berücksichtigen und die erreichten Ergebnisse systematisch zu kontrollieren, um die verfolgten Ziele oder verwendeten Parameter gegebenenfalls anpassen zu können. Im Verfahren der Optimierung erfährt diese Art der Denkweise eine mathematisch-technische Modellierung, die bis heute angewendet und gelehrt wird. Für die Idee der Selbstoptimierung konnte noch keine genauere inhaltliche Bestimmung erfolgen, da es lediglich im allgemeinen Sinn um die Anwendungsgebiete und die medialen Verwendungsweisen ging. Es wird sich aber noch zeigen, dass der hier erarbeitete Bedeutungskern von Optimierung auch für die *Selbst*optimierung von großer Relevanz ist.

Die in diesem Kapitel verfolgte diachrone Perspektive hat deutlich gemacht, dass das Aufkommen beziehungsweise die Verbreitung der Begriffe des Optimums, der Optimierung und der Selbstoptimierung in historisch jeweils unterschiedliche Phasen fällt. Eine wissenschaftliche Vorstellung vom Optimum entsteht im deutschsprachigen Kontext zu Beginn des 20. Jahrhunderts. Der Begriff der Optimierung verbreitet sich ab den 1950er/1960er-Jahren im Schnittfeld von Wirtschaftswissenschaften, Mathematik und Informatik. Der Begriff der Selbstoptimierung taucht im Fahrwasser der entstehenden Kybernetik zwar in etwa zeitgleich wie Optimierung auf, ist aber deutlich seltener. Zu einer Verbreitung kommt es im deutschsprachigen Kontext erst ab Ende der 1990er-Jahre, verstärkt dann ab den 2010er-Jahren. Diese Entwicklung geht mit einer inhaltlichen Ausweitung des Bedeutungsgehalts auf Selbstüberwachungs- und -manipulationstechniken des Menschen und einer tendenziell negativen Konnotation einher, zumindest in Teilen eines vorwiegend bildungsbürgerlich geprägten Milieus. Hier wird der Begriff zum »Skandaltypus«, der die angenommene negative Entwicklung pointiert auf den Punkt bringen und bestätigen soll.[58] Betrachtet man hingegen Medienbeiträge aus der (tendenziell jüngeren und weniger bildungsbürgerlich orientier-

58 Wolff, »Selbstoptimierung«.

ten) Optimierungsszene selbst, so fällt die Bewertung – so der hier nur an wenigen Beispielen gewonnene Eindruck – klar positiv aus. Mit anderen Worten: Selbstoptimierung beinhaltet »semantische Leerstellen«,[59] ist also anschlussfähig für die unterschiedlichsten Interpretationen und Konnotationen und offen für einen affirmativen wie auch (kultur)kritischen Gebrauch. Als affirmativer Begriff verschleiert die Rede von Selbstoptimierung die möglichen negativen Auswirkungen für die psychisch-körperliche Gesundheit von Personen sowie weiter reichende soziale Zusammenhänge; als in kritischer Absicht verwendeter Ausdruck blendet er die noch aufzuzeigende facettenreiche und ambivalente Struktur von Selbstoptimierung aus. Es ist eine spannende Frage, wo genau die für den deutschen Sprachraum typische, tendenziell kulturkritische Rahmung des Begriffs herkommt. Liegt es an der medialen Aufmerksamkeit für pointierte Zeitdiagnosen und möglichst skandalös klingende Begriffe, an den Verbindungen zwischen Feuilleton-Rubrik und öffentlich wirkender Soziologie oder auch an einer gewissen Tradition von Technik- und Kulturpessimismus? Es ist vermutlich eine Kombination aus diesen und noch weiteren Faktoren, die man aber eigens untersuchen müsste.

Hier geht es weiter mit der Frage, welche gesellschaftlichen Implikationen sich aus den in diesem Kapitel erarbeiteten Befunden ergeben. Zunächst einmal lässt sich die skizzierte historische Genealogie der Begriffe ins Verhältnis zu den verschiedenen Epochen der Moderne setzen, wie sie Andreas Reckwitz entwickelt hat. Optimum und Optimierung fallen demnach in die Zeit der »organisierten Moderne«, die sich von etwa 1900 bis 1960 erstreckt, Selbstoptimierung fällt primär in die Zeit der »Post-« oder »Spätmoderne«, die sich ab den 1980er-Jahren entwickelt.[60] Dies scheint kein Zufall zu sein, sondern einen Unterschied in der Sache zu markieren. Die Idee einer Optimierung des Selbst erscheint erst dann plausibel, wenn dafür auch die gesellschaftlichen Voraussetzungen bestehen oder es gar gesellschaftliche Anreize dafür gibt.

Auf der Grundlage der klassisch-begriffshistorischen Lesart à la Koselleck lässt sich die deutlich zunehmende Begriffsverbreitung

59 Krähnke, *Selbstbestimmung*, S. 12.

60 Andreas Reckwitz, *Das hybride Subjekt. Eine Theorie der Subjektkulturen von der bürgerlichen Moderne zur Postmoderne*, Weilerswist 2006. Vgl. hierzu ausführlicher Kapitel V.2.

ab Beginn der Jahrtausendwende ganz allgemein als Ausdruck eines gewachsenen individuellen Erfahrungsschatzes und einer zunehmenden gesellschaftlichen Bedeutung von Idee und Praxis der Selbstoptimierung verstehen, der mit einer parallel laufenden Bedeutungsausweitung wie auch möglichen Ideologisierbarkeit des Begriffs verbunden ist. Mit anderen Worten: Die Semantik folgt der soziostrukturellen Entwicklung. Dieser Zusammenhang stellt auch für Niklas Luhmann, der mit seinen Studien zu »Gesellschaftsstruktur und Semantik« der klassisch-begriffshistorischen Herangehensweise eine stärker soziologische Perspektive gegenüberstellt, den Regelfall dar.[61] Bezogen auf das hier verfolgte Thema heißt das, dass die um das Jahr 2000 in den Medien und der Fachliteratur einsetzende, zunehmende Verbreitung von Begriff und Idee der Selbstoptimierung der semantische Ausdruck von gesellschaftlichen Wandlungsprozessen ist, die in den Jahrzehnten zuvor stattgefunden haben und die es noch genauer darzulegen gilt.

Für Luhmann gibt es aber auch die Möglichkeit, dass die Semantik der sozialstrukturellen Entwicklung vorausgeht. Er bezeichnet diese Variante unter Rückgriff auf einen Terminus der Evolutionstheorie als »präadaptive Fortschritte« (*preadaptive advances*). Dies bedeutet, dass neue Gedanken oder Begriffe zunächst nur in partieller Hinsicht wirken und erst zu einem späteren Zeitpunkt zu voller Entfaltung kommen. Luhmann illustriert dies am Beispiel der Liebe: Die »Semantik der leidenschaftlichen Liebe konnte« ihm zufolge »zunächst nur für außereheliche Beziehungen entwickelt werden«, bevor die »Freigabe der Partnerwahl« dies auch für ein Eheverhältnis ermöglichte.[62] Eine Erfindung, in diesem Fall eine semantische Erfindung, erreicht also erst zu einem deutlich späteren historischen Zeitpunkt eine hohe soziale Reichweite, die sie zu Beginn noch nicht hatte, ja aus systematischen Gründen nicht haben konnte; die Semantik nimmt die sozialstrukturelle Entwicklung also vorweg. Übertragen auf das Beispiel Selbstoptimierung bedeutet dies, dass Idee und Begriff der Selbstoptimierung im Rahmen der kybernetischen Ideenwelt entsteht, aber erst Jahrzehnte später – nach umfassenden kulturellen, sozialen, ökono-

61 Niklas Luhmann, *Gesellschaftsstruktur und Semantik. Studien zur Wissenssoziologie der modernen Gesellschaft*, Frankfurt/M. 1980; Urs Stäheli, »Zum Verhältnis von Sozialstruktur und Semantik«, in: *Soziale Systeme* 4/2 (1998), S. 315-340.

62 Niklas Luhmann, *Die Gesellschaft der Gesellschaft*, Frankfurt/M. 1998, S. 512.

mischen und technischen Entwicklungen – eine gesellschaftliche Breitenwirkung entfalten und einen gesellschaftlichen Sachverhalt beschreiben konnte, der zur Zeit ihrer Entstehung – wenn überhaupt – erst in prototypischer Form vorlag.

Daher richtet sich der Blick nun auf die gesellschaftlichen und kulturellen Voraussetzungen von Selbstoptimierung. Gegenwärtig passt sie als Form der Selbstbeschreibung wie auch als Ausdruck einer nicht nur individuellen, sondern auch gesellschaftlichen Erwartungshaltung in die Zeit. Man soll aktiv und dynamisch sein, widrige Umstände als zu meisternde Herausforderung deuten und beständig an sich, seiner Performance, seinem Erfolg und seinem Äußeren arbeiten: nur nicht stehenbleiben, immer weitermachen, immer besser werden, vorhandene Potenziale verwirklichen, bestehende Grenzen überschreiten. Doch auf was für Voraussetzungen basiert die Idee der Selbstoptimierung? An welche Ideen knüpft sie an, wovon unterscheidet sie sich? Und schließlich: Auch wenn der *Begriff* recht jungen Datums ist – gilt dies auch für die *Idee* und *Praxis* der Selbstoptimierung?

III
Selbstoptimierende Praktiken – Übersicht und erste historische Perspektivierung

»Jeden Morgen nach dem Aufwachen und jeden Abend nach dem Zubettgehen schließe man die Augen und spreche mit den Lippen, ohne daß man sich auf das, was man sagt, zu konzentrieren versucht, laut genug, um sich selbst zu hören, und indem man eine mit zwanzig Knoten versehene Schnur abzählt, zwanzigmal den folgenden Satz: ›Es geht mir mit jedem Tag in jeder Hinsicht immer besser und besser!‹ Da sich die Worte ›in jeder Hinsicht‹ auf alles beziehen, ist es nicht nötig, auf besondere Autosuggestionen zurückzugreifen.«[1]

Mit dem tagtäglichen Vorsprechen von affirmativen Sätzen, so die Idee der Anfang des 20. Jahrhunderts erfundenen Technik der Autosuggestion, dringen die Elemente eines Sinnspruchs ins Unterbewusste und können auf diese Weise ihre Wirkung entfalten.[2] Für Émile Coué (1857-1926), Erfinder der bis heute nach ihm benannten Methode und Autor des in 20 Sprachen übersetzten Buches *La maîtrise de soi-même par l'autosuggestion consciente* (*Mentaltraining und Autosuggestion*), hat diese Technik des positiven Denkens präventiven und kurativen Charakter und hilft dabei, jegliche Form moralischen oder physischen Leids zu bekämpfen.[3] Mit ihrer Hilfe entwickelt man ihm zufolge Selbstvertrauen und meistert Sachen ohne Müdigkeit, da man sich nicht mehr anstrengen musste. Die autosuggestive Methode der Selbstverbesserung steht dabei in Gegensatz zu den Rationalisierungsmethoden, die in derselben Zeit

1 Emil Coué, *Mentaltraining und Autosuggestion*, Zürich 1998 [1922], S. 93.

2 Die Technik der Autosuggestion knüpft an therapeutische Verfahren aus der Aufklärungszeit an. Vgl. Boris Traue, *Das Subjekt der Beratung. Zur Soziologie einer Psycho-Technik*, Bielefeld 2010, S. 117-129.

3 Coué, *Mentaltraining und Autosuggestion*, S. 26. Während das positive Denken in der akademischen Psychologie weniger anerkannt ist, finden Techniken der Autosuggestion in zahlreichen aktuellen Ratgebern Verwendung. Vgl. Stefanie Duttweiler, *Sein Glück machen. Arbeit am Glück als neoliberale Regierungstechnologie*, Konstanz 2007. Zur Kritik daran vgl. Barbara Ehrenreich u. a., *Smile or die. Wie die Ideologie des positiven Denkens die Welt verdummt*, München 2010.

großen Zulauf haben und um die es im nächsten Kapitel noch genauer gehen wird.

Die präventive und kurative Funktion der Autosuggestion unterscheidet sich vom Gedanken der Selbstoptimierung, wie sie bisher dargestellt wurde: als etwas, das über die Grenzen des Normalen hinauswill und eben nicht nur heilen und pflegen möchte. Gleichzeitig gibt es bezüglich der Orientierung an einer immer weiter gehenden Verbesserung klare Parallelen zum Gedanken der Selbstoptimierung. Entsprechend findet man autosuggestive Praktiken auch bei gegenwärtigen Adepten der Selbstoptimierung, etwa bei Jürgen Höller.[4] Bei ihm ist die Autosuggestion Teil einer selbstoptimierten Lebensführung, dient also dem übergreifenden Ziel der Optimierung des Selbst. Was heißt das nun: Ist Autosuggestion ein Beispiel für Selbstoptimierung oder nicht? Dieselbe Frage lässt sich auch in Bezug auf viele andere Ideen und Praktiken stellen, die zumindest einem weiten Verständnis zufolge der Optimierung des Selbst dienen beziehungsweise dienen können. Sind Selbstvermessung, der Besuch eines Coaches oder eine spezifische Diät Ausdruck von Selbstoptimierung oder nicht? Wo hört ›einfache‹ Selbstverbesserung auf, wo fängt Selbstoptimierung an?

Diese Frage lässt sich an dieser Stelle noch nicht endgültig klären, weil dazu eine genauere Begriffsbestimmung erforderlich ist. Dennoch sollen in diesem Kapitel mögliche Praktiken der Selbstoptimierung dargestellt werden, um das empirische Feld, um das es geht, abzustecken. Die Betonung liegt dabei auf *möglichen* Praktiken, denn noch ist nicht geklärt, was Selbstoptimierung im Kern ausmacht. Gleichwohl sind schon genug Informationen zusammengekommen, um einen allgemeinen Überblick zu liefern, der auch an die im ersten Kapitel gegebene Darstellung zur gesellschaftlichen Verbreitung derartiger Praktiken anschließt. Darüber hinaus geht es in dem Kapitel um eine historische Frage, die mit dem Coué-Zitat in Verbindung steht. Inwiefern lassen sich Idee und Praxis der Selbstoptimierung schon vor der Erfindung des Begriffs belegen? Im vierten und im fünften Kapitel wird diese historische Perspektive vertieft, doch beginnen wir mit einem Blick auf die Praktiken.

4 So zumindest ist der Eindruck, der in einer Fernsehdokumentation über Höller suggeriert wird. Vgl. Fernsehdokumentation »Der Motivationstrainer« von Julian Amershi und Martin Rieck, NDR 2017.

III.1 Typologie selbstoptimierender Praktiken

Das Feld selbstoptimierender Praktiken ist groß, da zumindest potenziell ganz unterschiedliche Arten von Praktiken zu einer Form der Selbstoptimierung werden können. Zudem können sie sich auch mit anderen Praxisformen, etwa solchen der Selbstformung, der Selbstsorge oder der Selbstheilung, verbinden. Die folgende Darstellung, die auf vorliegenden Texten aus dem Forschungsfeld zum Thema Selbstoptimierung aufbaut beziehungsweise an sie anknüpft, kann daher nur einen ersten Überblick bieten. Sie orientiert sich daran, welche *Objekte* Gegenstand der Einflussnahme sind, welche *Mittel* eingesetzt werden, welches die primären *Anwendungskontexte* sind und welche primären *Ziele* verfolgt werden. Auf dieser Grundlage lassen sich vier Typen unterscheiden (vgl. Tabelle 1). Sie lauten:

1) Befolgung spezifischer Handlungsanleitungen;
2) Konsum spezifischer Stoffe (Mindtuning, Bodytuning);
3) Beeinflussung der körperlichen Erscheinung (Bodystyling);
4) Technisch basierte Formen der Vermessung, Modifikation und Ergänzung des Körpers beziehungsweise der Psyche.

Diese vier Typen rekurrieren auf bereits bestehende Ansätze, verändern oder ergänzen diese aber. Stefanie Duttweiler beispielsweise diskutiert verschiedene »Felder aktueller Selbstoptimierung« wie etwa Glücksratgeber und Self-Tracking, interessiert sich aber ausschließlich für alltägliche Praktiken und klammert radikalere Versionen, wie sie insbesondere im Rahmen des vierten Typs vorkommen, explizit aus.[5] Von Robert Gugutzer entlehnt sind die beiden Begriffe des »Bodytuning« und des »Bodystyling«, die er als Beispiele von Selbstoptimierung diskutiert. Sein Konzept des »Bodycaring« wurde aber nicht berücksichtigt.[6] Formen des *Care* oder der Sorge um sich sind in der hier entwickelten Perspektive gerade kein Beispiel für Selbstoptimierung, sondern bilden ihr Gegenteil: Selbstoptimierung steht, kurz gesagt, für ein instrumentelles Selbstverhältnis, Selbstsorge für ein nicht-instrumentelles.[7] Von

5 Duttweiler, »Alltägliche (Selbst)Optimierung in neoliberalen Gesellschaften«, S. 29-31.

6 Robert Gugutzer, »Der Kult um den Körper. Idealtypische Körperpraktiken der Selbstoptimierung«, in: *EB Erwachsenenbildung* 59/2 (2013), S. 67-70.

7 Vgl. hierzu Kapitel VI.1.

dieser analytischen Unterscheidung unberührt ist die Tatsache, dass konkrete Praktiken zumeist Elemente verschiedener Logiken verbinden, also beispielsweise die Logik der Selbstoptimierung mit einer der Selbstsorge. Der Besuch eines Yogakurses kann sowohl der Entspannung dienen als auch dazu, leistungsfähiger zu werden; die Einnahme von Nahrungsergänzungsmitteln kann sowohl auf die Gesundheitserhaltung zielen als auch auf ein höheres Leistungsniveau; das Spritzen von Botox kann mit dem Ziel erfolgen, ein besseres Selbstwertgefühl zu bekommen, wie auch mit dem Ziel, die Chancen auf dem Arbeits- und dem Heiratsmarkt zu erhöhen. Praktiken der Selbstvermessung können sowohl dazu dienen, beim sportlichen Training und im Arbeitskontext mehr Leistung zu erbringen, wie auch dazu, Krankheiten vorzubeugen oder diese zu behandeln.[8] In allen Fällen bestehen prinzipiell beide genannten Möglichkeiten. Sie schließen einander nicht aus, sondern können miteinander einhergehen und sich vielleicht sogar ergänzen.

Dies bedeutet, dass die hier thematisierten Typen von Praktiken ein Beispiel für Selbstoptimierung sein *können*, aber nicht *müssen*. Gerade mit Blick auf die Praktiken der Selbstvermessung sind unterschiedliche Zielsetzungen und Verwendungszusammenhänge festgestellt worden. Lisa Wiedemann sieht in ihnen gleichermaßen eine Form der »Selbstberuhigung, Selbstbespaßung, Selbstoptimierung« wie eine »ganz eigene Lust am puren Datensammeln«. Für Steffen Mau stellen die Gadgets mitunter ein reines »Lifestyle-Accessoire« dar. Uwe Vormbusch sieht darin eine Form des »Sich-selbst-Entdeckens«, das auch im Sinne einer »Verständigungs- und Koordinationspraxis« von Akteuren gelesen werden kann, »die auf ein für sie zentrales Handlungsproblem im Gegenwartskapitalismus reagieren: die Bewältigung der Unsicherheit über ihren Wert und ihre ›Qualität‹«. Und zusammen mit Eryk Noji argumentiert er, dass Selbstvermessung als Ausdruck einer »kalkulative[n] Form der Selbstthematisierung« nicht in Selbstoptimierung aufgeht.[9]

8 Siehe hierzu: Sarah Miriam Pritz, »Mood Tracking. Zur digitalen Selbstvermessung der Gefühle«, in: Stefan Selke (Hg.), *Lifelogging. Digitale Selbstvermessung und Lebensprotokollierung zwischen disruptiver Technologie und kulturellem Wandel*, Wiesbaden 2016, S. 127-150.

9 Lisa Wiedemann› »›Vom Piksen zum Scannen, vom Wert zu Daten.‹ Digitalisierte Selbstvermessung im Kontext Diabetes«, in: Stefanie Duttweiler u. a. (Hg.), *Leben nach Zahlen. Self-Tracking als Optimierungsprojekt?*, Bielefeld 2016, S. 293-324,

Auch für die anderen Typen ließen sich sehr unterschiedliche Verwendungskontexte und Zielsetzungen anführen. Dies bedeutet, dass nicht jede Form der Selbstvermessung, des Konsums spezifischer Stoffe oder der Befolgung spezifischer Handlungsanleitungen gleichsam automatisch ein Ausdruck von Selbstoptimierung ist. Es kommt darauf an, welcher Logik und welcher Zielsetzung diese Praktiken folgen.

In diesem Kapitel wird der Begriff der Selbstoptimierung anhand einer spezifisch gefassten Zieldimension und instrumentellen Logik eingegrenzt. Die diskutierten Praktiken werden demzufolge dann zu einer Form der Selbstoptimierung, wenn sie der Effizienz- und Leistungssteigerung dienen oder eine andere Form von instrumentell verwertbarem Ergebnis liefern sollen. Damit ist, um es noch einmal zu betonen, nicht gemeint, dass derartige Praktiken immer nur ein Ausdruck von Selbstoptimierung sind. Sie können es aber sein und sind daher relevant für die hier geführte Diskussion. Im sechsten Kapitel werden dann diejenigen Elemente spezifiziert, die die Struktur selbstoptimierender Praktiken ausmachen.

Der Objektbereich beim ersten Typ, der Befolgung spezifischer Handlungsanleitungen, ist sehr breit: Er umfasst den eigenen Körper, die Psyche und die alltäglichen Handlungen. Entsprechend sind auch die Mittel breit gefächert. Dazu gehören das Aufsuchen besonderer Verbesserungs- und UnterstützungsexpertInnen (Coach, TherapeutIn), das Lesen von Ratgeberliteratur oder auch die Konsultation digitaler Formate wie Podcasts oder Apps, die konkrete Tipps zu Bereichen wie Erfolg, Gesundheit und Ernährung geben. Ein weiteres Mittel sind sogenannte Psycho-Techniken wie beispielsweise das Neuro-Linguistische Programmieren (NLP), eine »Kombination von verhaltenstherapeutischen Techniken, Hypnosetherapie und Esoterik«, die »Emotionen zu optimalen ›Zielzuständen‹« erklärt, oder auch die Technik der Autosuggestion. Anders als noch bei ihrem Erfinder, Émile Coué, hat sie in diesem Fall keinen

hier S. 318; Steffen Mau, *Das metrische Wir. Über die Quantifizierung des Sozialen*, Berlin 2017, S. 173. Uwe Vormbusch, »Taxonomien des Selbst. Zur Hervorbringung subjektbezogener Bewertungsordnungen im Kontext ökonomischer und kultureller Unsicherheit«, in: Stefanie Duttweiler u. a. (Hg.), *Leben nach Zahlen*, S. 45-62, hier S. 47, S. 59. Eryk Noji, Uwe Vormbusch, »Kalkulative Formen der Selbstthematisierung und das epistemische Selbst«, in: *Psychosozial* 41/2 (2018), S. 16-34, hier S. 23.

Typen	Befolgung spezifischer Handlungsanleitungen	Konsum spezifischer Stoffe (Mindtuning, Bodytuning)	Beeinflussung der körperlichen Erscheinung (Bodystyling)	Technisch basierte Formen der Vermessung, Modifikation und Ergänzung des Körpers/der Psyche
Objekte	Praktiken mit Bezug auf Körper, Psyche, Gestaltung des Alltags	Körper (Nerven, Blutwerte, Muskeln), Psyche	Sämtliche Bereiche, die Einfluss auf das Erscheinungsbild haben	Körper, Psyche
Mittel	Personen (Coach, TherapeutIn), Ratgeberbücher, Ratgeber-Podcasts und Apps, Techniken (u. a. NLP, Autosuggestion)	Psychostimulanzien, Medikamente, Nährstoffpräparate Graubereich: Nahrungsergänzungsmittel	Operationen, minimalinvasive Eingriffe, hochdosierte Wirkstoffpräparate Graubereich: sportliches Training, Fitness, Ernährung	Äußere und innere technische Artefakte (Trackinggeräte, Eyewatch, Chips zum Implementieren), biotechnische Prothesen (künstliche Organe, Gliedmaßen), Manipulationen am eigenen Erbgut
Ziele	Leistungssteigerung, Effizienzsteigerung	Leistungssteigerung	Schönheitskapital erhöhen	Leistungssteigerung, Effizienzsteigerung, Funktionserweiterung
Primäre Anwendungsbereiche	Potenziell alle Bereiche	Vor allem Bildung/Ausbildung, Arbeit, Sport/Fitness	Potenziell alle Bereiche	Potenziell alle Bereiche

Tabelle 1: Typen selbstoptimierender Praktiken

primär kurativen Charakter, sondern dient dazu, sich auf Erfolg und Leistung einzuschwören.

Beim zweiten Typ, dem Konsum spezifischer Stoffe, ist der Objektbereich primär körperlicher Art und umfasst insbesondere Nerven, Blutwerte und Muskeln, kann sich aber auch auf Bereiche der Psyche beziehen. Die jeweils konsumierten Substanzen oder Nährstoffpräparate stellen die Mittel zur Selbstoptimierung dar. Anders als beim ersten Typ handelt es sich hier nicht um Verhaltensinterventionen, sondern um stoffliche beziehungsweise biochemische Interventionen, wobei die Grenzen zwischen eher gesundheitserhaltenden und primär leistungssteigernden Wirkstoffen fließend sind. Zu den Nährstoffpräparaten zählen zum einen »Makronährstoffe« wie »Fett, Kohlenhydrate und Eiweiß« sowie »Mikronährstoffe« wie »Vitamine, Mineralstoffe (Mengenelemente und Spurenelemente), proteinogene Aminosäuren und Omega-Fettsäuren«.[10] Für eine effiziente und leistungsorientierte Alltagsgestaltung wird häufig vor allem die Bedeutung von Mikronährstoffen betont und entsprechend beworben. Der Bereich der Psychostimulanzien unterliegt in Teilen der ärztlichen Verschreibungspflicht. Mit dem Ziel der »kognitiven Leistungssteigerung« werden Greta Wagner zufolge vorwiegend solche Psychostimulanzien eingenommen, die die Wirkstoffe Methylphenidat (Markenname Ritalin), Amphetamin und Modafinil enthalten. Dabei handelt es sich insgesamt um Stoffe, die »Konzentration, Aufmerksamkeit, Wachheit und Motivation steigern« beziehungsweise steigern sollen.[11] Im Bereich des sportlichen Trainings geht es z.B. um einen schnelleren Muskelaufbau oder um die Steigerung der Kraftleistung mittels Nahrungsergänzungsmittel oder Anabolika. Das mit der Einnahme dieser verschiedenartigen Substanzen verbundene Ziel ist es also, die kognitive oder muskuläre Leistung zu steigern. Primäre Verwendungskontexte sind dementsprechend vor allem die Bereiche Bildung und Ausbildung, Arbeit sowie Sport und Fitness. In Gestalt von Potenzmitteln finden sie aber auch im Bereich der männlichen Sexualität Anwendung. Charakteristikum aller zu konsumierenden Substanzen ist deren begrenzte Wirkdauer. Dies bedeutet, dass nach Abflauen der Wir-

10 ⟨https://de.wikipedia.org/wiki/Mikron%C3%A4hrstoff_(Medizin)⟩, letzter Zugriff 24.3.2020.

11 Greta Wagner, *Selbstoptimierung. Praxis und Kritik von Neuroenhancement*, Frankfurt/M. 2014, S. 36.

kung ›nachgelegt‹ werden muss, wenn man das erstrebte Resultat wieder erreichen möchte: Zeit für eine neue Pille.

Der dritte Typ zielt auf die Beeinflussung der körperlichen Erscheinung (Bodystyling). Zum Objektbereich gehören sämtliche Bereiche, die Einfluss auf das Erscheinungsbild haben. Dies umfasst äußere Körperfacetten wie die Beschaffenheit der Haut oder die Form von Gliedmaßen und Körperteilen (z.B. Brust, Bauch, Po), aber auch innere Körperbestandteile, beispielsweise Muskelmasse oder Bauchfett, deren Modifikation aber Auswirkungen auf das äußere Erscheinungsbild hat. Zur Anwendung kommende Mittel sind Schönheitsoperationen, minimalinvasive Eingriffe, die Einnahme hochdosierter Wirkstoffpräparate in Tablettenform oder die Anwendung solcher Präparate auf der Haut wie zum Beispiel Hyaluronsäure, aber auch sportliches (Fitness-)Training oder spezifische Formen der Ernährung. Bei allen diesen Praktiken geht es darum, die körperliche Außenwirkung in eine gewünschte Richtung zu beeinflussen, wobei die Grenzen zu ›einfachem‹ Training, gesundheitsbewusster Ernährung oder schönheitsbezogenen Praktiken wie etwa dem Schminken[12] fließend sind. Diese Praktiken zielen darauf, sich selbst gegenüber an Wertigkeit zu gewinnen, wie auch darauf, Vorteile im Wettbewerb um attraktive PartnerInnen oder Positionen zu erreichen, »die eigene Wirkung auf andere im Hinblick auf Anerkennung erfolgreich zu inszenieren und damit instrumentell zu nutzen«.[13] Selbstoptimierung ist also nicht schon damit gleichzusetzen, dass man sich den gesellschaftlichen Anforderungen gemäß, die je nach Bereich stark variieren können, ›zurechtmacht‹; es impliziert vielmehr ein aktives Streben danach, mehr als der Durchschnitt zu erreichen. Dass sich dabei die Standards dessen, was als normal angesehen wird, insgesamt verschieben, ist gerade im Bereich des ›Schönheitshandelns‹ ein viel diskutiertes Thema.

Der vierte Typ dreht sich um technisch basierte Formen der Vermessung, Modifikation und Ergänzung des Körpers und der Psyche. Er beinhaltet Praktiken des Self-Tracking, die Verwendung innerer

12 Paula-Irene Villa, »Habe den Mut, Dich Deines Körpers zu bedienen! Thesen zur Körperarbeit in der Gegenwart zwischen Selbstermächtigung und Selbstunterwerfung«, in: dies. (Hg.), *Schön normal. Manipulationen am Körper als Technologien des Selbst*, Bielefeld 2008, S. 245-272.

13 Degele, *Sich schön machen*, S. 15.

und äußerer Artefakte und erstreckt sich in radikalen Fällen bis hin zu Manipulationen am eigenen Erbgut. Im Vordergrund steht das Ziel, die Funktionalität von Sinnesorganen zu erhöhen oder körperlich-mentale Leistungen zu steigern. Dies lässt sich über äußere Artefakte wie eine Eyewatch erreichen, über implantierte Artefakte, etwa einen unter die Hautoberfläche operierten Chip, oder über die Ersetzung ganzer Gliedmaßen durch künstliche Ersatzteile.[14] Die sukzessive Verschmelzung von menschlichen und technischen Elementen wird auch als Prozess der Cyborgisierung bezeichnet, der in seiner extremen Ausprägung an die Grenzen dessen stößt, was überhaupt noch als menschlich beziehungsweise als Mensch bezeichnet werden kann. Dies wird in der folgenden Beschreibung von möglichen Zukunftsentwicklungen deutlich:

> Neuro-Implantate sollen zur Steigerung der Kognition verwendet werden. Ein künstliches Auge könnte den Menschen in die Lage versetzen, besser zu sehen und Teile des elektromagnetischen Spektrums wahrzunehmen, die ihm zuvor unzugänglich waren. Analog dazu könnte ein künstliches Ohr die Wahrnehmung von für den Menschen bislang nicht hörbaren Tönen ermöglichen. Zudem wäre es denkbar, die künstlichen Sinnesorgane verschiedener Personen miteinander zu vernetzen, sodass man in der Lage wäre, die sensorischen Informationen anderer Menschen zu verarbeiten. Bioelektronik könnte dem Körper auch zusätzliche Kraft verleihen, um etwa die Laufgeschwindigkeit oder die Tragkraft eines Menschen zu verbessern. Nach einigen Jahrzehnten könnte der Mensch von heute kaum wiederzuerkennen sein: Schwärme von Nanorobotern wandern durch seinen Körper und machen ihn widerstandsfähiger und langlebiger. Möglicherweise sind bereits bestimmte Körperteile nicht mehr (oder zumindest nicht mehr vollständig) organisch. Der implantierte Neue Mensch ist Schritt für Schritt zum Cyborg geworden, einem Hybrid aus Mensch und Maschine.[15]

Die hier gezeichnete Figur des Cyborgs bewegt sich klar im Bereich utopischen Denkens. Einzelne der genannten, auch als Bodyhacking bezeichneten Maßnahmen zur Verbindung von Mensch und Technik werden zwar schon durchgeführt, aber es wird sich erst

14 Eine der bekanntesten Figuren in diesem Feld ist der südafrikanische Sprinter Oscar Pistorius, der aufgrund einer von Geburt an vorliegenden Fehlbildung spezifische Unterschenkelprothesen trägt.

15 Sascha Dickel, »Der neue Mensch – ein (technik)utopisches Upgrade: Der Traum vom Human Enhancement«, in: Bundeszentrale für politische Bildung (Hg.), *Der Neue Mensch*, Bonn 2018, S. 85-95, hier S. 90.

noch zeigen müssen, ob sich die radikaleren Varianten gesellschaftlich ausbreiten oder ein Nischenphänomen bleiben. Gleiches gilt für das Phänomen des Biohackings, worunter unter anderem selbst durchgeführte Manipulationen am eigenen Erbgut, etwa mithilfe der Genschere CRISPR/Cas9,[16] fallen. Body- und Biohacking sind die gegenwärtig radikalsten Beispiele von Selbstoptimierung. Manche reservieren für derartige »naturwissenschaftlich fundierte und technologisch begründete sowie technisch voraussetzungsvolle und apparativ aufwendige Varianten« der Selbstoptimierung den Begriff des Enhancement.[17] Derartige Praktiken haben oftmals auch einen klar experimentellen Charakter, liegen also an der Schnittstelle von Selbstoptimierung und anderen Formen der Selbstbearbeitung.

Neben diesen vier Typen gibt es den Bereich der praktizierten sozialen Beziehungen, der im Grenzbereich von Selbst- und Fremdoptimierung liegt und damit auch an der Grenze dessen, worum es hier geht. Nicht die Facetten des eigenen Selbst sind Objekt dieser Praktiken – also der eigene Körper, die eigene Psyche oder die von einem selbst auszuführenden Handlungen –, sondern andere Personen, etwa Kinder, Freunde und Partner. Damit wird einerseits der Bereich der *Selbst*optimierung klar überschritten. Andererseits können der Selbst- und der Fremdbezug so eng miteinander verwoben sein, dass es zumindest legitim ist, soziale Beziehungen am Rande mit zu thematisieren. Im Bereich der Erziehung etwa können Selbst- und Fremdoptimierung im Rahmen einer »intergenerationale[n] Statusarbeit« miteinander verzahnt sein. Damit bezeichnen Schimank u. a. die Investitionen von Mittelschichtseltern in die Bildung ihrer Kinder, um darüber den eigenen Status

16 Ähnlich wie bei Selbstoptimierung ist auch hier die Begriffsverwendung äußerst heterogen. Neben radikalen Formen, die Manipulationen am eigenen Erbgut beinhalten (⟨https://www.zeit.de/zeit-wissen/2018/03/biohacking-selbstversuch-gentechnik-crispr-genetik-selbstversuch-cyborg/komplettansicht⟩, letzter Zugriff 24. 3. 2020), werden mit Biohacking auch alltäglichere Praktiken im Bereich von Bewegung, Ernährung und Schlaf bezeichnet. Vgl. Max Gotzler, *Biohacking – optimiere dich selbst. Besser schlafen, mehr leisten, ausgeglichener sein, länger leben*, München 2018; ⟨https://draxe.com/what-is-biohacking/⟩, letzter Zugriff 24. 3. 2020.

17 Jürgen Straub, Oswald Balandis »Niemals genug! Selbstoptimierung und Enhancement. Attraktive Praktiken für verbesserungswillige Menschen?«, in: *Familiendynamik. Systemische Praxis und Forschung* 1 (2018), S. 72-83, hier S. 74.

zu erhalten oder zu verbessern.[18] Dies geschieht beispielsweise über die Wahl der bestmöglichen Bildungseinrichtung, die Auswahl des passenden Freundeskreises oder auch über die Beeinflussung der Hobbys.[19] In Richtung Selbstoptimierung gehen diese Praktiken dann, wenn über die Kinder primär persönliche Ziele, etwa die der Statusverbesserung, erreicht werden sollen. Das ist keine Selbstoptimierung im engen Sinne, fällt aber in den breiteren Themenbereich, um den es hier geht. Eine noch stärkere Verzahnung von Selbst- und Fremdoptimierung findet bei der Modifikation von Erbanlagen etwa im Rahmen radikaler Formen des Biohackings statt. Der Bereich der Reproduktionsmedizin und Präimplantationsdiagnostik, also die Schaffung günstiger genetischer Eigenschaften für den Nachwuchs (»Designerbabys«[20]), würde eine eigene Analyse erfordern und liegt nicht mehr im Betrachtungsbereich dieses Buches.

Zu den Kerntypen von Selbstoptimierung gehören also die vier genannten Praxisbereiche: die Befolgung spezifischer Handlungsanleitungen, der Konsum spezifischer Stoffe (Mind- und Bodytuning), die Beeinflussung der körperlichen Außenwirkung (Bodystyling) sowie technisch basierte Formen der Vermessung, Modifikation und Ergänzung des Körpers. Zumindest für die ersten drei Bereiche lassen sich historische Vorgänger finden, so dass sich an dieser Stelle erneut die Frage stellt: Wo hört der Bereich der bloßen Selbstverbesserung auf beziehungsweise ab welchem Punkt ergibt es Sinn, von Selbstoptimierung zu sprechen? Mit dieser Frage kann der historische Faden vom Beginn des Kapitels wieder aufgegriffen werden.

18 Schimank et al., *Statusarbeit unter Druck? Zur Lebensführung der Mittelschichten*, Weinheim, Basel 2014, S. 66; Steffen Mau, Fabian Gülzau, »Selbstoptimierung, Selbstverwirklichung, investive Statusarbeit«, in: *Zeitschrift für Pädagogik* 1 (2020), S. 29-34, hier S. 32.

19 Vgl. zum Themenfeld Heinz Bude, *Bildungspanik. Was unsere Gesellschaft spaltet*, München 2011; Christiane Thompson, »Eltern als ›Bildungsunternehmer‹. Zur Ausweitung und Radikalisierung optimiert-optimierender Bildung«, in: *Psychosozial* 38/3 (2016), S. 13-26.

20 Laut den Behauptungen eines chinesischen Arztes sind mithilfe der CRISPR/Cas9-Technik Ende des Jahres 2018 die ersten beiden genmanipulierten Babys geboren worden ⟨https://www.tagesschau.de/ausland/gen-baby-china-101.html⟩, letzter Zugriff 24. 3. 2020.

III.2 Gibt es historische Prototypen von Selbstoptimierung?

In etwa derselben Zeit, in der Émile Coué sein Verfahren der Autosuggestion beschrieb, beendete Leo Trotzki seinen Text »Die Kunst der Revolution und die sozialistische Kunst«. Der Text endet mit einem utopischen Ausblick auf die »Gipfel« der Menschheit. Trotzki geht es nicht um eine einfache Verbesserung der Menschen, sein Projekt ist weitreichender. Unter Rückgriff auf das maßgeblich über Nietzsche popularisierte, aber weitaus ältere Konzept vom Übermenschen entwickelt er folgendes Bild des »neuen Menschen«:

> Der Mensch wird sich zum Ziel setzen, seiner eigenen Gefühle Herr zu werden, seine Instinkte auf die Höhe des Bewusstseins zu heben, sie durchsichtig klar zu machen, mit seinem Willen bis in die letzten Tiefen seines Unbewussten vorzudringen und sich so auf eine Stufe zu erheben – einen höheren gesellschaftlich-biologischen Typus und wenn man will – den Übermenschen zu schaffen. [...] Der Mensch wird unvergleichlich viel stärker, klüger und feiner; sein Körper wird harmonischer, seine Bewegungen werden rhythmischer und seine Stimme wird musikalischer werden. Die Formen des Alltagslebens werden dynamische Theatralität annehmen. Der durchschnittliche Menschentyp wird sich bis zum Niveau des Aristoteles, Goethe und Marx erheben. Und über dieser Gebirgskette werden neue Gipfel aufragen.[21]

Trotzki verortet den ›neuen Menschen‹ sozialistischer Ausprägung in einer kommenden kommunistischen Gesellschaft, die auf einer rationalisierten Wirtschaftsordnung, öffentlicher Daseinsvorsorge und einer nicht mehr religiösen, sondern rein wissenschaftlichen Weltanschauung sowie zahlreichen »psychophysischen« und »sozialerzieherischen« Programmen basiert.[22] Für ihn stellen der »gesellschaftliche Aufbau und die psychisch-physische Selbsterziehung

21 Leo Trotzki, *Literatur und Revolution*, hg. von Eugen Schaefer und Wolfgang Schmidt, Berlin 1968 [1924], S. 215. Trotzki gebraucht die Wendung »der neue Mensch« auf den Seiten 206 und 212. In allen Zitaten wurde die in der verwendeten Ausgabe zu findende konsequente Kleinschreibung (mit Ausnahme des ersten Buchstabens am Satzanfang) dem heutigen Sprachgebrauch angepasst.

22 Ebd., S. 213. Vgl. weiterführend Thomas Etzemüller (Hg.), *Die Ordnung der Moderne. Social Engineering im 20. Jahrhundert*, Bielefeld 2009.

[…] zwei Seiten ein und desselben Prozesses« dar,[23] der Entwurf einer neuen Gesellschaft geht also Hand in Hand mit den Vorstellungen vom ›neuen Menschen‹, der sie bevölkern wird. Ist die neue Gesellschaft erst einmal fertig, so radikalisiert Trotzki seine Analyse in einer »Vision der Zukunft« aus dem Jahr 1932, »wird der Mensch sich selbst in Arbeit nehmen, in den Mörser, in die Retorte des Chemikers. Die Menschheit wird zum ersten Male sich selbst als Rohmaterial, bestenfalls als physisches und psychisches Halbfabrikat betrachten.« Der »widerspruchsvolle und unharmonische Mensch« der Gegenwart wird »einer neuen und glücklicheren Rasse den Weg ebnen«.[24]

Derartige Vorstellungen einer eugenischen Züchtung, die hier zumindest rhetorisch beschrieben wird, haben nicht nur andere linke Denker beeinflusst, sondern fanden sich zu dieser Zeit vor allem und vermutlich stärker noch im konservativ-rechtsnationalen Lager, beispielsweise bei Ernst Jünger. So ist der ›neue Mensch‹ ein Topos im italienischen Faschismus und im deutschen Nationalsozialismus, und die proklamierte »Révolution nationale« des Vichy-Regimes will den »Homme nouveau« ebenfalls. »Neuer Mensch« ist dabei ganz wörtlich zu verstehen, denn dahinter steht kein »bloßes Streben nach gradueller Verbesserung«, sondern »ein geradezu ontologisches, also das menschliche Sein umformendes Geschehen«, ein »radikales Anders-Werden und Neu-Sein des Menschen«, wie es auch in den Zitaten Trotzkis klar zum Ausdruck kommt.[25] Bereits in der frühen Religionsgeschichte finden sich hierfür Beispiele, die sich seitdem durch die gesamte Menschheitsgeschichte ziehen. Ihre ganze Wucht entfalten sie allerdings erst ab der zweiten Hälfte

23 Trotzki, *Literatur und Revolution*, S. 213-215.

24 Leo Trotzki, »Eine Vision der Zukunft«, zitiert nach Michael Hagemeister, »›Unser Körper muß unser Werk sein‹. Beherrschung der Natur und Überwindung des Todes in russischen Projekten des frühen 20. Jahrhunderts«, in: Boris Groys, Michael Hagemeister (Hg.), *Die Neue Menschheit. Biopolitische Utopien in Russland zu Beginn des 20. Jahrhunderts*, Frankfurt/M. 2005, S. 19-67, hier S. 22.

25 Gottfried Küenzlen, »Der alte Traum vom Neuen Menschen – Ideengeschichtliche Perspektiven«, in: Bundeszentrale für politische Bildung (Hg.), *Der Neue Mensch*, S. 13-23, hier S. 13 f. Ein Unterschied zwischen ›linken‹ und ›rechten‹ Versionen mag darin bestehen, dass rechte Versionen des ›neuen Menschen‹ nicht universalistisch gedacht sind, sondern nationalistisch begrenzt, denn es geht letztlich um die Schaffung ›neuer Menschen‹ im Rahmen der eigenen Nation oder Volksgemeinschaft.

des 19. Jahrhunderts und während der Zeit der großen totalitären Ideologien im 20. Jahrhundert, dem Nationalsozialismus und dem Sowjetkommunismus.[26]

Neben diesen radikalen, mit dem Einsatz von massivem Zwang und Unterdrückung verbundenen biopolitischen Konzeptionen des menschlichen Neu- und Anderswerdens ziehen sich bereits seit der Antike auch weniger weitreichende Ideen und Formen der Selbst- und Fremdverbesserung durch die Menschheitsgeschichte. Peter Sloterdijk spricht von »Anthropotechniken«, worunter er »die mentalen und physischen Übungsverfahren« versteht, »mit denen die Menschen verschiedenster Kulturen versucht haben, ihren kosmischen und sozialen Immunstatus angesichts von vagen Lebensrisiken und akuten Todesgewißheiten zu optimieren«.[27] Die menschliche biologische Reproduktion ist immer auch Teil dieser Überlegungen zur Selbst- und Fremdverbesserung gewesen. Bereits Platon stellt im fünften Buch der *Politeia* Überlegungen zur Reproduktion in dem von ihm konzipierten idealen Staat an, denen zufolge die jeweils besten Männer und besten Frauen miteinander verkehren und Kinder zeugen sollen, um ein möglichst gutes Gesamtergebnis zu erzielen. Hier wie auch bei anderen Überlegungen zum Thema »Menschenzucht« kommt eine Form der rationalen Planung zum Ausdruck, die sich durchaus im Sinne eines optimierenden, die involvierten Parameter genau kalkulierenden und auf permanente Verbesserung zielenden Vorgehens deuten lässt.[28]

Ein anderes Beispiel stammt ebenfalls aus der Antike, und zwar aus dem Kontext des Sports. Im Rahmen der Vorbereitung auf die Olympischen Spiele kamen verschiedene an gegenwärtige Selbstoptimierungspraktiken erinnernde Methoden zum Einsatz. Zwar liegen keine Hinweise für den Gebrauch leistungssteigernder Substanzen unter den Sportlern vor, sie steckten aber viel Zeit und Geld in ihre Vorbereitung. Teilnehmende Sportler wurden wie heute von Gesundheits- und Fitness-Trainern beraten, mussten präzise

26 Vgl. Frank-Lothar Kroll, »Endzeit, Apokalypse, Neuer Mensch – Utopische Potentiale im Nationalsozialismus und im Bolschewismus«, in: Uwe Backes (Hg.), *Rechtsextreme Ideologien in Geschichte und Gegenwart,* Köln 2003, S. 139-157; Bundeszentrale für politische Bildung (Hg.), *Der Neue Mensch.*

27 Vgl. Sloterdijk, *Du mußt dein Leben ändern*, S. 23.

28 Vgl. Maren Lorenz, *Menschenzucht. Frühe Ideen und Strategien 1500-1870*, Göttingen 2018.

Ernährungsvorschriften einhalten (etwa Fleischdiäten) und folgten einem strengen Übungsplan, um optimal auf die Spiele vorbereitet zu sein.[29] Auf die Gewinner (und nur sie) warteten ein hoher sozialer Status, Preise in Form von Geld und Steuererlassen sowie das lebenslange Recht, umsonst in der Agora zu essen.[30] Das Motto der Olympischen Spiele, *citius, altius, fortius* (schneller, höher, stärker), steht heute vielleicht mehr denn je zuvor für das Streben nach einer immer weiter gehenden Verbesserung.

Ein anderes Feld stellt das sogenannte Anti-Aging dar. Auch hinter diesem Ausdruck, der als Kunstwort erst um 1990 aufkam,[31] verbirgt sich eine jahrtausendelange Geschichte:

> Trotz aller medizinischer Fortschritte ist nicht zu verkennen, dass während der über 4000-jährigen Auseinandersetzung mit dem Altern die wichtigsten Elemente der Altenheilkunde und Verjüngungsmedizin nicht erst Errungenschaften unseres Zeitalters sind: Zu erwähnen seien die Gesundheitsprophylaxe, Körperpflege und Kosmetik im alten Ägypten, die Hygiene, Diätetik und Körperkultur in der griechischen Antike, die Schönheitspflege und ärztliche Vorsorgeuntersuchung im alten Rom, die Gesundheitsbildung in der arabischen Medizin sowie die Psychohygiene und Zeitökonomie im christlichen Mittelalter und in der Renaissance.[32]

Noch bis zum 12. Jahrhundert etwa zählten Gold, Menschenblut, die Haut von Mumien und das Fleisch von Giftschlangen »zu den häufigsten verschriebenen Ingredienzen zum Zwecke der Verjüngung«.[33] Bis heute gibt es zahlreiche Beispiele dafür, dass Menschen auf der Suche nach einem längeren oder besseren (Sexual-)Leben oder einem vermeintlich schöneren Aussehen alle möglichen tierischen und pflanzlichen Stoffe oder auch künstli-

29 Judith Swaddling, *Die Olympischen Spiele der Antike*, Stuttgart 2004, S. 70, S. 73, S. 60. In der Regel konnten sich nur wohlhabende Männer die Teilnahme leisten; Sklaven und Frauen waren von einer Teilnahme an den Spielen ausgeschlossen. Sie sorgten stattdessen, noch vor den Trainern und Ärzten, für das leibliche Wohl der Sportler.

30 Christoph Bertling, Stephan Wassong, »Striving for Athletic Excellence: A Core Value and Challenge for the Profile of the Ancient and Modern Olympic Games«, in: *The International Journal for the History of Sport* 33/4 (2016), S. 434-450, hier S. 435.

31 Larissa Pfaller, *Anti-Aging als Form der Lebensführung*, Wiesbaden 2016, S. 18.

32 Ralph M. Trüeb, »Vorwort«, in: ders., *Anti-Aging. Von der Antike zur Moderne*, mit Beiträgen von anderen Autoren, Darmstadt 2006.

33 Trüeb, *Anti-Aging*, S. 14.

chen Produkte zu sich nehmen oder – ein anderes Feld der Verbesserungspraktiken – Aspekte des Lebens nach den Empfehlungen und Anweisungen von Ratgeberbüchern optimal zu gestalten versuchen.[34] Trotz dieser langen Genealogie derartiger Praktiken, die hier nicht genauer weiterverfolgt werden kann, stellt sich die Frage, ob es dabei im Kern schon um Selbstoptimierung geht. Anders formuliert: Wo verläuft die Grenze zwischen Selbstverbesserung und Selbstoptimierung?[35]

Offensichtlich braucht es weder einen Begriff noch eine genaue Idee von Selbstoptimierung zu geben, um zumindest in einem *weiteren* Sinne optimierende, das heißt rational verbessernde Praktiken durchzuführen. Darüber hinaus gibt es auf der Ebene der Praktiken einen breiten Graubereich zwischen Verbesserung und Optimierung. Weder den Akteuren selbst ist im Zweifel klar, was im Kern sie genau tun, noch den Beobachtern von außen. Sicher aber ist, dass die antiken Sportler (oder auch spätere SelbstverbessererInnen) noch nicht von ›Selbstoptimierung‹ sprachen und dass bestehende Ideen und Begriffe vom Guten, Besseren und Besten wohl einen Großteil oder auch alle verfolgten Ziele abdeckten. Den (männlichen) Sportlern waren zudem persönliche Exzellenz, Tugendhaftigkeit und Tapferkeit wichtig, nicht aber permanente Selbstüberbietung. Christian Meier zufolge besaßen die Menschen im antiken Griechenland zwar ein umfassendes »Könnens-Bewusstsein« sowie einen großen »Stolz auf die Möglichkeiten menschlichen Handelns und Bewirkens überhaupt«. Gleichzeitig wurde in der Antike aber der bestehende Raum des Vorstellbaren »kaum transzendiert«. Nur »wenige Manifestationen des Könnens« gingen über das empirisch Feststellbare hinaus.[36] Es gab also, mit anderen Worten, noch keinen modernen Fortschrittsbegriff im Sinne einer schrankenlosen

34 Maren Lorenz' Studie über »Menschenzucht« beinhaltet zahlreiche historische Beispiele für das Feld der Ratgeberliteratur im Ehe-, Sexual- und Erziehungsbereich.

35 Zur Geschichte der Selbstverbesserung vgl. weiterführend Anna Katharina Schaffner, *The Art of Self-Improvement: Ten Timeless Truths*, New Haven, London 2021 (i. E.).

36 Christian Meier, *Die Entstehung des Politischen bei den Griechen*, Frankfurt/M. 1995, S. 328, S. 469; vgl. auch Urban Wiesing, »Zur Geschichte der Verbesserung des Menschen. Von der restituo ad integrum zur transformatio ad optimum?«, in: *Zeitschrift für medizinische Ethik* 52/4 (2006), S. 323-338.

und ›nach vorne hin offenen‹ Steigerbarkeit, wie er sich erst im Rahmen der Philosophie der Aufklärung entwickelt.

Es geht hier nicht darum, im Sinne einer Begriffspolizei bestimmen zu wollen, was den Titel Selbstoptimierung tragen darf und was nicht. Was diese nur kursorischen Ausführungen aber verdeutlichen, ist die oben schon beschriebene Differenz von Praktiken, Begriff und Idee von Selbstoptimierung. Es ist richtig, dass kleinere und größere Verbesserungen menschlicher Fähigkeiten oder auch des äußeren Erscheinungsbildes eine sehr lange Geschichte haben und es in diesem Kontext auch um Praktiken der systematischen, rational geplanten (und in diesem Sinne: optimierenden) Verbesserung und Selbstverbesserung gegangen ist. Den Gedanken einer primär selbstbezogenen und nur im eigenen Interesse erfolgenden Praxis sowie eine Perspektive einer grenzenlos steigerbaren Performanz und systematisch kontrollierten Verbesserbarkeit wird man aber nicht finden – von technisch unterfütterten Varianten und einem gesellschaftlichen Leitbild der Selbstoptimierung ganz zu schweigen. Dies liegt daran, dass die Voraussetzungen dafür, überhaupt so etwas wie Selbstoptimierung im engeren Sinne denken zu können, auf bestimmten Vorstellungen basieren, die sich erst mit der Durchsetzung der sogenannten westlichen Moderne herausbilden.[37] Selbstoptimierung wird in diesem Buch daher nicht als anthropologische Konstante verstanden, sondern als Ausdruck und Ergebnis einer bestimmten Gesellschaftsformation. In Analogie zu Bourdieus Arbeiten über den *homo oeconomicus* und dessen Habitus sind auch Idee und Praxis der Selbstoptimierung »das Produkt ganz besonderer historischer Umstände«, die es zu benennen und zu analysieren gilt.[38]

Diese Analyse findet im Rahmen der nächsten beiden Kapitel statt. Im jetzt folgenden vierten Kapitel geht es um die grundlegenden Voraussetzungen dafür, dass sich eine genauere Vorstellung von

37 Auch die »Konfigurationen« für Formen der »transhumanen Optimierung, Dynamisierung oder gar Überwindung des Körpers« bilden sich erst im 18. Jahrhundert. Vgl. Britta Herrmann, *Über den Menschen als Kunstwerk. Zu einer Archäologie des (Post-)Humanen im Diskurs der Moderne (1750-1820)*, Paderborn 2018, S. 24.

38 Pierre Bourdieu, *Die zwei Gesichter der Arbeit. Interdependenzen von Zeit- und Wirtschaftsstrukturen am Beispiel einer Ethnologie der algerischen Übergangsgesellschaft*, Konstanz 2000, S. 7.

Selbstoptimierung überhaupt bilden kann. Dafür thematisiert es drei Ideen aus dem kulturellen Leitprogramm der westlichen Moderne: die der Bildung, des Fortschritts und der Rationalisierung. Von diesen Ideen führt kein direkter Weg zur Selbstoptimierung. Der Gedanke der klassischen Bildung etwa unterscheidet sich fundamental von ihr. Gleichzeitig aber bereiten diese drei Ideen auf je eigene Weise das Terrain für die Vorstellung von und die Aufforderung zu einer auf Selbstverbesserung zielenden Arbeit an sich selbst, die für Selbstoptimierung zentral ist.

IV
Grundlagen der Idee von Selbstoptimierung – eine Spurensuche in der westlichen Moderne

Welches sind die Bedingungen und Voraussetzungen für die Idee der Selbstoptimierung? Es wird sich zeigen, dass Selbstoptimierung auf modernen Grundlagen basiert, was bei den in einem allgemeinen Sinne optimierenden Praktiken, die im zweiten Teil des letzten Kapitels betrachtet wurden, nicht notwendigerweise der Fall ist. Mit ›modern‹ ist hier schwerpunktmäßig die Zeit des langen 19. Jahrhunderts gemeint, die selbst wiederum an Veränderungen anknüpft, die auf den Beginn der Neuzeit zurückzuführen sind.[1] Peter Sloterdijk zufolge entsteht mit der Neuzeit und insbesondere mit der Renaissance ein »allesdurchdringende[s] Reizklima der Leistungssteigerung und der Fähigkeitsentfaltung«. Auch Maren Lorenz verweist auf den massiven »Umbruch in allen Denk- und Lebensbereichen«, der durch die Renaissance eingeleitet wird.[2] Durch Tradition und Religion gesetzte ethische, moralische oder wissenschaftliche Grenzen, die das mittelalterliche Denken maßgeblich geprägt haben, werden durchbrochen und bereiten die Zeit der Aufklärung vor.

Auch die drei Ideen, die in diesem Kapitel vertieft behandelt werden, reichen weit in historisch frühere Zeiten zurück; ab dem ausgehenden 18. Jahrhundert und im Verlauf des 19. Jahrhunderts entwickeln sie aber alle eine gesellschaftsprägende Bedeutung. Konkret geht es um die Ideen der Bildung, des Fortschritts und der Rationalisierung. Über den Begriff der Bildung entsteht eine Vorstellung der normativ gebotenen Selbstverbesserung und eine Aufforderung zur ›Arbeit an sich‹, die es in dieser Form davor nicht gegeben hat. Im Zentrum der historischen Theoretisierung

1 Für Eric Hobsbawm, der diesen Begriff geprägt hat, umfasst das »lange« 19. Jahrhundert die Zeit von 1789 bis 1914. Diese Einteilung fungiert hier nur als grobe Orientierung, denn die in diesem Kapitel behandelten Begriffe werden zum Teil schon früher thematisiert.

2 Peter Sloterdijk, *Du mußt dein Leben ändern. Über Anthropotechnik*, Berlin 2014, S. 529; Maren Lorenz, *Menschenzucht. Frühe Ideen und Strategien 1500-1870*, Göttingen 2018, S. 33.

von Bildung steht zwar der Gattungsbezug und nicht die individuelle Person, sie bereitet aber gerade auch in ihrem moralischen Appellcharakter das Feld zur Selbstbearbeitung vor. Mit der Idee des Fortschritts wird es möglich, einen Prozess unendlicher Steigerbarkeit zu denken, der nicht mehr an die Vorstellung eines wenn auch vagen Zielpunktes gebunden ist, sondern jegliche Schranken transzendiert. Im Begriff der Rationalisierung schließlich bündelt sich das »Ordnen und Systematisieren der Wirklichkeit mit dem Ziel, sie berechenbar und beherrschbar zu machen«.[3] Auf der theoretischen Ebene geht es dabei um »eine wachsende Beherrschung von Kenntnissen«, also um einen Zuwachs an Wissen (etwa über die genaue Wirkweise bestimmter Stoffe auf die menschliche Leistungskraft), auf der praktischen Ebene des individuellen (wie auch kollektiven) Handelns um »die systematische Verfolgung konkreter Ziele durch immer präzisere Berechnung der dafür notwendigen Mittel«.[4] Der Gedanke der Rationalisierung ist somit eine wichtige Voraussetzung wie auch ein Bestandteil vieler Praktiken der Selbstoptimierung.

Bei Bildung, Fortschritt und Rationalisierung handelt es sich um Begriffe aus dem, wie man sagen könnte, kulturellen Leitprogramm der westlichen Moderne. Dieses Programm war von Anfang an von beißender Kritik begleitet und weist bis in die Gegenwart reichende Schattenseiten auf, wie etwa Gewalt nach innen (Disziplinierung, Ausbeutung) und nach außen (Imperialismus, Krieg), wachsende moralische und geographische Entwurzelung zahlreicher Menschen, Ausbeutung und soziale Ungleichheit, Zerstörung der natürlichen Ressourcen, Anomie und Hypokrisie.[5] Während beispielsweise der Fortschrittsbegriff bis heute die Hoffnungen auf ein besseres Leben, auf Freiheit, Emanzipation und Gleichberechtigung bündelt, gibt es eine ebenso lange Tradition, die die systematischen Schattenseiten der mit dem Fortschritt verbundenen

3 Hans van der Loo, Willem van Reijen, *Modernisierung. Projekt und Paradox*, München 1992, S. 118.

4 Ebd., S. 118 f.

5 Vgl. Stephan Lessenich, *Neben uns die Sintflut. Die Externalisierungsgesellschaft und ihr Preis*, München 2016; Pankaj Mishra, *Das Zeitalter des Zorns. Eine Geschichte der Gegenwart*, Frankfurt/M. 2017. Eine Übersicht über die umfangreiche klassische soziologische Diskussion zum Für und Wider der Moderne liefert Hartmut Rosa, *Resonanz. Eine Soziologie der Weltbeziehung*, Berlin 2016, Kapitel X und XI.

Entwicklung unterstreicht. Als Erster war es wohl Rousseau, der die zunehmende Vervollkommnung der Vernunft mit dem moralisch-sittlichen Verfall der menschlichen Gattung in einen direkten Zusammenhang brachte.[6] Hinzu kommt die Tatsache, dass das Fortschrittsprinzip selbst zwar prinzipiell universalistisch ist, weite Teile der Welt davon aber praktisch ausgeschlossen wurden oder waren (und zum Teil noch sind).

Das kulturelle Leitprogramm des Westens umfasst noch weitere zentrale Begriffe und Ideen, etwa Individualismus und Vernunftherrschaft, Religions- und Ideologiekritik, Freiheit, Gleichheit, Brüderlichkeit und Emanzipation.[7] Darüber hinaus spielt auch der Gedanke der Leistung eine bis heute ebenso tragende wie umstrittene Rolle – nicht nur für das Thema Selbstoptimierung, sondern für die westlichen Gesellschaften insgesamt. Nina Verheyen zufolge wurde der moderne, auf objektive Messung und Steigerbarkeit gerichtete Leistungsbegriff erst im Verlauf des 19. Jahrhunderts »erfunden« und hat sich dann in der zweiten Jahrhunderthälfte sukzessive durchgesetzt. In den Dekaden um 1800 transportierte der Begriff noch die Idee vom »Leisten von Gesellschaft«, war also »eine freudvolle, auf Wechselseitigkeit angelegte Tätigkeit, die sich exakten Messungen entzog«. Erst im Verlauf des 19. Jahrhunderts »wurde ›die‹ Leistung eines Menschen als eine objektiv messbare Größe im Singular gedacht«. In dieser auf individuelle Steigerung setzenden Form stellt Leistung nach wie vor eine »Ordnungskategorie des Sozialen« dar.[8] Auch für den Fitnessbegriff hat Jürgen Martschukat gezeigt, dass sich die heute geläufige Form erst ab Mitte des 19. Jahrhunderts sukzessive ausbildet. Erst ab diesem Zeitpunkt forderten »mehr und mehr Stimmen, dem Körper als Körper und dessen individueller Leistungsfähigkeit größere Aufmerksamkeit entgegenzubringen«.[9] Parallel zu dieser inhaltlichen

6 Jean-Jacques Rousseau, *Diskurs über die Ungleichheit. Discours sur l'inégalité*, hg. von Heinrich Meier, Paderborn 1990 [1755], S. 167. Zur Idee des Fortschritts vgl. Steven Pinker, *Enlightment Now. The Case for Reason, Science, Humanism, and Progress*, New York 2018; Peter Wagner, *Fortschritt. Zur Erneuerung einer Idee*, Frankfurt/M., New York 2018.

7 Vgl. Hans Joas, Klaus Wiegandt (Hg.), *Die kulturellen Werte Europas*, Frankfurt/M. 2005.

8 Nina Verheyen, *Die Erfindung der Leistung*, München 2018, S. 20, S. 11.

9 Jürgen Martschukat, *Das Zeitalter der Fitness. Wie der Körper zum Zeichen für Erfolg und Leistung wurde*, Bonn 2020, S. 69 f.

Entwicklung habe sich auch der Begriff der Fitness selbst gewandelt. Bis dahin hatte ›Fitness‹ vor allem die Bedeutung der bestmöglichen Anpassung an bestehende Strukturen (to fit = passen), war also ein eher statischer Begriff. Vor dem Hintergrund des sich verbreitenden Darwinismus aber setzte sich Martschukat zufolge zunehmend ein dynamisches Verständnis durch, womit auch eine Ausweitung des Geltungsbereichs verbunden war. Fitness stand nun »für die grundsätzliche Fähigkeit und Tugend, an sich zu arbeiten und Verantwortung für die eigene Leistung zu übernehmen«.[10] Im Begriff der Fitness bündelte sich demnach eine neue individuelle wie gesellschaftliche Erwartungshaltung im Umgang mit dem eigenen Körper, ähnlich wie Selbstoptimierung das Verlangen nach einer immer weiter gehenden Verbesserung des Selbst und Arbeit daran zum Ausdruck bringt.

Diese Herausbildung und Bedeutungsverschiebung der Begriffe der Leistung und Fitness unterstützen die These, dass sich die Voraussetzungen einer engeren Idee von Selbstoptimierung erst im Verlauf des 19. Jahrhunderts entwickeln. Gleichzeitig machen die Arbeiten von Verheyen und Martschukat deutlich, dass durch den hier gewählten Fokus auf die Ideen der Bildung, des Fortschritts und der Rationalisierung nur ein kleiner Teil einer sehr viel umfassenderen Entwicklung abgebildet wird. Es besteht entsprechend kein Anspruch auf Vollständigkeit, sondern das Kapitel folgt dem Geist einer Spurensuche, die manches zu finden vermag, anderes aber auch nicht berücksichtigt. Anhand von Bildung, Fortschritt und Rationalisierung wird ein Begriffsvergleich in genealogischer Absicht durchgeführt, der immer wieder danach fragt, ab welchem Zeitpunkt sich bestimmte mit Selbstoptimierung in Zusammenhang stehende Ideen durchsetzen.[11] Die Darstellung der drei Ideen ist notgedrungen begrenzt und exemplarisch angelegt, denn zu jeder gibt es umfangreiche Forschungsdiskussionen, die hier abzubilden nicht das Ziel sein kann. Entsprechend bezieht sich die Analyse auf nur jeweils einen zentralen Referenzautor[12] und ein oder

10 Ebd., S. 77.

11 Eine breiter angelegte Genealogie müsste auch die institutionelle (›materielle‹) Ebene mitberücksichtigen und danach fragen, wie die ideelle und die materielle Ebene miteinander zusammenhängen.

12 Es handelt sich ausschließlich um Männer, da sich aufgrund des historischen Kontextes, in dem diese Diskussionen sich abspielten und in dem Frauen von hö-

zwei zentrale Texte von ihm zum Thema: Wilhelm von Humboldt zum klassischen Bildungsbegriff (»Theorie der Bildung des Menschen«, 1793; *Ideen zu einem Versuch, die Gränzen der Wirksamkeit des Staates zu bestimmen*, 1792), der Marquis de Condorcet für die Idee des Fortschritts (*Entwurf einer historischen Darstellung der Fortschritte des menschlichen Geistes*, 1794) und Max Weber für den Begriff der Rationalisierung (»Wesen, Voraussetzungen und Entfaltung der bürokratischen Herrschaft«, 1919/20).

Im Anschluss daran geht es um einen Text, der sich von Format und Status her fundamental von den bisher genannten Autoren und Texten unterscheidet, aber für das Thema Selbstoptimierung sehr aufschlussreich ist: Gustav Großmanns Rategeber *Sich selbst rationalisieren. Mit Mindestaufwand persönliche Bestleistung erzeugen* aus dem Jahr 1927. Das Genre der Ratgeberliteratur liegt bei Weitem nicht auf der gleichen intellektuellen Ebene wie die Texte eines Humboldt, Condorcet oder Weber, die für wissenschaftliche ›Höhenkamm-Literatur‹ stehen. Nichtsdestotrotz ist der Text der Sache nach relevant, da sich damit das Verhältnis von Rationalisierung und Selbstoptimierung vertiefen lässt. Darüber hinaus enthält er bereits zentrale Bausteine derjenigen Diskussion, die um die Wende zum 21. Jahrhundert unter dem Stichwort des »unternehmerischen Selbst« oder einer »Ökonomisierung des Sozialen« geführt wird.[13] Aus diesem Grund ist Großmann in diesem Kapitel mit in die Reihe der ›großen Denker‹ aufgenommen worden. In Bezug auf das Thema Selbstoptimierung erlaubt es sein Text, die genealogischen Fäden bis ins 20. Jahrhundert zu ziehen. Der darauffolgende Exkurs zum Thema Therapeutisierung des Selbst verbreitert diesen gegenwartsorientierten Zugriff. Doch beginnen wir mit einem Blick zurück.

herer Bildung noch weitgehend ausgeschlossen waren, kein thematisch passendes Werk einer Frau finden ließ.

13 Ulrich Bröckling, *Das unternehmerische Selbst. Soziologie einer Subjektivierungsform*, Frankfurt/M. 2007. Ulrich Bröckling u. a. (Hg.), *Gouvernementalität der Gegenwart. Studien zur Ökonomisierung des Sozialen*, Frankfurt/M. 2000. Vgl. darüber hinaus Alain Ehrenberg, *Le culte de la performance*, Paris 1991; Nikolas Rose, *Inventing Our Selves. Psychology, Power and Personhood*, Cambridge, New York 1998; Günter G. Voß, Hans J. Pongratz »Der Arbeitskraftunternehmer. Eine neue Grundform der Ware Arbeitskraft«, in: *Kölner Zeitschrift für Soziologie und Sozialpsychologie* 50/1 (1998), S.131-158.

IV.1 Bildung (Wilhelm von Humboldt)

»Im Mittelpunkt aller besonderen Arten der Thätigkeit nemlich steht der Mensch, der ohne alle, auf irgend etwas Einzelnes gerichtete Absicht, nur die Kräfte seiner Natur stärken und erhöhen, seinem Wesen Werth und Dauer verschaffen will.«[14] Dieses Zitat von Wilhelm von Humboldt enthält einige zentrale Bestandteile des klassischen Bildungsbegriffs, den neben Humboldt auch andere neuhumanistische Autoren wie insbesondere Schelling und Herder geprägt haben. Ein erstes Ziel dieser Autoren war es, eine Alternative zur französischen Aufklärungstradition zu formulieren. In Frankreich sorgten der Staat und seine Institutionen, unter dem Gebot der Gleichheit, für ein umfassendes Erziehungsprogramm, um die Bevölkerung zu mündigen *citoyens*, also Staatsbürgern, zu entwickeln. Auf der deutschen Seite des Rheins hingegen mussten Bildungsprozesse, »die in Frankreich bereits in den Institutionen verpflichtende Formen angenommen hatten«, am einzelnen Subjekt ansetzen.

> Der Wille zur Gesellschaft, nicht aber jene in Frankreich seit Condorcet und Napoleon institutionalisierte, verpflichtende und kodifizierte Aufnahme in sie, war die Bildungsform in den deutschen Institutionen. […] In der deutschen Bildung ging es um eine innere Entscheidung, die das Wesen des Subjekts zu durchdringen hatte: aus seinem eigenen Antrieb heraus musste das […] Ich zur Gesellschaft gelangen (oder sich ihr auch verweigern).[15]

Diese Möglichkeit, sich der Gesellschaft auch zu verweigern, verweist auf ein zweites übergreifendes Ziel der Neuhumanisten. Sie wollten eine Alternative zur Nützlichkeitsorientierung der Philanthropen wie Basedow, Campe, von Rochow und Salzmann formulieren. Daher ging es ihnen um den Menschen und um seine allgemeine Bildung, nicht um seine berufliche Ausbildung. Bildung transportiert somit ein »Versprechen der Selbstbestimmung gegen

14 Wilhelm von Humboldt, »Theorie der Bildung des Menschen. Bruchstück«, in: ders., *Schriften zur Anthropologie und Geschichte*, hg. von Andreas Flitner; Klaus Giel, Darmstadt 1980 [1793], S. 234-240, hier S. 235.

15 Jürgen Helmchen, »›Bildung‹ im Transit. Brückenzölle und Sonderabgaben beim Versuch, einen Begriff auf Reisen mitzunehmen – und Gedanken zu ihrer Entstehung. Brief an einen französischen Kollegen«, in: *Lendemains – Études comparées sur la France* 42/165 (2017), S. 124-133, hier S. 129 f.

gesellschaftliche Funktionalität und Brauchbarkeit«.[16] Was bedeutet das genau?

Bildung basiert darauf, dass der Mensch ohne besondere Absicht, aber gleichwohl in Form eines aktiven, auf »Selbsttätigkeit« basierenden Prozesses die Kräfte seiner Natur stärkt und erhöht. Bildung umschreibt damit Prozesse der Steigerung, die Humboldt linear denkt: »Je mehr der Mensch für sich wirkt, desto mehr bildet er sich.«[17] Getrieben von einer »innern Unruhe«, entfaltet Bildung sich aus dem Inneren des Menschen heraus. Nicht rationales Kalkül und Absicht also stehen am Beginn eines Bildungsprozesses, sondern ein letztlich anthropologisch begründetes Streben des Menschen danach, »in sich frei und unabhängig zu werden«.[18] Hier taucht eine weitere Ingredienz des klassischen Bildungsbegriffs auf: Freiheit, »die heimliche Leitidee von Bildung«. Humboldt konzipiert Bildung als »innere Freiheit«, »die gegen eine widerständige, weil restriktive Welt stabilisiert werden soll«.[19] Gleichzeitig muss es aber auch ein minimales Niveau äußerer Freiheit geben, mit anderen Worten: Dem staatlichen Wirken sind klare Grenzen zu setzen, damit Bildungsprozesse überhaupt stattfinden können. Sie bedürfen darüber hinaus einer »Mannigfaltigkeit der Situationen«.[20] Nicht in Kontexten der Eintönigkeit und Monotonie also bilden sich Mensch und Gattung, sondern dann, wenn es eine hinreichende Abwechslung gibt, wie sie beispielsweise die klassische Bildungsreise zu bieten vermochte.

Das Verhältnis des sich bildenden Menschen zu seiner Umwelt basiert auf einem Geschehen, das Georg Simmel über hundert Jahre später zum zentralen Bestandteil seiner Soziologie bestimmen wird: der »Wechselwirkung«. Der Mensch bedarf laut Humboldt einer »Welt ausser sich«, »sein Denken und Handeln« basiert auf

16 Ralf Mayer, Christiane Thompson, »Inszenierung und Optimierung des Selbst. Eine Einführung«, in: Ralf Mayer u. a. (Hg.), *Inszenierung und Optimierung des Selbst. Zur Analyse gegenwärtiger Selbsttechnologien,* Wiesbaden 2013, S. 7-28, hier S. 9.

17 Wilhelm von Humboldt, *Ideen zu einem Versuch, die Gränzen der Wirksamkeit des Staates zu bestimmen* [1792], in: ders., *Schriften zur Anthropologie und Geschichte,* hg. von Andreas Flitner; Klaus Giel, Darmstadt 1980, S. 56-233, hier S. 92 f.

18 Humboldt, »Theorie der Bildung des Menschen«, S. 235.

19 Rudolf Stichweh, *Wissenschaft, Universität, Professionen. Soziologische Analysen,* Bielefeld 2013, S. 189.

20 Humboldt, *Ideen zu einem Versuch,* S. 205.

diesem Dritten, das »Nicht-Mensch, d.i. Welt« ist.[21] Prozesse innerhalb des sich bildenden Menschen sind demnach immer auch mit dem jeweiligen Weltverhältnis des Subjekts verknüpft, Bildung beschreibt demnach ein Selbst- und zugleich ein Weltverhältnis.[22] Nur ein derart in der Welt stehender und mit ihr verknüpfter sowie selbsttätiger Mensch kann »Grösse« zeigen. Die »allgemeinste, regeste und freieste Wechselwirkung« zwischen Mensch und Welt ist Voraussetzung dafür, dass der Mensch der »letzte[n] Aufgabe unsres Daseins: dem Begriff der Menschheit in unsrer Person, sowohl während der Zeit unsres Lebens, als auch noch über dasselbe hinaus, durch die Spuren des lebendigen Wirkens, die wir zurücklassen, einen so grossen Inhalt, als möglich« verschafft.[23] Dieses Zitat belegt, dass Bildung für Humboldt den einzelnen Menschen transzendiert, die Bildung des Individuums im Zusammenhang mit der Bildung der Gattung insgesamt steht. Letzteres ist also nicht ohne Ersteres zu erreichen und umgekehrt. Zum anderen macht es deutlich, dass Bildungsprozesse das ganze Leben andauern und sogar darüber hinaus weiterwirken sollen. Damit unterscheiden sich Bildungsprozesse von denen der Erziehung. Diese haben ein »zeitliches Ende« wie auch ein »genuines Thema«: die Vermittlung von Kompetenzen, die die selbstständige Teilnahme der Akteure an Gesellschaft ermöglichen. Erziehung ist somit »vorbereitender Natur, der Dauer wie der Thematik [nach] begrenzt, während Bildungsprozesse solche Begrenzung[en] nicht kennen«.[24]

Bisher ist das klassische Bildungsverständnis Humboldt'scher Prägung als ein selbsttätig aktiver, sich aus dem Inneren des Menschen entfaltender, ohne konkrete Absicht, aber dem allgemeinen Ziel einer Verbesserung folgender und auf freiheitlichen Verhältnissen basierender Prozess erläutert worden, der Mensch und Welt in

21 Humboldt, »Theorie der Bildung des Menschen«, S. 235.

22 Vgl. Hans-Christoph Koller, *Bildung anders denken. Einführung in die Theorie transformatorischer Bildungsprozesse*, Stuttgart 2012.

23 Humboldt, »Theorie der Bildung des Menschen«, S. 65, S. 235.

24 Heinz-Elmar Tenorth, *Geschichte der Erziehung. Einführung in die Grundzüge ihrer neuzeitlichen Entwicklung*, Weinheim, München 1988, S. 21 f. Lernen wiederum wird von Koller (*Bildung anders denken*, S. 15) in Anlehnung an Kokemohr als »Prozess der Aufnahme, Aneignung und Verarbeitung neuer Informationen« definiert, Bildung hingegen »als Lernprozesse höherer Ordnung [...], bei denen nicht nur neue Informationen angeeignet werden, sondern auch der Modus der Informationsverarbeitung sich grundlegend ändert«.

ein Wechselverhältnis bringt und darüber hinaus die individuelle wie auch gattungsbezogene Größe des Menschen fundiert. Wichtig sind nun noch zwei weitere Aspekte: die Frage nach der Zielbestimmung von Bildung sowie die nach ihrer Plan- oder Steuerbarkeit.

Konstitutiv für Bildung ist ihre Nicht-Planbarkeit. Zwar kann man beispielsweise eine bestimmte Struktur für Bildungseinrichtungen entwickeln, wie es Humboldt als Sektionschef für Kultus und Unterricht im preußischen Ministerium des Innern für die Berliner Universität selbst getan hat, oder auch einen als verbindlich geltenden Bildungskanon definieren, der für die Neuhumanisten aus Sprache, Philosophie und Kunst bestand und am Vorbild der Antike orientiert war.[25] Der Prozess der Bildung selbst jedoch lässt sich nicht bis ins Einzelne beeinflussen, er entzieht sich gezielter Steuerung. Bildungstheoretisch liegt dies maßgeblich darin begründet, dass die im Bildungsprozess gemachten Erfahrungen einen »Bruch mit sich selbst [provozieren], der dazu führt, dass das Individuum als verändertes aus diesem Prozess hervorgeht«.[26] Humboldt selbst spricht sogar von einer Erfahrung der »Entfremdung«. Er betont, dass der Mensch sich »in dieser Entfremdung nicht selbst verliere[n]« dürfe, ansonsten drohe der Prozess zu scheitern.[27] Laut Benner sind für Humboldt also »Entfremdung und Rückkehr aus der Entfremdung [...] gleichermaßen konstitutiv für die Bildung des Menschen«.[28] Bildung umfasst damit kein reines ›Wohlfühlprogramm‹, sondern stellt den Menschen vor zu meisternde Herausforderungen, wie es sich in den klassischen Bildungsromanen, z.B. etwa Goethes *Wilhelm Meisters Lehrjahre*, exemplarisch nachlesen lässt. Wenn der sich bildende Mensch diese Herausforderungen erfolgreich übersteht, kommt er gestärkt daraus hervor, da ihn die gemachten Erfahrungen »reicher« machen und seine »Sensibilität gegenüber der Welt« schärfen. Wenn aber »die

25 Rudolf Vierhaus, »Bildung«, in: Otto Brunner u. a. (Hg.), *Geschichtliche Grundbegriffe. Historisches Lexikon zur politisch-sozialen Sprache in Deutschland*, Bd. 1: A-D. Stuttgart 1972, S. 509-551.

26 Alfred Schäfer, *Das Versprechen der Bildung*, Paderborn 2011, S. 59. Davon ausgehend entwickelt Koller (*Bildung anders denken*) eine »Theorie transformatorischer Bildungsprozesse«.

27 Humboldt, »Theorie der Bildung des Menschen«, S. 237.

28 Dietrich Benner, *Wilhelm von Humboldts Bildungstheorie. Eine problemgeschichtliche Studie zum Begründungszusammenhang neuzeitlicher Bildungsreform*, Weinheim, München 2003, S. 104.

Erfahrung der Differenz nicht mehr aufgehoben werden kann«, sich also »das ›Sich‹, zu dem ›das Subjekt‹ zurückkehrt, [...] nur noch unvollständig bestimmen« lässt, dann droht »Entfremdung« als »konstitutive[r] Aspekt des sich bestimmenden Subjekts«.[29]

Damit stellt sich die Frage nach dem Zielpunkt oder auch dem Ergebnis von Bildung, den Humboldt mit dem »wahre[n] Zwek« des Menschen in eins setzt: die »höchste und proportionirlichste Bildung seiner Kräfte zu einem Ganzen«.[30] Laut Benner steht hinter diesem Zitat, das schon zahlreiche Sonntags- und Festreden zu Bildungsthemen geschmückt hat, kein harmonisches Ideal der Menschenbildung oder der menschlichen Vervollkommnung, sondern ein »antinomisches Verhältnis«. Das ›Ganze‹ der Kräfte muss nämlich zwei unterschiedliche Zielsetzungen zusammenbringen: ein quantitatives Ziel der Maximierung (›höchste‹) und ein qualitatives Ziel der Balance (›proportionirlich‹).[31] Man könnte auch sagen, dass Humboldt hier bereits ein klassisches Optimierungsproblem umschreibt, da es darum geht, das optimale Gleichgewicht zwischen zwei verschiedenen Elementen und Zielsetzungen zu finden. Das ›Ganze‹ ist also das ›Optimum‹, das es zu erreichen gilt, das sich aber nie ein für alle Male erreichen lässt, denn der Mensch »strebt« zwar danach, »seine ganze Bildung [zu] vollenden«[32], aber wirklich ans Ziel kommt er dabei nie. Bildung umfasst demnach ein spannungsreiches Gefüge zwischen dem Prozess des Sich-Bildens und dem Ergebnis dieses Prozesses (die gebildete Person). Gleichzeitig – und das macht einen fundamentalen Unterschied zur Selbstoptimierung aus – ist Bildung letzten Endes doch an die Vorstellung eines Ganzen gebunden. Humboldts Bildungsbegriff basiert auf der »Vorstellung eines sich teleologisch entfaltenden individuellen Charakters«, was »letztlich eine entelechiale Entfaltung des Individuums voraussetzt«.[33] Das sich bildende Subjekt trägt also sein Ziel oder auch seinen ›inneren Bauplan‹, wie es Maria Montessori nennt, bereits in sich. Der Bildungsprozess transgrediert keine Grenzen, sondern bringt die vorhandenen Elemente aus dem Inneren heraus zur größtmöglichen Ausprägung. Dieser

29 Schäfer, *Das Versprechen der Bildung*, S. 59 f.

30 Humboldt, *Ideen zu einem Versuch*, S. 64.

31 Benner, *Wilhelm von Humboldts Bildungstheorie*, S. 48.

32 Humboldt, »Theorie der Bildung des Menschen«, S. 239.

33 Schäfer, *Das Versprechen der Bildung*, S. 63.

Vorgang erstreckt sich über die gesamte Lebensdauer und prägt die Persönlichkeitsstruktur des sich in diesem Prozess als eigenständiges Subjekt konstituierenden Menschen. Er schafft aber keinen Menschen oder keine Persönlichkeitsstruktur jenseits der bereits vorhandenen Anlagen. In literarischer Form findet sich dieser Gedanke bei Goethes »Daimon« ausgedrückt:

> Nach dem Gesetz, wonach du angetreten.
> So mußt du sein, dir kannst du nicht entfliehen,
> So sagten schon Sibyllen, so Propheten;
> Und keine Zeit und keine Macht zerstückelt
> Geprägte Form, die lebend sich entwickelt.[34]

Nicht nur hinsichtlich der Art des Prozesses unterscheiden sich Bildung und Selbstoptimierung, sondern auch in der ihnen zugrunde liegenden Logik. Der klassische Bildungsbegriff, hier exemplarisch mit Humboldt veranschaulicht, widerspricht einer instrumentellen Logik, die konstitutiv für Selbstoptimierung ist. Bei Bildung geht es um den ganzen Menschen, der *als Mensch* seinen Wert hat, und nicht erst als nützliches Mitglied der Gesellschaft. Zwar hat Humboldt selbst als Sektionschef für Kultus und Unterricht das preußische Universitäts- und Erziehungswesen maßgeblich mitgeprägt und sich damit für die immer auch an funktionalen Kriterien orientierte Erziehung der Bevölkerung eingesetzt.[35] Wert- und zweckrationale Überlegungen sind also sowohl im Begriff wie auch in der Praxis der Bildung immer miteinander verbunden. Gleichwohl überwiegen im klassischen Bildungsbegriff die nicht-instrumentellen Elemente die instrumentell-zweckrationalen bei Weitem. Es geht nicht vorrangig um Leistung noch um Perfektion, auch nicht um die Akkumulation von Wissen oder Kompetenzen, sondern um die Entwicklung jedes Menschen hin zu einer eigenständigen Persönlichkeit. Bildung kommt hier also maßgeblich als Antipode zu Selbstoptimierung ins Spiel, was sie für den Begriffsvergleich aber nicht weniger wertvoll macht.

Anders scheint sich die Situation bei der Idee des Fortschritts

34 Johann Wolfgang von Goethe, »Urworte. Orphisch«. In: *Goethes Werke, Gedichte und Epen I*, hg. von Erich Trunz, Hamburger Ausgabe, Band I, München 1998, S. 359 f. Ich danke H.-P. Müller für diesen Hinweis.

35 Tenorth, *Geschichte der Erziehung*.

darzustellen. Hier zeigen sich bezüglich der Art des Prozessdenkens deutliche Parallelen zur Idee der Selbstoptimierung, denn Fortschritt beschreibt eine Logik, die nicht (mehr) an die Vorstellung eines Ganzen gebunden ist, sondern eine nach vorne hin offene Steigerungsdynamik.

IV.2 Fortschritt (Marquis de Condorcet)

Im »Kern der Fortschrittsidee« steht der Gedanke, »daß die Menschheit in einem andauernden Gang nach vorn begriffen sei – weg von dem, was einmal war, hin zu dem, was noch nicht ist«.[36] Sukzessive etabliert sich seit dem Ende des 18. Jahrhunderts eine »Grunderfahrung der Bewegung, der Veränderung in eine offene Zukunft hinein«, wie es Koselleck formuliert. Ihm zufolge markiert der Fortschrittsbegriff einen »tiefgreifenden Erfahrungswandel« hin zur modernen Gesellschaft, in dessen Verlauf »Erfahrungsraum« und »Erwartungshorizont« zunehmend auseinandertreten.[37] Die »Grunderfahrung des Fortschritts, wie er um 1800 auf seinen singulären Begriff gebracht worden ist«, so Koselleck, »wurzelt in der Erkenntnis des Ungleichzeitigen, das zu chronologisch gleicher Zeit geschieht«. Mit zunehmender Welterschließung setzt sich allmählich die Erkenntnis durch, dass die wissenschaftliche, technische oder auch ökonomische Entwicklung zum selben Zeitpunkt, aber an verschiedenen Orten, unterschiedlich weit gediehen ist. Der Fortschrittsgedanke bietet demnach ein »Raster des Fortschreitens, nach dem die ganze Geschichte universal auslegbar« wird.[38]

Die Schrift des Marquis de Condorcet *Entwurf einer historischen Darstellung der Fortschritte des menschlichen Geistes* (*Esquisse d'un tableau historique des progrès de l'esprit humain*) aus dem Jahr 1794

36 Rüdiger Bubner, »Nachdenken über die Idee des Fortschritts«, in: ders., *Zwischenrufe. Aus den bewegten Jahren*, Frankfurt/M. 1993, S. 153-166, hier S. 157.

37 Reinhart Koselleck, »›Neuzeit‹. Zur Semantik moderner Bewegungsbegriffe«, in: ders., *Vergangene Zukunft. Zur Semantik geschichtlicher Zeiten*, S. 300-348, hier S. 338; ders., »Fortschritt«, in: Otto Brunner u. a. (Hg.), *Geschichtliche Grundbegriffe. Historisches Lexikon zur politisch-sozialen Sprache in Deutschland*, Bd. 2, E-G. Stuttgart 1979, S. 351-423, hier S. 352; ders., »›Erfahrungsraum‹ und ›Erwartungshorizont‹ – zwei historische Kategorien«, in: ders., *Vergangene Zukunft. Zur Semantik geschichtlicher Zeiten*, S. 349-375.

38 Koselleck, »›Neuzeit‹«, S. 324 f.

bietet einen derartigen historischen Interpretationsversuch und darüber hinaus auch eine exemplarische Ausbuchstabierung der Idee des Fortschritts. Koselleck zufolge wird hier zum ersten Mal »das Prinzip der Fortschrittlichkeit« umschrieben, an dem sich bis heute die Geister scheiden.[39] Condorcet – ein Adliger, der sich den Girondisten anschloss und von den Jakobinern unter Robespierre angeklagt und verfolgt wurde – schrieb den Text unter dramatischen Umständen in einem Versteck auf der Flucht. Der intendierten Reichweite und Bedeutung seines Textes tat dies keinen Abbruch, im Gegenteil, denn es handelt sich um den Entwurf zu einer »Universalgeschichte der Völker«, und zwar auf wissenschaftlicher Grundlage.[40]

Ganz dem Stil seiner Zeit entsprechend entwirft Condorcet ein Portrait der gesamten Menschheitsgeschichte und wagt darüber hinaus einen Blick in die Zukunft. Dieses Vorhaben setzt er mit der Entwicklung eines Stufenmodells um, wie es für das 19. Jahrhundert so typisch werden sollte. Marx und Engels beispielsweise konzipieren, ganz ähnlich, wie dies bei Condorcet zu lesen ist, die historische Entwicklung menschlicher Gesellschaften als Abfolge von fünf Schritten, die von der Stammesgesellschaft über die antike Sklavenhaltergesellschaft, die antike Städtegesellschaft und feudale Gesellschaft bis zur Ausbildung der bürgerlichen Klassengesellschaft führt.[41] Auch sie skizzieren mit den Stadien des Sozi-

39 Koselleck, »Fortschritt«, S. 376 f.

40 Jean Antoine Nicolas de Caritat de Condorcet, *Entwurf einer historischen Darstellung der Fortschritte des menschlichen Geistes*, Frankfurt/M. 1963 [1794], S. 37.

41 Derartige Stufenmodelle waren weit verbreitet, wie die folgenden Beispiele belegen. Georg Wilhelm Friedrich Hegel zeichnet in seinen *Vorlesungen über die Philosophie der Geschichte* die historische Entwicklung in Form von drei Entwicklungsstufen des Geistes nach: seiner Versenktheit in die Natürlichkeit, dem gewonnenen Bewusstsein über seine Freiheit und der Erhebung dieser noch besonderen Freiheit zur reinen Allgemeinheit der Freiheit. Immanuel Kant konzipiert in der Schrift »Über Pädagogik« vier Stufen der Erziehung zur Mündigkeit: Disziplinierung, Kultivierung, Zivilisierung, Moralisierung. Und Auguste Comte konzipiert im »Drei-Stadien-Gesetz« eine ansteigende Abfolge geistiger Entwicklungsstufen: das theologische, metaphysische und positive Stadium. Bis in die Zeit der Modernisierungstheorien aus der Mitte des 20. Jahrhunderts reichen derartige Vorstellungen einer stufenhaften Aufwärtsentwicklung, wie sich am Beispiel von Parsons' »evolutionären Universalien« zeigen lässt. Gleichzeitig zeugt bereits Spenglers Schrift *Der Untergang des Abendlandes* (1919) von einer Abkehr von diesem Fortschrittsschema; bei ihm folgt auf das Wachstum und

alismus und schließlich des Kommunismus ein glänzendes, aber vage bleibendes Bild des zukünftigen Zustandes menschlicher Gesellschaften – bei Condorcet die zehnte und damit letzte Epoche seines Portraits. Man wähnt sich bei der Lektüre des *Kommunistischen Manifests*, wenn man bei Condorcet liest, »daß der stürmische und mühsam sich vollziehende Übergang aus einem ungefügten Gesellschaftszustand in den der Zivilisation, in dem es aufgeklärte und freie Völker gibt, alles andere als ein Niedergang des Menschengeschlechts ist; er ist vielmehr eine notwendige Krise auf dem Stufengang zu seiner schlechthinnigen Vervollkommnung«.[42] Überhaupt erinnert die Art des Textes in seiner Kombination von (proto-)wissenschaftlicher Analyse und pathetisch formuliertem Wunschdenken, verbunden mit einem prognostischen Ausblick in die Zukunft, sehr an das *Manifest*.

Condorcet unterscheidet in seiner Schrift zwei Arten des Fortschritts: einen Fortschritt auf individueller Ebene, basierend auf einzelnen herausragenden Persönlichkeiten und ihrem Erfindungsreichtum, und einen auf gesamtgesellschaftlicher Ebene, der langsamer vonstattengeht und »der selbst noch die Folge dessen ist, was die Menschen im Laufe ihres Zusammenlebens sich angewöhnt haben«.[43] Fortschritt ist also ein sowohl individueller als auch ein kollektiver Prozess, der sich darüber hinaus über die Generationen hinweg entwickelt. Weil für Condorcet jeder bestehende Zustand das Ergebnis vorheriger Entwicklungen ist, entfaltet er ein historisches Modell, anhand dessen sich einerseits vermittelt über die Entwicklungen der Vergangenheit die Besonderheiten der Gegenwart erläutern lassen, das es andererseits aber auch erlaubt, in die Zukunft zu blicken. Und nicht nur das: Die kommende Entwicklung soll dadurch aktiv befördert werden. »Die Betrachtung dessen, was der Mensch war, und dessen, was er heute ist, wird uns dann zu den Mitteln führen, die weiteren Fortschritte, die seine Natur ihn noch erhoffen läßt, zu sichern und zu beschleunigen.« Ganz im Sinne des Projekts der Aufklärung geht es also darum, das Licht der Vernunft über die Welt zu bringen und den Menschen ihre

die Blüte der Kultur ihr Verfall. Vgl. Hermann W. von der Dunk, *Kulturgeschichte des 20. Jahrhunderts. Band I*, München 2004.

42 Condorcet, *Entwurf einer historischen Darstellung*, S. 67.

43 Ebd., S. 51.

Fähigkeiten und Entwicklungsmöglichkeiten vor Augen zu führen. »Ist nur erst einmal die gesamte Klasse der aufgeklärten Menschen eins geworden, so werden nur noch Freunde der Menschheit zu ihr zählen, die im Einverständnis miteinander daran arbeiten, Vervollkommnung und Glück der Menschheit schneller herbeizuführen.« Condorcet postuliert zudem, dass die Zeit kommen wird, »da die Sonne hienieden nur noch auf freie Menschen scheint, Menschen, die nichts über sich anerkennen als ihre Vernunft«.[44]

Fortschritt bedeutet für Condorcet also nicht lediglich die weitere Entwicklung der wissenschaftlichen, technischen und künstlerischen Fähigkeiten der Menschen, sondern ein sittlich-moralisches und freiheitsförderndes Programm der menschlichen Vervollkommnung. Gleichwohl ist der Weg dahin schwierig, denn die Menschen werden aufgrund der »Operationen des Verstandes, die uns zum Irrtum führen«, den »Träumen des Wahnsinns« und »bestimmte[n] Vorurteile[n]«, die in jeder Epoche insbesondere seitens der Philosophen, der »weniger aufgeklärten Klassen«, aber auch seitens »geachteter oder mächtiger Berufe« bestehen, systematisch vom Pfad der Tugend abgelenkt. Gerade deswegen ist es so wichtig, auf Grundlage der (historischen) Wissenschaft »die Fortschritte des Menschengeschlechts vorauszusehen, zu lenken und zu beschleunigen«.[45]

Um dies zu erreichen, entwickelt Condorcet ein Stufenmodell von neun Epochen, die die bisherige gesellschaftliche und geistig-wissenschaftliche Entwicklung abbilden sollen, welche von der Entstehung der Stammesgesellschaften bis zur französischen Republik führt. Die zehnte Epoche ist prognostischer Natur und kündet »von den künftigen Fortschritten des menschlichen Geistes«, die Condorcet in einer Art »Hochrechnung vergangener Fortschritte« entwickelt:[46] »Wenn es eine Wissenschaft gibt, die Fortschritte des Menschengeschlechts vorauszusehen, zu lenken und zu beschleunigen, so muß sie von der Geschichte der Fortschritte, die bereits gemacht sind, ihren Ausgang nehmen.« Seine Erwartungen an die zukünftige Entwicklung sind groß: »Alles sagt uns, daß wir vor der Epoche einer der großen Revolutionen des Menschengeschlechts stehen.«[47] Und in der Tat war diese Revolution – die Ausbildung

44 Ebd., S. 29, S. 41, S. 355.
45 Ebd., S. 41, S. 43.
46 Lucian Hölscher, *Die Entdeckung der Zukunft*, Frankfurt/M. 1999, S. 58.
47 Condorcet, *Entwurf einer historischen Darstellung*, S. 43, S. 45.

der modernen Gesellschaft – zu seiner Zeit schon in vollem Gange und sollte das Leben der Menschen grundlegend verändern.

Condorcet versteht den Gang der Geschichte als »ununterbrochene Kette«, die »von den ersten und bekannten Nationen bis zu den heutigen Völkern Europas« reicht. Die grundlegende Prozesslogik ist die der immer weiterlaufenden Verbesserung oder Steigerung, auch wenn zwischenzeitlich Phasen der verlangsamten Entwicklung oder der Stagnation auftreten können, die zu analysieren er in seiner Schrift vorhat; »doch niemals werden es Rückschritte sein«. Auch wenn manche Völker »bald in Unwissenheit zurücksinken«, wenn sie »an einem bestimmten Punkt, den sie einmal erreicht haben, innehalten, bald unter den Waffen von Eroberern von der Erde verschwinden, sich mit den Siegern vermischen oder in Sklaverei weiterleben« – am Ende wird »das Licht von einem aufgeklärteren Volke auf ein anderes übergeh[n], um abermals anderen Nationen weitergegeben zu werden«.[48] Den bisherigen Gipfelpunkt dieser Entwicklung stellt die gerade entstandene französische Republik dar.[49] Denkt man die bisherige Entwicklung aber konsequent weiter – und genau das ist das Ziel, das Condorcet mit dieser Schrift verfolgt –, sieht man, dass am Ende dieser Entwicklung die »Vervollkommnung des Menschengeschlechts selbst« steht.

Konkret erhofft sich Condorcet für die Zukunft dreierlei: »die Beseitigung der Ungleichheit zwischen den Nationen; die Fortschritte in der Gleichheit bei einem und demselben Volke; end-

48 Ebd., S. 29, S. 37.

49 Man könnte Condorcet also nicht nur eine eurozentristische Argumentation attestieren (Lucian Hölscher, *Die Entdeckung der Zukunft*, S. 60), sondern eine frankozentristische. Gleichzeitig geht Condorcet von einem beschleunigten Prozess der nachholenden Modernisierung weltweit aus. Er glaubt, dass die Völker außerhalb Europas »rascher und sicherer fortschreiten als wir, weil sie von uns all das empfingen, was wir erst erfinden mussten, und weil sie, um die einfachen Wahrheiten, die sicheren Methoden kennenzulernen, auf die wir erst nach langem Irren gekommen sind, bloß deren Darlegungen und Beweise in unseren Abhandlungen und Büchern zu übernehmen brauchten« (Condorcet, *Entwurf einer historischen Darstellung*, S. 355). Dass das westeuropäische und tendenziell männliche »Wir« dabei die weltweit richtigen und einzig gültigen »Darlegungen und Beweise« entwickelt hat, steht hier außer Frage. Gleichzeitig setzte sich Condorcet als einer von Wenigen in seiner Zeit für die Einführung des Frauenwahlrechts, für die Abschaffung der Sklaverei und für auf größere Gleichheit zielende erzieherische Reformen ein.

lich die wirkliche Vervollkommnung (*le perfectionnement réel*) des Menschen«. Die Vervollkommnung ist für Condorcet einerseits ein konkretes Ziel, das ihm klar vor Augen steht, andererseits ein offener und unabschließbarer Prozess, wenn er schreibt, »daß die Natur der Vervollkommnung der menschlichen Fähigkeiten keine Grenze gesetzt hat; daß die Fähigkeit des Menschen zur Vervollkommnung tatsächlich unabsehbar ist« (»que la perfectibilité de l'homme est réellement indéfinie; que les progrès de cette perfectibilité, désormais indépendants de la volonté de ceux qui voudraient les arrêter, n'ont d'autres termes que la durée du globe«).[50]

Es zeigt sich an diesen Ausführungen, dass Condorcet hier eine »Grenzzone« zwischen Vervollkommnung (*perfectionnement*) als idealem Endpunkt und einem offenen Prozess von Fortschritt (*progrès*) und Perfektibilität (*perfectibilité*) umspielt,[51] sein Denken also noch nicht gänzlich modern ist. Auch Hegel beschäftigt sich mit dem Gedanken der Perfektibilität, der seinen Weg in den deutschen Sprachraum maßgeblich über die Schriften von Jean-Jacques Rousseau gefunden hat. Während Rousseau das spezifisch menschliche Vermögen der Perfektionierbarkeit letztlich negativ beurteilt, weil es den Menschen aus der Einfachheit des Naturzustands löst, »die Gattung verschlimmert« sowie den Einzelnen »ruchloser gemacht« habe,[52] ist Hegels Einschätzung nüchterner gehalten. In der Einleitung zu seinen *Vorlesungen über die Philosophie der Geschichte* schreibt er: »In der That ist die Perfectibilität beinahe etwas so Bestimmungsloses als die Veränderlichkeit überhaupt; sie ist ohne Zweck und Ziel, wie ohne Maaßstab für die Veränderung: das Bessere, das Vollkommenere, worauf sie gehen soll, ist ein ganz Unbestimmtes.«[53]

Das Perfektibilitätsstreben ersetzt laut Bubner »die ontologisch fixierte Vollkommenheit innerhalb der alten Ordnung der Teleologie«. Es stellt gewissermaßen Grundlage und Voraussetzung des gesellschaftlichen Fortschritts dar, der keine feste und dauerhafte

50 Condorcet, *Entwurf einer historischen Darstellung*, S. 28 f.

51 Koselleck, »Fortschritt«, S. 377.

52 Rousseau, *Diskurs über die Ungleichheit*, S. 228. Zur Rezeption in Deutschland, vgl. Gottfried Hornig, »Perfektibilität«, in: *Archiv für Begriffsgeschichte* XXIV/1 (1980), S. 221-273.

53 G. W. F. Hegel, *Vorlesungen über die Philosophie der Geschichte*, hg. von Theodor Litt und Friedrich Brunstäd, Stuttgart 1961 [1837], S. 106.

Ordnung mehr kennt. Fortschritt bedeutet demnach »strukturelle Ziellosigkeit«; Fortschritt kann »kein Telos im Blick haben [...]; denn zur Natur des Fortschritts gehört, daß er ständig weitertreibt«. Wesen des Fortschritts ist die »unabschließbare Verlängerung« beziehungsweise ein »Sog der Weiterentwicklung«, die »zu jeder Vervollkommnung noch eine relative Überbietung« findet.[54]

Für die Theoretiker der Aufklärung, zu denen auch Condorcet gehörte, markierte Fortschritt einen »unumkehrbaren Aufstieg zum Besseren«.[55] Dabei ging es ihnen nicht nur um einen Prozess der nicht endenden wissenschaftlich-technischen Verbesserung in den verschiedensten gesellschaftlichen Gebieten, sondern auch um die stets zunehmende moralisch-sittliche Vervollkommnung des Menschen wie des Menschengeschlechts. Zwar habe die Bewegung des Fortschritts einzelne Momente der Stagnation enthalten, auch solche Phasen, in denen »der geistige Fortschritt nicht immer mit dem gesellschaftlichen, dem zu Glück und Tugend zusammenhing«.[56] Insgesamt betrachtet aber verlaufe die Bewegung nach vorne und nach oben.

Selbstoptimierung lässt sich einerseits in dieser Tradition des Fortschrittsgedankens verorten, die die westlichen Gesellschaften bis heute prägt.[57] Hinsichtlich der Verbindung von abstraktem Streben zu einem besseren Zustand und gleichzeitiger struktureller Zieloffenheit liegt eine inhaltliche Verwandtschaft zwischen Fortschritt und Selbstoptimierung vor. Gleichzeitig bestehen bedeutsame Unterschiede zwischen beiden Begriffen. Fortschritt bezeichnet eine lineare Abfolge von Entwicklungsstufen, die zu einer sittlich-moralischen Vervollkommnung von Mensch und Menschheit führt.[58] Selbstoptimierung hingegen ist primär auf den Einzelnen

54 Bubner, »Nachdenken über die Idee des Fortschritts«, S. 157 f.

55 Koselleck, »Fortschritt«, S. 375 f.

56 Condorcet, *Entwurf einer historischen Darstellung*, S. 67.

57 Dies liegt Bubner (»Nachdenken über die Idee des Fortschritts«, S. 157) zufolge unter anderem daran, dass sich der Fortschrittsglaube zu einer »Weltanschauung« verfestigt hat, die wir »gar nicht rückgängig machen (könnten), selbst wenn wir wollten«. Auch sämtliche Alternativen zum Fortschritt basierten letzten Endes auf den Errungenschaften desselben.

58 Gewisse Ähnlichkeiten mit der fortschrittseigenen Hoffnung auf eine grenzenlose, nicht nur künstlerische, wissenschaftliche und technische, sondern auch moralisch-sittliche Vervollkommnung von Mensch und Gattung weisen heutzutage bestimmte Ideen des Transhumanismus oder etwa auch die UN in ihren

bezogen und basiert auf einer nicht-linearen, sich permanent neu modifizierenden und adaptierenden Prozesslogik, die auf die Generierung von Mehrwert, die Wahrung des Status quo oder auf Entgrenzung zielt, nicht aber auf eine moralisch-sittliche Vervollkommnung. Ist an die Stelle des Traumes vom gesellschaftlichen Fortschritt, wie er für das 19. Jahrhundert so charakteristisch war, nunmehr eine gesellschaftliche Pflicht, ein individueller Wunsch oder auch ein struktureller Zwang zur individuellen Selbstoptimierung getreten? Bevor erste Antworten auf diese Frage gegeben werden können, gilt es zunächst, die letzten beiden Begriffe in dieser genealogisch kontrastierenden Betrachtung von Vorläuferbegriffen zur Selbstoptimierung darzustellen: Rationalisierung und Selbstrationalisierung.

IV.3 Rationalisierung (Max Weber)

Kaum jemand hat sich mit dem Rationalisierungsgedanken so ausgiebig beschäftigt wie Max Weber. Die Rationalisierung stellt für ihn eines der zentralen Merkmale, wenn nicht *das* konstitutive Kennzeichen der westlichen Moderne dar, das es zu erforschen gilt: »Unser europäisch-amerikanisches Gesellschafts- und Wirtschaftsleben ist in einer spezifischen Art und in einem spezifischen Sinn ›rationalisiert‹. Diese Rationalisierung zu erklären und die ihr entsprechenden Begriffe zu bilden, ist daher eine der Hauptaufgaben unserer Disziplinen.«[59] Aus diesem Grund zieht sich dieser Begriff durch Webers Schriften, ebenso wie die damit verbundenen Begriffe der Rationalität und des Rationalismus. Diese »drei ›R‹« sind ein zentraler Bestandteil der Weber'schen Soziologie, liegen aber auf unterschiedlichen Ebenen und bilden zusammen genommen auch kein einheitliches Theoriegebäude.[60] Leitend ist für Weber der

Entwicklungszielen auf. Vgl. ⟨https://www.unicef.de/informieren/ueber-uns/unicef-international/neue-entwicklungsziele⟩, letzter Zugriff 24. 3. 2020.

59 Max Weber, »Der Sinn der ›Wertfreiheit‹ der soziologischen und ökonomischen Wissenschaften«, in: ders., *Gesammelte Aufsätze zur Wissenschaftslehre*, hg. von Johannes Winckelmann, Tübingen 1988 [1917], S. 489-540, hier S. 525.

60 Hans-Peter Müller, »Rationalität, Rationalisierung, Rationalismus«, in: ders., Steffen Sigmund (Hg.), *Max Weber Handbuch. Leben – Werk – Wirkung*, Stuttgart, Weimar 2014, S. 108-113, hier S. 108.

Gedanke, dass sich das »Leben unter höchst verschiedenen letzten Gesichtspunkten und nach sehr verschiedenen Richtungen hin ›rationalisieren‹« lässt.[61] Rationalisierungsbestrebungen können also inhaltlich äußerst heterogen gestaltet sein, da die ihnen zugrunde liegenden Logiken bisweilen völlig unterschiedlichen Prinzipien unterliegen. Menschliches Handeln kann beispielsweise primär »wertrational«, also am »Eigenwert« einer Sache orientiert sein oder primär »zweckrationalen« Prinzipien gehorchen, wenn das »Handeln nach Zweck, Mitteln und Nebenfolgen orientiert und dabei sowohl die Mittel gegen die Zwecke, wie die Zwecke gegen die Nebenfolgen, wie endlich auch die verschiedenen möglichen Zwecke gegeneinander rational ab[ge]wägt [werden]«.[62] Ein weiterer fundamentaler Unterschied besteht zwischen der Logik formaler und materialer Rationalisierung. Bei letzterer geht es um ethisch-normativ begründete Forderungen bestimmten Inhalts (nach Gerechtigkeit, Gleichheit etc.), bei ersterer um Fragen der »formalen Methodik«, beispielsweise die Schaffung »allgemeinverbindlicher Rechtsnormen für alle ›Staatsbürger‹«.[63]

Im zweiten Abschnitt aus der Soziologie der Herrschaft, »Wesen, Voraussetzungen und Entfaltung der bürokratischen Herrschaft«, liefert Weber am Beispiel der Bürokratie eine sehr eindringliche Beschreibung eines formalen Rationalisierungsprozesses, der weitgehend zweckrationalen Prinzipien unterliegt. Weber schreibt: »Die Bürokratie ist ›rationalen‹ Charakters: Regel, Zweck, Mittel, ›sachliche‹ Unpersönlichkeit beherrschen ihr Gebaren.« Weber sieht in der Ausbildung der Bürokratie ein zentrales Element des westlichen Modernisierungsprozesses. Es ist »›*das*‹ spezifische Mittel, [einverständliches] ›Gemeinschaftshandeln‹ in rational geordnetes ›Gesellschaftshandeln‹ zu überführen«. Die Bürokratie ist leistungsstark und bedrohlich zugleich. Ist sie erst einmal voll durchgeführt, gehört sie »zu den am schwersten zu zertrümmernden sozialen Gebilden«[64]

61 Max Weber, *Gesammelte Aufsätze zur Religionssoziologie I*, hg. von Marianne Weber, Tübingen 1988 [1920], S. 62.

62 Max Weber, *Wirtschaft und Gesellschaft. Grundriß der verstehenden Soziologie*, hg. von Johannes Winckelmann, Tübingen 1972 [1921], S. 13, Hervorh. weggelassen.

63 Max Weber, *Die Wirtschaftsethik der Weltreligionen. Konfuzianismus und Taoismus. Schriften 1915-1920*, hg. von Helwig Schmidt-Glintzer, Tübingen 1989, S. 118, S. 124.

64 Weber, *Wirtschaft und Gesellschaft*, S. 578, S. 569 f.

und stellt einen zentralen Pfeiler des modernen »stahlharte[n] Gehäuse[s]« rationaler Herrschaft und Verwaltung dar.[65] Sie ist ein »Präzisionsinstrument«, dessen Leistungsstärke nicht zu überbieten ist:

> Präzision, Schnelligkeit, Eindeutigkeit, Aktenkundigkeit, Kontinuierlichkeit, Diskretion, Einheitlichkeit, straffe Unterordnung, Ersparnisse an Reibungen, sachlichen und persönlichen Kosten sind bei streng bürokratischer, speziell: monokratischer Verwaltung durch geschulte Einzelbeamte gegenüber allen kollegialen oder ehren- und nebenamtlichen Formen auf das Optimum gesteigert.[66]

Es dauerte noch bis zum Beginn der 1980er-Jahre, bis auf der Grundlage von neuen Managementideen aus den Vereinigten Staaten diese Prämissen grundlegend anders bewertet wurden. Für Weber aber ist die Bürokratie das effizienteste und technisch leistungsfähigste Instrumentarium moderner Herrschaft überhaupt. Sie bildet die Grundlage dafür, dass Arbeits- und Verwaltungsprozesse rational und optimal ablaufen können: »Vor allem aber bietet die Bürokratisierung das Optimum an Möglichkeiten für die Durchführung des Prinzips der Arbeitszerlegung und der Verwaltung nach rein sachlichen Gesichtspunkten [...].« Sie sichert eine »›Berechenbarkeit‹ des Erfolges« und sieht von jeglichen materialen Gesichtspunkten ab.[67] Weber verwendet wiederholt das Bild der Maschine[68] zur Veranschaulichung von Prozessen der Rationalisierung und Bürokratisierung. So sei der einzelne Fachbeamte »nur ein einzelnes, mit spezialisierten Aufgaben betrautes Glied in einem [...] rastlos weiterlaufenden Mechanismus, der ihm eine im wesentlichen gebundene Marschroute vorschreibt«. Dieser Mechanismus stellt eine »planvolle Synthese« von »Fachschulung, [...] Fachspezialisierung und festem Eingestelltsein« dar.[69]

65 Weber, *Gesammelte Aufsätze zur Religionssoziologie I*, S. 203. Dass die etablierte Bürokratie gleichwohl auch eine »revolutionäre Macht ersten Ranges« sein konnte, war Weber (*Wirtschaft und Gesellschaft*, S. 657) durchaus bewusst.

66 Weber, *Wirtschaft und Gesellschaft*, S. 571, S. 561 f.

67 Ebd., S. 562 f.

68 Ebd., 561, S. 817, S. 835. Ähnlich auch das Bild des (technischen, bürokratischen, psychophysischen etc.) »Apparats« (z.B. ebd., S. 513, S. 826). Vgl. weiterführend Anson Rabinbach, *Motor Mensch. Kraft, Ermüdung und die Ursprünge der Moderne*, Wien 2001.

69 Weber, *Wirtschaft und Gesellschaft*, S. 570.

Läuft dieser Mechanismus oder diese Maschine erst einmal optimal, so gibt es keinen Grund, etwas zu ändern. Mit Taylor formuliert heißt dies, dass die »eine beste Methode« gefunden ist.[70] Telos dieser Form der formalen Rationalisierung sind also maximale Effizienz und Wirkungssteigerung bei gleichzeitiger Reduzierung der aufzuwendenden Kosten und Ressourcen, ihre Grundlage bilden die planvolle Zerlegung und Neukombination einzelner Elemente zu einem reibungslos funktionierenden Ganzen, unabhängig davon, ob es sich um Bestandteile eines Produktionsprozesses oder um einzelne Elemente des menschlichen »psychophysischen Apparats« handelt.[71] Diese Form der Rationalisierung umschreibt demnach im strengen Sinne ein mechanisches Modell, das statisch angelegt ist, insofern es nicht mehr geändert werden muss, sobald sein Ablauf korrekt kalkuliert und ›optimal eingestellt‹ ist, um maximal mögliche Effizienz zu erbringen – es sei denn, es steht die Möglichkeit der Erzielung eines größeren Mehrwerts in Aussicht. Dann werden die einzelnen Parameter neu justiert, um dadurch ein besseres Gesamtergebnis zu erzielen.[72] Die Prozessdynamik von Rationalisierung und Selbstoptimierung unterscheidet sich demnach voneinander, weil das hier skizzierte Modell der Rationalisierung dem statischen Funktionieren einer (nicht lernfähigen) Maschine gleicht, Selbstoptimierung hingegen eine dynamische Prozessdynamik aufweist, die sich permanent ändert, an gewandelte Bedingungen anpasst und prinzipiell auf die Überschreitung eines einmal erreichten Ziels ausgerichtet ist.

Nach Webers Tod im Jahr 1920 wird der Begriff der Rationalisierung zu einem der zentralen Schlagworte in der Weimarer Republik. Die 1920er-Jahre sind eine äußerst vielfältige und spannungsreiche Zeit, die zwischen den existentiellen politischen und sozialen Erschütterungen, die der Erste Weltkrieg ausgelöst hat, künstlerisch-lebensreformerischen Avantgarden und dem »Traum

70 Frederick Winslow Taylor, *Die Grundsätze wissenschaftlicher Betriebsführung*, hg. von Walter Volpert, Weinheim 1977 [1911], S. 25.

71 Max Weber, *Zur Psychophysik der Arbeit. Schriften und Reden 1908–1912*, Max Weber Gesamtausgabe, Band I/11, hg. von Wolfgang Schluchter und Sabine Frommer, Tübingen 1995 [1908/09].

72 Gleichzeitig steht die Maschinen-Metapher bereits für eine Dynamisierung von Prozessabläufen, wie Marx im Kapitel über Maschinerie und große Industrie im *Kapital* gezeigt hat. Ich danke Henri Band für diesen Hinweis.

von der Vernünftigmachung, der Rationalisierung der Welt« changiert.[73] Im Jahr 1911 ist das Buch *The Principles of Scientific Management* von Frederick W. Taylor erschienen, das in Deutschland wie auch in zahlreichen anderen Ländern der Welt zu einer umfassenden Rationalisierungsbewegung führte. Siegfried Kracauer schreibt hierzu in seiner Studie *Die Angestellten* aus dem Jahr 1929: »Der gleiche Wirtschaftsverstand, der den Betrieb immer rationeller gestaltet, erzeugt zweifellos auch das Bestreben, die bisher ungefügte Masse der Menschen durchzurationalisieren.«[74] Kritisch beleuchtet Kracauer die vielfältigen Auswirkungen, die die um sich greifende Rationalisierung auf die Kultur, die Lebensweise und nicht zuletzt das Aussehen der Angestellten hat. Möglichst »angenehm« solle es sein, passend zur »moralisch-rosa Hautfarbe«, die von ihnen erwartet werde und sich aus dem Druck zur Anpassung ergebe. In diesem Zusammenhang gibt Kracauer auch seine Beobachtung wieder, dass viele Angestellte Schönheitssalons besuchen und sich fit halten, »aus Angst, als Altware aus dem Gebrauch zurückgezogen zu werden«.[75] Dies kann durchaus als eine Protoform gegenwärtiger Selbstoptimierungspraktiken gelesen werden. Auch der Schlaf wird zum Gegenstand von Rationalisierungsbemühungen; es entsteht die Wissenschaft der Arbeitsphysiologie, die sich insbesondere mit Phänomenen der Ermüdung auseinandersetzt.[76]

Die Rationalisierungswelle in Form des Taylor-Systems ergreift in der Folge nicht nur die Organisation von Arbeitsabläufen, son-

73 Detlev Peukert, *Max Webers Diagnose der Moderne*, Göttingen 1989, S. 71. Die subjektive Schlagseite dieser Zeit wurde mit dem Begriff der »Nervosität« beschrieben (vgl. Joachim Radkau, *Das Zeitalter der Nervosität. Deutschland zwischen Bismarck und Hitler*, Darmstadt 1998). Weiterführend zu den 1920er-Jahren vgl. Michael Makropoulos, »Tendenzen der Zwanziger Jahre. Zum Diskurs der klassischen Moderne in Deutschland«, in: *Deutsche Zeitschrift für Philosophie* 39/6 (1991), S. 675-687.

74 Siegfried Kracauer, »Die Angestellten. Aus dem neuesten Deutschland« [1929], in: ders., *Schriften I. Soziologie als Wissenschaft. Der Detektiv-Roman. Die Angestellten*, Frankfurt/M. 1971, S. 205-304, hier S. 220.

75 Ebd., S. 223 f.

76 Vgl. Hannah Ahlheim, »Die Vermessung des Schlafs und die Optimierung des Menschen. Eine deutsch-amerikanische Geschichte, 1930-1960«, in: *Zeithistorische Forschungen/Studies in Contemporary History* 10/1 (2013), S. 13-37. Weiterführend vgl. Philipp Sarasin, »Die Rationalisierung des Körpers. Über ›Scientific Management‹ und ›biopolitische Rationalisierung‹«, in: ders., *Geschichtswissenschaft und Diskursanalyse*, Frankfurt/M. 2003, S. 61-99.

dern »ragt«, so Lukács' kritische Analyse, »bis in die ›Seele‹ des Arbeiters hinein: selbst seine psychologischen Eigenschaften werden von seiner Gesamtpersönlichkeit abgetrennt, ihr gegenüber objektiviert, um in rationelle Spezialsysteme eingefügt und hier auf den kalkulatorischen Begriff gebracht werden zu können.« Kalkulation und Zerlegung machen für Lukács die zentralen Prinzipien von Rationalisierungsprozessen aus.[77]

In diesem Kontext etabliert und verbreitet sich im europäischen und US-amerikanischen Raum ein spezielles literarisches Genre, das bis heute nichts an Aktualität und Popularität eingebüßt hat: die Ratgeberliteratur. Die Angestellten, gerade auch die weiblichen aus den Städten, stellen eine wachsende Zielgruppe dieser neuen Textgattung dar. Die Ratgeberliteratur kann als Antwort auf die Orientierungs- und Verhaltensunsicherheiten nach dem Ersten Weltkrieg verstanden werden, denn sie vermittelt nicht nur Techniken des Umgangs mit Veränderungen und Kontingenz, sondern stellt den Menschen auch eine Semantik zur Verfügung, die Unsicherheiten binden soll und ihnen neue Ziele und Sinn verspricht. Ratgeber sind zudem ein alltagsweltlicher Ausdruck der um sich greifenden Rationalisierungsbestrebungen, wie das im nächsten Abschnitt diskutierte Beispiel zeigen wird. Zugleich spiegelt sich in der Ratgeberliteratur die Rezeption der aufkommenden Psychoanalyse wider sowie die zur selben Zeit entstehenden neuen therapeutischen Praktiken wie etwa die von Émile Coué entwickelte Autosuggestion, auf die zu Beginn des letzten Kapitels verwiesen wurde.[78] Die deutsche Debatte erhielt dabei zentrale Impulse aus Amerika, wo sich bereits eine »Vielzahl von *positive thinkers*« um das individuelle »Wohlbefinden« der städtischen Mittel- und Oberschichten kümmerte.[79] Wichtige Autoren in den 1920er- und 1930er-Jahren waren Dale Carnegie (*How to Win Friends and Influence People*, 1936), Napoleon Hill (*The Law of Success*, 1928) oder

77 Georg Lukács, *Geschichte und Klassenbewußtsein. Studien über marxistische Dialektik*, Neuwied 1970, S. 177.

78 Stephanie Kleiner, Robert Suter, »Konzepte von Glück und Erfolg in der Ratgeberliteratur (1900-1940). Eine Einleitung«, in: dies. (Hg.), *Guter Rat. Glück und Erfolg in der Ratgeberliteratur 1900-1940*, Berlin 2015, S. 9-40.

79 Alain Ehrenberg, *Das Unbehagen in der Gesellschaft*, Berlin 2012, S. 72. In den USA ist mit Samuel Smiles Buch *Self-Help* (1859) auch einer der ersten modernen Selbsthilfe-Ratgeber erschienen.

Herbert N. Casson (*Glück durch Dich selbst*, 1927), die in ihren Büchern »ein mitunter phantasmatisch aufgeladenes Ideal kämpferisch-pragmatischer Individualisierung und erfolgreicher Selbstbemeisterung propagierten«.[80] Inhaltlich anders gelagert sind die Ehe- und Fortpflanzungsratgeber, die sich schon ab dem 17. Jahrhundert beträchtlicher Beliebtheit erfreuten, vor allem in Frankreich, England und den USA. Beispielhaft erwähnt sei hier ein Klassiker des Genres, das Buch *Callipaedie Or, An art how to have handsome children* von Claude Quillet aus dem Jahr 1708, im französischen Original bereits 1655 erschienen.[81]

Nachfolgend geht es auch mit einem Ratgeber weiter, der sehr viel später erschienen ist, von einem Mann für Männer geschrieben wurde und sich primär mit der Welt von Arbeit und Beruf befasst. Er war und ist aber ebenfalls sehr populär und wird in über zwanzig Auflagen bis heute vertrieben. Der Text liest sich wie eine Übertragung von Webers Konzept der Zweckrationalität auf die eigene Person und auf die Gestaltung des Alltags, auch wenn Weber selbst gar nicht zitiert wird. Der Autor, Gustav Großmann, bezieht sich auf die vermutlich bekanntere Rationalisierungsreferenz seiner Zeit: Frederick Taylor. In Übertragung von Taylors Prinzipien aus dem organisationalen Zusammenhang auf die individuelle Lebensführung legt er in diesem Ratgeber dar, welches Potential ihm zufolge in der Selbstrationalisierung steckt.

IV.4 Selbstrationalisierung (Gustav Großmann)

Sich selbst rationalisieren. Mit Mindestaufwand persönliche Bestleistung erzeugen[82] – schon der Titel von Gustav Großmanns Ratgeber aus dem Jahr 1927 spricht Bände. Er verortet Großmann in einer Linie mit der gegenwärtigen Diskussion zur Ökonomisierung des

80 Kleiner/Suter, »Konzepte von Glück und Erfolg in der Ratgeberliteratur«, S. 21.

81 Vgl. Lorenz, *Menschenzucht*, S. 283-316.

82 Gustav Großmann, *Sich selbst rationalisieren. Mit Mindestaufwand persönliche Bestleistungen erzeugen*, Stuttgart 1927. Der Untertitel hat sich über die Jahre immer wieder geändert beziehungsweise inhaltlich ausgeweitet: von einer schlichten »Grundlegung der Großmann-Methode« (13. Auflage) über »Die Planung des Berufserfolges« (20. Auflage) bis hin zu einer »Methode zur Planung des Lebenserfolges« (ab der 22. Auflage).

Sozialen, in der es auch um Optimierung und Selbstoptimierung geht: »Vor dem Tribunal des Optimierungsprinzips gelten nur jene Handlungen als legitim, die dem Gebot des effizienten Mitteleinsatzes gehorchen. Handle stets so, lautet der kategorische Imperativ, dass Du mit möglichst geringen Kosten den größtmöglichen Nutzen erzielst.«[83] Großmanns Gedanken wirken bis in die heutige Zeit: über die Seminare zur Selbstrationalisierung, die von Großmanns Nachkommen bis heute angeboten werden,[84] über Schulungen auf der Grundlage des ›HelfRecht-Systems‹, das auf der Großmann-Methode basiert,[85] sowie über den nach wie vor verkauften und auf Amazon überwiegend positiv bewerteten Ratgeber selbst. Das Buch ist ein Klassiker des Ratgebergenres und gehört Duttweiler zufolge zum spezifischen Genre der Managementliteratur, das auf der »Analogie zwischen der Unternehmens- und der Selbstführung« basiert.[86] Großmanns Ratgeber ist ein Beleg dafür, dass derartige Formen der Selbstrationalisierung und Selbstökonomisierung keine Besonderheit der gegenwärtigen, häufig als neoliberal bezeichneten Wirtschaftsform sind, sondern schon im Rahmen der Rationalisierungswelle zu Beginn des 20. Jahrhunderts auftreten.

Großmann verfolgt mit seinem Ratgeber drei zentrale Ziele: Leistungssteigerung, die bestmögliche Verwertung der erzielten Leistung, insbesondere in Form eines höheren Gehalts, und Erfolg.[87] Zu Großmanns Zeiten ist die Idee des Erfolgs noch ver-

83 Ulrich Bröckling, »Optimierung, Preparedness, Priorisierung. Soziologische Bemerkungen zu drei Schlüsselbegriffen der Gegenwart« ⟨https://www.soziopolis.de/beobachten/gesellschaft/artikel/optimierung-preparedness-priorisierung/⟩, letzter Zugriff 19. 8. 2020.

84 ⟨https://www.grossmann-metho.de/kurse-ssr/⟩, letzter Zugriff 24. 3. 2020.

85 Nach dem Tod von Gustav Großmann hat der Dachdecker Manfred Helfrecht die Verwertungsrechte für die Großmann-Methode gekauft und davon ausgehend das HelfRecht-System entwickelt, nach dem bis heute Schulungen für UnternehmerInnen, Führungskräfte und auch Privatleute angeboten werden. Vgl. Franziska Rehlinghaus, »Sich selbst rationalisieren – Sich selbst optimieren? Planung, Praxis und Spiritualität in der Großmann-Methode und im HelfRecht-System«, Vortragsmanuskript, Berlin 2016.

86 Stefanie Duttweiler, »Glück durch dich Selbst. Subjektivierungsformen in der Ratgeberliteratur der 1920er-1940er Jahre«, in: Stephanie Kleiner, Robert Suter (Hg.), *Guter Rat. Glück und Erfolg in der Ratgeberliteratur 1900-1940*, Berlin 2015, S. 41-60, hier S. 55.

87 Gustav Großmann, *Sich selbst rationalisieren. Die Planung des Berufserfolges*, 20.

gleichsweise neu und kommt aus den USA. Großmann greift diesen Gedanken im Sinne der besseren Vermarktung seiner Ideen auf: »Erfolg ist Lebensglück. Die Großmann-Methode lehrt, Erfolge vorzubereiten.«[88] Es geht also nicht nur darum, fleißig zu sein, sondern darum, mithilfe von Rationalisierungsmaßnahmen seine Ziele zu erreichen und erfolgreich zu sein. Selbstrationalisierung ist demnach ein (notwendiges) Mittel zum Erfolg und Großmanns Methode der wissenschaftlich fundierte und erlernbare Weg dorthin. Großmann sieht sich daher auch nicht als »Weltanschauungsapostel«, sondern als Experte, der dabei hilft, den »Sinn für das Wesentliche« zu finden und »sein eigner Rationalisierungsfachmann zu werden«[89]– um Frauen geht es bei ihm, wie bei den meisten anderen (vorwiegend von Männern geschriebenen) Ratgeberbüchern der Zeit, also nicht.[90]

Großmann positioniert sich einerseits kritisch gegenüber der im letzten Abschnitt erwähnten Rationalisierungsbewegung seiner Zeit, bei der »die Arbeit der ausführenden Kräfte zum Teil gegen ihren Willen«, bisweilen sogar »ohne Rücksicht auf ihr leibliches, geistiges und seelisches Gedeihen« rationalisiert werde. Andererseits stellt er eine Analogie zwischen seiner Methode und dem Taylorsystem her und wundert sich, wieso bisher noch niemand auf die Idee gekommen sei, diese Prinzipien auf sich selbst »zur Steigerung seiner eigenen Leistungsfähigkeit, zur Steigerung seiner persönlichen Arbeitserfolge und seines Einkommens« anzuwenden. Der zentrale Unterschied zwischen der Taylor- und seiner eigenen Methode besteht ihm zufolge darin, dass seine freiwillig ausgeübt werde. »[J]ede echte Rationalisierung [ist] Selbst-Rationalisierung«. Daher sei ein Mindestmaß von Eigeninteresse notwendig, »mehr zu leisten« und aus diesem Interesse heraus seine (Großmanns) Methode anzuwenden, um dieses Ziel auch zu realisieren. Ein weiterer Unterschied zum Taylorsystem besteht laut Großmann darin, dass seine Methode eine diätetische Wirkung habe, also »gesundheits-

Auflage, München 1967 [1927], S. 23, S. 19 f. Im Folgenden wird nur diese Ausgabe zitiert. Die zahlreichen Hervorhebungen wurden weggelassen.

88 Großmann, *Sich selbst rationalisieren*, S. 19.

89 Ebd., S. 366, S. 77, S. 32, S. 400.

90 Duttweiler, »Glück durch dich Selbst«, S. 43. Gleichwohl gab es auch eine Reihe von Autor*innen*, die eine weibliche Leserschaft adressierten (vgl. Kleiner/Suter, »Konzepte von Glück und Erfolg in der Ratgeberliteratur«, S. 11).

fördernd« wirke. Darüber hinaus sorge sie dafür, dass die »Arbeitsfreude« erhalten, ja »daß die Arbeit ein Genuß wird«.[91] Und so schreibt er in einer an Gedichte erinnernden Weise, die wohl die einzelnen Elemente des Geschriebenen verdeutlichen soll und im Buch sehr häufig vorkommt:

> Wer es sich zur Gewohnheit gemacht,
> sich mit Leib und Seele in seine Arbeit zu versenken,
> wer dazu noch die Lust hat,
> in der Freizeit sein Wissen und seine Fähigkeiten zu steigern,
> der muß es zu etwas bringen,
> er muß die überragen,
> die nur mit halbem Herzen bei ihrer Arbeit sind
> und die ihre Freizeit dazu benutzen,
> ihre Kräfte systematisch zu untergraben.[92]

Großmanns ›Ode an die Arbeit‹ ist an (männliche) Leistungsträger adressiert, die hoch hinauswollen und in der Arbeit ihre Erfüllung sehen. Sie steht also ganz im Geist einer modernen leistungsbasierten Arbeitsethik, die mit nicht produktiv nutzbarer Muße nicht viel anfangen kann. Großmann beschreibt seine Zielgruppe als »Könner« und »Voll-Mensch[en]«.[93] Er konzipiert seine Methode für »Gesunde und Begabte« und »schöpferische Persönlichkeiten und […] Kapazitäten auf allen Gebieten«.[94] Er schätzt sich glücklich darüber, dass seine Methode »weder von Minderwertigen noch von Asozialen erlernt und angewandt« werden kann, weil sie, wie er in Klammern hinzufügt, »dazu gar nicht fähig« seien; auch ein »schlaffer, fauler Fleischbatzen« sei zum Erlernen seiner Methode ungeeignet. Sie ist gedacht für diejenigen, die stets nach »Höchsterfolge[n], Höchstleistungen« streben. Für sie – und nun spricht Großmann Mitglieder dieser Personengruppe direkt an – könnte die Anwendung seiner Methode »die Wende Ihres Lebens bedeuten!«. Unüberhörbar ist in solchen Aussagen der geradezu messianische Eifer, von dem Großmann beseelt ist. Es ist nichts

91 Großmann, *Sich selbst rationalisieren*, S. 402, S. 329, S. 400 f.

92 Ebd., S. 42.

93 Ebd. Dieser Begriff klingt heute ungewöhnlich, war in den 1920er-Jahren aber durchaus üblich (vgl. Duttweiler, »Glück durch dich Selbst«, S. 53).

94 Großmann, *Sich selbst rationalisieren*, S. 402.

weniger als »ein neuer Mensch«, der nach erfolgreicher Applikation seiner Methode entstehen kann.[95]

Straub zufolge ist dieser Eifer nicht nur darin begründet, dass Großmann ein begnadeter Vermarkter seiner Ideen war. Er vermutet dahinter noch etwas ganz anderes, nämlich ein »psycho-politisches Projekt« zur Aufrichtung und Stärkung des deutschen Volkes nach dem verlorenen Ersten Weltkrieg. Vor diesem Hintergrund werde Großmanns Projekt der Selbstrationalisierung verstehbar »als (therapeutischer) Dienst für die erschütterte und erschöpfte ›Volksseele‹«.[96] Den Nationalsozialisten war Großmanns Projekt zu individualistisch und das System aus lokalen Gilden mit Lizenznehmern, die mit seiner Methode arbeiten, zu eigenständig. Sie schlossen die Gilden, verboten seine Schriften, nahmen Großmann in Schutzhaft und belegten ihn nach der Entlassung mit Berufsverbot. Erst nach dem Krieg brachte es Großmann dank der von ihm entwickelten und vermarkteten Methode zu einigem Wohlstand.[97]

Zentrale Voraussetzungen zur erfolgreichen Anwendung der Großmann-Methode sind klare Ziele und der Wille zur Umsetzung, vermeintlich widrige Umstände gelten nicht.

Wenn wir ein Ziel erreichen wollen, müssen wir seine wirklichen Ursachen suchen und finden und sein Erreichen verursachen: 1. Will ich ein Ziel verwirklichen, so muß ich mir zuerst ein klares Bild des Zustandes schaffen, der verwirklicht werden soll, und zwar schriftlich. 2. Ich muß alle Faktoren feststellen, die zur Verursachung dieses Zustandes notwendig sind. 3. Ich entscheide mich alsdann für die besten Maßnahmen und die besten Mittel zur Verwirklichung des Zieles. 4. Ich überzeuge mich, ob die Durchführung all der von mir aufgezeichneten Teilmaßahmen die Verwirklichung des Zieles mit Naturnotwendigkeit herbeiführen muß.[98]

95 Ebd., S. 24, S. 56, S. 53, S. 413, S. 28. Gleichzeitig beinhaltet der Ratgeber aber auch äußerst kleinteilige Anleitungen etwa zur Art der anzuschaffenden Karteikarten und Papierblöcke.

96 Jürgen Straub, »Rationalising Life by Means of Self-Optimisation: The Obsessive-Compulsive Excess of Gustav Großmann. A Striking Example for the Rationalistic Bookkeeper-Personality«, in: Vera King u. a. (Hg.), *Lost in Perfection. Impacts of Optimisation on Culture and Psyche,* London, New York 2019, S. 153-188, hier S. 165, S. 177, Übersetzung A. R.

97 Vgl. Thomas Steinfeld, »Pionier der Selbstoptimierung«, in: *Süddeutsche Zeitung. Magazin*, Heft 2 (2012). Vgl. weiterführend Thomas Steinfeld, *Ich will, ich kann. Moderne und Selbstoptimierung*, Konstanz 2016.

98 Großmann, *Sich selbst rationalisieren*, S. 51, S. 97.

Eine eindeutige Zielbestimmung sowie die notwendige Zeitplanung für die Umsetzung werden bei Großmann gar zu Wesensmerkmalen des Menschen: »Ziele braucht der Mensch wie Nahrung oder Luft« und: »Für den Großmann-Methodiker fängt der Mensch mit der methodischen Zeitplanung an.« Es verwundert daher auch nicht, dass für ihn das »erste, was allen Kindern in der Schule beigebracht werden müßte, […] das planmäßige Handeln« entsprechend seiner Methode ist.[99]

Die Darlegung der zur Zielerreichung notwendigen Teilschritte bezeichnet Großmann als »Wieplan«. Er sorgt dafür, dass die Arbeit »reibungslos« abläuft und der jeweilige Tag ein »Glückstag« wird, das heißt: ein Tag, an dem man erfolgreich seine Ziele erreicht.[100] Laut Großmann sind die »Freunde der Großmann-Methode […] angenehm überrascht, daß es ihnen bereits vom zweiten Monat an gelingt, die Zahl der Glückstage zu steigern. Wenn aber das Leben aus einer großen Fülle von Glückstagen besteht, dann ist es ein glückliches Leben.« Der »methodisch vorbereitete Glückstag« besteht darin, sich zunächst die »täglich wiederkehrenden Arbeiten« zu vergegenwärtigen, am besten mit einem Schema. Denn es ist »wichtig, sich Klarheit darüber zu verschaffen, wie man den Tag verwertet. Wieviel Zeit von den 24 Stunden zur Ruhe benutzt wird, wieviel für die Berufsarbeit, wieviel für Mahlzeiten, Erholung usw.« Daran anschließend folgt die Auflistung der zu erledigenden Aufgaben: der »Tagesplan« (neudeutsch: To-do-Liste). Darüber hinaus gilt es auch, einen Monats-, Jahres- und sogar einen Lebensplan zu erstellen (vgl. Abbildungen 4 bis 6). Der Lebensplan rundet die methodische Karthographierung des Alltags ab. Er sorgt dafür, dass die Person am Ende ihres Lebens zufrieden mit sich und dem von ihr Erreichten sein kann.[101]

Was dem Text gänzlich fehlt, ist die Analyse von Antinomien, Widersprüchen oder gegenläufigen Tendenzen. Im Gegensatz zu Weber zeichnet Großmann ein idealisiertes Bild, das den »Ingenieursutopien einer durchrationalisierten Gesellschaft«[102] entspricht. Frei nach dem Motto ›Dem Ingeniör ist nichts zu schwör‹ kommt es für

99 Ebd., S. 104, S. 201, S. 84.

100 Ebd., S. 119.

101 Ebd., S. 204 f.

102 Peukert, *Max Webers Diagnose der Moderne*, S. 75.

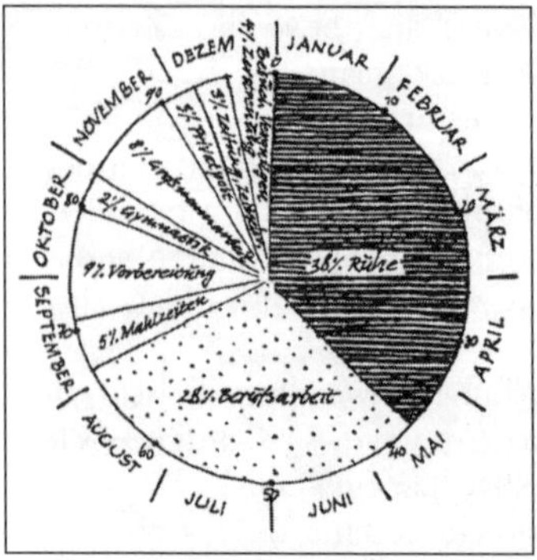

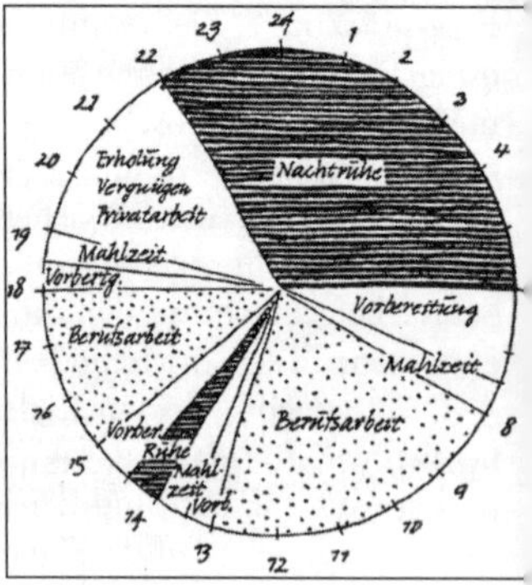

Abbildungen 4 und 5: ›Die täglich wiederkehrenden Arbeiten‹; ›die jährliche Zeiteinteilung‹[103]

Wie nutze ich das Jahr 19............... am besten aus?

a) Ich werde mir die Methode der persönlichen Erfolgvorbereitung aneignen!
b) Ich werde monatlich einen Aufsatz schreiben und verkaufen!
c) Ich werde monatlich mindestens einen Wieplan ausarbeiten, überprüfen und verwirklichen!
d) Ich werde Möglichkeiten und günstige Gelegenheiten suchen, notieren und verwerten!
e) Ich werde mir eine Wissens- und Gedankensammlung in Form einer Kartei anlegen!
f) Englisch perfekt!
g) Englandreise!
h) Ich werde monatlich 10 Prozent meines Einkommens sparen!
i) Wieplan schaffen: Ich werde mein Wissen und Können bestmöglich verwerten!

Abbildung 6: ›Lebensplan‹[104]

103 Quelle: Ebd., S. 188 f.
104 Quelle: Ebd., S. 203.

Großmann einzig und allein auf einen klaren Willen, auf die Analyse der Umstände und der zur Verfügung stehenden Mittel sowie auf die kontrollierte Umsetzung an, damit jeder seine Ziele erfolgreich realisieren und somit auch Erfolg haben kann. Großmann ist überzeugt, dass man mittels seiner Methode die selbst formulierten Ziele und damit den gewünschten Erfolg tatsächlich erreichen kann, um sich damit »aus der Misere [seiner] Unzulänglichkeiten« zu befreien.[105] Dies erfordert es, stets peinlichst auf die Einhaltung der gesetzten Ziele zu achten und sein Leben in ein akribisches System aus »Selbstbeobachtung, Selbstevaluierung, Selbstkontrolle und Selbstzwang« einzupassen.[106]

Wenn es einem gelingt, sich in dieser Art erfolgreich zu disziplinieren und zu strukturieren, kann man es weit bringen. Zur Veranschaulichung verweist Großmann auf seine eigene Vergangenheit als Kriegsverletzter im Ersten Weltkrieg. Einem »alten autobiographischen« ebenso wie religiösen »Muster folgend«, stellt er seine schweren Verwundungen an Bein, Arm und Kopf rückblickend als »*conversio*-Erlebnis« dar, von dem ausgehend seine Bemühungen zur Selbstrationalisierung ihren Anfang genommen hätten.[107] Er, dessen Erwerbsfähigkeit offiziell nur mehr bei 25 Prozent lag, habe mithilfe seiner Methode nicht nur den Durchschnitt erreichen, sondern »den Durchschnitt der Gesunden um das Dutzendfache überholen können!«. Für Großmann steht fest, dass »aktive Naturen [...] ihre Mängel nicht nur kompensieren«, sondern sie »überkompensieren« wollen. Ziel ist es also, »systematisch eine Fähigkeit zu entwickeln und zu steigern« und »die eigene Begabung auf das vollkommenste [zu] verwerten, um dem persönlichen Können den höchsten erreichbaren Grad zu geben«.[108] Diese Motivlage – »schlummernde Kräfte, Energien, Talente zu mobilisieren, methodisch zu nutzen und ökonomisch zu verwerten«, ebenso wie

105 Großmann, *Sich selbst rationalisieren*, S. 403.

106 Straub, »Rationalising Life by Means of Self-Optimisation«, S. 178 f., Übersetzung A. R. Neben dieser »buchhalterischen Pragmatik« gibt es bei Großmann auch eine »fantasmatisch-imaginäre Ebene des Selbstbezugs«, für die er u. a. das Bild des Lebensfilms wählt. Vgl. Stefan Rieger, »Arbeit an sich. Dispositive der Selbstsorge in der Moderne«, in: Ulrich Bröckling, Eva Horn (Hg.), *Anthropologie der Arbeit*, Tübingen 2002, S. 79-96, hier S. 92.

107 Rieger, »Arbeit an sich«, S. 89, Hervorhebung im Original.

108 Großmann, *Sich selbst rationalisieren*, S. 22, S. 335, S. 333, S. 16.

die oben bereits erwähnte zentrale Rolle der »Willenskraft« – entspricht in hohem Maße der inhaltlichen Ausrichtung der frühen Erfolgsliteratur.[109]

Konsequente Erfolgsorientierung, rationale Alltagsorganisation und ein unternehmerischer Blick auf sich selbst – diese Trias macht aus Großmann einen »Pionier der Selbstoptimierung«.[110] Gleichzeitig sind die Begriffe der (Selbst-)Rationalisierung und Selbstoptimierung nicht deckungsgleich. Rationalisierung bezeichnet einen detailliert durchgeplanten Prozess der Effizienz- und Effektivitätssteigerung, Selbstoptimierung – wie noch genauer zu zeigen sein wird – einen flexiblen, sich ständigen Veränderungen anpassenden Prozess der Überbietung. Es geht nicht mehr darum, den einmal festgelegten Plan konsequent bis zum Ende durchzuführen, sondern flexibel auf Veränderungen zu reagieren, sich permanent an veränderte Bedingungen anzupassen und gerade auch auf den eigenen Körper und die Psyche eine verstärkte Aufmerksamkeit zu richten. Selbstoptimierung zielt darüber hinaus immer auch darauf, etwas Besonderes aus sich zu machen, um sich im Wettbewerb gegenüber Dritten durchzusetzen. Großmann hingegen ist eine Welt des generalisierten Wettbewerbs fremd.[111] Sein Credo lautet, dass man sich nur – gemäß seiner Methode – anzustrengen braucht, um auch Erfolg zu haben. Sein Denken entspricht dem Geist der Zeit. Es ist modern, nicht postmodern.

109 Rudolf Helmstetter, »Wille und Wege zum ›Erfolg‹. Zu den Anfängen der Erfolg-Propaganda in Deutschland«, in: Kleiner/Suter (Hg.), *Guter Rat*, S. 61-92, hier S. 73; Heiko Stoff, »*Der erfolgreiche Mensch.* Ludwig Lewins transatlantisches Projekt, 1928«, in: Kleiner/Suter (Hg.), *Guter Rat*, S. 135-160.

110 Steinfeld, »Pionier der Selbstoptimierung«; vgl. auch Straub, »Lost in Perfection«, S. 181.

111 Zwar hat Émile Durkheim (1977 [1938]) in der Schrift *Die Entwicklung der Pädagogik: Zur Geschichte und Soziologie des gelehrten Unterrichts in Frankreich* schon Jahre vor Großmann am Beispiel der Jesuitenschulen die Logik des Wettbewerbs und seine leistungssteigernden Effekte untersucht. Bis zur Herausbildung einer Gesellschaft, in der sich ein Wettbewerbsgeist auf potenziell alles und jeden erstreckt, wie es charakteristisch für die Spätmoderne ist, vergehen aber noch Jahrzehnte.

Wollte man nach Großmann die Genealogie der Selbstoptimierung für das ganze 20. Jahrhundert weiterverfolgen, was aber den Rahmen dieser Analyse sprengen würde, käme man an einem Aspekt sicher nicht vorbei: der wachsenden Therapeutisierung des Selbst. Ihr soll im Rahmen dieses Exkurses nachgespürt werden, da sie für die Ausbildung der Selbstverbesserungs- und Selbstoptimierungsideen von großer Bedeutung ist.

Ab dem Ende der 1930er-, Anfang der 1940er-Jahre entwickelt sich ausgehend von den USA und von Autoren wie Abraham Maslow, Carl Rogers und Rollo May allmählich die Psychologie des Selbst-Wachstums (*self-growth*), deren »Bedeutung [...] für die Transformation des gesellschaftlichen Vokabulars des Selbst seit den 1950er Jahren [...] kaum überschätzt werden« kann. Die »self-growth psychology«, auch bekannt als Humanistische Psychologie, etabliert sich sukzessive als dritte Kraft zwischen Psychoanalyse und Behaviorismus und findet schließlich ihren institutionellen Niederschlag in der American Association for Humanistic Psychology (1962) und dem *Journal for Humanistic Psychology* (1963). Die Humanistische Psychologie basiert auf der Idee der Selbstverwirklichung. Sie setzt nicht mehr auf die Heilung von Krankheiten, sondern auf die »qualitative Verbesserung des Mittelmäßigen«, was nicht weniger als einen »Strukturwandel der psychologischen Subjektivierungstechniken« bedeutet: »Anstatt das Unerwünschte aufzuspüren und auszumerzen, geht es darum, psychische Potenziale zu mobilisieren, die im Prinzip unerschöpflich sind. Immer scheint noch eine weitere Verbesserung oder Steigerung möglich.«[112]

Damit wird die Humanistische Psychologie zu einem »*der* Wegbereiter der Selbstverbesserungsindustrie *par excellence*«.[113] Vermittelt über die Humanistische Psychologie bildet sich eine therapeutische Kultur heraus, die sich, so die These von Eva Illouz, zu einer »kulturellen Struktur« verdichtet, die um die Idee der Selbstver-

112 Andreas Reckwitz, *Die Erfindung der Kreativität. Zum Prozess gesellschaftlicher Ästhetisierung*, Berlin 2012, S. 215-217.

113 Jürgen Straub, »Selbstoptimierung im Zeichen der ›Auteronomie‹. Paradoxe Strukturen der normierten Selbststeigerung: von der ›therapeutischen Kultur‹ zur ›Optimierungskultur‹«, in: *Psychotherapie und Sozialwissenschaft* 15/2 (2013), S. 5-38, hier S. 21, Hervorhebungen im Original.

besserung organisiert ist und ab den 1960er- und 1970er-Jahren zu einem zentralen »Bestandteil der mentalen und emotionalen Ausrüstung der Akteure« wird.[114] In eine ähnliche Richtung gehen die Analysen von Günter Burkart, wenn er betont, dass sich ab den 1960er-Jahren ein breites Feld von »Psychotherapie-, Beratungs-, Selbsterfahrungs- oder Selbstmanagementangebote[n]« entwickelt und Eingang in den Alltag der Menschen findet.[115] Im Jahr 1966 diagnostiziert der amerikanische Soziologe Philip Rieff den »Triumph der Therapeutik«. Damit meint er, dass die Therapie nicht mehr nur ein Mittel zur Behandlung kranker Menschen ist, sondern »vor allem eine Weltanschauung, die den gesellschaftlichen Menschen in den psychologischen Menschen verwandelt hat«.[116] Dieser psychologische Mensch ist konstitutiv auf externe Angebote zur Selbstführung angewiesen, sei es in Form des oder der PsychotherapeutIn oder in Gestalt des verschriftlichten psychologischen Expertenwissens. Autonomie und Heteronomie sind hier also eng miteinander verbunden. Jürgen Straub bezeichnet diese Art der therapeutisch angeleiteten Autonomie als »Auteronomie«, da die Individuen von der psychotherapeutischen Beratung abhängig sind, mithilfe derer sie autonom werden sollen.[117] Einen weiteren Bestandteil der therapeutischen Kultur, wie sie sich ab der zweiten Hälfte des 20. Jahrhunderts zunehmend entwickelt, bildet das Coaching, das sich in (West-)Deutschland ab den 1980er-Jahren ausbreitet. Hier geht es Eva Georg zufolge nicht mehr nur um die Ziele der Normalisierung und der Autonomisierung, sondern insbesondere um das Ziel einer »Optimierung des Selbst«; die Übergänge zwischen Therapie und Beratung einerseits und Coaching

114 Eva Illouz, *Die Errettung der modernen Seele. Therapien, Gefühle und die Kultur der Selbsthilfe*, Frankfurt/M. 2009, S. 263; auch Rose, *Inventing Our Selves*, S. 39.

115 Günter Burkart, »Einleitung«, in: ders. (Hg.), *Die Ausweitung der Bekenntniskultur – neue Formen der Selbstthematisierung?*, Wiesbaden 2006, S. 7-40, hier S. 12.

116 Vgl. Ehrenberg, *Das Unbehagen in der Gesellschaft*, S. 154.

117 Straub, »Selbstoptimierung im Zeichen der ›Auteronomie‹«, S. 24 f. Gleichzeitig zeigt sich im Bereich der Psychologie auch die gesellschaftliche Demokratisierung dieser Jahre, etwa wenn »Patienten zum Partner des Therapeuten« werden oder sie dazu in die Lage versetzt werden sollen, »ihre eigenen Psychologen« zu werden. Vgl. Alain Ehrenberg, *Die Mechanik der Leidenschaften. Gehirn, Verhalten, Gesellschaft*, Berlin 2019, S. 154 f.

andererseits waren und sind dabei fließend.[118] In den 1990er-Jahren entsteht und verbreitet sich das Konzept der »emotionalen Intelligenz«, das über das gleichnamige Buch des amerikanischen Psychologen Daniel Goleman (1996) popularisiert wird. Hier stehen »Techniken der charismatischen Selbstenthusiasmierung« im Zentrum, »die dem Individuum eingeben, an sich als eine unerschöpfliche Quelle persönlicher Potenziale zu glauben«. Dass positives Denken und grenzenloser Optimismus zum Pflichtprogramm gehören – gerade dann, wenn sich die gewünschte Motivation nicht einstellen möchte –, versteht sich von selbst.[119]

Die Zunahme, Ausweitung und Veralltäglichung einer therapeutischen Kultur sollte allerdings nicht vergessen lassen, dass es für Betroffene unter Umständen sehr schwer und langwierig sein kann, einen Therapieplatz zu finden, gerade wenn es sich um arme, kranke und einsame Menschen handelt. Hinzu kommt, dass »therapeutische Sprachspiele nicht allen Gesellschaftsschichten in gleicher Weise zugänglich sind« und »nur eine Minderheit über die nötigen diskursiven Mittel [verfügt], das eigene Unbehagen in der inzwischen verbindlich gewordenen psychosoziologischen Form moderner Jeremiaden zum Ausdruck zu bringen«.[120] Es darf also nicht die Rolle derjenigen vergessen werden, die trotz der beschriebenen Verallgemeinerung einer psychologisch-therapeutischen Kultur auf professionelle psychische Hilfe angewiesen sind, weil sie krank sind oder aufgrund schlechter Arbeitsbedingungen krank werden.[121] Diese Personen leiden nicht an einer vermeintlichen Pflicht zur Selbstoptimierung, sondern daran, dass sie ihre Arbeit aus systematischen Gründen (wie chronischer Personalmangel, Überlastung, nicht erfüllbare Managementziele etc.) nicht zufrie-

118 Eva Georg, *Das therapeutisierte Subjekt. Arbeiten am Selbst in Psychotherapie, Beratung und Coaching*, Bielefeld 2020, S. 87, Hervorhebung weggelassen.

119 Daniel Goleman, *Emotionale Intelligenz*, München 1996; Sighard Neckel, *Flucht nach vorn. Die Erfolgskultur der Marktgesellschaft*, Frankfurt/M. 2008, S. 127 f.

120 Vgl. Josua Handerer u. a., »Die vermeintliche Zunahme der Depression auf dem Prüfstand. Epistemologische Prämissen, epidemiologische Daten, transdisziplinäre Implikationen«, in: Thomas Fuchs u. a. (Hg.), *Das überforderte Subjekt. Zeitdiagnosen einer beschleunigten Gesellschaft*, Berlin 2018, S. 159-209, hier S. 199.

121 Vgl. Nicolas Chaignot, *La servitude volontaire aujourd'hui. Esclavages et modernité*, Paris 2012; Christophe Dejours, *Souffrance en France. La banalisation de l'injustice sociale*, Paris 2009 [1998].

denstellend ausüben können, in ihrem Leiden aber nicht ernst genommen werden oder sich aufgrund ihrer prekären Situation erst gar nicht trauen, es zu artikulieren. Selbstoptimierung im Sinne eines strikten Alltags- und Zeitmanagements mag hier eine Strategie im Umgang mit derartig überbordenden Anforderungen sein. Dies kommt aber nicht daher, weil im öffentlichen und therapeutisch gefärbten Diskurs die Arbeit am eigenen Selbst eingefordert wird, sondern weil sich den Akteuren keine Alternative bietet oder zu bieten scheint. In diesem Fall überwiegt die heteronome Seite der Selbstoptimierung, die sich von einer eher selbstbestimmten Form von Optimierung klar unterscheidet. Um diese und weitere Bestimmungen von Selbstoptimierung sowie um ihre individuellen und gesellschaftlichen Voraussetzungen und Folgen wird es in den folgenden Kapiteln noch genauer gehen. An dieser Stelle gilt es nun, hinsichtlich der historischen Perspektive Bilanz zu ziehen.

IV.5 Selbstoptimierung als Endmoräne des Fortschritts?

Dieses Kapitel hat sich mit der Vorgeschichte der Selbstoptimierung befasst, wobei sich über Gustav Großmann und den Exkurs zur Therapeutisierung die Entwicklungsstränge bis ins 20. Jahrhundert, ja bis zur Gegenwart ziehen lassen. Die Spurensuche hat Verweise auf die historische Tiefendimension von Selbstoptimierung in der westlichen Moderne gegeben wie auch Fährten für die genauere inhaltliche Bestimmung des Begriffs gelegt. Damit kommen nach der begriffshistorischen Perspektivierung aus dem zweiten Kapitel und der Frage nach historischen Prototypen im dritten Kapitel weitere wichtige Bausteine zur Beantwortung der leitenden Forschungsfragen hinzu.

Der Vergleich mit der klassischen Idee von Bildung verortete Selbstoptimierung in der Tradition einer auf Verbesserung zielenden Arbeit an sich selbst. Darüber hinaus zeigt sich bereits am Bildungsbegriff die auch für Selbstoptimierung so charakteristische Spannung zwischen Prozess und Ergebnis, wobei der Bildungsprozess nicht wirklich Grenzen transzendiert, sondern auf die Entfaltung vorhandener Eigenschaften zielt. Bildung ist darüber hinaus ein nicht planbarer, ganzheitlicher Prozess. Selbstoptimierung hingegen basiert darauf, Vorgänge oder Einheiten in ihre Einzelteile zu zerlegen und diese gezielt zu verändern – allerdings mit ungewissem Ausgang. Für Bildung ist die innere und äußere Freiheit konstitutiv, nicht so für Selbstoptimierung. Schließlich ist der klassische Bildungsbegriff in einer wertrationalen Logik verankert und zielt auf die freie Entfaltung der menschlichen Persönlichkeit, Selbstoptimierung hingegen drückt eine primär instrumentelle Rationalität aus.

Mit dem Fortschrittsgedanken entsteht die Idee eines potenziell grenzenlosen Strebens nach einem besseren Zustand, treten der Raum bisheriger Erfahrungen und der Horizont zukünftiger Erwartungen zunächst sukzessive und später prinzipiell auseinander. Überspitzt formuliert stellt Selbstoptimierung die »Endmoräne des Fortschritts«[122] dar: Wo der Traum vom gesellschaftlichen Fortschritt ausgeträumt ist, bleibt nur mehr die Hoffnung auf die individuelle Selbstverbesserung und Selbstoptimierung. Selbstoptimierung erscheint hier als die kleine Schwester des historischen Strebens nach Perfektion und Vollkommenheit, mit anderen Worten: »Selbstoptimierung ist im Grunde genommen ein bescheiden gewordenes, abgemildertes und nachsichtiges Menschenverbesserungsprogramm, das nicht das ›Äußerste‹ anstreben muss und so alle ›durchschnittlich Begabten‹ zum Mitmachen einladen und animieren kann.«[123] In jedem Fall entspricht Selbstoptimierung keinem linearen (Stufen-)Prozess, sondern einem der permanenten Adaptation und Modulation. Sie dient auch nicht der moralischen Höherentwicklung des Einzelnen und der gesamten Gattung, sondern vor allem der individuellen und sachbezogenen Verbesserung.

Auch der Vergleich mit den Konzepten der Rationalisierung und Selbstrationalisierung war wichtig, um das Verständnis von Selbstoptimierung zu schärfen und historisch zu verorten. Zu Beginn des 20. Jahrhunderts ruhten die Hoffnungen für individuellen und gesellschaftlichen Fortschritt auf der Idee der Rationalisierung, die – in Analogie zur Maschine – dem Telos einer optimalen Effektivität und Effizienz folgt (den Begriff und das mathematische Verfahren der Optimierung gab es noch nicht). Rationalisierung zielt

122 Hans-Peter Müller, »The Conduct of Life between Self-Improvement and Self-Realization«, Vortragsmanuskript, Mailand 2017, Übersetzung A. R.

123 Jürgen Straub, Oswald Balandis »Niemals genug! Selbstoptimierung und Enhancement. Attraktive Praktiken für verbesserungswillige Menschen?«, in: *Familiendynamik. Systemische Praxis und Forschung* 1 (2018), S. 72-83, hier S. 80.

	Parallelen zu SO	Unterschiede zu SO
Bildung	– auf Verbesserung zielende Selbsttätigkeit – Spannung zwischen Prozess und Ergebnis	– Konstitutive Rolle von innerer und äußerer Freiheit – Nicht-Zweckhaftigkeit, ›aus dem Inneren heraus‹ – Nicht-Planbarkeit, gleichwohl vorgegebene Rahmen – Entfaltung der Persönlichkeit
Fortschritt	– Nach vorne hin offene Steigerung, Überbietung	– Linearer Prozess, Stufenmodell – sittlich-moralische Vervollkommnung der Gattung
Rationalisierung	– Systematisches, auf maximale Effizienz gerichtetes Erzielen eines Mehrwerts	– Vorwiegend statisches Modell (›Maschine‹) – Dominantes Ziel: Effektivitäts- und Effizienzsteigerung
Selbstrationalisierung	– Systematisches, auf maximale Effizienz gerichtetes Erzielen eines Mehrwerts – Selbstrationalisierung als Daueraufgabe	– Primäre Orientierung am ›one best way‹ (Taylor) – Primärer Bezug auf Arbeit und Beruf

Tabelle 2: Parallelen und Unterschiede von Bildung, Fortschritt, Rationalisierung und Selbstrationalisierung zu Selbstoptimierung

auf das reibungslose Ineinandergreifen klar identifizierter Parameter, Selbstoptimierung auf permanente Adaptation und Selbstüberbietung. Bei Großmann wiederum wird die Selbstrationalisierung durch die Ausrichtung der Rationalisierungsprozesse auf das nahezu grenzenlos modulierbare Selbst und ihre Verschränkung mit der Erfolgsorientierung zu einem Prozess mit einem festen Ziel, aber einem offenen Ausgang. Der ›höchste erreichbare Grad‹ des persönlichen Könnens beziehungsweise mit anderen Worten: das persönliche Leistungs-, Erfolgs- und Glücks-Optimum wird dann erreicht, wenn man seine Ziele auf konsequente und methodische Weise verfolgt. Dies aber bedeutet Selbstrationalisierung als lebenslange Daueraufgabe. In Analogie zu Condorcet, dessen Argumentation in der »Grenzzone« zwischen absoluter Vervollkommnung und unbegrenztem menschlichen Fortschritt angesiedelt ist,[124]

124 Vgl. Koselleck, »Fortschritt«, S. 377. Siehe oben, Abschnitt IV.2.

umspielt Großmanns Ratgeber damit den Bereich zwischen (begrenzter) Rationalisierung und (unbegrenzter) Selbstoptimierung. Gleichwohl scheint er letzten Endes stärker in der Tradition der tayloristischen Suche nach dem ›one best way‹ zu verbleiben, denn sein Ansatz zielt darauf, das allgemeine wirtschaftliche Rationalisierungskonzept auf den Menschen auszudehnen, und nicht darauf, es zu transzendieren. Zudem hat der Ansatz mit Arbeit und Beruf als primärem Anwendungsbereich eine deutlich geringere Reichweite als gegenwärtige Ideen und Praktiken der Selbstoptimierung. Tabelle 2 fasst den Vergleich von Selbstoptimierung mit Bildung, Fortschritt, Rationalisierung und Selbstrationalisierung zusammen.

Als Begriff und Diskurs gab es Selbstoptimierung zu Gustav Großmanns Zeiten noch nicht. Sein Ratgeber ist gleichwohl ein (exemplarischer) Beleg dafür, dass sich einzelne Elemente der Idee der Selbstoptimierung wie auch konkrete selbstoptimierende Praktiken bereits zu Beginn des 20. Jahrhunderts im Rahmen einer allmählich um sich greifenden Leistungs- und Erfolgsorientierung finden lassen. Die Idee der Selbstrationalisierung markiert eine historisch neuartige Übertragung von Ideen aus dem Management von Unternehmen und Organisationen auf die individuelle Ebene, wie dies auch bei der Selbstoptimierung der Fall ist. Großmanns Ratgeber stellt somit ohne Zweifel einen historischen Prototyp der gegenwärtigen Selbstoptimierungsprozesse dar, auch wenn bei ihm die zentrale körperliche Dimension weitgehend fehlt. Zudem sind die gesellschaftlichen Anreize zur Selbstoptimierung in seiner Zeit noch sehr begrenzt. Das soziale Gefüge bleibt trotz der neuen Schicht der Angestellten noch weitgehend stabil und lässt wenig Spielräume für Positionswechsel zu, die Zeiten einer endemischen Konkurrenz- und Wettbewerbsorientierung liegen in weiter Ferne,[125] die religiöse Bindung der Bevölkerung ist sehr ausgeprägt, von Optimierung oder gar Selbstoptimierung ist noch keine Rede. Dies wird sich erst nach dem Zweiten Weltkrieg allmählich ändern.

Das nächste Kapitel verfolgt die hier eingeschlagene historische Perspektive weiter, wählt dafür aber einen anderen Weg. Im Mit-

125 Eine Ausnahme bildet zur damaligen Zeit die Welt des modernen Hochleistungssports, in dem sich zudem ein ausgeprägter Körperbezug sowie quantifizierende Formen der Vermessung finden. Er stellt somit einen Bereich dar, in dem sich frühe Ausprägungen von Idee und Praxis der Selbstoptimierung zeigen.

telpunkt stehen kultursoziologische Texte, in denen die historische Dimension von Selbstoptimierung, inhaltliche Facetten des Begriffs selbst sowie die individuellen und gesellschaftlichen Voraussetzungen, Erscheinungsformen und Folgen der Selbstoptimierung diskutiert werden. Hinsichtlich der hier verfolgten Forschungsfragen sind die im folgenden Kapitel vorgestellten kultursoziologischen Schriften also sehr aufschlussreich.

V
Selbstoptimierung in der kultursoziologischen Diskussion in Deutschland

Wie ist die gegenwärtige kultursoziologische Diskussion um Selbstoptimierung strukturiert? Welche Erklärungs- und Definitionsangebote liegen vor? Was lernt man bei der Lektüre der vorliegenden Schriften über Selbstoptimierung – und wo bleiben blinde Flecken? Dies sind die leitenden Fragen für dieses Kapitel, das sich gleichwohl nicht mit der kultursoziologischen Forschung zum Thema allgemein beschäftigt, sondern nur solche Schriften betrachtet, die primär theoretisch ausgerichtet sind. Zudem wurden nur solche Autorinnen und Autoren ausgewählt, die sich explizit mit Prozessen der Optimierung und/oder Selbstoptimierung befassen. Auf dieser Grundlage lassen sich vier Herangehensweisen unterscheiden: eine kontingenztheoretische Genealogie von Optimierung (Michael Makropoulos), die Perspektive einer Ökonomisierung des Sozialen (Ulrich Bröckling, Stefanie Duttweiler), eine kulturtheoretische Analyse der Moderne und moderner Subjektkulturen (Andreas Reckwitz) sowie eine Theorie der massenkulturellen Subjektivierung (Hannelore Bublitz). Zwischen diesen vier Perspektiven bestehen durchaus inhaltliche Überschneidungen; gleichwohl ermöglicht diese Einteilung eine bessere Übersicht.

Es ist auffällig, dass alle der aufgeführten Autorinnen und Autoren entweder für die Foucault-Rezeption in Deutschland eine wichtige Rolle gespielt haben oder aber mit seinen theoretischen Konzepten selbst arbeiten.[1] Woher rührt diese gemeinsame Bezugnahme? Es gibt mindestens drei Transmissionsriemen von Foucault zur gegenwärtigen Debatte. Erstens ist Foucault, insbesondere über seine Schriften zur Gouvernementalität (*gouvernementalité*), die zentrale Bezugsfigur für die Thematisierung einer sozialkritisch fundierten und gegenwartsdiagnostisch orientierten Forschung zur Ökonomisierung des Sozialen. Aus dieser Themensetzung heraus

1 Vgl. Robert Seyfert, »Foucault-Rezeption in der deutschsprachigen Soziologie«, in: Stephan Moebius, Andrea Ploder (Hg.), *Handbuch Geschichte der deutschsprachigen Soziologie*, Wiesbaden 2018, S. 637-661. Ich danke Michael Makropoulos für diesen Hinweis.

hat insbesondere Ulrich Bröckling seine weiteren Studien entwickelt, die immer wieder um das Thema der Selbstoptimierung kreisen; auch die Arbeiten von Stefanie Duttweiler stehen mit in dieser Theorielinie.[2] Zweitens reichen Foucaults Arbeiten zu Biomacht und Biopolitik, die er ebenfalls im Rahmen der Vorlesungen zum Themenkomplex Gouvernementalität entwickelt, bis zu den gegenwärtigen Debatten über die (gen)technisch basierte Optimierung und Selbstoptimierung. Drittens fungiert Foucault als Stichwortgeber einer weiterführenden und bis in die Gegenwart wirkmächtigen Diskussion zur Theorie der Moderne.[3]

Foucaults Schriften werden in diesem Kapitel also immer wieder vorkommen, und es beginnt daher auch mit einer kurzen Präsentation jener Konzepte Foucaults, die für die soziologische Debatte zu Optimierung und Selbstoptimierung in Deutschland wichtig sind: zum einen das Konzept der Gouvernementalität und zum anderen das der Biomacht/Biopolitik. Ergänzt wird diese Darstellung mit einer begriffshistorisch inspirierten Analyse von Foucaults Schriften, um zu untersuchen, ob und inwieweit er die Begriffe Optimierung (*optimisation*), optimieren (*optimiser, optimaliser*) und Selbstoptimierung (*optimisation de soi*) verwendet. Im Anschluss daran werden die vier genannten theoretischen Zugänge zum Themenkomplex von Optimierung und Selbstoptimierung aus der kultursoziologischen Literatur in Deutschland präsentiert. Dabei geht es weder darum, die gesamte Schaffensbreite der hier behandelten Autorinnen und Autoren darzustellen, noch darum, ihre Schriften insgesamt zu beurteilen, sondern um eine eng geführte Diskussion zu den Begriffen Optimierung und Selbstoptimierung.

2 Ulrich Bröckling u. a. (Hg.), *Gouvernementalität der Gegenwart. Studien zur Ökonomisierung des Sozialen*, Frankfurt/M. 2000; Ulrich Bröckling, *Das unternehmerische Selbst. Soziologie einer Subjektivierungsform*, Frankfurt/M. 2007; ders., »In der Optimierungsfalle. Zur Soziologie der Wettbewerbsgesellschaft«, in: *Supervision: Mensch, Arbeit, Organisation* 31/4 (2013), S. 4-11; ders., *Gute Hirten führen sanft. Über Menschenregierungskünste*, Berlin 2017; Stefanie Duttweiler, *Sein Glück machen. Arbeit am Glück als neoliberale Regierungstechnologie*, Konstanz 2007.

3 Vgl. nur Hannelore Bublitz, *In der Zerstreuung organisiert. Paradoxien und Phantasmen der Massenkultur*, Bielefeld 2005; Michael Makropoulos, *Modernität und Kontingenz*, München 1997.

V.1 Optimierung im Kontext von Gouvernementalität und Biomacht (Michel Foucault)

Insgesamt fällt bei einem Blick in Foucaults Schriften auf, dass von Optimierung selbst kaum die Rede ist. Der Begriff Selbstoptimierung (*optimisation de soi*) tauchte im Rahmen einer umfassenden Stichwortsuche in seinen Originalschriften überhaupt nicht auf, ›optimieren‹ kam dreimal, ›Optimierung‹ zweimal vor.[4] Darüber hinaus fallen die Begriffe eher beiläufig. Es gibt keinerlei inhaltliche Ausarbeitung dessen, was genau gemeint sein könnte. Nichtsdestotrotz gibt es eine Auffälligkeit: Foucault spricht im Rahmen der Vorlesungen zum Thema Biomacht/Biopolitik, die wiederum Teil der ab Mitte der 1970er-Jahre entwickelten »Geschichte der Gouvernementalität« sind, über Optimierung.

Foucault zufolge hat die Entstehung der Gouvernementalität zu einer neuen Form von Regierung geführt. So umschreibt er Gouvernementalität an einer Stelle als »die Tendenz oder die Kraftlinie, die im gesamten Abendland unablässig und seit sehr langer Zeit zur Vorrangstellung dieses Machttypus, den man als ›Regierung‹ bezeichnen kann, gegenüber allen anderen – Souveränität, Disziplin – geführt« hat. Mit Regierung fokussiert Foucault dabei insbesondere auf die heterogenen und diskontinuierlichen »Künste des Regierens«.[5] Regierung meint dabei allgemein die Gesamtheit der Techniken und Prozeduren, deren Funktion darin besteht, das Verhalten anderer Menschen, aber auch eines Haushalts, eines Staats oder seiner selbst zu lenken. Foucault formuliert demnach einen weiten Begriff von Regierung, der sich nicht nur auf den politischen Bereich erstreckt, sondern »zahlreiche und unterschiedliche

4 Mit der automatischen Suchfunktion von »Adobe« wurden nach dem Wortstamm *optim* (das sich sowohl im Verb optimieren, im Substantiv Optimierung sowie in Komposita wie Selbstoptimierung findet) folgende französischsprachigen Schriften von Foucault durchgesehen: die vier Bände von *Dits et Ecrits* (1954-1988), *Les mots et les choses* (1966), *Archéologie du savoir* (1969), *Histoire de la folie à l'âge classique* (1972), *Surveiller et punir* (1975). Da die Spracherkennung auf Grundlage von PDF-Dokumenten keine hundertprozentig sicheren Ergebnisse liefert, sind Fehler möglich.

5 Michel Foucault, »Die Gouvernementalität« [1978], in: Ulrich Bröckling u.a. (Hg.), *Gouvernementalität der Gegenwart. Studien zur Ökonomisierung des Sozialen*, S. 41-67, hier S. 41, S. 65.

Handlungsformen und Praxisfelder [beinhaltet], die in vielfältiger Weise auf die Lenkung, Kontrolle, Leitung von Individuen und Kollektiven zielen und gleichermaßen Formen der Selbstführung wie Techniken der Fremdführung umfassen«.[6]

Die Regierung, das ist laut einer viel zitierten Formulierung der »Kontaktpunkt«, an dem Selbst- und Fremdherrschaft zusammentreffen.[7] Regierung umschreibt damit ein »Kontinuum [...], das von der ›Regierung des Selbst‹ bis zur ›Regierung der anderen‹ reicht«.[8] Grundsätzlich denkt Foucault also Prozesse der Subjektivierung und der Staatsbildung innerhalb *eines* analytischen Rahmens; seine »Genealogie des modernen Staates« ist zugleich »eine Geschichte des Subjekts«.[9]

Foucault unterscheidet in seiner historischen Analyse des Staates insbesondere drei Formen der Regierung: die Staatsraison, die »Policey« und den Liberalismus. Am Ende der Vorlesungsreihe zur Gouvernementalität untersucht er, wie sich die frühliberalen Positionen im 20. Jahrhundert weiterentwickeln, und unterscheidet zwischen dem deutschen Ordo-Liberalismus der Nachkriegszeit mit seinem Modell der sozialen Marktwirtschaft und dem US-amerikanischen Neoliberalismus, der insbesondere mit der Chicagoer Schule und hier wiederum insbesondere mit Gary Becker identifiziert wird. Foucaults These lautet, dass das »Programm der Chicagoer Schule [...] in der konsequenten Ausweitung ökonomischer Formen auf das Soziale [besteht], um die Differenz zwischen Ökonomie und dem Sozialen überhaupt zu eliminieren. [...] Das Ökonomische ist in dieser Perspektive nicht ein fest umrissener und eingegrenzter Bereich menschlicher Existenz, sondern umfasst prinzipiell alle Formen menschlichen Verhaltens.«[10] Es ist maßgeb-

6 Thomas Lemke u. a., »Gouvernementalität, Neoliberalismus und Selbsttechnologien«, in: Ulrich Bröckling u. a. (Hg.), *Gouvernementalität der Gegenwart. Studien zur Ökonomisierung des Sozialen*, S. 7-40, hier S. 10.

7 Michel Foucault, »About the Beginning of the Hermeneutics of the Self« [1980], in: *Political Theory* 21/2 (1993), S. 198-227, hier S. 203.

8 Thomas Lemke, »Neoliberalismus, Staat und Selbsttechnologien. Ein kritischer Überblick über die *governmentality studies*«, in: *Politische Vierteljahresschrift* 41/1 (2000), S. 31-47, hier S. 33.

9 Thomas Lemke, *Eine Kritik der politischen Vernunft. Foucaults Analyse der modernen Gouvernementalität*, Berlin 1997, S. 150 f. Vgl. auch Kapitel VI.1.

10 Vgl. Lemke u. a., »Gouvernementalität, Neoliberalismus und Selbsttechnologien«, S. 16.

lich diese Argumentationslinie, die der weiteren Erforschung einer Ökonomisierung des Sozialen zu Grunde liegt.

Die hier nur kurz skizzierte Genealogie der Regierung ist die eine Richtung, die Foucault nach *Überwachen und Strafen*, also nach 1975 entwickelt; die andere Richtung ist die einer Geschichte der Sexualität, deren erster Band, *Der Wille zum Wissen*, im Jahr 1976 auf Französisch, 1977 auf Deutsch erscheint. Hier führt Foucault, wenn auch beiläufig, zum ersten Mal aus, was die ab den 1990er-Jahren so große Wirkung entfaltenden Begriffe Biopolitik und Biomacht bedeuten.[11] Ihren Anfang nimmt die Biomacht laut Foucault in der zweiten Hälfte des 18. Jahrhunderts. Sie verdrängt oder ersetzt die im 17. Jahrhundert entstandene Disziplinarmacht nicht, sondern operiert auf einer anderen Ebene. Nicht mehr der individuelle Körper wird visiert beziehungsweise dressiert, sondern die Bevölkerung als Ganzes rückt in den Gesichtskreis der Macht. Der Gattungskörper soll reguliert werden. Die sich neu bildende, die Elemente der Disziplinarmacht integrierende Biomacht tritt an die Stelle der Souveränitätsmacht, in der Macht primär als »Abschöpfung« von Gütern oder Produkten funktionierte.[12] Die Macht des Souveräns basierte zudem auf einem Recht über Leben und Tod seiner Untertanen, also darauf, dass er »sterben machen und leben lassen kann«. Mit der Etablierung der Biomacht dreht sich dieses Verhältnis laut Foucault um. Das Recht der Souveränität beziehe sich nun nicht mehr in erster Linie darauf, über den Tod zu entscheiden, sondern primär auf das Leben selbst (»leben machen«). Vom Prinzip der Souveränitätsmacht, »sterben zu machen und leben zu lassen«, gehe die Entwicklung also hin zu einer Logik, die darauf beruht, »leben zu ›machen‹ und sterben zu ›lassen‹«. Mit dieser Akzentverschiebung ändern sich laut Foucault die Charakteristika der Machtintervention, die sich nun vor allem auf die Regulierung der gesamten Bevölkerung beziehen. Im

11 Im Unterschied zur Biopolitik, die konkrete Machttechniken beschreibt (vergleichbar zu Disziplinartechniken), konstituiert Biomacht einen besonderen Typus von Macht (vergleichbar zu Disziplinarmacht). In der Rezeptionsgeschichte ist diese Differenz allerdings verwischt worden. Vgl. Clemens Kammler, Elke Reinhardt-Becker (Hg.), *Foucault-Handbuch. Leben, Werk, Wirkung*, Stuttgart 2008, S. 230 f.

12 Michel Foucault, *Der Wille zum Wissen. Sexualität und Wahrheit 1*, Frankfurt/M. 1983 [1976], S. 132.

Rahmen dieser Diskussion spricht er dann auch von ›optimieren‹:

[E]s geht kurz gesagt darum, Sicherheitsmechanismen um dieses Zufallsmoment herum, das einer Bevölkerung von Lebewesen inhärent ist, zu errichten und das Leben zu optimieren (*optimaliser un état de vie*), wenn Sie so wollen: mit Hilfe von Mechanismen wie den Disziplinarmechanismen, die insgesamt dazu da sind, Kräfte zu steigern und abzuschöpfen, die aber völlig andere Wege einschlagen. Denn es geht hier im Gegensatz zu den Disziplinen[13] nicht um individuelle Dressur [...]. [...] Das Individuum soll [...] durch globale Mechanismen gepackt werden; man soll so handeln, daß globale Gleichgewichtszustände und Regelmäßigkeiten erzielt werden; kurz gesagt geht es also darum, das Leben und die biologischen Prozesse der Menschengattung zu erfassen und nicht deren Disziplinierung, sondern deren Regulierung sicherzustellen.[14]

Der Zusatz ›wenn Sie so wollen‹ im Zitat könnte darauf hindeuten, dass sich Foucault mit der Optimierungsbegrifflichkeit einer für ihn eher ungewöhnlichen Formulierung bedient. Dafür spricht auch, dass in einer inhaltlich sehr ähnlich gelagerten Stelle aus *Der Wille zum Wissen*[15] das Verb ›optimieren‹ nicht vorkommt. Auf jeden Fall handelt es sich nicht um einen Zentralbegriff seines Denkens. Foucault arbeitet ihn in der Folge nicht weiter aus und er spielt bis heute in der französischen soziologischen Diskussion keine Rolle – allerdings nur dem Wortgebrauch nach, denn der Sache nach gibt es durchaus vergleichbare Debatten.[16] Die Entwicklung in Deutschland ist anders verlaufen. »Dass sich die Moderne der Optimierung des Lebens verschrieben und ihren Optimierungsimpuls auch auf Körper ausgedehnt hat, wissen wir seit Foucaults Ausführungen zu Biomacht und Biopolitik.«[17]

Von Seiten einiger AutorInnen aus Deutschland wird also eine direkte Linie zwischen Foucault und gegenwärtigen Diskussionen

13 Mit Disziplinen sind hier nicht verschiedene (Lehr-)Fächer gemeint, sondern Disziplinen im Sinne von Disziplinarmechanismen.

14 Michel Foucault, *In Verteidigung der Gesellschaft. Vorlesungen am Collège de France (1975–1976)*, hg. von Michaela Ott, Frankfurt/M. 1999, S. 276-285, hier S. 278, S. 284 f.

15 Foucault, *Der Wille zum Wissen*, S. 175-177.

16 Vgl. die Ausführungen zur internationalen Debatte in der Einleitung.

17 Stefanie Duttweiler, Jan-Hendrik Passoth, »Self-Tracking als Optimierungsprojekt?«, in: Stefanie Duttweiler u. a. (Hg.), *Leben nach Zahlen. Self-Tracking als Optimierungsprojekt?*, Bielefeld 2016, S. 9-42, hier S. 9.

im Themenfeld Optimierung/Selbstoptimierung gezogen. Auch Dominik Schrage spricht in einem Aufsatz unter Bezugnahme auf Foucaults Ausführungen zur Biomacht von »biopolitischer Optimierung«. Unter einer derartigen Perspektive sei Leben ein »in biologischen Kategorien entworfene[s], empirische[s] Objektfeld, welches durch Analyse und konstruktivistische[] Rekombination vollständig durchdrungen und neu angeordnet werden kann«. Dies gelte sowohl für Foucaults bevölkerungspolitische Analysen wie auch für die gegenwärtige Gentechnologie. Und weiter: »Biopolitiken sind in der Folge nicht an den Kategorien des Rechts und der Souveränitätspolitik ausgerichtet, sondern folgen einer Logik der analytischen Durchdringung und effizienzsteigernden Rekombination, die auf die Optimierung des ›Lebens‹ zielt.«[18]

Bei Foucault finden sich alle weiteren Fundstellen zu ›optimieren‹ und ›Optimierung‹ in den Vorlesungen über die »Geburt der Biopolitik«, die er 1978-1979 gehalten hat, konkret innerhalb von zwei Vorlesungen, die den amerikanischen Neoliberalismus und das Modell des *Homo oeconomicus* betreffen. In einem Zusatzvermerk zum Manuskript der Vorlesung am 21. März 1979 ergänzt Foucault seine Überlegungen zum ökonomischen Subjekt: »Ein ökonomisches Subjekt ist ein Subjekt, das, streng genommen, unter allen Bedingungen seinen Profit zu maximieren, das Verhältnis zwischen Gewinn und Verlust zu optimieren (*optimiser*) versucht; im weiteren Sinn: ein Subjekt, dessen Verhalten durch die Gewinne und Verluste beeinflußt wird, die ihm entsprechen.«[19] Und in der Vorlesung eine Woche später, am 28. März 1979, kann man lesen, dass »die ökonomische Analyse durchaus auf nicht-rationale Verhaltensweisen angewendet werden« kann, also »auf Verhaltensweisen, die überhaupt nicht oder die jedenfalls nicht allein darauf zielen, knap-

18 Dominik Schrage, »Optimierung und Überbietung. ›Leben‹ in produktivistischer und in konsumistischer Perspektive«, in: Ulrich Bröckling u. a. (Hg.), *Vernunft – Entwicklung – Leben. Schlüsselbegriffe der Moderne. Festschrift für Wolfgang Eßbach*, München 2004, S. 291-303, hier S. 302; vgl. auch Petra Gehring, *Was ist Biomacht? Vom zweifelhaften Mehrwert des Lebens*, Frankfurt/M., New York 2006, S. 225 f.

19 Michel Foucault, *Die Geburt der Biopolitik. Vorlesung am Collège de France (1978-1979)*, hg. von Michel Sennelart, Frankfurt/M. 2004, S. 358 [In der französischen Originalfassung: ders., *Naissance de la biopolitique. Cours au Collège de France (1978–1979)*, hg. von François Ewald u. a., Paris 2004, S. 264].

pe Ressourcen auf einen bestimmten Zweck hin zu optimieren«.[20] ›Optimieren‹ umschreibt hier ein rationales Vorgehen, mittels dessen man ein Optimum – das bestmögliche Verhältnis zwischen Gewinn und Verlust oder die bestmögliche Verwendung knapper Ressourcen – erreicht. Ähnlich lautet die Begriffsbedeutung an einer Stelle aus der Zusammenfassung der Vorlesungsreihe:

> Der Liberalismus ist vom Prinzip durchdrungen: ›Es wird stets zuviel regiert‹ – oder daß man zumindest stets den Verdacht haben muß, daß zuviel regiert wird. Die Gouvernementalität darf nicht ausgeübt werden ohne eine ›Kritik‹, die viel radikaler ist als eine Prüfung der Optimierung (*épreuve d'optimisation*). Sie muß nicht nur nach den geeignetsten (oder den kostengünstigsten) Mitteln zur Erreichung ihrer Zwecke fragen, sondern nach der Möglichkeit und selbst der Legitimität ihres Vorhabens, diese Ziele zu erreichen.[21]

Auch hier erscheint Optimierung als vergleichsweise begrenztes Unterfangen der rationalen Zweck-Mittel-Kalkulation. Es gibt eine Textstelle am Ende der Vorlesung vom 21.3.1979, die dieser Begriffsverwendung nicht entspricht. Foucault beschreibt hier den amerikanischen Neoliberalismus als eine postdisziplinäre Gesellschaftsform, in der es zu einer »Optimierung der Systeme von Unterschieden« (*optimisation des systèmes de différence*) kommt.[22] Bublitz et al. interpretieren diese Textstelle im Sinne einer gegenwärtigen postbürokratischen Gesellschaftsordnung, in der Selbst-Technologien »Kulturtechniken« sind, »die die individuellen Differenzen anschlussfähig halten, an den Markt, an die sozialen Netzwerke und Praktiken«.[23] Dieses wie auch weitere Argumentationsmuster werden im nächsten Abschnitt wieder auftauchen, der unterschiedliche theoretische Einbettungen von Prozes-

20 Foucault, *Die Geburt der Biopolitik*, S. 369 f. Die Übersetzung des zweiten Halbsatzes ist von mir, weil in der deutschen Fassung das Verb optimieren durch »anstreben« ersetzt wurde. Im Original lautet der Satz: »[...] que les lois économiques et l'analyse économique peuvent s'appliquer parfaitement à des conduites non rationnelles, c'est-à-dire à des conduites qui ne cherchent pas du tout, ou qui ne cherchent pas seulement, en tout cas, à optimiser l'allocation des ressources rares a une fin déterminée« (ders., *Naissance de la biopolitique*, S. 273).

21 Foucault, *Die Geburt der Biopolitik*, S. 437 [ders., *Naissance de la biopolitique*, S. 324].

22 Ders., *Naissance de la biopolitique*, S. 265, Übersetzung A. R.

23 Hannelore Bublitz u. a., »Einleitung«, in: dies. (Hg.), *Automatismen – Selbst-Technologien*, Paderborn 2013, S. 9-41, hier S. 23

sen der Optimierung und Selbstoptimierung aus der deutschen kultursoziologischen Literatur präsentiert.

An dieser Stelle bleibt festzuhalten, dass Foucault im Rahmen seiner Diskussion zu Biomacht und Biopolitik mitunter auch von ›optimieren‹ und von ›Optimierung‹ spricht, diesen Zusammenhang aber inhaltlich nicht vertieft und sich darüber in Frankreich auch keine weitere Debatte entspinnt. In Deutschland hingegen entwickelt sich unter anderem ausgehend von Foucaults Schriften eine akademische Diskussion zu Optimierung/Selbstoptimierung. Sie nimmt langsam ab der Wende zum neuen Jahrtausend Fahrt auf und hat inhaltliche Bezüge zu Foucault, geht aber deutlich über ihn hinaus.

V.2 Theoretische Einbettungen von Optimierung und Selbstoptimierung

In der kultursoziologischen Literatur gibt es gegenwärtig maßgeblich vier theoretische Einbettungen von Optimierung und Selbstoptimierung: Ulrich Bröcklings (2007) und Stefanie Duttweilers (2016) Analysen einer Ökonomisierung des Sozialen, Hannelore Bublitz' (2005, 2010) Theorie massenkultureller Subjektivierung, Michael Makropoulos' (2016) kontingenztheoretische Genealogie von Optimierung und Andreas Reckwitz' (2006, 2017) kulturtheoretische Analyse der Moderne und moderner Subjektkulturen. Der Status und Stellenwert der Begriffe Optimierung und Selbstoptimierung variiert beträchtlich innerhalb dieser vier Perspektiven. In den Schriften von Andreas Reckwitz und Hannelore Bublitz werden sie eher beiläufig verwendet und nicht eigens definiert. Ulrich Bröckling und Stefanie Duttweiler befassen sich dagegen beide explizit mit Prozessen der Optimierung und Selbstoptimierung und definieren sie auch. Bei Michael Makropoulos schließlich steht Optimierung zwar nicht an zentraler Stelle, gleichwohl zieht sich das Interesse an diesem Thema wie ein roter Faden durch seine Schriften, und die Bezeichnung der Moderne als »Optimierungsgesellschaft«[24] zeigt an, dass er dem Konzept der

24 Michael Makropoulos, »Grenze und Horizont. Zwei soziale Abschlußparadigmen«, in: Claudia Honegger u. a. (Hg.), *Grenzenlose Gesellschaft? Verhandlungen des 29. Kongresses der Deutschen Gesellschaft für Soziologie, des 16. Kongresses der*

Optimierung einen bedeutenden gesellschaftstheoretischen Wert beimisst und in ihr einen Grundbestandteil der westlichen Moderne sieht. Die nachfolgende Analyse beginnt mit der Darstellung seiner Texte zu diesem Thema. Daran anschließend werden die Positionen von Ulrich Bröckling und Stefanie Duttweiler vorgestellt, die die gegenwärtig im deutschsprachigen Raum gängigste Interpretation von Optimierung und Selbstoptimierung entwickeln. In Anlehnung an Foucaults Begriff von Regierung liefern sie eine Interpretation in kritischer Absicht, die Prozesse der Optimierung und Selbstoptimierung mit einer Form heteronomer Autonomie gleichsetzt. Danach geht es um die Perspektiven von Hannelore Bublitz und von Andreas Reckwitz, die wieder stärker einen modernetheoretischen Rahmen mobilisieren: bei Bublitz mit Bezug zu Massen- und Medientheorien, bei Reckwitz auf der Grundlage einer Theorie moderner Subjektkulturen.

Kontingenztheoretische Genealogie von Optimierung (Makropoulos)

Bei Michael Makropoulos taucht Optimierung, unter Verweis auf Foucaults Analysen zur Biopolitik, zunächst nur als Stichwort auf. Erst im Rahmen einer Thematisierung der Moderne als »Optimierungsgesellschaft« entwickelt er eine genauere Definition des Begriffs;[25] von Selbstoptimierung spricht Makropoulos kaum. Für ihn ist Optimierung ein Phänomen der modernen Tiefenstruktur. Sie bezieht sich also auf die »impliziten Dispositionen« in den menschlichen Selbst- und Weltverhältnissen einer gegebenen Zeit.[26] Diese impliziten Dispositionen ändern sich mit Anbruch der Neuzeit, was Makropoulos anhand des Wandels vom antiken zum neuzeitlich-modernen Kontingenzverständnis veranschau-

Österreichischen Gesellschaft für Soziologie, des 11. Kongresses der Schweizerischen Gesellschaft für Soziologie in Freiburg i. Br. 1998, Wiesbaden 1999, S. 387-396, hier S. 393.

25 Makropoulos, *Modernität und Kontingenz*, S. 51; Makropoulos, »Grenze und Horizont«, S. 393.

26 Michael Makropoulos, »Foucaults Moderne«, in: Joseph Jurt (Hg.), *Zeitgenössische französische Denker. Eine Bilanz*, Freiburg i. Br. 1998, S. 103-118, hier S. 105. Simmel spricht von den »tieferen Wertungen und Strömungen« einer Epoche. Georg Simmel, *Philosophie des Geldes*, Frankfurt/M. 1989 [1901], S. 13.

licht.[27] Vor diesem Hintergrund lässt sich seine Beschäftigung mit dem Thema der Optimierung auch als »kontingenztheoretische Genealogie der Optimierung«[28] bezeichnen, bei der der Kontingenz allerdings das theoretische Primat zukommt.

Den Wandel vom antiken zum modernen Kontingenzverständnis skizziert Makropoulos auf maßgeblich zwei Ebenen: dem Bezugsrahmen des Handelns und der Art des Veränderungsbewusstseins. Das antike Kontingenzbewusstsein bezieht sich ihm zufolge auf Ereignisse, nicht auf »Ereignishorizonte«. Entsprechend ist das Handeln in der Antike »ausschließlich auf empirische Gegenstände, die in einem finiten Möglichkeitshorizont« stehen, bezogen.[29] Den zentralen Bezugsrahmen bildet also, mit Koselleck gesprochen, der bisherige Erfahrungsraum. Erst mit der Neuzeit treten, wie oben im Hinblick auf den Begriff des Fortschritts bereits ausgeführt wurde, »Erfahrungsraum« und »Erwartungshorizont« immer mehr auseinander, entfernen sich die Erwartungen sukzessive von den bis dahin gemachten Erfahrungen.[30]

Diese für das moderne Selbstverständnis so entscheidende »Diskontinuität von Wirklichkeit und Möglichkeit« führt zu einem »umfassenden Veränderungsbewusstsein«.[31] ›Umfassend‹ bedeutet hier, dass die Grenzen des Mach- und Denkbaren über bis dato bestehende Begrenzungslinien hinaus gezogen werden. Paradigmatisch hat diese »Integration des Potentialis« im Begriff des unbegrenzten Fortschritts seinen Ausdruck gefunden. In der Antike gab

27 Makropoulos' Theorie der Kontingenz knüpft insbesondere an den Schriften von Blumenberg und Luhmann an. Die Grunddefinition lautet: »Kontingent ist, was auch anders sein kann, weil es weder notwendig noch unmöglich ist.« Michael Makropoulos, »Historische Kontingenz und soziale Optimierung«, in: Rüdiger Bubner, Walter Mesch (Hg.), *Die Weltgeschichte – das Weltgericht? Stuttgarter Hegel-Kongreß 1999*, Stuttgart 2001, S. 75-89, hier S. 76. Vgl. auch Niklas Luhmann, *Beobachtungen der Moderne*, Opladen 1992, S. 96.

28 Michael Makropoulos, »Kontingenzkultur und Optimierungsgesellschaft. Ein historisch-systematischer Aufriß«, Vortragsmanuskript, Berlin 2016.

29 Makropoulos, *Modernität und Kontingenz*, S. 18; dort findet sich der Begriff der »Ereignishorizonte« von Dorothea Frede.

30 Reinhart Koselleck, »›Erfahrungsraum‹ und ›Erwartungshorizont‹ – zwei historische Kategorien«, in: ders., *Vergangene Zukunft. Zur Semantik geschichtlicher Zeiten*. Frankfurt/M. 1989, S. 349-375, hier S. 359.

31 Michael Makropoulos, *Theorie der Massenkultur*, München 2008, S. 38; ders., *Modernität und Kontingenz*, S. 18.

es keinen eigentlichen Begriff von Fortschritt, wie Makropoulos mit Christian Meier festhält; das »antike Möglichkeitsbewußtsein blieb [...] trotz aller Zunahme technischen und sozialtechnischen Könnens ein bloßes Verbesserungsbewußtsein«. Damit verbunden ist die Umstellung der Art von technischem Tun und technischen Vorstellungen. Während die »antike *techné* [...] entweder vollendet, was die Natur aus sich heraus nicht zu Ende bringt, oder aber schlicht das Naturgegebene nachahmt«, impliziert Technisierung im neuzeitlichen und mehr noch im modernen Sinne die »prinzipielle Umstellung des technischen Handelns von Nachahmung auf Konstruktion im strikten Sinne, also der generierenden und nicht bloß komplettierenden Herstellung eigenqualitativer Wirklichkeiten«. Dieser Wandel markiert einen entscheidenden Bruch, denn es geht nun nicht mehr »um die nachahmende Vollendung der Natur, sondern um ihre konstruktivistische Überbietung in artifiziellen Wirklichkeiten sui generis, für die die Natur zwar das Material, nicht aber das Vorbild ist«.[32] Es kommt zu einer »Fiktionalisierung des Möglichkeitshorizonts«.[33] Am Ende dieser Umstellung vom antiken auf das neuzeitlich-moderne Kontingenzbewusstsein steht die moderne Gesellschaft als »Kontingenzgesellschaft«.[34]

Auf der Ebene der Tiefenstruktur sind moderne Gesellschaften laut Makropoulos also Kontingenzgesellschaften, die auf einem offen-entgrenzten Erwartungshorizont, einem umfassenden Veränderungsbewusstsein und einer konstruktivistischen Disposition der Fiktionalisierung und Überbietung basieren. An dieser Stelle führt Makropoulos die Differenz von Utopie und Optimierung ein. Es handelt sich um »zwei verschiedene Modi«, in denen sich die »Fiktionalisierung des Möglichkeitshorizonts« realisiert hat, die wiederum »zwei unterschiedliche Tendenzen politischer, sozialer und kultureller Modernität grundieren«: die der Aufhebung von Kontingenz in der Utopie als idealem und unübertreffbarem Zustand (was bis zu den Totalitätskonzepten im 20. Jahrhundert reicht) und die der Erhaltung, Steigerung und strukturellen Verstetigung von Kontingenz in der Optimierung. Utopie ist dementsprechend ein »absoluter«, Optimierung ein »relativer« Begriff, der »die situativ

32 Makropoulos, *Theorie der Massenkultur*, S. 38, S. 36, S. 54 f.

33 Makropoulos, »Kontingenzkultur und Optimierungsgesellschaft«, S. 9.

34 Makropoulos, »Historische Kontingenz und soziale Optimierung«, S. 75.

extrapolierte, prinzipiell unaufhörliche und irreduzibel zieloffene Überbietung jedes Zustandes« bezeichnet.[35] Optimierung umschreibt somit das grundlegende Selbst- und Weltverhältnis der Moderne, die die prinzipielle Überbietbarkeit vom jeweils Erreichten, von jeder Konstruktion, »eben weil sie eine Konstruktion ist«, zum übergreifenden Maßstab und allgemeinen Ziel macht. Sie steht dabei in einem Prozess der wechselseitigen Konstitution mit Prozessen der neuzeitlich-modernen Technisierung. Diese bilden eine zentrale Grundlage für die Schaffung eines »allgemeinen Dispositiv[s] der Optimierung, weil jede Konstruktion prinzipiell verändert, verbessert und überboten werden kann«.[36] Optimierung ist aber auch Voraussetzung für Technisierung im neuzeitlichen und stärker noch im modernen Sinne, die jegliche Form der (moralischen, sittlichen etc.) Beschränkung außer Kraft setzt und von der Idee der Machbarkeit besessen ist. Makropoulos zitiert Hans Blumenbergs »Soliloquium«, um dies zu demonstrieren: »– Wir müssen doch nicht alles machen, was wir können. / – Nein, wir *müssen* es nicht. / – Aber? – Aber wir *werden* es machen. / – Und weshalb? / – Weil wir nicht ertragen, wenn der kleinste Zweifel bleibt, *ob* wir es wirklich *können*.«[37]

Vor diesem Hintergrund lassen sich moralische Bedenken gegenüber der »Optimierung von Mensch und Gattung«, wie sie beispielsweise Jürgen Habermas im Rahmen der deutschen Debatte zur Präimplantationsdiagnostik formuliert hat, als Versuch bewerten, trotz Kontingenzkultur und offenem Möglichkeitshorizont moralische Grenzen zu etablieren.[38]

Habermas' Äußerungen stehen in einer langen Tradition der Kritik an der Moderne. Denn während die Idee der prinzipiellen Überbietung auch »trotz der problematischen Seiten des Fortschritts positiviert« worden ist, stand ihr immer auch ein gehöri-

35 Makropoulos, »Kontingenzkultur und Optimierungsgesellschaft«, S. 9 f.; ähnlich auch Makropoulos, *Theorie der Massenkultur*, S. 55.

36 Michael Makropoulos, »Blumenberg und die Ontologie des ästhetischen Gegenstandes«, in: Michael Heidgen u. a. (Hg.), *Permanentes Provisorium. Hans Blumenbergs Umwege*, Paderborn 2015, S. 93-112, hier S. 102.

37 Hans Blumenberg, »Alles über Futurologie. Ein Soliloquium«, in: ders., *Ein mögliches Selbstverständnis*, Stuttgart 1997, S. 29, Hervorhebungen im Original.

38 Jürgen Habermas, *Die Zukunft der menschlichen Natur. Auf dem Weg zu einer liberalen Eugenik?*, Frankfurt/M. 2001.

ges Maß an Skepsis ob der »akute[n] Orientierungslosigkeit und bodenlose[n] Unsicherheit«, ja der gewaltigen Sinnproblematik gegenüber, die Georg Lukács mit der Formel von der »transzendentalen Obdachlosigkeit« auf den Punkt gebracht hat. »Die Gleichzeitigkeit dieser beiden Situationsdeutungen«, so Makropoulos, ermöglichte nun »jene strategische Disposition, die für die neuzeitliche Moderne charakteristisch und bis weit ins 20. Jahrhundert hinein von entscheidender Bedeutung sein sollte, nämlich die strategische Disposition der Kontingenzaufhebung oder zumindest der Kontingenzbegrenzung durch gezielte Kontingenznutzung in der selbstmächtigen Konstruktion politischer und sozialer Ordnung«.[39]

Als Teil dieser Nutzung von Kontingenz diskutiert Makropoulos »das produktivistische Programm der individuellen und sozialen Optimierung«,[40] wie es Foucault im Rahmen seiner Vorlesungen zur Biomacht entwickelt habe: die »Macht zum Leben«, die individuelle Disziplinierung und bevölkerungspolitische Regulierung miteinander verbindet. Sie zielt laut Foucault auf die »Erhaltung, Ertüchtigung, Ermächtigung oder Nutzbarmachung der ganzen Art« wie auch der Individuen ab, oder, in den Worten von Makropoulos, auf »die Erhaltung und gezielte Entfaltung individueller und kollektiver Potenzen«.[41] ›Soziale Optimierung‹ entspricht bei Makropoulos also weitgehend Foucaults Überlegungen zur Biomacht und umschreibt die produktivistische Nutzbarmachung und Steigerung gesellschaftlicher Kräfte, wohingegen ›Optimierung‹ ohne adjektivischen Zusatz offener gehalten ist und ein Prinzip der permanent möglichen und strukturell angelegten Überbietung bezeichnet. Optimierung ist Teil der Tiefenstruktur moderner Gesellschaften und diese daher als Optimierungsgesellschaft begreifbar.

Die derart modernetheoretisch konturierte Optimierungsgesellschaft stellt allerdings nur die Protoform der eigentlichen Optimierungsgesellschaft dar, wie Makropoulos in einem jüngeren Text ausführt, der neben der philosophischen und historiographischen Dimension noch stärker die Verankerung des Themas in der klassischen soziologischen Diskussion deutlich macht. Erst nach dem Zweiten Weltkrieg, so Makropoulos, treten Prozesse der (polizei-)

39 Makropoulos, *Theorie der Massenkultur*, S. 38, S. 80, S. 18 f.

40 Makropoulos, *Modernität und Kontingenz*, S. 51.

41 Foucault, *Der Wille zum Wissen*, S. 129, S. 142; Makropoulos, *Modernität und Kontingenz*, S. 51.

staatlichen Disziplinierung, der umfassenden technokratischen Rationalisierung, der funktionalistischen Normierung wie auch der Suche nach Selbstverwirklichung zurück, die »mit Optimierung im strikten Sinn kaum etwas zu tun« hatten.[42] Und erst danach kommt ein Aspekt ins Spiel, der die Optimierungsdynamik aus der Tiefenstruktur an die gesellschaftliche Oberfläche hebt: die Entstehung von prekären, da wettbewerbsbasierten Anerkennungsprozessen in einer Gesellschaft, die nicht mehr auf festen und weitgehend geschlossenen Klassen- und Ständestrukturen basiert, sondern auf sozialer Mobilität. Zentrales »soziologisches Charakteristikum« dieser bis in die Gegenwart reichenden ›eigentlichen‹ Form der Optimierungsgesellschaft ist demnach eine bestimmte Art der Sozialisation. Makropoulos nennt sie unter Verweis auf einen Begriff von Riesman und Roseborough,[43] die ihn wiederum Robert K. Merton entlehnt haben, »antizipatorische Sozialisation«. Sie löst die »produktivistische Sozialisation« ab, die um das Prinzip einer umfassenden Disziplinierung organisiert war und »die menschlichen Möglichkeiten produktivistisch an die menschlichen Fähigkeiten koppelt[e]«.[44] ›Antizipatorische Sozialisation‹ bedeutet für Riesman und Roseborough die Vorbereitung der Individuen auf soziale Rollen der Produktion ebenso wie der Konsumtion, die es bisher noch nicht gegeben hat.[45] Makropoulos nennt das die »Orientierung an einem offenen Erwartungshorizont«, was zur Voraussetzung hat, »daß sich die Erwartungen nicht mehr auf definitive, sondern auf transitorische, vorübergehende und diskontinuierlich steigerbare Befriedigungen richten«.[46] Die individuelle Entwicklung läuft nun nicht mehr im Modus der »Selbstverwirklichung als emphatischer Entfaltung eines authentischen Subjektivitätskerns« ab, wie es ausgehend von den Subjekttheorien ab dem 18. Jahrhundert gedacht worden ist und sich auch im klassischen Bildungsbegriff wiederfindet,[47] sondern im Modus der »Selbstentfaltung«

42 Makropoulos, »Kontingenzkultur und Optimierungsgesellschaft«, S. 29 f.

43 David Riesman, Howard Roseborough, »Laufbahnen und Konsumverhalten«, in: David Riesman, *Wohlstand wofür? Essays*, Frankfurt/M. 1973 [1955], S. 17-50, hier S. 19.

44 Makropoulos, »Kontingenzkultur und Optimierungsgesellschaft«, S. 28.

45 Riesman, Roseborough, »Laufbahnen und Konsumverhalten«, S. 23.

46 Makropoulos, »Kontingenzkultur und Optimierungsgesellschaft«, S. 31.

47 Vgl. Kapitel IV.1.

als »zieloffene Realisierung fiktional erschlossener Möglichkeiten«. Selbstentfaltung umschreibt also eine Form der Subjektivität, die auf Kontingenz basiert und die einer gesellschaftlichen Organisation entspricht, »für die die alltägliche Überbietung zur lebensweltlichen Selbstverständlichkeit geworden ist«.[48]

Die individuellen Dispositionen der Menschen in einer echten Optimierungsgesellschaft werden noch durch ein drittes Element ergänzt: Zusätzlich zur antizipatorischen Sozialisation und zur Selbstentfaltung tritt laut Makropoulos ein Modus der »Außenleitung«, wie er mit Bezug auf Riesmans Forschungen zum »außengeleiteten Charakter« schreibt.[49] Das Verhalten eines Vertreters dieses Typs wird »durch die Zeitgenossen gesteuert; entweder von denjenigen, die er persönlich kennt, oder von jenen anderen, mit denen er indirekt durch Freunde oder durch die Massen-Unterhaltungsmittel bekannt ist«. Die schwankenden Stimmungen dieser enger oder weiter gefassten Peer-Group erfasst der außengeleitete Mensch mithilfe einer inkorporierten »Radar-Anlage«.[50] Sie reagiert sensibel auch auf die kleinste Richtungsänderung und sorgt dafür, nicht den Anschluss zu verlieren, um sein Verhalten permanent an den Anderen ausrichten zu können. Das trimmt das Verhalten des außengeleiteten Menschen auf Konformität. Makropoulos deutet dies als »Zwang zur permanenten kommunikativen Anschlussfähigkeit«, woraus wiederum eine »generalisierte Konkurrenz aller um die Wertschätzung der jeweils anderen« entsteht. Zentrales Integrationsprinzip dieser Gesellschaften ist also die Konkurrenz oder der Wettbewerb um die Anerkennung der Anderen, nicht mehr die Funktionalität. In den Mittelschichten sieht Makropoulos die zentrale Trägergruppe der in den 1950er-Jahren entstehenden und bis heute reichenden Optimierungsgesellschaft. In wettbewerbsbasierten, auf Status- und Anerkennungskämpfen beruhenden Gesellschaften ist ihre Lebensführung nicht mehr traditionell oder methodisch-rational, sondern steht ganz im Zeichen der ständigen Überbietung wie auch der »investiven Statusarbeit«,[51] da man

48 Makropoulos, *Theorie der Massenkultur*, S. 127, S. 134.

49 Makropoulos, »Kontingenzkultur und Optimierungsgesellschaft«, S. 35-37.

50 David Riesman u. a., *Die einsame Masse. Eine Untersuchung der Wandlungen des amerikanischen Charakters*, Darmstadt 1955, S. 55, S. 60.

51 Vgl. Olaf Groh-Samberg u. a., »Investieren in den Status: Der voraussetzungs-

sich der eigenen Position niemals sicher sein kann. Makropoulos versteht Wettbewerb dabei mit Mannheim und Simmel nicht als »primär ökonomisches«, sondern als »primär soziologisches Phänomen«, zielt also auf die Art der Vergesellschaftung.[52] Tabelle 3 fasst die beiden aus Makropoulos' Schriften herausgearbeiteten Formen der Optimierungsgesellschaft noch einmal zusammen.

	Optimierungsgesellschaft 1: Protoform	**Optimierungsgesellschaft 2: Eigentliche Optimierungsgesellschaft**
Ebene	Tiefenstruktur	Umfassend
Zeitraum	Ab Etablierung der Moderne	Grundlegung ab 1950er-Jahre
Form der Sozialisation	Produktivistische Sozialisation	Antizipatorische Sozialisation
Modus individueller Entwicklung	Selbstverwirklichung	Selbstentfaltung
Dominanter Charaktertyp	Innen-Lenkung	Außen-Lenkung
Allgemeines Integrationsprinzip	Funktionalität	Wettbewerb (um Wertschätzung der anderen)
Modus der Lebensführung	Traditionell, methodisch-rational	Investive Statusarbeit

Tabelle 3: Formen der Optimierungsgesellschaft nach Makropoulos

Die von Makropoulos entwickelte Perspektive ist hinsichtlich der Fragen nach den allgemeinen individuellen und gesellschaftlichen

volle Lebensführungsmodus der Mittelschichten«, in: *Leviathan* 42/2 (2014), S. 219-248.

52 Makropoulos, »Kontingenzkultur und Optimierungsgesellschaft«, S. 34f. Vgl. hierzu Karl Mannheim, »Die Bedeutung der Konkurrenz im Gebiete des Geistigen«, in: ders., *Wissenssoziologie. Auswahl aus dem Werk*, hg. von Kurt H. Wolff, Berlin 1964 [1928], S. 566-613; Georg Simmel, *Soziologie. Untersuchungen über die Formen der Vergesellschaftung*, hg. von Otthein Rammstedt, Frankfurt/M. 1992 [1908].

Voraussetzungen wie auch der historischen Genealogie von Optimierungsdynamiken interessant und fruchtbar. Makropoulos definiert Optimierung als Überbietungslogik, die in der Tiefenstruktur moderner Gesellschaften verortet wird. Dies ist wiederum die Grundlage dafür, die moderne Gesellschaft prinzipiell als eine Optimierungsgesellschaft zu charakterisieren. Die Analyse ist also auf einer bewusst abstrakten Ebene angesiedelt, da das Optimierungsprinzip als solches in der gesellschaftlichen Struktur verortet wird. Damit geraten aber konkrete Formen oder auch Praktiken der Selbstoptimierung, überhaupt das körperlich-leibliche Selbst der Selbstoptimierung nicht in den Blick. Es geht um die gesellschaftliche Formation allgemein, nicht um das sich optimierende Subjekt mit seinen individuellen Praktiken und auch nicht um eine normative Beurteilung des Phänomenbereichs.

Dies ist bei der Perspektive von Ulrich Bröckling und Stefanie Duttweiler, um die es im nächsten Abschnitt geht, grundsätzlich anders. Die AutorInnen folgen einer dezidiert kritischen Stoßrichtung, in der Tendenzen der Optimierung und Selbstoptimierung als Ausdruck einer um sich greifenden Ökonomisierungslogik begriffen und verurteilt werden. Gesellschaftsanalyse und Gesellschaftskritik sind bei ihnen eng miteinander verwoben.

Ökonomisierung des Sozialen (Bröckling, Duttweiler)

Diese Forschungsperspektive hat sich maßgeblich im Anschluss an Foucaults Untersuchungen zur Gouvernementalität entwickelt. Sie erfreut sich nicht nur in Deutschland, sondern gerade auch im angelsächsischen Raum großer Beliebtheit und begründet einen eigenen Forschungsansatz, die *governmentality studies*. Für die deutsche Diskussion spielt der von Bröckling, Krasmann und Lemke herausgegebene Band *Gouvernementalität der Gegenwart. Studien zur Ökonomisierung des Sozialen* aus dem Jahr 2000 eine zentrale Rolle, in dem auch eine deutsche Übersetzung von Foucaults Vorlesung zur Gouvernementalität enthalten ist. Hierzulande hat eine mehr oder weniger stark ausgeprägte gouvernementalitätstheoretische Perspektive die mediale Diskussion zu Selbstoptimierung erheblich geprägt und findet weit über die Grenzen der Soziologie

Anwendung, so etwa im Bereich der Philosophie und der Kulturwissenschaften.[53]

Ökonomisierung umschreibt in dieser Perspektive nicht lediglich einen »Vorgang, durch den Strukturen, Prozesse, Orientierungen und Effekte, die man gemeinhin mit einer modernen kapitalistischen Wirtschaft verbindet, gesellschaftlich wirkmächtiger werden«.[54] Hinter der Verbindung von Ökonomisierung und Sozialem steht ein Forschungsprogramm in kritischer Absicht, das Ökonomisierungsprozesse mit veränderten Herrschaftsstrukturen zusammendenkt, in dessen Verlauf die Menschen zwar aus bestehenden Strukturen freigesetzt, aber stets in neue, noch weiter ausgreifende oder noch subtiler wirksame Herrschaftsstrukturen eingebunden werden. Diese Forschungsrichtung entwickelt sich also aus einer spezifischen Foucault-Lektüre heraus, die mit dem Konzept der »Regierung« Prozesse der Fremd- und Selbstherrschaft stets zusammendenkt. Stärker autonom-freiheitliche Formen von Subjektivität, wie sie Foucault in Band zwei und drei seiner Geschichte der Sexualität (*Der Gebrauch der Lüste*, *Sorge um sich*) oder auch in der Vorlesungsreihe zur *Hermeneutik des Subjekts* entwickelt, bleiben hier weitgehend unberücksichtigt.[55]

Aus dieser Perspektive einer Ökonomisierung des Sozialen hat seit der Wende zum neuen Jahrtausend insbesondere Ulrich Bröckling in seinen Forschungen immer wieder das Optimierungsthema aufgegriffen. Auch wenn Optimierung und Selbstoptimierung nicht im Zentrum seiner kultursoziologischen Analysen etwa zum »unternehmerischen Selbst« oder zu gegenwärtigen Formen der »Menschenführung« stehen, finden sich konzeptionelle Überlegungen dazu.[56] Bröckling charakterisiert Optimierung beziehungsweise Selbstoptimierung maßgeblich anhand von drei Aspekten. Dies ist zum Ersten der Gedanke der Relationalität. Damit ist gemeint,

53 Zur medialen Diskussion vgl. Kapitel II.3. Zum Bereich Philosophie und Kulturwissenschaften vgl. paradigmatisch Byung-Chul Han, *Psychopolitik. Neoliberalismus und die neuen Machttechniken*, Frankfurt/M. 2014. Weiterführend dazu Lemke, »Neoliberalismus, Staat und Selbsttechnologien. Ein kritischer Überblick über die *governmentality studies*«.

54 Uwe Schimank, Ute Volkmann, »Ökonomisierung der Gesellschaft«, in: Andrea Maurer (Hg.), *Handbuch der Wirtschaftssoziologie*, Wiesbaden 2008, S. 382-393, hier S. 382.

55 Vgl. dazu Kapitel VI.1.

56 Bröckling, *Das unternehmerische Selbst*; ders., *Gute Hirten führen sanft*.

dass Prozesse der Optimierung und Selbstoptimierung immer nur in Bezug auf jeweils gesetzte Zielmarken oder Standards ablaufen können: Optimierung in Bezug *worauf*. Aus diesem »kategorischen Komparativ« folgt die zweite konzeptionelle Eigenheit: Prozessen der Optimierung oder Selbstoptimierung wohnt eine Form der Entgrenzung oder auch der Unabschließbarkeit inne: Es geht immer noch »ein bisschen mehr«.[57] Diese Eigenschaft teilen Optimierungsprozesse mit der Figur des Unternehmers, wie in der Studie über das »unternehmerische Selbst« zu lesen ist. Das Motto eines Unternehmers lautet, wie Bröckling mit Schumpeter sagt: »Plus ultra«, also »immer noch weiter«.[58] Drittens findet sich bei ihm die Idee, dass es nicht *die eine* Form der Optimierung oder Selbstoptimierung gibt, sondern verschiedene »Optimierungsvarianten«.

Bröckling unterscheidet drei Varianten, genannt »Optimierungsweisen« oder »Regime« von Optimierung: Perfektionierung, Steigerung und Wettbewerb. Sie haben Bröckling zufolge »disparate historische Einsatzpunkte und Konjunkturen, […] lösen einander jedoch nicht ab, sondern koexistieren und überlagern sich«.[59] Die Funktionsweise oder Beschaffenheit dieser Regime wird im Text nicht erläutert, ebenso bleibt die historische Verortung sehr blass. Der Titel des ersten Regimes, Perfektionierung, verweist auf die Zeit der Aufklärung. Dieser Eindruck erhärtet sich, wenn zusätzlich zur Einzelperson ein Bezug auf die Gattung hergestellt wird und vom »Ideal der Vollkommenheit«, einer dem Menschen innewohnenden »Entelechie« sowie einer »moralischen Ökonomie« die Rede ist.[60] In Bröcklings Darstellung bleibt letztlich ungeklärt, ob der Optimierungsgedanke – wie mit der Sprachwahl suggeriert – schon in der Zeit der Aufklärung wurzelt. Zudem wird

57 Ulrich Bröckling, Tobias Peter, »Mobilisieren und Optimieren. Exzellenz und Egalität als hegemoniale Diskurse im Erziehungssystem«, in: *Zeitschrift für Erziehungswissenschaft* 17 (2014), S. 129-147, hier S. 136; Bröckling, *Gute Hirten führen sanft*, S. 254; Ulrich Bröckling, »In der Optimierungsfalle. Zur Soziologie der Wettbewerbsgesellschaft«, in: *Supervision: Mensch, Arbeit, Organisation* 31/4 (2013), S. 4-11, hier S. 4.

58 Vgl. Bröckling, *Das unternehmerische Selbst*, S. 117, Hervorhebung weggelassen.

59 Ulrich Bröckling, »Optimierung, Preparedness, Priorisierung. Soziologische Bemerkungen zu drei Schlüsselbegriffen der Gegenwart«, ⟨https://www.soziopolis.de/beobachten/gesellschaft/artikel/optimierung-preparedness-priorisierung/⟩, letzter Zugriff 19. 8. 2020.

60 Ebd. Vgl. zu diesen Punkten Kapitel IV.1 und IV.2.

Optimierung mit Vollkommenheit oder ebendem Gedanken der Entelechie in eins gesetzt. Wie Bröckling aber selbst schreibt, liegt das Prinzip der Optimierung in der Unabschließbarkeit, was sich sowohl von einer Vorstellung eines nicht verbesserbaren vollkommenen Idealzustands als auch von der Vorstellung, sein Ziel schon in sich zu tragen, fundamental unterscheidet. Aus einer Logik der Optimierung heraus kann es ein optimales Selbst nicht geben, auch wenn, und hierin ist Bröckling zuzustimmen, Vorstellungen einer besseren, optimaleren Version der eigenen Person Optimierungspraktiken antreiben oder motivieren können.

Während alle drei Varianten von Optimierung unabschließbar sind und »fortwährende Anstrengung« verlangen, unterscheiden sie sich nach den eingesetzten Mitteln, dem jeweils geltenden Maßstab und der Frage, ob ein Optimum vorhanden ist oder nicht. Im ersten Regime, der Perfektionierung, ist der Maßstab, wie bereits erläutert, eine (qualitative) Idealnorm. Sie kann zwar nie erreicht werden, gibt als »Fluchtpunkt« aber die Richtung des Prozesses vor. Die eingesetzten Mittel sind »vergleichsweise schlicht« und umfassen beispielsweise »Askesepraktiken oder erzieherische Maßnahmen« oder auch Schönheitsoperationen.

Bei der Optimierung als Steigerung »ist der Maßstab quantitativ, wobei letztlich alles quantifizierbar gemacht werden kann«. In diesem Regime fallen Optimierung und Maximierung in eins, was ebenso wie die Gleichsetzung von Optimierung und Vollkommenheit aus einer analytischen Perspektive widersprüchlich ist: Wie im zweiten Kapitel gezeigt, ist Optimierung gerade nicht mit Maximierung deckungsgleich. In diesem Regime liegt kein feststehendes Optimum vor, gleichwohl gibt eine Vorstellung davon auch hier die Richtung des Prozesses vor. Die zur Anwendung kommenden Mittel »tendieren theoretisch zur wissenschaftlichen Rationalisierung im Sinne des *one best way* und praktisch zu Strategien der Disziplinierung und Selbstdisziplinierung«.

Im dritten Regime, dem Wettbewerb, ist der Maßstab »rein relational und bestimmt sich im Verhältnis zur Konkurrenz. Was das Optimum ist und in welcher Richtung es zu suchen ist, ist daher kontingent. Es gibt kein Ideal [...], nur temporäre Spitzenpositionen, die man zu erlangen sucht.« In diesem Modell geht es daher um »kreative Abweichung« und »Nonkonformismus«. Die dafür zum Einsatz kommenden Mittel operieren »kybernetisch«, indem sie »Feedbackschleifen und Technologien des (Selbst-)Monitorings« etablieren, »die kontinuierliche Anpassungen an sich ebenso kontinuierlich wandelnde Sollwerte bewerkstelligen sollen«.[61] Zusammengefasst unterscheiden sich die drei Regime folgendermaßen voneinander:

> Die Exerzitien der Perfektionierung konfrontieren Ideal und Wirklichkeit, die Technologien der Steigerung messen und zählen, der Kampf um Wettbewerbsvorteile beruht auf einem permanenten Vergleich mit den anderen. Der Perfektionierer folgt einem Fixstern, der Leistungssteigerer beschreitet einen vorgegebenen Pfad, der Teilnehmer am Wettbewerb orientiert sich dagegen an beweglichen Zielen.[62]

Diese Perspektive bringt gut die unterschiedlichen Facetten von Optimierung zum Ausdruck, von denen hier auch schon vielfach die Rede war. Gleichwohl gibt es eine Reihe analytischer Unstimmigkeiten und auch die Art der Koexistenz und Überlagerung der drei Regime bleibt im Vagen. Zudem wird nicht erläutert, wieso die zum Einsatz kommenden Mittel bei der Perfektionierung eher ›schlicht‹ sind. Schließlich erschwert diese Perspektive eine genuin historische Sichtweise auf Optimierung beziehungsweise Selbstoptimierung, denn Perfektionierung und Rationalisierung erscheinen hier gleichermaßen bereits als Formen der Optimierung. Tabelle 4 fasst die drei Optimierungsregime noch einmal überblicksartig zusammen.

	Perfektionierung	**Steigerung**	**Wettbewerb**
Maßstab	Qualitativ	Quantitativ	Relational
Optimum	Ja (als Idealnorm)	Nein (unerreichbar)	Kontingent
Mittel	Askese, erzieherische Maßnahmen, Schönheitsoperationen	Rationalisierung, Disziplinierung	Feedbackschleifen, Technologien des (Selbst-)Monitorings

Tabelle 4: Drei Regime der Optimierung nach Bröckling

Bisher war nur von Optimierung die Rede, nicht aber von Selbstoptimierung. Zwischen Optimierung und Selbstoptimierung besteht bei Bröckling kein kategorialer Unterschied. Letzteres bedeu-

61 Ebd., S. 4-6.

62 Ebd., S. 6.

tet lediglich, dass sich Optimierungsprozesse auf Aspekte des Selbst erstrecken. Die Konnotation des Begriffs der Selbstoptimierung ist allerdings, deutlich stärker noch als bei Optimierung, negativ. Dies wird deutlich, wenn Bröckling in *Das unternehmerische Selbst* beispielsweise »die Unabschließbarkeit der Optimierungszwänge« in der Gegenwart oder auch die permanenten »Selbstoptimierungsimperative« analysiert, die sich an die Subjekte richten.[63] Diese Form der betont kritischen Rahmung des Begriffs findet sich auch in anderen soziologischen Schriften mit (kultur)kritischer Absicht, beispielsweise bei Hartmut Rosa, sowie in Teilen des medialen Diskurses.[64]

Prozesse der Selbstoptimierung sind für Bröckling Teil beziehungsweise Ausdruck einer um sich greifenden Ökonomisierungsdynamik. Diese konstituiert ein »Kraftfeld«, das einen »Sog« auf die Menschen ausübt. Es gibt keinen Ausweg, dieser Anziehungskraft entgegenzuwirken, »kein Gegenprogramm zur unternehmerischen Selbstoptimierung«, sondern maximal zeitweise Unterbrechungen. »Ein vom unternehmerischen Subjektivierungsregime unberührtes Außen oder einen ihm entzogenen Innenraum des Selbst gibt es nicht oder wenn, dann nur als Zone künftiger Eroberungen, wo ungenutzte Ressourcen ihrer Erschließung harren.« Die Diskursformation des »unternehmerischen Selbst« markiert eine »doppelte Unmöglichkeit: diejenige, ein unternehmerisches Selbst zu werden, wie jene, der Forderung zu entgehen, eines werden zu sollen.«[65]

Die Selbstverhältnisse in einer derart umfassend ökonomisierten Welt können nur heteronom sein. Entstehende Freiheitsräume werden immer direkt wieder kassiert und die Freiheit selbst erscheint als Zwang: »[D]ie gegenwärtige Ökonomisierung des Sozialen [lässt] den Einzelnen keine andere Wahl [...], als fortwährend zu wählen, zwischen Alternativen freilich, die sie sich nicht ausgesucht haben: Sie sind gezwungen, frei zu sein.« Im Rahmen dieses heteronomen Zwangs zur Autonomie können auch Eman-

63 Bröckling, *Das unternehmerische Selbst*, S. 17, S. 71.

64 Rosas Optimierungssemantik wird durch Zusätze wie ›Zwang‹ oder ›unerbittlich‹ stets negativ gerahmt. So spricht er beispielsweise von »Optimierungsimperative[n]«, »Optimierungsdruck«, »Optimierungszwänge[n]« oder auch »erbarmungslose[n] Optimierungsschleifen« (Hartmut Rosa, *Resonanz. Eine Soziologie der Weltbeziehung*, Berlin 2016, S. 352; S. 361 und S. 399 sowie S. 595). Zur medialen Begriffsrahmung vgl. Kapitel II.3.

65 Bröckling, *Das unternehmerische Selbst*, S. 12 f., S. 285-289.

zipationsbewegungen wie das Empowerment zu keiner Befreiung führen, denn es gilt: »[A]uch Aufrichten ist Zurichten.«[66] Und in Bezug auf Empowermentstrategien in Unternehmen heißt es:

> Der Autonomiegewinn [der MitarbeiterInnen] steht indes unter dem heteronomen Zwang zum ökonomischen Erfolg; die individuellen Handlungsspielräume wachsen, aber alle Handlungen werden vor das permanente Tribunal des Marktes gezerrt. Die Mittel sind beliebig, das Ziel ist vorgegeben. [...] Die Freiheit vom Gehorsamszwang wird erkauft durch die Pflicht zur permanenten Optimierung und Selbstoptimierung. Die Macht, die Empowerment verspricht und verleiht, haben die Bemächtigten auf sich selbst zu wenden, und diese subjektivierende Faltung soll sie produktiver machen, als äußere Autoritäten es je vermöchten.[67]

Nach der fremdgesteuerten Disziplinierung folgt also die selbstgesteuerte Optimierung.[68] Die Menschen machen freiwillig mit. Nicht mehr äußerer Zwang sorgt für normkonformes Verhalten, sondern die Inkorporierung gesellschaftlicher (das heißt unternehmerischer) Normen, für deren Einhaltung im Zweifel wachsende Konkurrenz- und Wettbewerbsverhältnisse sorgen, die diesen »Zwang zur Selbstüberbietung«[69] immer weiter anheizen. Reicht dies nicht aus, so Bröcklings jüngere Weiterentwicklung der Argumentation, kommen von Experten gesteuerte, »›sanfte‹ Selbst- und Sozialtechnologien« zum Einsatz, »die über freiwillige Mitwirkung, personale Bindungen, den zwanglosen Zwang des besseren Arguments oder ökonomische Anreize operieren«.[70]

Die Optimierung des Selbst ist also Ausdruck sowohl einer umfassenden Ökonomisierung der Sozialverhältnisse als auch von um

66 Ebd., S. 12, S. 214.

67 Ulrich Bröckling, »You are not responsible for being down, but you are responsible for getting up. Über Empowerment«, in: *Leviathan* 31/3 (2003), S. 323-344, hier S. 339.

68 Der »liberatäre Paternalismus«, wie Bröckling in einer jüngeren Studie am Beispiel der modernen Verhaltenssteuerung (z.B. durch Nudging) ausführt, strebt nach einer »Balance zwischen Selbst- und Fremdsteuerung« und stellt »im Verbund mit den digitalen Technologien algorithmischer Steuerung die Reichweite und Zugriffstiefe disziplinierender Zurichtungspraktiken sowie Strategien der Optimierung qua Wettbewerb weit in den Schatten« (Bröckling, *Gute Hirten führen sanft*, S. 175 f., S. 185).

69 Bröckling, *Das unternehmerische Selbst*, S. 72.

70 Bröckling, *Gute Hirten führen sanft*, S. 9.

sich greifenden Technologien der »Menschenführung«.[71] Bröckling umschreibt Selbstoptimierung als ein heteronomes Selbstverhältnis, genauer: eine Form heteronomer Autonomie. Zwar erhalten die Menschen einerseits neue Freiheiten, werden andererseits aber gleichzeitig in neue Herrschaftskonstellationen eingebunden und durch unerbittliche Vergleichs- und (Selbst-)Verbesserungsschleifen zermürbt. Selbstoptimierung ist hier ausschließlich eine Form von leistungs- und produktivitätsgetriebener »Selbsteffektivierung«, wie Stefan Meißner es nennt. Formen der »Selbststeigerung« hingegen, in denen sich »unbestimmte, fiktionale und prinzipiell schrankenlose Möglichkeiten des Selbstseins« entwickeln (können), werden nicht berücksichtigt.[72]

In einer aktuellen Publikation zu diesem Thema distanziert sich Bröckling von dieser überwiegend negativen Sichtweise. Er gesteht ein, dass der »Umgang mit den Optimierungsanforderungen und -angeboten [...] zweifellos vielschichtiger« sei als von Kritikern wie ihm selbst dargestellt, und dass man Optimierung nicht ohne »intrinsische Wünsche nach Vervollkommnung, Leistungssteigerung und ein Sich-Messen im Wettbewerb« verstehen könne.[73] Nichtsdestotrotz markiert seine Position einen wichtigen Beitrag in der Optimierungsdiskussion, wie sie bisher in Deutschland geführt worden ist.

Eine ähnliche theoretische Perspektive auf Optimierung und Selbstoptimierung hat Stefanie Duttweiler entwickelt, deren Forschungen ebenfalls in der Tradition von Foucaults Studien zur Gouvernementalität stehen. Fluchtpunkt ihrer Arbeiten bildet dementsprechend das Ziel, mithilfe von Foucaults Überlegungen zum Ineinandergreifen von Selbst- und Fremdtechniken die »neoliberale Transformation des Sozialen« zu analysieren.[74] Duttweiler fasst Selbstoptimierung als den »Kontaktpunkt«[75] auf, an dem

71 Ebd.

72 Stefan Meißner, »Selbstoptimierung durch Quantified Self? Selbstvermessung als Möglichkeit von Selbststeigerung, Selbsteffektivierung und Selbstbegrenzung«, in: Stefan Selke (Hg.), *Lifelogging. Digitale Selbstvermessung und Lebensprotokollierung zwischen disruptiver Technologie und kulturellem Wandel*, Wiesbaden 2016, S. 217-236, hier S. 224.

73 Bröckling, »Optimierung, Preparedness, Priorisierung«, S. 7.

74 Stefanie Duttweiler, »Alltägliche (Selbst)Optimierung in neoliberalen Gesellschaften«, in: *Aus Politik und Zeitgeschichte* 66/37-38 (2016), S. 27-32, hier S. 32.

75 Foucault, »About the Beginning of the Hermeneutics of the Self«, S. 203.

Fremd- und Selbstherrschaft zusammenkommen.[76] Prozesse der Freisetzung von Herrschaftsprozessen und der Wiedereinbettung in Herrschaftsprozesse fallen zusammen. Es gilt also auch hier, dass es keine wirkliche Freiheit oder Autonomie der Subjekte geben kann. Jede Entwicklung in diese Richtung wird stets von einer Gegenbewegung eingeholt und nivelliert, wenn nicht sogar in ihr Gegenteil gekehrt; alle Formen der autonomen Selbsttechniken verkehren sich (potenziell) in Herrschaftstechniken, wie folgendes längeres Zitat deutlich macht:

> Denn alle Technologien des Selbst etablieren einen Zirkel aus kontinuierlicher Evaluation des eigenen Zustandes und daraus abgeleiteten Anpassungen der Selbstführung. Es erwächst ein kybernetisches Modell des Menschen, das sich durch Rückkopplung, Regulation und Optimierung auszeichnet. Dies ergibt sich schon in der Arbeit an Glück und Wellness, dynamisiert sich jedoch in den Praktiken der Selbstvermessung. Das Subjekt wird nun buchstäblich steuerbar – und nicht zuletzt auch für andere kalkulier-, kontrollier- und verwaltbar. [...] Entfaltung, Optimierung und Regeneration sämtlicher psychischer und sozialer Ressourcen sind sowohl ökonomisch verwertbar als auch zu wesentlichen Momenten der Integration in die Gesellschaft geworden. So trägt der Zuwachs an Selbstkontrolle, Selbstbestimmung und Selbstermächtigung nicht zuletzt dazu bei, diese auch für politische und ökonomische Ziele einsetzbar zu machen.[77]

Duttweilers Interpretation von Prozessen der Selbstoptimierung deckt sich also weitgehend mit der von Bröckling. Wie aus dem Zitat deutlich wird, nimmt sie als Phänomene jedoch insbesondere alltägliche Praktiken der Selbstoptimierung wie beispielsweise die Konsultation von Ratgeberliteratur, Formen der Körper-Arbeit, Wellness und Self-Tracking in den Blick.[78] Mit Selbstoptimierung meint sie dabei »kleine Modifikationen der alltäglichen Lebensführung hin zu einem glücklicheren, fitteren oder gesünderen Leben« und nicht »die radikale Verwandlung zu einem Neuen oder einem

76 Duttweiler, »Alltägliche (Selbst)Optimierung«, S. 27.

77 Ebd., S. 32

78 Stefanie Duttweiler, *Sein Glück machen. Arbeit am Glück als neoliberale Regierungstechnologie*, Konstanz 2007; dies., »Vom Treppensteigen, Lippenziehen und anderen alltäglichen Praktiken der Subjektivierung oder: die kybernetische Form des Subjekts«, in: Andreas Gelhard u. a. (Hg.), *Techniken der Subjektivierung.* München, Paderborn 2013, S. 247-258; dies. u. a. (Hg.), *Leben nach Zahlen. Self-Tracking als Optimierungsprojekt?*, Bielefeld 2016.

perfekten Menschen«, keine »technische, chemische oder genetische Optimierung«. Worum es geht, ist die Organisation eines »kontinuierlichen Veränderungsprozess[es] in verschiedenen Bereichen des Lebens«. Das Leben wird zur »ewige[n] Baustelle, denn immer wieder werden neue Ziele anvisiert und ständig ›Ausbesserungen‹ in der Lebensführung vorgenommen«.[79] Duttweiler folgt also einem weiten Begriff von (Selbst-)Optimierung, der jegliche Form der kontinuierlichen Verbesserung beziehungsweise Ausbesserung des Lebens umfasst.

Damit bleibt die Aufgabe einer konzisen Begriffsdefinition ungelöst. Es wird nicht geklärt, ab welchem Punkt einfache Ausbesserungspraktiken zu einer Form der Selbstoptimierung werden. Darüber hinaus wird der kulturelle Unterbau von Selbstoptimierung vergleichsweise wenig berücksichtigt, da der Schwerpunkt auf dem Ökonomisierungstheorem liegt. Schließlich fokussiert diese wie auch Bröcklings Perspektive auf der Grundlage einer spezifischen, herrschafts- und neoliberalismuskritischen Foucault-Lektüre sehr stark die heteronome Dimension von Selbstoptimierung. Die freiheitlich-autonomen Elemente, für die sich insbesondere in den späteren Schriften von Foucault einige Anhaltspunkte finden, werden letztlich nicht eigens reflektiert.

In der Perspektive von Hannelore Bublitz, die als Nächstes folgt, ist die heteronome Seite von Optimierung und Selbstoptimierung tendenziell noch stärker ausgeprägt als bei Bröckling und Duttweiler. Sie beschäftigt sich mit Optimierung und Selbstoptimierung im Rahmen eines theoretischen Ansatzes, der Massenkultur und Subjektivierung in den Blick nimmt.

Theorie massenkultureller Subjektivierung (Bublitz)

Die übergreifende Perspektive, unter der Hannelore Bublitz sich mit Optimierung und Selbstoptimierung beschäftigt, ist eine Theorie massenkultureller Subjektivierung. Die Begriffe der Optimierung und Selbstoptimierung werden dabei nicht eigens definiert, kommen aber gleichwohl in ihren Schriften vor. Um Optimierung geht es insbesondere bei Analysen zu Massenkultur und Normali-

79 Duttweiler, »Alltägliche (Selbst)Optimierung«, S. 27.

sierungsprozessen, um Selbstoptimierung bei Studien zu medialen Formen der Selbstdarstellung.[80]

In ihrer gesellschaftstheoretisch fundierten Studie zur Massenkultur unterscheidet Bublitz am Ende des ersten Kapitels, das theoretische Konzepte zur Massenkultur im 20. Jahrhundert analysiert, zwei Formen der Normalisierung, »Normalisierung I« und »Normalisierung II«.[81] Für die Darstellung der ersten Normalisierungsvariante rekurriert Bublitz auf das Phänomen der Außenleitung, wie es Riesman, Deney und Glazer in ihrer oben bereits zitieren Studie *Die einsame Masse* herausgearbeitet haben. Bublitz deutet die Außenleitung als Ergebnis einer »Internalisierung der Masse«. Dies führe zu einer Verhaltensdisposition, in der »Dabei sein ist alles« zum zentralen Motiv wird: »Denn in dieser neuen Welt bestimmt nicht der Einzelne, ›wo es langgeht‹, sondern die Anderen. Nur die ständige Anstrengung, so zu sein, wie alle anderen, ist der Garant für soziale Zugehörigkeit, die nicht vorgegeben und daher selbstverständlich ist, sondern allererst erworben werden muss.«[82] Mit Außenleitung konstituiert sich also ein »neuer Typ von Subjektivität«, bei dem die Masse in die Individuen »eingelagert« ist beziehungsweise sich »das Subjekt vom Massenhaften her aufbau[t]«. Die Masse der Anderen wird somit zum »konstitutiven Medium der Individualisierung und sozialen Optimierung des Subjekts«,[83] wobei Optimierung die bestmögliche Anpassung an externe Normen und Standards umschreibt.

Die zweite Normalisierungsvariante wird durch eine Ausweitung der Kontroll- und Regulierungsmechanismen von den einzelnen Individuen auf die Gesamtgesellschaft eingeleitet. Es entsteht eine paradoxe Konfiguration, in der Massenkultur und Individualisierung zusammenkommen, in der die Individuen also einerseits freigesetzt werden, gleichzeitig aber »einer Dynamik zunehmender

80 Hannelore Bublitz, *In der Zerstreuung organisiert;* dies., *Im Beichtstuhl der Medien. Die Produktion des Selbst im öffentlichen Bekenntnis*, Bielefeld 2010.

81 Zu Normalität und Normalisierung vgl. Michel Foucault, *Überwachen und Strafen. Die Geburt des Gefängnisses*, Frankfurt/M. 1999 [1975]; Jürgen Link, *Versuch über den Normalismus. Wie Normalität produziert wird*, Opladen 1997. Für Foucault (*Der Wille zum Wissen*, S. 139) ist »[e]ine Normalisierungsgesellschaft [...] der historische Effekt einer auf das Leben gerichteten Machttechnologie«.

82 Bublitz, *In der Zerstreuung organisiert*, S. 52, S. 54.

83 Ebd., S. 58 f.

Vergesellschaftung unterworfen« sind. Das zentrale Motto lautet nun, in Anlehnung an einen Spruch von Karl Lagerfeld: »Alle gleich, jeder anders«. Die Individuen werden »zu Elementen eines Systems von Äquivalenten, das eine durch Disziplinierung konstituierte Individualität ersetzt durch eine auf Selbst-Adjustierung an Durchschnittswerten basierende Population der Normalen«.[84] Es geht nicht mehr allein darum, einfach dabei zu sein. Gefragt sind nun »permanente und flexible Selbstadjustierungsprozesse, die sich differenzierend auf ein soziales Vergleichsfeld beziehen«, schreibt Dierk Spreen, der auf Bublitz' Normalisierungstypen im Rahmen seiner Untersuchung zur *Upgradekultur* rekurriert.[85] Bublitz wiederum bezieht sich maßgeblich auf Foucault, um die zweite Normalisierungsdynamik zu beschreiben. Ist diese voll ausgeprägt, sind die Menschen in einem umfassenden Sinne vergesellschaftet:

> In Kontroll- und Normierungsgesellschaften [geht es um die] vollständige Vergesellschaftung der Individuen. In der Ausweitung der Machtmechanismen auf das gesamte gesellschaftliche Terrain verbleiben dem Individuum keine Freiräume jenseits ihrer vollständigen Absorption in den Rhythmus produktiver Tätigkeiten. Sie werden vollständig ›verbraucht‹. Nichts entgeht mehr der Macht.[86]

Gleichzeitig liegt dieser Form der »durchgängigen Vereinnahmung der Individuen« eine »Eigendynamik« zugrunde, die sich gegenüber Zeiten der Unterwerfung in der Disziplinargesellschaft durch einen Zugewinn an Flexibilität auszeichnt. Diese Eigendynamik »zielt auf die Selbststeigerung und Optimierung des Lebens der Masse der Individuen ab«.[87] Optimierung ist hier also zu verstehen als ›produktive Inbetriebnahme‹ der Menschen, wie auch eine Passage aus dem Schluss des Buches verdeutlicht, in der Bublitz die Charakteristika der gegenwärtigen massenkulturellen Vergesellschaftung zusammenfasst:

84 Ebd., S. 28, Hervorhebung weggelassen, S. 11, S. 59, S. 61.

85 Dierk Spreen, *Upgradekultur. Der Körper in der Enhancement-Gesellschaft*, Bielefeld 2015, S. 113. Spreen versteht unter Optimierung und Selbstoptimierung ein »allgemeine[s] und aktive[s] Streben nach Verbesserung«, wozu die Arbeit am äußeren Erscheinungsbild genauso zählt wie die Gendiagnostik, die Einnahme leistungssteigernder Mittel und das Fitnesstraining (ebd., S. 107).

86 Bublitz, *In der Zerstreuung organisiert*, S. 60.

87 Ebd., S. 60 f.

Zur Disposition stehen [gegenwärtig] nicht mehr lediglich die Optimierung von Arbeitsabläufen zur Herstellung eines Arbeitskörpers. Hier geht es vielmehr um die *vollständige Einbeziehung* des ehemals Individuellen, Organischen und Affektiven in den *ökonomischen Wertschöpfungsprozess*. In *dieser Optimierung des Menschen* zeigt sich, dass dessen individueller Kern ebenso unauffindbar bleibt wie seine Selbstfindung – durch Selbstoptimierung der fortwährenden Modulation und kontinuierlichen Bewertung durch andere unterworfen – unerreichbar ist.[88]

Diese Ausführungen zur vollständigen produktiven, also rein ökonomischen Kriterien folgenden Inbetriebnahme der Menschen zeigen klare Überschneidungspunkte mit der These einer Ökonomisierung des Sozialen. Dies gilt sowohl in Bezug auf die immer größere Ausdehnung ökonomischer Handlungslogiken bis in die intimsten Sozialverhältnisse hinein als auch hinsichtlich der Entwicklung zu einer umfassenden ›Vermachtung‹.[89]

	Normalisierung I	**Normalisierung II**
Motto	›Dabei sein ist alles‹	›Alle gleich, jeder anders‹
Logik	Außenleitung durch ›Internalisierung der Masse‹	Vergesellschaftung und Individualisierung gleichzeitig
Form der Optimierung	Bestmögliche Anpassung an externe Normen und Standards	Steigerung und produktive Inbetriebnahme der Menschen

Tabelle 5: Varianten der Normalisierung nach Bublitz

»Selbstfindung«, so heißt es im obigen Zitat, wird »durch Selbstoptimierung der fortwährenden Modulation und kontinuierlichen Bewertung durch andere unterworfen«. Sie wird also nur mehr in einer heteronomen Form realisierbar. In Zeiten omnipräsenter medialer Selbstpräsentationen, wie sie sich etwa in Castingshows oder digitalen Netzwerken finden, verstärkt sich diese Orientierung an außenstehenden Personen, wie Bublitz in einer Studie zum Zusammenhang von Medien und Subjektivierungsprozessen aufzeigt. Bublitz spürt hier dem neuartigen »Drang des fortwährenden medialen Wortergreifens und Sich-Zeigens eines Subjekts nach, das

88 Ebd., S. 153 f., Hervorhebungen A. R.

89 Vgl. hierzu auch Bublitz, *Im Beichtstuhl der Medien*, S. 91-96, sowie dies. u. a. »Einleitung«, in: dies. u. a. (Hg.), *Automatismen – Selbst-Technologien*, S. 9-41.

sich in seiner medialen Präsenz immer wieder anders entwirft, konfiguriert und positioniert«. Nicht nur das bisherige Verhältnis von Öffentlichkeit und Privatem ändert sich, sondern das Subjekt der Gegenwart konstituiert sich geradezu »[i]m Beichtstuhl der Medien«, so die titelgebende These des Buches.[90]

Grundlegend für die neuartige massenhafte mediale Veröffentlichung privater Details ist, dass diese nicht mehr als Tabubruch erscheinen, sondern »geradezu als Steigerungsform von Individualität«. Der medial kreierte und verbreitete Eindruck von einem selbst dient dazu, die eigene Existenz, ja »seinen Subjektstatus zu sichern«, und kommt aufgrund der »permanenten Selbstprüfung und Selbstüberbietung« nie an ein Ende. Bublitz verwendet hier die Begriffe Selbststeigerung, Selbstüberbietung und Selbstoptimierung synonym. Es handelt sich um dynamische, auf aktiver Selbstpräsentation und Bewertung von außen basierende sowie an technische Apparaturen gebundene Prozesse ohne inhärente Grenze. Das Selbst, das sich in den Medien präsentiert, ist dabei nicht geschlossen, sondern immer auf Andere bezogen und »damit permanent polyvalent anschlussfähig«:[91]

> An die Stelle eines perfekten Selbst, das sich am Ideal einer gelungenen Lebensführung ausrichtet, tritt eine – ins Fiktionale – gesteigerte Subjektivität optimierter Selbstentfaltung und Lebensführung, die sich dabei immer zu anderen relationiert, sich des Blickwinkels der anderen versichert, diesen imaginiert und sich insofern auch ›privat‹ immer im ›öffentlichen Raum‹ bewegt.[92]

Grundlage für diese massenmediale Verbreitung des gesteigerten, ›polyvalent anschlussfähigen‹ Subjekts sind zum einen bestimmte »Schlüsseldispositionen« postmoderner Subjekte, wie Bublitz in Anschluss an Reckwitz' Subjekttheorie schreibt: »permanente Selbstbeobachtung […], die Selbstdisziplin mit Kommunikationsfähigkeit kombiniert«. Zum anderen setzt die postmoderne, massenmedial vermittelte Form der Vergesellschaftung die offe-

90 Bublitz, *Im Beichtstuhl der Medien*, S. 10, Hervorhebung weggelassen, S. 9, S. 13. In den Medien »manifestiert sich ein Selbst, das sich im Akt der öffentlichen Manifestation erst bildet, in dem es ›in Erscheinung‹ tritt«, wie Bublitz (ebd., S. 195) in Anlehnung an Judith Butler ausführt.

91 Ebd., S. 24, S. 206.

92 Ebd., S. 187.

ne, auf kontingenten Möglichkeitsräumen basierende Disposition der »Selbstentfaltung« voraus, wie Bublitz mit Makropoulos argumentiert.[93] Im Kontext einer ökonomisierten, medialisierten und massenkulturellen Form der Vergesellschaftung ist »Subjektivität an einer permanenten Steigerung – des Mehr-Begehrens, des unaufhörlichen Konsums, der optimierten Selbstentfaltung – ausgerichtet«. Mit anderen Worten: »Subjektivität ist […] dauerhaft an Selbstoptimierung gekoppelt.« Dabei werden die Subjekte zwar nicht manipuliert, aber normalisiert und damit auch kontrolliert, nicht zuletzt durch sich selbst. Verfahren der Subjektivierung und der Kontrollierung sind daher wie auch die Selbst- und Fremdführung »unlösbar miteinander verbunden«, wie Bublitz unter Verweis auf Foucault und Butler ausführt. Die Subjekte verinnerlichen bestehende »Normen als eigene ›Bedürfnisse‹«, »individuelle[s] Persönlichkeitsprofil und Normalisierung der Lebensstile« verweisen konstitutiv aufeinander.[94]

Mit Bublitz lässt sich Selbstoptimierung also im Sinne von dynamischen, polyvalent anschlussfähigen und auf Steigerung zielenden Prozessen verstehen. Darüber hinaus verweist ihre Analyse darauf, dass Selbstoptimierung strukturell in gegenwärtigen Subjektdispositionen verankert ist, auf Außenleitung basiert und durch bestimmte Infrastrukturen, wie beispielsweise die Ökonomie oder die Medien, noch zusätzlich befeuert wird. Es bestehen deutliche Parallelen zur Ökonomisierungsperspektive von Bröckling und Duttweiler, auch wenn bei Bublitz die gesellschaftstheoretische Einbettung tendenziell umfassender ausfällt. Hier wie dort aber handelt es sich bei Selbstoptimierung um eine internalisierte Strategie, die maßgeblich gesellschaftlich induziert ist und für individuelle Freiheitsräume wenig bis keinen Raum lässt. Des Weiteren spielen individuelle Motive und Gründe für oder gegen Selbstoptimierung keine oder nur eine geringfügige Rolle. Der Fokus liegt stärker auf den gesellschaftlichen Strukturen und weniger auf den individuellen Handlungspielräumen.

Anders als die beiden vorherigen Perspektiven thematisiert Bu-

93 Ebd., S. 84-86, Hervorhebung weggelassen. Makropoulos unterscheidet zwischen Selbstentfaltung als einer zieloffenen Form der Realisierung neuer Möglichkeiten und Selbstverwirklichung als einer Entfaltung vorhandener Anlagen (siehe oben).

94 Ebd., S. 87, S. 211, S. 87 f., S. 203.

blitz explizit die mediale Dimension des Themas von Selbstoptimierung, die auch Andreas Reckwitz berücksichtigt. Seine Perspektive ist im Rahmen einer kulturtheoretischen Analyse moderner Subjektkulturen verortet und bildet den Abschluss dieses kultursoziologischen *tour d'horizon*.

Kulturtheoretische Analyse der Moderne und moderner Subjektkulturen (Reckwitz)

Für Andreas Reckwitz, der seine Thematisierung von Optimierung und Selbstoptimierung in einer kulturtheoretischen Analyse der Moderne und moderner Subjektkulturen grundiert,[95] ist Optimierung ein Charakteristikum der klassischen Moderne, Selbstoptimierung hingegen ein Merkmal der Spätmoderne. Wie bei Bublitz haben die Begriffe Optimierung und Selbstoptimierung keinen bedeutenden Stellenwert in Reckwitz' Schriften, kommen aber gleichwohl vor und bieten einen interessanten Zugang zu seinen Analysen. Der Schwerpunkt der folgenden Ausführung liegt auf der Monographie *Die Gesellschaft der Singularitäten*, greift aber vereinzelt auch auf andere Texte des Autors zurück.

In *Die Gesellschaft der Singularitäten* stellt Reckwitz die These auf, dass die Spätmoderne, wie sie sich seit den 1970er- und 1980er-Jahren entwickelt hat, auf dem Primat einer »soziale[n] Logik des Besonderen« beruht. Singularisierung zielt demnach auf Einzigartigkeit und Außergewöhnlichkeit. Daneben stehen laut Reckwitz umfassende Prozesse der Kulturalisierung, also der Zuschreibung von Wert, die sämtliche Bereiche des Sozialen, von der Ökonomie bis hin zur individuellen Lebensführung, ja des Subjekts selbst durchdringen.[96] »[Ü]ber den Weg der Kulturalisierung und Singularisierung des Alltagslebens [wird] das spätmoderne Subjekt [...] selbst kulturalisiert und singularisiert. Es kreiert sich damit selbst als Wertvolles.«[97] Die Lebensführung wird zu einer »Lebensführung

95 Sie setzt gegenüber klassischen Modernisierungstheorien methodisch wie auch theoretisch neue Akzente. Vgl. Thorsten Bonacker, Andreas Reckwitz (Hg.), *Kulturen der Moderne. Soziologische Perspektiven der Gegenwart*, Frankfurt/M., New York 2007.

96 Reckwitz, *Die Gesellschaft der Singularitäten. Zum Strukturwandel der Moderne*, Berlin 2017, S. 9, S. 12; S. 107 zur »Kulturökonomisierung«.

97 Ebd., S. 293.

als Kultur«, das Subjekt zum »Kurator« seines Lebens, dessen Elemente selbst einzigartig sein sollen und kunstvoll zu einer einzigartig-singularistischen Lebensführung zusammengeführt werden.[98]

Ebenso, wie schon Riesman, Denney und Glazer die »außengeleiteten Charaktere« insbesondere in den oberen Segmenten des (groß)städtischen, gebildeten »neuen Mittelstand[s]« beheimatet sahen, liegt auch für Reckwitz die sozialstrukturelle Verankerung der singularistischen Gesellschaft in der urbanen »neuen Mittelklasse« mit hohem Bildungskapital. Sie umfasst ihm zufolge etwa ein Drittel der deutschen Bevölkerung. Das zweite Drittel bildet die »alte, im Kern nichtakademische Mittelklasse«; das untere Drittel umfasst die »neue Unterklasse«.[99]

Die Gesellschaft der Singularitäten mit ihrer herausragenden Bedeutung des Besonderen unterscheidet sich laut Reckwitz fundamental von der klassischen Industriemoderne, deren übergreifende Logik die »soziale Logik des Allgemeinen«[100] war. Reckwitz knüpft für diese Diagnose an die klassischen Studien zur modernen Gesellschaft an, insbesondere an Webers These der umfassenden Rationalisierung. Gleichwohl bildet für ihn die Logik des Allgemeinen das noch grundlegendere Phänomen. Ihm zufolge trat diese Logik in zwei verschiedenen Modi auf: als Typisierungen, in denen Praktiken »dadurch verstehbar und handhabbar werden, dass sie als besondere Exemplare allgemeiner Arten oder eben Typen – Menschen, Tiere, Dinge, Götter etc. – einsortiert werden«, und als formale Rationalisierung, in deren Rahmen sich »großflächige Komplexe von berechenbaren Regeln bilden«. Hier nun kommt auch Optimierung ins Spiel: »Die formale Rationalisierung lässt sich vom Telos der Optimierung leiten, deren Fluchtpunkte eine effiziente Bearbeitung der Natur und eine transparente Ordnung des Sozialen sind.«[101]

Optimierung steht also, analog zu den begriffshistorischen Wurzeln des Begriffs, für Effizienz, Berechenbarkeit und das Streben nach »systematische[r] Verbesserung«.[102] Der »klassisch-moderne

98 Ebd., S. 293-305, hier S. 305.

99 Reckwitz, *Die Gesellschaft der Singularitäten*, S. 277-282; Riesman u. a., *Die einsame Masse*, S. 51 f.

100 Ebd., S. 15, Hervorhebung weggelassen.

101 Ebd., S. 28-31.

102 Ebd., S. 33; vgl. Kapitel II.

Optimierungsimperativ« reicht zwar bis in die Gegenwart, hatte seine Hochphase aber in der ersten Hälfte des 20. Jahrhunderts. Reckwitz diagnostiziert für die Industriemoderne eine »großflächige formale Rationalisierung der Gesellschaft als ganzer«, die das »Ziel der Optimierung, das heiß einer systematischen Verbesserung, [verfolgt], die häufig in der Semantik des Fortschritts zugespitzt wird«.[103] Rationalisierung als Prozess und Optimierung als Zielmarke sind also gleichermaßen charakteristische Merkmale der industriellen Moderne.

Reckwitz vertritt die These eines »Bruchs« zwischen industrieller Moderne und Spätmoderne, der maßgeblich zwei Ursachen hat: die digitale Revolution sowie den ökonomischen Strukturwandel von der klassischen Industriegesellschaft zum »Kulturkapitalismus« und der »Ökonomie der Singularitäten«.[104] Die spätmoderne Ökonomie basiert grundlegend auf Prozessen des Wettbewerbs, und zwar eines Wettbewerbs um Aufmerksamkeit und Anerkennung. Dieser »Attraktionswettbewerb« ist Teil einer »performative[n] Ökonomie, mit Gütern als anziehenden Aufführungen vor einem Publikum«. Es geht nicht mehr nur um den Tausch von Gütern zwischen zwei Personen, sondern um eine Dreierkonstellation: »Mindestens zwei Wettbewerber konkurrieren miteinander um die Gunst eines Dritten, der die Stellung eines Publikums hat. Diese *ménage à trois* ändert alles.« Denn nun kommt an die Stelle des »rationalen Tausch[s]« eine »Konstellation der Konkurrenz«.[105] Auch in der Ökonomie zeigt sich somit die Logik der Singularität, wie in allen anderen Bereichen des Sozialen auch. Die Spätmoderne basiert damit nicht mehr auf dem Prinzip der Allgemeinheit mit ihrem Telos der effizienzorientierten Optimierung, sondern auf dem Streben nach Einzigartigkeit – Singularität. Nun geht es auch um Selbstoptimierung. In welchem Verhältnis steht sie zur Singularität?

Zur Beantwortung dieser Frage muss man einen Umweg über

103 Ebd., S. 187, S. 33 f.

104 Ebd., S. 15 f. Später wird noch ein dritter Faktor aufgeführt: die »postromantische Authentizitätsrevolution« (ebd., S. 19).

105 Ebd., S. 148 f. Diesen Zusammenhang, der aus der »Konkurrenz Zweier um den Dritten« resultiert, sieht bereits Georg Simmel in seiner Studie über den Streit. Georg Simmel, »Der Streit«, in: ders., *Soziologie. Untersuchungen über die Formen der Vergesellschaftung*, hg. von Otthein Rammstedt, Frankfurt/M. 1992 [1908], S. 284-382, hier S. 329.

Reckwitz' Theorie moderner Subjektkulturen machen, wie er sie in seinem Buch *Das hybride Subjekt* systematisch entfaltet. Dort skizziert er ein Phasenmodell der Moderne mit einer jeweils dominanten Subjektivierungsform: Der bürgerlichen Moderne (Ende 18. bis Ende 19. Jahrhundert) entspricht das »bürgerliche Subjekt«, für das unter anderem eine »gewissenhafte Innenorientierung« und »methodische Lebensführung« charakteristisch sind.[106] Von der Zeit um 1900 bis in die 1960er-Jahre folgt die »organisierte Moderne«, der das »Angestellten-Subjekt« entspricht. Zwischen der Phase der organisierten Moderne und der Postmoderne steht das »gegenkulturelle Subjekt« (1960-1970) der »counter cultures«, dem ab 1980 das »konsumptorische Kreativsubjekt« der Postmoderne folgt.[107] Hier, beim konsumptorischen Kreativsubjekt, das ästhetische, ökonomische und rationalistische Facetten in hybrider Art und Weise miteinander kombiniert, kommt auch Selbstoptimierung ins Spiel: »Das hochmoderne Konsumsubjekt ist auf Selbstoptimierung ausgerichtet«, die sich insbesondere in der ökonomischen und rationalistischen Subjektkomponente wiederfindet.[108] In der ökonomischen Dimension ist es das »unternehmerische« oder auch »postmoderne Arbeitssubjekt«, das aufgrund der Verinnerlichung der Konsumentenperspektive zu permanenten Prozessen der Selbstoptimierung angehalten wird. Mit anderen Worten: Es »interiorisiert eine Teleologie der Selbstoptimierung«. Die rationalistische Dimension verweist auf das bürgerliche Erbe der »Souveränitätsorientierung« und der »Arbeit an sich«, das auf Berechnung und Planung abzielt. Hier erkennt Reckwitz eine Form »post-bürgerlicher Selbstoptimierung«, die in einem Spannungsverhältnis zur ästhetisch-expressiven Dimension des postmodernen Subjekts steht. Während letztere die kreative Seite ausdrückt, verweist Selbstoptimierung auf das Ziel der systematischen und zielorientierten Planung der Lebensführung.[109]

106 Andreas Reckwitz, *Das hybride Subjekt. Eine Theorie der Subjektkulturen von der bürgerlichen Moderne zur Postmoderne*, Weilerswist 2006, S. 621, S. 232.

107 Ebd., Kap. 3 und 4.

108 Andreas Reckwitz, »Die Gleichförmigkeit und die Bewegtheit des Subjekts: Moderne Subjektivität im Konflikt von bürgerlicher und avantgardistischer Codierung«, in: Gabriele Klein (Hg.), *Bewegung. Sozial- und kulturwissenschaftliche Konzepte*, Bielefeld 2004, S. 155-184, hier S. 178 f.

109 Reckwitz, *Das hybride Subjekt*, S. 516, S. 518, S. 621, S. 610, S. 612.

In *Die Gesellschaft der Singularitäten* ändert sich der konzeptionelle Rahmen, da es nun nicht mehr nur um eine Theorie moderner Subjektkulturen geht, sondern um eine Gesellschaftstheorie. Auch die Bestimmung der charakteristischen Subjektform ändert sich damit. Das »Subjekt der [neuen] Akademikerklasse« verbindet nicht mehr drei zentrale Dimensionen wie das konsumptorische Kreativsubjekt, sondern zwei: Erfolg und Selbstverwirklichung. Zusammengenommen bilden diese beiden Elemente die zentrale Wertorientierung spätmoderner Subjekte ab: »erfolgreiche Selbstverwirklichung«. Damit kommen laut Reckwitz zwei gegensätzliche Traditionslinien zusammen. Der Erfolg zielt auf das Erbe der Bürgerlichkeit, die »ihre Identität in erheblichen Teilen aus ihrem Arbeitsethos, einem Ethos der Selbstverantwortung und der Leistung sowie einer ökonomischen Haltung des Unternehmerischen« bezog.[110] Die Selbstverwirklichung steht in der Tradition der Romantik mit ihren gegen den modernistischen Mainstream gerichteten »künstlerisch-ästhetische[n] Gegenkulturen«. »Erfolgreiche Selbstverwirklichung« heißt also, dass singularistische Subjekte beides wollen: »sich selbst entfalten *und* sozial anerkannt und erfolgreich sein«. Das Primat liegt zwar klar auf der Seite der Selbstverwirklichung und damit der kulturellen Dimension, basiert aber auf »mitlaufende[n] Statusinvestition[en]«.[111]

Wenn das singularistische Subjekt, wie man das Subjekt der neuen Akademikerklasse auch nennen könnte, das spannungsreiche Gleichgewicht zwischen Selbstverwirklichung und Erfolg aufrechterhalten, das heißt beruflich erfolgreich sein und einen »geglückten Lebensstil« haben möchte, muss es an seiner Ausstattung mit ökonomischem, kulturellem, sozialem und »psychophysische[m] Subjektkapital« arbeiten. Damit rücken Praktiken der Selbstoptimierung in den Fokus, die Reckwitz maßgeblich in der Arbeitswelt wie auch im Bereich von Körperarbeit und Fitness situiert. Vom »Arbeitssubjekt« wird die »Arbeit an den eigenen Kompetenzen, an Profil und Potenzial [...] im Sinne einer Selbstoptimierung« erwartet. Zwar lautet das Versprechen, dass die Perfektionierung der eigenen Einzigartigkeit Anerkennung erfährt, eine Garantie

110 Reckwitz, *Die Gesellschaft der Singularitäten*, S. 287-289.

111 Ebd., S. 286, S. 289 und S. 305, Hervorhebung im Original. Reckwitz macht anders als Makropoulos keine begriffliche Unterscheidung zwischen Selbstverwirklichung und Selbstentfaltung.

gibt es dafür aber nicht. In Bezug auf Körperlichkeit diagnostiziert Reckwitz Praktiken der Selbstoptimierung, wenn der Körper Gegenstand eines gezielten »Trainings«, also Gegenstand von systematischer Arbeit und damit »extrem standardisiert und damit rationalisiert« wird.[112] Die Praktiken der Selbstoptimierung stehen damit wie auch schon in der Theorie der Subjektkulturen, in der Tradition einer post-bürgerlichen Arbeit an sich selbst.

Prozesse der Selbstoptimierung basieren aber nicht nur auf der Notwendigkeit von Statusorientierung und Erfolg, sondern sind auch an die spezifische Form des Selbstverwirklichungsstrebens in der Spätmoderne gekoppelt. Seit den 1980er-Jahren ist laut Reckwitz die noch für die Epoche der Romantik charakteristische »weltabweisende« Form der Selbstverwirklichung durch eine »weltzugewandte« Version abgelöst worden. Diese nun ist »von einer typisch modernen Struktur der Steigerung geprägt«, deren tiefenstrukturelle Logik im Abschnitt zu Makropoulos' kontingenztheoretischer Fassung der Optimierung erläutert wurde. Reckwitz fasst diese Steigerung im Sinne einer Entfaltung vorhandener Ressourcen, nicht als Erschließung gänzlich neuer Bereiche. Zwar spricht er von einem »Imperativ der Selbstentgrenzung«, meint damit aber vor allem »grenzenlosen Aktivismus«. Das singularistische Subjekt will möglichst alle vorhandenen Potenziale »mobilisieren und [...] zur Entfaltung verhelfen«, um die »größtmögliche Fülle des Lebens« zu erreichen.[113] In einem anderen Kontext führt Reckwitz darüber hinaus noch weiter aus:

> Das Subjekt will nicht nur immer wieder anders genießen, es will besser genießen; es will nicht nur immer wieder ein anderes Selbst sein, es will ein Selbst sein, das an sich arbeitet, in seiner inneren und äußeren Wirkung in zunehmendem Maße befriedigend und attraktiv zu erscheinen – ein Prozess, der offenbar nie an ein Ende kommt.[114]

Die Lebensführung spätmoderner Subjekte ist also äußerst dynamisch, auf Aktivismus, Arbeit und Selbstoptimierung ausgerichtet. Die Grenzlinie hin zu einem krankmachenden ›zu viel‹ an Aktivismus, zum Abrutschen in Selbstüberforderung oder gar in die Depression ist dünn, versuchen doch die Subjekte gerade-

112 Ebd., S. 222, S. 305, S. 326.

113 Ebd., S. 291, S. 343, Hervorhebung weggelassen.

114 Reckwitz, »Die Gleichförmigkeit und die Bewegtheit des Subjekts«, S. 179.

zu »in extremem Maße, sich selbst zu gestalten«.[115] Das Ergebnis dieser Anstrengungen ist dabei stets prekär. Dies liegt zum einen an der performativen wie auch sozialen Dimension spätmoderner Selbstverwirklichung und Selbstoptimierung. Die Subjekte müssen ihr Selbst vor einem Publikum präsentieren (durch die Art der zur Schau gestellten Kleidung oder Ernährung, des Urlaubs oder Wohnens, durch Fotos der Kinder etc.) und sind auf dessen Anerkennung angewiesen. Zum anderen sind die Subjekte allein dafür verantwortlich, ob diese Präsentation nach außen wie nach innen gelingt oder nicht. Sie allein müssen auch mit den strukturell angelegten Enttäuschungserfahrungen umgehen.[116] Tabelle 6 fasst die zentralen Elemente der Thematisierung von Optimierung und Selbstoptimierung bei Andreas Reckwitz zusammen.

	Optimierung	**Selbstoptimierung**
Zeitliche Verortung	Klassische (Industrie-)Moderne	Spät-/Postmoderne
Gesellschaftlicher Kontext	Standardisierung, Formalisierung, Generalisierung (Logik des Allgemeinen)	Kulturökonomisierung, Digitalisierung, Streben nach Selbstverwirklichung (Logik des Besonderen)
Ziele	Systematische Verbesserung, Effizienz, Rationalisierung,	Systematische Verbesserung und ›Arbeit an sich‹, Akkumulation von psychophysischem Subjektkapital, Mobilisierung sämtlicher Potenziale

Tabelle 6: Optimierung und Selbstoptimierung nach Reckwitz

Mit Reckwitz lässt sich Selbstoptimierung als Handlungsstrategie spätmoderner Subjekte verstehen, die sowohl eine individuelle (die Suche nach Selbstverwirklichung) als auch eine gesellschaftliche (Kulturökonomisierung, Digitalisierung, Logik des Besonderen) Dimension hat. Fragen von Macht, Autonomie oder Heteronomie des Handelns werden im Gegensatz zur letztgenannten Perspektive weitgehend ausgeklammert. Reckwitz thematisiert die körperliche Dimension von Selbstoptimierung und verweist auch auf die Ebene konkreter Praktiken, ohne diese jedoch im Einzelnen auszu-

115 Reckwitz, *Die Gesellschaft der Singularitäten*, S. 348.
116 Vgl. ebd., S. 308-349.

arbeiten. Darüber hinaus fehlt ein Kriterium zur Beurteilung, ab wann diese Praktiken tatsächlich im Sinne von Selbstoptimierung zu verstehen sind, was also Selbstoptimierung im Kern ausmacht. Darum wird es im nächsten Kapitel gehen. Davor gilt es aber, die hier thematisierten Perspektiven abschließend zu vergleichen und ihren Beitrag zur Beantwortung der drei leitenden Forschungsfragen herauszustellen.

V.3 Gemeinsamkeiten und Unterschiede

Was ergibt sich aus dieser Durchsicht bestehender theoretischer Einbettungen von Optimierung und Selbstoptimierung in der kultursoziologischen Literatur aus Deutschland? Fokussiert man auf die Unterschiede, so differieren die Positionen hinsichtlich der Definition, der Interpretation, der jeweiligen Voraussetzungen und der normativen Konnotationen der Begriffe Optimierung und Selbstoptimierung. Legt man den Schwerpunkt auf die Gemeinsamkeiten, so treten vier Aspekte hervor. Alle Autorinnen und Autoren konzipieren Optimierung und Selbstoptimierung als spezifisch moderne beziehungsweise spätmoderne Phänomene, die strukturell in der modernen Gesellschaft angelegt sind. Sie heben die Eigenschaft der Überbietung hervor, thematisieren die Relationalität der Prozesse und verweisen auf die fundamentale Rolle des sozialen und ökonomischen Wettbewerbs.

Als Erstes unterscheiden sich die Ansätze hinsichtlich der *Definition* und *Interpretation* von Optimierung und Selbstoptimierung. Makropoulos thematisiert Optimierung als prinzipiell unaufhörliche Überbietung jedes Zustandes und interpretiert dies als grundlegendes Selbst- und Weltverhältnis der Moderne im Sinne einer Tiefenstruktur. Bei Bröckling und Duttweiler bestehen keine kategorialen Differenzen zwischen Optimierung und Selbstoptimierung; beide Begriffe bezeichnen eine primär instrumentell-strategische Handlungslogik. Sie werden zwar inhaltlich jeweils anders ausbuchstabiert (kleinteilige Modifikationen im Alltag versus ökonomische Selbstinstrumentalisierung), aber im Sinne eines Prozesses interpretiert, in dem Zwang und Autonomie, Fremd- und Selbstherrschaft zusammenkommen. Der Schwerpunkt liegt dabei stärker auf der Seite der Unterdrückung (heteronomer Zwang zur

Autonomie). Reckwitz und Bublitz wiederum unterscheiden zwischen Optimierung und Selbstoptimierung. Ersteres gehört für Reckwitz in die Zeit der klassischen Moderne und steht für Prozesse der systematischen Verbesserung und der Rationalisierung. Bublitz hingegen thematisiert Optimierung einerseits in Form einer bestmöglichen Anpassung an bestehende Normen, andererseits im Sinne einer produktivitätsorientierten Steigerung von Subjekten.[117] Demgegenüber konzipiert sie Selbstoptimierung als Prozesse mit einer gänzlich anderen Logik, in der sich Intentionalität und Reaktivität zu einem Ganzen verbinden: das der permanenten Modulation, der aktiven Selbstpräsentation und der unablässigen Steigerung. Reckwitz hingegen sieht zwar auch eine Tendenz zur Entgrenzung, die Prozessen der Selbstoptimierung innewohnt, verortet diese aber in der Tradition der post-bürgerlichen Arbeit an sich selbst; sie sind integraler Bestandteil der singularistischen Lebensführung. Im Gegensatz zu Bublitz, die Optimierung und Selbstoptimierung als Ausdruck einer umfassenden Form der ›Vermachtung‹ versteht, spielt dieser Aspekt in Reckwitz' Argumentation kaum eine Rolle.

Auch hinsichtlich der spezifischen *Voraussetzungen* von Optimierung und Selbstoptimierung bestehen Unterschiede. Bei Makropoulos fußt Optimierung als Tiefenstruktur der Moderne auf dem neuzeitlichen Kontingenzbewusstsein und auf Prozessen der umfassenden Technisierung; sie basiert strukturell auf prekären, da wettbewerbsbasierten Anerkennungsprozessen sowie auf bestimmten individuellen Dispositionen: antizipatorische Sozialisation, Außenleitung und Selbstentfaltung. Für Bröckling und Duttweiler besteht die zentrale (wenngleich nicht die einzige[118]) infrastrukturelle Voraussetzung für Prozesse der Optimierung und Selbstoptimierung in der gesellschaftsweiten Diffusion ökonomischer oder auch neoliberaler Handlungslogiken, die sich bis in die intimsten Sozialverhältnisse erstrecken. Reckwitz grundiert Optimierung in einer Logik der instrumentell-formalistischen Rationalisierung, Selbst-

117 Das entspricht dem, was Makropoulos als ›soziale Optimierung‹ bezeichnet. In beiden Fällen sind Foucaults Überlegungen zu diesem Bereich grundlegend.

118 Vgl. Sabine Maasen, Stefanie Duttweiler, »Neue Subjekte, neue Sozialitäten, neue Gesellschaften«, in: Sabine Maasen (Hg.), *Handbuch Wissenschaftssoziologie*, Wiesbaden 2012, S. 417-428.

optimierung hingegen basiert, als Element der singularistischen Lebensführung, auf Prozessen der Kulturökonomisierung und der Digitalisierung. Bublitz wiederum verankert Optimierung maßgeblich in einer ökonomisierten, medialisierten und massenkulturellen Form der Vergesellschaftung; bei Selbstoptimierung kommen noch spezifische individuelle Dispositionen (Selbstentfaltung, Selbstbeobachtung, Selbstdisziplin, Kommunikationsfähigkeit) und die Rolle der Medien hinzu.

Schließlich ändert sich die normative *Konnotation* der Begriffe je nachdem, ob eine primär gesellschaftskritische Analyse intendiert ist (Bröckling, Duttweiler, Bublitz), der Duktus betont sachlich bleibt (Makropoulos) oder dazwischen liegt (Reckwitz). Tabelle 7 bietet eine kondensierte Übersicht über die Perspektiven der fünf AutorInnen und ihre zentralen Unterschiede.

Trotz dieser Unterschiede gibt es auch eine Reihe von Gemeinsamkeiten zwischen den Positionen.

(1) *Modernität.* Alle Autorinnen und Autoren stellen Optimierung und Selbstoptimierung als spezifisch (spät)moderne Phänomene dar, die darüber hinaus strukturell in der modernen Gesellschaftsformation verankert sind. Bublitz und Reckwitz ordnen Optimierung der klassischen Moderne zu, Selbstoptimierung der Post- oder Spätmoderne. Bröckling und Duttweiler gehen auf diesen Aspekt nicht eigens ein, wohingegen Makropoulos zwischen einer Optimierungsgesellschaft als Protoform und einer eigentlichen Optimierungsgesellschaft unterscheidet, die sich im Zuge der Entwicklungen der 1950er- und 1960er-Jahre durchgesetzt habe. Als Signum der Moderne führen alle Autorinnen und Autoren drei Charakteristika an: Überbietung, Relationalität und Wettbewerb.

(2) *Überbietung.* Bröckling verwendet zur Betonung dieser Eigenschaft das Schumpeter'sche Diktum ›plus ultra‹ im Sinne von ›immer weiter‹. Makropoulos und Reckwitz verweisen auf die Idee eines grenzenlosen Fortschritts, und bei Duttweiler wird das Leben zur ›ewigen Baustelle‹, bei der jedes Ergebnis selbst wieder verbessert werden kann. Bublitz thematisiert Optimierung als Form produktivitätsorientierter Steigerung, Selbstoptimierung als Form der Modulation mit Tendenz zu Überbietung und Entgrenzung.

	Definition	Interpretation	Voraussetzungen	Normative Konnotation
Makropoulos	O: prinzipiell unaufhörliche Überbietung jedes Zustandes	Grundlegendes Selbst- und Weltverhältnis der Moderne; Existiert als Tiefenstruktur der Moderne wie auch in der Gegenwart	Neuzeitliches Kontingenzbewusstsein und Technisierung In Gegenwart: wettbewerbsbasierte Anerkennung und spez. individuelle Dispositionen	neutral
Bröckling	O/SO: unabschließbarer Prozess der Steigerung	Heteronomer Zwang zur Autonomie	Insb. gesellschaftliche Diffusion ökonomischer Handlungslogiken	Kritisch-negativ
Duttweiler	O/SO: kleinteilige Modifikationen der alltäglichen Lebensführung mit dem Ziel der Verbesserung	Kontaktpunkt, an dem Fremd- und Selbstherrschaft zusammenkommen	Insb. gesellschaftliche Diffusion ökonomischer Handlungslogiken	Kritisch-negativ
Bublitz	O: Anpassung, produktivitäts-orientierte Steigerung SO: permanente Modulation, unablässige Steigerung	O: umfassende ›produktive Inbetriebnahme‹ der Menschen SO: integraler Bestandteil postmoderner Subjektivität	O: ökonomisierte, medialisierte und massenkulturelle Vergesellschaftung SO: spez. individuelle Dispositionen und Rolle der Medien	Kritisch-negativ
Reckwitz	O: systematische Verbesserung, Effizienz, Rationalisierung SO: systematische Verbesserung und Arbeit an sich selbst, Akkumulation von psychophysischem Subjektkapital, Mobilisierung aller Potenziale	O: ›Logik des Allgemeinen‹ (klassische Moderne) SO: Bestandteil singularistischer Lebensführung in Spätmoderne	O: Logik instrumentell-formalistischer Rationalisierung SO: Digitalisierung, Kulturökonomisierung, Streben nach Selbstverwirklichung	Zwischenposition

Tabelle 7: Zusammenfassung der Perspektiven auf Optimierung (O) und Selbstoptimierung (SO)

(3) *Relationalität.* Makropoulos führt diese Charakterisierung zunächst beim Vergleich von Optimierung und Utopie ein, später dann in Form der individuellen Disposition der Außenleitung. Auch bei Bublitz und Reckwitz hat die Außenleitung einen zentralen explanatorischen Stellenwert in der Analyse postmoderner Subjektformationen. Bröckling wiederum bezeichnet diesen Aspekt als ›kategorischen Komparativ‹.

(4) *Wettbewerb.* Er gilt den Autorinnen und Autoren als Ursache und Motor von Prozessen der Optimierung und insbesondere der Selbstoptimierung. Während bei der Diagnose einer Ökonomisierung des Sozialen der Fokus stärker auf den ökonomischen Wettbewerb gelegt wird, der einen Zwang zur Selbstoptimierung mit sich bringe, verweist Makropoulos mit Mannheim und Simmel darauf, dass Wettbewerb eine genuin soziale Beziehung ist. Reckwitz thematisiert den Wettbewerb als Teil der spätmodernen Ökonomie und betont dabei, dass es sich um Attraktionswettbewerbe um Aufmerksamkeit und Anerkennung seitens eines Publikums handele. Bublitz thematisiert den Wettbewerb sowohl als Element des gegenwärtigen gesellschaftlichen Kontextes als auch im Rahmen von (mediatisierten) Prozessen der Selbstpräsentation und -konstitution.

Was folgt aus dieser Analyse hinsichtlich der drei leitenden Forschungsfragen der vorliegenden Studie? Zur Frage danach, was Selbstoptimierung ist, liefern die Autorinnen und Autoren wichtige inhaltliche Bausteine, wie die Prinzipien der Überbietung und der Relationalität. Duttweilers Thematisierung verschiedener Praktiken und Bröcklings Unterscheidung von drei Regimen der Optimierung sind zudem ein Hinweis darauf, dass es verschiedene Formen beziehungsweise Ausprägungen von Selbstoptimierung gibt. Gleichzeitig fehlt eine Spezifizierung dessen, was ich den analytischen Kern von Selbstoptimierung nenne, sowie eine systematische Differenzierung ihrer verschiedenen Ebenen: als Idee, Praxis und Selbstverhältnis.

In Bezug auf die zweite Frage, ob Selbstoptimierung etwas genuin Neues ist, liefern die Arbeiten von Makropoulos so etwas wie eine gesellschaftstheoretische Fundierung der Analysen aus dem vierten Kapitel. Ihm zufolge handelt es sich bei Optimierung um ein genuin modernes Prinzip, das in der Tiefenstruktur der Gesellschaft verankert ist. Übertragen auf den hier thematisierten Zusammenhang bedeutet dies, dass die Idee der Selbstoptimierung auf spezifisch modernen Voraussetzungen basiert; im Zuge der Etablierung der eigentlichen Optimierungsgesellschaft in den Jahrzehnten nach dem Zweiten Weltkrieg werden die Weichen dafür gestellt, dass sich Selbstoptimierung als grundlegendes Prinzip auch praktisch sukzessive durchsetzen kann. Dies verweist auf die historische Einordnung bei Bublitz und vor allem bei Reckwitz. Sie verorten die Tendenzen zur Selbstoptimierung prinzipiell in der Zeit der Spätmoderne (und die zur Optimierung in den Jahrzehnten davor).

Damit richtet sich der Fokus auf die individuellen und gesellschaftlichen Voraussetzungen der Selbstoptimierung, womit die dritte Forschungsfrage ins Spiel kommt.[119] Im Bereich der individuellen Voraussetzungen argumentieren Bublitz und Makropoulos mit Verweis auf Riesman et al., dass sich eine spezifische Art der außenorientierten Sozialisation durchsetzt und, wie auch Reckwitz argumentiert, eine grundlegende Ausrichtung an den Idealen der Selbstentfaltung und der Selbstverwirklichung stattfindet. Historisch vorgelagert sind dem Praktiken der Selbstbeobachtung und der Selbstdisziplin. Es geht in den Texten insgesamt weniger um konkrete Gründe, Motivlagen oder die psychologische Struktur von Subjekten, sondern um grundlegende Dispositionen von Akteuren in Gesellschaften westlichen Typs. Die genannten gesellschaftlichen Voraussetzungen von (Selbst-)Optimierung sind sehr vielseitig und umfassen äußerst weitreichende Prozesse wie etwa die Technisierung, die Zunahme von sozialer Mobilität und Wettbewerb, die Medialisierung, Ökonomisierung, Normalisierung, Vermassung und Individualisierung. Das Schlusskapitel wird diese Punkte im Rahmen einer zeitdiagnostischen Bestimmung von Selbstoptimierung zum Teil nochmals aufgreifen. Davor gilt es nun aber, den Begriff der Selbstoptimierung selbst analytisch genauer zu bestimmen.

119 Hinsichtlich der Teilfrage nach den Folgen von Selbstoptimierung bewegen sich die Ausführungen der Autorinnen und Autoren weitgehend im Rahmen der gängigen, im ersten Kapitel dargestellten Interpretation von Erschöpfungssymptomen und Überlastung.

VI
Eine analytische Perspektive auf Selbstoptimierung

Was ist Selbstoptimierung? Um die erste der drei Fragen des Buches beantworten zu können, muss man einen Schritt hinter die bisher gemachten Analysen zurücktreten. Es sind schon viele Informationen zusammengetragen worden: der begriffshistorische Hintergrund, ein allgemeiner Überblick über historische und gegenwärtige Praktiken von Selbstoptimierung, die kulturellen Voraussetzungen der Idee von Selbstoptimierung sowie die definitorischen und historischen Einsichten aus der kultursoziologischen Diskussion in Deutschland. Gleichwohl fehlt immer noch ein präzises Verständnis davon, was den analytischen Kern von Selbstoptimierung ausmacht, welche genaue Struktur selbstoptimierende Praktiken haben und inwieweit Selbstoptimierung auch eine Art von tiefer gehendem Selbstverhältnis bilden kann.[1] Dies zu leisten ist das Ziel dieses Kapitels. Es geht also darum, eine analytische Spezifizierung des hier diskutierten Phänomens zu entwickeln.

Was ist *keine* Selbstoptimierung? Auch das Stellen einer solchen Gegenfrage ist geeignet, um einer genaueren Bestimmung eines Begriffs oder Phänomens näher zu kommen. Bereits in der Einleitung wurde auf Florent-Claude verwiesen, dem Protagonisten aus Houellebecqs Roman *Serotonin*. Seine Art der Lebensgestaltung ist in wachsendem Maße durch Passivität gekennzeichnet. Er erduldet sein Leben mehr, als dass er es aktiv führt, oder in den Worten von Böll beziehungsweise seiner literarischen Figur Wunsiedel: Es passiert kaum noch etwas! Passivität steht also am Gegenpol von Selbstoptimierung, genauso wie Verschlechterung und Destruktivität. Selbstoptimierung ist prinzipiell auf Verbesserung, nicht auf Verschlechterung oder Zerstörung gerichtet. Dies schließt nicht aus, dass die mittel- oder längerfristigen Folgen für die sich op-

1 Die hier entwickelte Perspektive sagt noch nichts darüber aus, inwiefern Akteure selbst ihre Praxis als Form der Selbstoptimierung wahrnehmen oder nicht. Zwischen Akteursperspektive und theoretischer Perspektive bestehen in der Regel Differenzen, was einerseits einem akademischen Bias Vorschub leisten, andererseits aber auch einen wichtigen Beitrag zur soziologischen (Selbst-)Aufklärung liefern kann.

timierende Person oder ihr soziales und gesellschaftliches Umfeld nicht auch oder sogar vor allem destruktiv sein können. »Die Paradoxie der Wirkung gegenüber dem Wollen«, wie Max Weber es formuliert hat und wie sich im Verlaufe dieses Kapitels zeigen wird, ist gerade für ein Phänomen wie Selbstoptimierung von erheblicher Relevanz.[2] Von der grundlegenden Intention und Logik her aber stehen sich Selbstoptimierung und Selbstverschlechterung oder Selbstdestruktivität diametral gegenüber.[3] Des Weiteren ist die »radikale Konzentration auf gottgewollte Zwecke« bis hin zur Vorstellung davon, Gottes »Werkzeug« zu sein, wie sie Max Weber puritanischen Christen zugeschrieben hat, mit Selbstoptimierung nicht vereinbar.[4] Wer Werkzeug im Dienst einer anderen Person oder Einheit ist und nur in deren Sinne und zu Ehren ihrer Größe agiert, kann nicht gleichzeitig den eigenen Wünschen und Interessen folgen. Formen »persönlicher Entsagung und Verneinung des Selbst in Hinblick auf ein ›höheres‹ Ziel« sind also nicht mit Selbstoptimierung kompatibel.[5] Gleichzeitig ist Selbstoptimierung ergebnisorientiert: Es soll etwas dabei herauskommen. Wo es, wie etwa bei den Exerzitien der Jesuiten, primär »um die Beziehung zwischen Gott und Mensch« und nicht darum geht, »etwas zu machen oder zu leisten«,[6] ist keine Selbstoptimierung im Spiel, selbst wenn es auf der Ebene konkreter Praktiken (Formen der Selbstrationalisierung und -disziplinierung) durchaus Überschneidungen geben mag.

Aus diesem Geist der Kontrastierung heraus beginnt das nachfolgende Kapitel mit einer Darstellung von Michel Foucaults Konzept der »Sorge um sich«. Diese Sorge um sich unterscheidet sich

2 Max Weber, »Resultat: Konfuzianismus und Taoismus«, in: ders., *Die Wirtschaftsethik der Weltreligionen. Konfuzianismus und Taoismus. Schriften 1915–1920. Studienausgabe der Max Weber-Gesamtausgabe*, Band I/19, hg. von Helwig Schmidt-Glintzer, Tübingen 1991, S. 193-208, hier S. 201.

3 Formen von Selbstverschlechterung oder Selbstdestruktivität sind Gegenstand umfangreicher psychologischer und psychoanalytischer Untersuchungen und Debatten, die hier nicht abgebildet werden können.

4 Weber, »Resultat: Konfuzianismus und Taoismus«, S. 207 f.

5 Werner Röcke, Julia Weitbrecht, »Einleitung«, in: dies. (Hg.), *Askese und Identität in Spätantike, Mittelalter und Früher Neuzeit*, Berlin, New York 2010, S. 1-8, hier S. 1 f.

6 ⟨https://www.jesuiten.org/was-wir-tun/seelsorge/exerzitien⟩, letzter Zugriff am 18. 8. 2020.

jedoch nicht in sämtlichen Hinsichten von Selbstoptimierung. Auch die Selbstsorge basiert auf einem ausgeprägten aktiven Selbstbezug, der für Selbstoptimierung typisch ist, und einer Reihe konkreter, auf den eigenen Körper bezogener Praktiken. Gleichwohl zielt die Sorge um sich auf die Konstitution eines Moralsubjekts und auf die Ausbildung einer »Ästhetik der Existenz«, was sich vom instrumentellen, auf konkrete Verwertbarkeit und Leistungssteigerung zielenden Selbstverhältnis bei der Selbstoptimierung in geradezu diametraler Weise unterscheidet. Deren analytischer Kern wird in einem zweiten Schritt konkretisiert. Er besteht in zeitlicher Hinsicht aus einem Prozess der Verstetigung und damit der Entgrenzung, in sachlicher Hinsicht auf der Trias aus Perfektibilitätsstreben, prinzipieller Überbietbarkeit sowie Optimierung (im Sinne einer zweckrational-kalkulatorischen, auf das situativ bestmögliche Ergebnis zielenden Perspektive) und in sozialer Hinsicht auf einem ausgeprägten Selbstbezug. Im dritten Schritt folgen weitere analytische Präzisierungen, die das Konzept des Selbst sowie die Unterscheidung von Körper-Sein und Leib-Haben sowie von Versachlichung und Verdinglichung betreffen. Der vierte Abschnitt beschäftigt sich mit Selbstoptimierung als Praxis. Selbstoptimierende Praktiken wurden zwar bisher schon verschiedentlich benannt und auf der Grundlage bestimmter Kriterien verschiedenen Kategorien zugeordnet.[7] Dieses Wissen gilt es nun aber zu vertiefen. Dafür werden zunächst mithilfe einer synthetisierenden Übersicht grundlegende Prämissen der praxistheoretischen Perspektive dargestellt und daran anschließend die spezifische Struktur selbstoptimierender Praktiken in Form von zehn Elementen herausgearbeitet. Schließlich geht es im fünften Abschnitt um Selbstoptimierung als Subjektivierung und als Lebensführung. Beide Konzepte, die aus unterschiedlichen theoretischen Traditionen stammen, liefern ein genaueres Verständnis für eine Form der Selbstoptimierung, die sich sehr stark auf die persönlichen Werte, Selbstverhältnisse und die Art der tagtäglichen Gestaltung des Lebens auswirkt.

7 Vgl. dazu Kapitel I zur gesellschaftlichen Verbreitung und Kapitel III zur Aufschlüsselung der Typen.

Foucault hat in seinen späteren Schriften seinen Forschungsschwerpunkt zunehmend verlagert: weg von der Analyse moderner Macht- und Herrschaftstechniken des 17. bis 19. Jahrhunderts hin zu Selbstverhältnissen, Selbsttechniken und ethischen Fragen, die auf die griechische und römische Antike bezogen sind.[8] Dahinter steht jedoch »nicht eine Aufgabe seiner Machtanalyse, sondern ihre Weiterentwicklung und Korrektur«.[9] Für das hier verfolgte Thema ist von Interesse, dass etwa ab dem Jahr 1980 im Rahmen der Analyse antiker Selbsttechniken die »relative Autonomie« der Individuen in Foucaults Blickfeld gerät.[10] Die Autonomie ist relativ, weil sie stets im Schnittfeld von Herrschafts- und Selbsttechniken, die Foucault in seinen Gouvernementalitätsstudien zu Formen der Regierung untersucht hat, angesiedelt ist.[11] Gleichwohl entdeckt Foucault in der Antike eine Form der ethischen Selbstbestimmung, die dem Subjekt ein gewisses Maß an Autonomie und Freiheit zuspricht.

Dahinter steht die Differenz zwischen Moral und Ethik. Der Bereich des Moralischen umfasst Foucault zufolge drei Bereiche, die relativ unabhängig voneinander sind, aber stets auch auf unterschiedliche Art und Weise zusammenspielen: das Verhalten (»Moralverhalten«), die Regeln und Werte (»Moralcode«) sowie die Art der »Führung« und der Verhältnisse des Individuums sich selbst gegenüber (»Moralsubjekt«).[12] Die Ethik wiederum bezieht sich auf den dritten Bereich, also auf den der Selbstverhältnisse der Individuen.[13] Diese sind nicht lediglich das Abbild und Resultat morali-

8 Foucault steht diesbezüglich in einer langen Tradition. Vgl. Wilhelm Schmid, »Selbstsorge«, in: Joachim Ritter, Karlfried Gründer (Hg.), *Historisches Wörterbuch der Philosophie*, Bd. 9: Se-Sp, Basel 1995, S. 528-535.

9 Thomas Lemke, *Eine Kritik der politischen Vernunft. Foucaults Analyse der modernen Gouvernementalität*, Berlin 1997, S. 255.

10 Frédéric Gros, »Situierung der Vorlesungen«, in: Michel Foucault, *Hermeneutik des Subjekts. Vorlesungen am Collège de France (1981/82)*, Frankfurt/M. 2016, S. 616-668, hier S. 641.

11 Vgl. Lemke, *Eine Kritik der politischen Vernunft*, S. 256; siehe auch Kapitel V.1.

12 Ebd., S. 266.

13 Eva Georg, *Das therapeutisierte Subjekt. Arbeiten am Selbst in Psychotherapie, Beratung und Coaching*, Bielefeld 2020, S. 63. Die Ethik bezeichnet die »Ausarbeitung einer Form des Verhältnisses zu sich, die es dem Individuum gestattet, sich als

scher Regeln, sondern jede moralische Regel »erlaubt verschiedene Modi von Selbstverhältnissen«, und erst innerhalb der Selbstverhältnisse erhalten die moralischen Regeln ihre Bedeutung. So stellt Foucault die These auf, dass der zentrale Unterschied zwischen Antike und Christentum nicht auf der Ebene der Moral, also der Regeln und Vorschriften liegt, sondern auf der Ebene der Ethik. Während der moralische Code vergleichsweise unverändert geblieben sei, hätten sich die Selbstverhältnisse fundamental gewandelt: weg von einem Zustand relativer Autonomie in der Antike, »die der ›Stilisierung‹ oder ›Modellierung‹ der individuellen Existenz breiten Raum gab«, hin zu einem Zustand universeller und mit Zwang durchgesetzter Verhaltensregeln im Christentum. Im Mittelpunkt der antiken Ethik stand also »weniger der Bezug zu einem moralischen Gesetz als vielmehr die Konstitution seiner selbst als moralisches Subjekt«. Dafür ist nicht so sehr der Bezug auf »ein universelles Regelwerk« von Bedeutung als vielmehr der Vollzug konkreter Praktiken.[14]

Foucault meint in der Antike das Ideal einer »Kultur seiner selber« zu finden, die »von dem Prinzip beherrscht wird, wonach man ›für sich selbst sorgen‹ muss; dieses Prinzip der Sorge um sich (*epimeleia heautou*) begründet ihre Notwendigkeit, lenkt ihre Entwicklung und organisiert ihre Praxis«.[15] Was bedeutet das?

Epimeleia ist ein sehr starkes Wort im Griechischen, das die Arbeit, den Fleiß und den Eifer, bezogen auf eine Sache, bezeichnet. Xenophon zum Beispiel gebraucht dieses Wort, um die Sorge zu beschreiben, die man auf sein Erbteil zu verwenden hat. Die Verantwortung eines Monarchen gegenüber seinen Mitbürgern gehörte ebenfalls zur Ordnung der *epimeleia*. Was ein Arzt tut, wenn er einen Kranken behandelt, wird ebenfalls als *epimeleia* bezeichnet. Es ist daher ein Wort, das sich auf eine Aktivität, auf eine Aufmerksamkeit, auf eine Erkenntnis bezieht.[16]

Subjekt einer moralischen Lebensführung zu konstituieren«. Michel Foucault, *Der Gebrauch der Lüste. Sexualität und Wahrheit 2*, Frankfurt/M. 2015 [1984], S. 315.

14 Lemke, *Eine Kritik der politischen Vernunft*, S. 266, S. 272 f.

15 Michel Foucault, *Die Sorge um sich. Sexualität und Wahrheit 3*, Frankfurt/M. 2015 [1984], S. 60.

16 Michel Foucault, »Zur Genealogie der Ethik: Ein Überblick über die laufende Arbeit«, in: ders., *Schriften in vier Bänden. Dits et Ecrits. Band IV*, hg. von Daniel Defert und François Ewald, Frankfurt/M. 2005 [1984], S. 747-776, hier S. 765.

Zu Beginn der Vorlesungsreihe zur *Hermeneutik des Subjekts*, betont Foucault, dass die Sorge um sich eine »gesamtkulturelle Erscheinung« war, die rund eintausend Jahre (zwischen dem 5. Jahrhundert vor und dem 5. Jahrhundert nach Christi Geburt) einflussreich war. Es handelte sich dabei um eine »Seinsweise, eine Lebenshaltung, Denkformen und Praktiken«, die allerdings vor allem für die Elite, also für freie Männer der oberen Schichten, relevant war. Diese Seinsweise beinhaltete eine »Haltung sich selbst, den anderen und der Welt gegenüber«, eine »sich selbst zugewandte Aufmerksamkeit«[17] wie auch auf einen selbst gerichtete Praktiken. Es geht hier wohlgemerkt *nicht* um Formen und Praktiken der Sorgearbeit oder auch des *Care*, wie sie gegenwärtig diskutiert werden,[18] sondern um die Ausbildung einer Haltung beziehungsweise eines spezifischen Selbstverhältnisses.

Foucault interessiert sich für die Wandlungen der Selbstsorge im Verlauf dieses langen, eintausend Jahre umfassenden Zeitraums. Eine seiner Thesen hierzu lautet, dass »das ›Erkenne dich selbst‹ die Maxime ›Achte auf dich selbst‹ in den Hintergrund gedrängt« und dazu geführt habe, dass die Menschen der Gegenwart »in der Sorge um sich selbst etwas Unmoralisches« sehen. Nicht nur die »christliche Moraltradition« komme hier ins Spiel, sondern auch die Entwicklungen der Philosophie, die insbesondere mit und nach Descartes der Selbsterkenntnis eine immer größere Bedeutung zugewiesen habe.[19] Hier nun geht es weniger darum, die Wandlungen im Einzelnen nachzuvollziehen, sondern darum, den Gedanken der Sorge um sich in der hellenistischen Antike zu verdeutlichen.

Zu diesem Zweck analysiert Foucault Platon und seine sokratischen Dialoge, insbesondere den zweiten Teil der Schrift »Alkibiades«, da es sich hier um »den ersten großen theoretischen Auftritt

17 Michel Foucault, *Hermeneutik des Subjekts. Vorlesungen am Collège de France (1981/82)*, S. 26 f.

18 Vgl. Brigitte Aulenbacher, Maria Dammayr, *Für sich und andere sorgen. Krise und Zukunft von Care in der modernen Gesellschaft*, Weinheim, Basel 2014; Elisabeth Conradi, *Take care. Grundlagen einer Ethik der Achtsamkeit*, Frankfurt/M., New York 2001. Zwar beinhaltet das Care-Konzept prinzipiell auch die Sorge um sich selbst, es dominiert aber der Bezug auf Andere.

19 Michel Foucault, »Technologien des Selbst«, in: ders., *Schriften in vier Bänden. Dits et Ecrits. Band IV*, hg. von Daniel Defert und François Ewald, Frankfurt/M. 2005 [1982], 966-998, hier S. 972 f.

der *epimeleia heautou*« handelt.[20] Alkibiades ist ein wohlhabender, adliger und schöner Mann, der allerdings seine äußerliche Blüte überschritten hat und nicht mehr von Anderen begehrt wird, sich nun der Politik zuwenden und regieren möchte. In diesem Moment tritt Sokrates an ihn heran und verwickelt ihn in ein Gespräch über die Bedeutung und Voraussetzungen dafür, andere regieren zu können. Eine wesentliche Voraussetzung dafür sei, sich um sich selbst zu kümmern, womit bereits eine wichtige Dimension der Selbstsorge bezeichnet ist: eine eminent politische. Die Sorge um das Selbst ist zugleich die Sorge um das Wohl der Polis. Selbstsorge ist die Voraussetzung dafür, auch Verantwortung für Andere übernehmen und regieren zu können. Indem man sich um sich sorgt, schafft man die Voraussetzung, auch Sorge für Andere tragen zu können. Wer sich um sich sorgt, kennt seine »Pflichten als Hausherr, als Gatte oder als Vater«.[21] Selbstsorge und die Sorge um Andere stehen demnach in einem konstitutiven Wechselverhältnis.

Wer, so fragt Foucault weiter, ist das Subjekt und das Objekt der Sorge? Er antwortet mit Platon, dass es die Seele ist, um die man sich kümmern muss.[22] Die Seele ›sorgt‹ sich um die körperlichen Gelüste, Begierden und Praktiken und ist selbst Gegenstand der Sorge. Foucault beschreibt die Selbstsorge als ein »Prinzip der Seele und nicht des Körpers. Man muss auf seine Seele Sorgfalt verwenden – das ist die zentrale Aktivität der Sorge um sich selbst.« Selbstsorge meint, sich selbst zu erkennen, die Sorge um sich schließt also die Erkenntnis des Selbst mit ein. Konkret äußert sich diese Sorge in Praktiken des Nachdenkens und der Reflexion, wie beispielsweise Traumdeutung, Meditation, Formen der Gewissensprüfung oder auch das Schreiben von Briefen an Freunde.[23] Die besondere Rolle der Seele bedeutet aber nicht, dass der Körper keine Rolle spiele oder es gar eine »Leibfeindlichkeit«[24] gebe, ganz im Gegenteil. Es gilt auch, »sein eigener Arzt zu werden«.[25] Die »›cura

20 Foucault, *Hermeneutik des Subjekts*, S. 53, S. 70.

21 Michel Foucault, »Die Ethik der Sorge um sich als Praxis der Freiheit«, in: ders., *Schriften in vier Bänden. Dits et Ecrits. Band IV*, hg. von Daniel Defert und François Ewald, Frankfurt/M. 2005 [1984], S. 875-902, hier S. 886.

22 Foucault, *Hermeneutik des Subjekts*, S. 79 f.

23 Foucault, »Technologien des Selbst«, S. 976-978.

24 Schmid, »Selbstsorge«, S. 528.

25 Foucault, »Technologien des Selbst«, S. 981.

sui corporis‹«, so Schmid, »bleibt die ganze griechische und römische Antike hindurch in der Traditionslinie der antiken Diätetik mit ihrer minutiösen und bisweilen hypochondrischen Sorge um das leibliche Wohlbefinden noch verbindlich«. Die »Grenzen zwischen medizinischem und philosophischem Diskurs« sind hierbei »fließend«.[26] Auch die praktischen Verfahren und die Pflichtethik sind stets zusammenzudenken. Die ›Sorge um sich‹ ist in der antiken Philosophie »sowohl als eine Pflicht als auch als eine Technik« zu verstehen. Sie umschreibt »eine grundlegende Verpflichtung und ein Ensemble sorgfältig ausgearbeiteter Verfahren«.[27] Diese Verfahren oder auch »Technologien des Selbst« sollen es »dem Einzelnen ermöglichen, aus eigener Kraft oder mithilfe anderer eine Reihe von Operationen an seinem Körper oder seiner Seele, seinem Denken, seinem Verhalten und seiner Existenzweise vorzunehmen, mit dem Ziel, sich so zu verändern, dass er einen gewissen Zustand des Glücks, der Reinheit, der Weisheit, der Vollkommenheit oder der Unsterblichkeit erlangt«.[28]

Was Foucault in der vielzitierten Textpassage als Disjunktion formuliert (aus eigener Kraft oder mithilfe anderer), stellt er im Rahmen seiner Vorlesungsreihe zur Hermeneutik des Subjekts anders dar. Dort schreibt er, dass es »keine Sorge um sich ohne die Anwesenheit eines Meisters« gibt, und weist damit der intersubjektiven Dimension eine zentrale Bedeutung zu. »Damit die Selbstpraxis zu dem Selbst, dem sie zustrebt, gelangt, ist der Andere unabdingbar.«[29] Die Sorge um sich ist demnach »von der Anwesenheit des Anderen durchzogen: Der Andere als Existenzlenker, als Briefpartner, dem man schreibt und vor dem man sich mit sich selbst misst, der Andere als zu Hilfe eilender Freund, wohlwollender Verwandter ... Sie ist, schreibt Foucault, keine ›Forderung nach Einsamkeit, sondern eine echte soziale Praxis‹, ein ›Verstärker der sozialen Beziehungen‹«.[30]

26 Schmid, »Selbstsorge«, S. 529.

27 Michel Foucault, »Die Hermeneutik des Subjekts«, in: ders., *Schriften in vier Bänden. Dits et Ecrits. Band IV*, hg. von Daniel Defert und François Ewald, Frankfurt/M. 2005 [1982], S. 423-438, hier S. 426.

28 Foucault, »Technologien des Selbst«, S. 968.

29 Foucault, *Hermeneutik des Subjekts*, S. 86, S. 167.

30 Gros, »Situierung der Vorlesungen«, S. 655. Das Foucault-Zitat im Zitat stammt aus einem von vier unveröffentlichten Dossiers, die zur Vorbereitung der Herausgabe der Vorlesungen gedient haben (vgl. ebd., S. 628).

Der Freund, Lehrer, Mediziner, Verwandte oder ein sonstiger Partner unterstützt die Person in ihren Anstrengungen, dieses spezifische Selbstverhältnis zu etablieren, »sich als moralisches Subjekt seiner eigenen Handlungen« zu konstituieren«.[31] Dabei muss man auch bisweilen sehr präzisen Vorschriften gehorchen. Zentral für Foucault ist aber weniger »der Inhalt des Gesetzes und seine Anwendungsbedingungen« als vielmehr die

> Haltung, die dafür sorgt, dass man sie achtet. Der Akzent wird auf das Verhältnis zu sich gelegt, welches es ermöglicht, daß man sich nicht von den Begierden fortreißen läßt, [...] daß man seine Sinne in einem Zustand von Ruhe hält, daß man frei bleibt von jeder inneren Versklavung durch die Leidenschaften und daß man zu einer Seinsweise gelangt, die durch den vollen Genuß seiner Selbst oder die vollkommene Souveränität seiner über sich definiert werden kann.[32]

Es handelt sich bei der Sorge um sich um eine Form der »ethischen Selbstelaboration«.[33] Dies bedeutet, dass niemand »gezwungen« ist, sich entsprechend bestimmter Prinzipien zu verhalten, sondern sie sich im Sinne eines persönlichen Ethos selbst auferlegt. Diese Person möchte »ein schönes Leben haben« und »einen guten Ruf haben«, sie will »fähig sein [...], die anderen zu regieren«. In diesem Fall muss »sie all das tun«. Sie akzeptiert »bewusst diese Zwänge um der Schönheit oder des Glanzes ihrer Existenz willen«. Foucault spricht hier von einer »persönliche[n] Wahl«, die das Subjekt habe,[34] denn es orientiert sich weniger an gegebenen Vorschriften als vielmehr daran, was es selbst für gut und richtig hält. Wenn das Subjekt aus dem Leben ein »Werk« machen möchte, »das über seine vergängliche Existenz hinaus dauert«, wenn es der Existenz »die schönste und vollendetste Form« geben will, »die nur möglich ist«,[35] ja eine »Ästhetik der Existenz« zu entwickeln trachtet, dann verfolgt es diese Regeln mit einem weitaus höheren Grad an Autonomie und Freiheit, als wenn es einem gegebenen Gesetzeskodex

31 Foucault, »Zur Genealogie der Ethik«, S. 759.

32 Foucault, *Der Gebrauch der Lüste*, S. 43.

33 Gros, »Situierung der Vorlesungen«, S. 647 f.

34 Michel Foucault, »Zur Genealogie der Ethik: Ein Überblick über die laufende Arbeit«, in: ders., *Schriften in vier Bänden. Dits et Ecrits. Band IV*, hg. von Daniel Defert und François Ewald, Frankfurt/M., S. 461-499, hier S. 480.

35 Foucault, *Der Gebrauch der Lüste*, S. 179, S. 315.

gehorcht, wie dies im Christentum der Fall sein wird.[36] Die Sorge um sich war, mit anderen Worten, »in der griechisch-römischen Welt die Art und Weise, in der sich die individuelle Freiheit [...] als Ethik reflektierte«. Die Ethik war also eine »reflektierte Praxis der Freiheit«, die sich um die Selbstsorge drehte.[37]

Verschiedene Elemente kommen also in der antiken Sorge um sich zusammen: Reflexion und Praxis, Seele und Körper, Selbstsorge und Selbsterkenntnis, Ethik und Moral, Alltag und Politik, Sorge um Dritte und Sorge um sich selbst. Selbstsorge bezeichnet kein individualistisches Streben nach Selbstentfaltung und Selbstüberbietung, sondern ist in eine sowohl intersubjektive als auch ethisch-moralische Reflexion darüber eingebettet, wie man eine Ästhetik der Existenz entwickeln kann. Damit, so Foucault, unterscheidet sich die antike Sorge um sich diametral von Selbstpraktiken psychologischer und, so könnte man hinzufügen, hedonistischer Spielart, wie er sie in Kalifornien Ende der 1970er- und Anfang der 1980er-Jahre selbst erlebte:

> In dem, was man den zeitgenössischen Selbstkult nennen könnte, geht es darum, sein wahres Ich zu entdecken, indem man es von dem trennt, was es verdunkeln oder entfremden könnte, indem man seine Wahrheit dank eines psychologischen Wissens oder einer psychoanalytischen Arbeit entziffert. So verzichte ich nicht nur auf die Gleichsetzung der antiken Kultur des Selbst mit dem, was man den zeitgenössischen Selbstkult nennen könnte, sondern denke gar, dass sie diametral entgegengesetzt sind.[38]

Auf eine ebensolche Unterscheidung läuft auch die in diesem Buch geführte Diskussion um Selbstoptimierung hinaus. Zwar gibt es durchaus Gemeinsamkeiten zwischen Selbstsorge und Selbstoptimierung, wie insbesondere die aktive Form der Selbstbeschäftigung, die auf Selbsterkenntnis ebenso wie auf Selbstpraktiken basiert und einen starken Bezug zum eigenen Körper, der Psyche und der Gestaltung des Alltags hat. Auch die intersubjektive Dimension ist bei beiden vorhanden, in der Antike war sie aber vielleicht noch breiter differenziert und lebensweltlich stärker eingebettet. In der Gegenwart sind an die Stelle des antiken Lehrers, Briefpart-

36 Michel Foucault, *Ästhetik der Existenz. Schriften zur Lebenskunst*, hg. von Daniel Defert und Martin Saar, Frankfurt/M. 2007.

37 Foucault, »Die Ethik der Sorge um sich als Praxis der Freiheit«, S. 879.

38 Foucault, »Zur Genealogie der Ethik«, S. 767.

ners oder Freundes ausgebildete ›ExperteInnen‹ wie der oder die TherapeutIn oder Coach getreten.[39] Trotz dieser Gemeinsamkeiten überwiegen aber die Differenzen. Selbstoptimierung hat keine, zumindest keine direkte politische Dimension, sondern ist individualistisch angelegt. Man optimiert sich nicht als Voraussetzung dafür, politische Funktionen ausüben oder über andere herrschen zu können, sondern aufgrund primär persönlicher Ziele (die allerdings politisch vermittelt sein können[40]) – um mehr aus seinem Körper ›herauszuholen‹ oder um Wettbewerbsvorteile zu erreichen. Selbstsorge ist in eine umfassende ethisch-moralische Reflexion und Praxis eingebettet, Selbstoptimierung markiert hingegen ein Programm der individualistisch-strategischen Selbstüberbietung. Gemeint ist damit die »Selbstbezogenheit und Selbstständigkeit einer individuellen Person, die sich um Fragen einer verallgemeinerbaren Ethik und Moral nicht sonderlich schert« und der es »zuvorderst und mitunter allein um sich selbst« geht.[41] Auf der einen Seite steht eine reflektierte Form der Sorge um körperlich-geistige Vorgänge im Rahmen einer Ästhetik der Existenz, auf der anderen eine individualistische Strategie der instrumentell ausgerichteten Selbstüberbietung. Der antike Mann der Oberklasse will seine Leidenschaften im Griff haben, seine Begierden zügeln und einen ›vollen Genuß seiner selbst‹ erreichen. Die modernen Selbstoptimiererinnen und Selbstoptimierer zielen darauf, ihre körperlich-mentalen Kräfte zu steigern, zu verwerten, erreichte Ziele immer weiter zu überbieten. An die Stelle der (ganzheitlichen) Ästhetik der Existenz, die auf die moralische Integrität der Person zielt, tritt eine auf Parzellierung und Rationalisierung setzende Optimierung des Körpers und der Lebensgestaltung, die selbstbezogenen Nutzenerwägungen folgt.

Nachdem nun schon einige Elemente und Beschreibungen

39 Vgl. Nikolas Rose, *Inventing Our Selves. Psychology, Power, and Personhood*, Cambridge, New York 1998; Jürgen Straub, »Selbstoptimierung im Zeichen der ›Auteronomie‹. Paradoxe Strukturen der normierten Selbststeigerung: von der ›therapeutischen Kultur‹ zur ›Optimierungskultur‹«, in: *Psychotherapie & Sozialwissenschaft* 15/2 (2013), S. 5-38.

40 Hier spielen insbesondere sozialpolitische Aktivitätsregime (z.B. ›Ich-AG‹) eine Rolle wie auch die Frage nach der Hegemonie bestimmter gesellschaftlicher Gruppen.

41 Straub, »Selbstoptimierung im Zeichen der ›Auteronomie‹«, S. 15 f.

von Selbstoptimierung zusammengetragen worden sind, gilt es als Nächstes, ihren analytischen Kern in konziser Form darzustellen.

VI.2 Der analytische Kern von Selbstoptimierung

Den Bedeutungskern von Selbstoptimierung kann man in Anlehnung an Luhmann durch eine Differenzierung ihrer zeitlichen, sachlichen und sozialen Dimension aufschlüsseln. In *zeitlicher* Hinsicht beinhaltet Selbstoptimierung einen Prozess der Verstetigung und damit der Entgrenzung; in *sachlicher* Hinsicht basiert Selbstoptimierung auf den Prinzipien der Perfektibilität, Überbietung und Optimierung; in *sozialer* Hinsicht ist Selbstoptimierung individualistisch ausgerichtet, fußt also auf einem Selbstbezug, der eigenen Interessen folgt. Es handelt sich um eine idealtypische Bestimmung, die mit der konkreten Praxis in der Regel nicht deckungsgleich ist. Gehen wir die Dimensionen der Reihe nach durch.

In *zeitlicher* Hinsicht ist für Selbstoptimierung charakteristisch, dass es kein Ende gibt, nicht geben kann, da jedes Ergebnis potenziell den Ausgangspunkt für eine neue Optimierungsschleife bildet.[42] Dies liegt zum einen am Gedanken der prinzipiellen Verbesserbarkeit (siehe unten), zum anderen aber auch daran, dass sich im Vollzug der Praktiken selbst die Beschaffenheit der einzelnen Parameter, die Zielvorstellungen oder auch die Kontextfaktoren verändern, so dass – potenziell – neuer Optimierungsbedarf entsteht. Damit sind für Selbstoptimierung Prozesse der Perpetuierung beziehungsweise Entgrenzung charakteristisch.

Die *sachliche* Dimension umfasst drei Aspekte: Perfektibilität, Überbietung und Optimierung. Der Ausgangspunkt jeglicher Form der (Selbst-)Optimierung ist das Prinzip der Verbesserbarkeit oder auch Perfektionierbarkeit – »perfectibilité«, wie Rousseau es als einer der Ersten genannt hat. Es geht darum, dass man Dinge prin-

42 Nach der vollzogenen Schönheitsoperation kann sich beispielsweise herausstellen, dass der vorher bestehende ›Makel‹ zwar behoben ist, sich damit aber neue Perspektiven auf weitere Modifikationen ergeben und eine weitere Veränderung gewünscht wird. Tatsächlich sind extreme Fälle der immer weitergeführten Operationen (nicht: einer weiterlaufenden Behandlung, weil etwa die Wirkung eines Wirkstoffs wie Botox nachlässt) in der Praxis nur selten, was einer engen analytischen Bestimmung aber nicht entgegensteht.

zipiell besser machen kann und auch soll. Nicht nur anders sollen sie werden, sondern besser. Leitend für Selbstoptimierung sind also die abstrakten Ideale des Besserwerdens und des Bessermachens, die wie eine leere Hülle beliebig gefüllt werden können.[43] Worin genau die Verbesserung im Einzelnen besteht, kann also inhaltlich beträchtlich variieren, es gibt weder einen inhärenten Zweck beziehungsweise ein inhärentes Ziel noch einen »Maaßstab für die Veränderung«.[44] Anders als zu Zeiten der Philosophie der Aufklärung geht es heute nicht mehr um die moralische Höherentwicklung von Mensch und Gattung, sondern um ein individualistisches Programm der ›Selbst-Verbesterung‹ gemäß der Maßgabe, »dass nichts unmöglich ist, wenn man sich nur genügend anstrengt«.[45] Es geht immer noch ein bisschen mehr, es lässt sich das Rädchen der Optimierung immer noch ein wenig weiter drehen. Die konkreten Ziele reichen dabei von einer körperbezogenen oder mentalen Leistungssteigerung über ein besseres Aussehen bis hin zum Ziel, ein erreichtes Niveau etwa des Aussehens oder der Leistung gegenüber widrigen Umständen wie etwa Alterungsprozessen möglichst lang zu halten. Stets gilt es also in Analogie zu Weber zu fragen: Selbstoptimierung – wofür?, wobei die nächste Schleife im Prozess der Selbstoptimierung bereits vorprogrammiert ist.

Das zweite Charakteristikum besteht daher im Prinzip der Überbietung. Jedes Ergebnis kann und soll wieder verändert, weiter optimiert werden. Es gibt kein ein für alle Male feststehendes, vordefiniertes Ende und auch kein übergreifendes, letztgültiges Ziel, wie es historisch im Gedanken einer nicht mehr steigerbaren Vollendung, der umfassenden Vollkommenheit oder absoluten Perfektion noch zum Ausdruck gekommen ist. Jetzt heißt es: Besser geht immer. Es kann keinen festen Endpunkt geben, denn jedes Ende von etwas ist zugleich der Anfang von etwas Neuem und damit, so die Intention, Besserem.

Das dritte, in sachlicher Hinsicht zentrale Prinzip ist der Gedanke der Optimierung selbst. Er basiert, wie im zweiten Kapitel

43 Florian Heßdörfer »Die Leere der Optimierung. Versuch über eine Ideologie ohne Idee«, in: *Politische Psychologie* 1 (2017), S. 110-123.

44 G. W. F. Hegel, *Vorlesungen über die Philosophie der Geschichte*, hg. von Theodor Litt und Friedrich Brunstäd, Stuttgart 1961 [1837], S.106, vgl. Kapitel IV.2.

45 Carl Cederström, André Spicer, *Auf der Suche nach dem perfekten Ich. Ein Jahr in der Optimierungsindustrie*, Berlin 2018, S. 394.

gezeigt wurde, auf einem zweckrationalen Vorgehen, das die Mittel bezüglich des situativ bestmöglichen Ergebnisses abwägt, mögliche Trade-offs zwischen verschiedenen Parametern berücksichtigt und die erzielten Ergebnisse unablässig kontrolliert. Selbstoptimierung soll sich lohnen, ›etwas bringen‹, und zwar eine Form von ökonomischem, kulturellem, sozialem oder auch symbolischem Mehrwert, wie weiter unten noch genauer ausgeführt wird. Hinter einem optimierenden Zugriff auf das Selbst steht demnach ein instrumentell kalkulierender Zugriff, der auf die Generierung einer variabel bestimmbaren Art von Mehrwert zielt.

Dieser Mehrwert dient ausschließlich dem individuellen Interesse des sich optimierenden Subjekts. In *sozialer* Hinsicht ist Selbstoptimierung also individualistisch ausgerichtet: Sie basiert auf einem ausgeprägten Selbstbezug und erfolgt im eigenen Interesse. Das Selbst stellt den zentralen Bezugs- und Referenzpunkt dar. Selbstoptimierung erfolgt entsprechend auch nicht im Dienste eines Gottes oder in Bezug auf eine oder mehrere andere Personen, nicht zum Wohle der Menschheit oder zur moralischen Höherentwicklung der Gattung, sondern im eigenen Interesse und mit Bezug auf die eigene Person. Sie ist »individuozentrisch«.[46]

Der Sache nach ist also das grundlegende Prinzip bei der Selbstoptimierung das der Verbesser- und Perfektionierbarkeit, die nicht an einem festen Ideal orientiert, sondern offen und steigerbar ist. Daraus folgt das Prinzip der Überbietung, dem zufolge jedes Ergebnis wieder ›getoppt‹ werden kann. Und dies erfolgt gemäß dem Prinzip der Optimierung, also einer Logik, in der die Mittel rational stets hinsichtlich des situativ bestmöglichen Ergebnisses bestimmt werden. Nimmt man zur sachlichen noch die zeitliche und die soziale Dimension hinzu, dann lässt sich Selbstoptimierung als eine Verbindung von selbstbezogenem und selbstinteressiertem Perfektibilitätsstreben, Überbietungsprinzip und Optimierungsgedanken verstehen, die prinzipiell keine zeitliche Beschränkung kennt. Kurzum: Selbstoptimierung steht für eine individualistische Strategie der instrumentell ausgerichteten Selbstüberbietung, die

46 Jürgen Straub, Oswald Balandis, »Niemals genug! Selbstoptimierung und Enhancement. Attraktive Praktiken für verbesserungswillige Menschen?«, in: *Familiendynamik. Systemische Praxis und Forschung* 43 (2018), S. 72-83, hier S. 79. Dies schließt nicht aus, dass sich die Praktiken indirekt auch auf Dritte beziehen können, vgl. dazu unten, Abschnitt 4.

sich auf den eigenen Körper, die eigene Psyche oder die praktische Gestaltung des Alltags bezieht und die prinzipiell kein Ende hat.

Damit ist der analytische Kern von Selbstoptimierung beschrieben, womit ein wichtiger Schritt zur Charakterisierung des Phänomens getan ist. Gleichwohl ist das Phänomen als solches damit noch nicht ausreichend bestimmt. Denn zum einen fehlt noch der wichtige und umfassende Bereich der Praktiken, der diese eher abstrakte Definition veranschaulicht (auch wenn der Zugriff auf die Praktiken ebenfalls aus einer primär analytischen Perspektive erfolgt). Zum anderen fehlen auch noch weitere Präzisierungen und Differenzierungen, die dieser Analyse der Praktiken vorgelagert sind. Sie betreffen verschiedene Perspektiven auf die Konzepte des Selbst und der Selbstverhältnisse, die Differenz von Körper-haben und Leib-sein wie auch die Unterscheidung von Versachlichung und Verdinglichung.

VI.3 Selbst und Selbstverhältnisse

›Selbst‹ bedeutet allgemein »auf die eigene Person bezogen«.[47] »Ein ›Selbst‹ verweist auf sich selbst oder ist auf sich selbst verwiesen.«[48] Dies bedeutet aber nicht, dass sich das Selbst unabhängig von sozialen Kontexten entwickelt, oder anders formuliert: »[D]ie Art und Weise«, wie man sich auf sich bezieht, hängt »elementar mit den Blicken der anderen und den Umgangsweisen der anderen mit dem Ich« zusammen.[49] Ein Selbst ist demzufolge immer auch ein soziales Selbst, das konstitutiv auf andere und damit auf die Gesellschaft verwiesen ist. Diese Perspektive geht unter anderem auf George Herbert Mead zurück, bei dem sich das Selbst (»self«) in dem Verhältnis zwischen dem »me« (gesellschaftliche Rollenerwartungen) und dem »I« (die spontanen Reaktionen darauf) konstituiert.[50] Sø-

47 Karl-Heinz Hillmann, *Wörterbuch der Soziologie*, Stuttgart 1994, S. 769.

48 Hannelore Bublitz u. a., »Einleitung«, in: dies. u. a. (Hg.), *Automatismen – Selbst-Technologien*, Paderborn 2013, S. 9-41, hier S. 19.

49 Norbert Ricken, »An den Grenzen des Selbst«, in: Ralf Mayer u. a. (Hg.), *Inszenierung und Optimierung des Selbst. Zur Analyse gegenwärtiger Selbsttechnologien*, Wiesbaden 2013, S. 239-258, hier S. 248.

50 George Herbert Mead, *Geist, Identität und Gesellschaft aus der Sicht des Sozialbehaviorismus*, Frankfurt/M. 1968 [1934].

ren Kierkegaard wiederum denkt das Selbst als »ein Verhältnis, das sich zu sich selbst verhält«. Das Selbst hat aus dieser Perspektive also keinen autonomen Kern, keine feste Substanz, sondern steht für ein Verhältnis, eben des »Selbst [...] zu sich selbst«.[51] Entsprechend kann es ›das‹ Selbst als eigene Instanz gar nicht geben, da es sich vor allem relational über sein Verhältnis zu anderen und zu sich selbst bestimmt.[52]

Ein Selbst gibt es also nur als komplexes Selbstverhältnis, in Form eines reflexiven Verhältnisses zu sich wie auch zu anderen. Hartmut Rosa betont entsprechend, dass Selbstverhältnisse immer auch Weltverhältnisse sind. Bereits Wilhelm von Humboldt denkt das sich bildende Selbst in einem konstitutiven Wechselverhältnis mit der es umgebenden Welt.[53] Rosa bezeichnet das Selbst einerseits als ein Subjekt, das Erfahrungen macht, beziehungsweise eines, an dem »sich Erfahrungen manifestieren«, und andererseits als einen »Ort, an dem sich psychische Energie motivational materialisiert, an dem also Handlungsantriebe wirksam werden«. Die Subjekte sind stets intentional, evaluativ und existentiell auf »›ihre‹ Welt« bezogen. Die Welt wiederum definiert Rosa als »alles, was begegnet (oder auch: was begegnen kann)«. »Subjekt und Welt« werden ihm zufolge »in der und durch die wechselseitige Bezogenheit erst geformt, geprägt, ja mehr noch: konstituiert«.[54] Für die Art des Selbstverhältnisses ist es also für die Subjekte von entscheidender Bedeutung, in was für einem (mikro)sozialen und kulturell-gesellschaftlichen Umfeld sie sich bewegen. Die ›Welt‹ beziehungsweise ›Alles, was begegnet‹ bezieht sich dabei sowohl auf den soziokulturellen Kontext allgemein, auf das engere soziale Umfeld als auch auf konkrete institutionelle Settings, etwa den Arbeitsplatz.

In einer anderen, an Foucault angelehnten Theorietradition werden das Selbst und Selbst-Welt-Verhältnisse unter dem Begriff

51 Søren Kierkegaard, *Die Krankheit zum Tode. Der Hohepriester – der Zöllner – die Sünderin*, hg. von Emanuel Hirsch und Hayo Gerdes, Gütersloh 1985 [1849], S. 8.

52 Ricken, »An den Grenzen des Selbst«, S. 245-250. Das Selbst hat auch eine neuronale Dimension, vgl. dazu Alain Ehrenberg, *Die Mechanik der Leidenschaften. Gehirn, Verhalten, Gesellschaft*, Berlin 2019; Greta Wagner, *Selbstoptimierung. Praxis und Kritik von Neuroenhancement*, Frankfurt/M., New York 2014, S. 104-110.

53 Vgl. Kap. IV.1. Weiterführend Hans-Christoph Koller, *Bildung anders denken. Einführung in die Theorie transformatorischer Bildungsprozesse*, Stuttgart 2012.

54 Hartmut Rosa, *Resonanz. Eine Soziologie der Weltbeziehung*, Berlin 2016, S. 65, S. 62, Hervorhebungen weggelassen.

der Subjektivierung verhandelt. Subjektivierung bezeichnet hier die vielschichtigen, vieldeutigen, nicht abschließbaren und häufig widersprüchlichen Prozesse des »Subjekt-werden[s] von Subjekten«.[55] Es gibt demnach kein »souveränes, stiftendes Subjekt, keine Universalform Subjekt, die man überall wiederfinden könnte« und die einen unveränderlichen Kern hat.[56] Ein Subjekt besteht immer »nur im Gerundivum«, also *in the making*.[57] Zum Subjekt »*wird*« man »im Schnittpunkt epistemischer, praktisch-sozialer und selbstbezogener Praktiken«.[58] In der poststrukturalistischen Theorietradition werden demnach Subjekte und Praktiken in einem konstitutiven Wechselverhältnis gedacht. Das Subjekt bildet keine feste Struktur, sondern steht im »Kreuzungspunkt unterschiedlicher Verhaltens-/Wissenskomplexe sozialer Praktiken«, die heterogen, nicht aufeinander abgestimmt und möglicherweise auch inkommensurabel sind.[59]

Weder die Rede vom Selbst noch die vom Subjekt, so sollten diese angedeuteten sozialtheoretischen Bezüge belegen, implizieren eine Vorstellung von einer festen Einheit, die einfach vorhanden ist und ›sich‹ optimiert, auch wenn dies sprachlich so scheint. Entsprechend wird hier kein essentialistisches Konzept vom Selbst vertreten, sondern eine Perspektive, die die komplexen Wechselbezüge zu den Praktiken einerseits, dem sozialen Umfeld andererseits mitberücksichtigt.

Ein ausgeprägter Selbstbezug ist für Selbstoptimierung konstitutiv. Dieser Selbstbezug ist optimierend, folgt also einer instrumentell kalkulatorischen Perspektive auf den Körper und auf die Psyche. Hinsichtlich der körperlichen Dimension wird hier nun eine Unterscheidung wichtig, die aus der philosophischen Anthropologie kommt und von Helmuth Plessner formuliert worden ist.

55 Martin Saar, »Analytik der Subjektivierung. Umrisse eines Theorieprogramms«, in: Andreas Gelhard u. a. (Hg.), *Techniken der Subjektivierung,* Paderborn 2013, S. 17-28, hier S. 17.

56 Michel Foucault, »Ästhetik der Existenz«, in: ders., *Schriften in vier Bänden. Dits et Ecrits. Band IV*, hg. von Daniel Defert und François Ewald, Frankfurt/M., S. 902-909, hier S. 906.

57 Ulrich Bröckling, *Das unternehmerische Selbst. Soziologie einer Subjektivierungsform*, Frankfurt/M. 2007, S. 22.

58 Saar, »Analytik der Subjektivierung«, S. 26, Hervorhebung im Original.

59 Andreas Reckwitz, »Grundelemente einer Theorie sozialer Praktiken. Eine sozialtheoretische Perspektive«, in: *Zeitschrift für Soziologie* 32/4 (2003), S. 282-301, hier S. 296.

Plessner zufolge basiert jegliches instrumentelles Einwirken auf den Körper, wie es sich gerade auch, aber nicht nur bei der Selbstoptimierung äußert, auf einer grundlegenden, für ihn anthropologisch fundierten Unterscheidung zwischen »Leib-Sein« und »Körper-Haben«.[60] Menschen haben einen Körper und sie sind gleichzeitig ein Leib. Plessner schreibt: »Der Mensch *ist* immer zugleich Leib (Kopf, Rumpf, Extremitäten mit allem, was darin steckt) [...] und *hat* diesen Leib als diesen Körper«.[61] Betont man die Dimension der Leiblichkeit, »geht [es] weniger um das aktive Handeln und Entscheiden einzelner Akteure, sondern darum, wie diese in die Situation eingebunden sind, von dieser berührt werden und entsprechend auf die Umwelt handelnd einwirken beziehungsweise mit anderen kommunizieren«.[62] Während der Leib konstitutiv da ist, ist die Beziehung zum Körper stärker reflexiver wie auch instrumenteller Natur, genauer: Der Körper selbst wird zum Instrument.[63] Plessner denkt die Beziehung zwischen Körper und Leib im Sinne einer »Verschränkung«: »Wenn leibliche Selbste zu sich selbst in Distanz sind, existieren sie nicht nur als leiblicher Vollzug, sondern sie erleben, dass sie einen Körper haben.« Die »Verschränkung von Körper und Leib« ist demnach »zu verstehen als eine Verschränkung von Wissen über den Körper und der erlebten Gegebenheit des eigenen Leibes«.[64]

Die Leib-Körper-Differenz hilft also dabei, die für Selbstoptimierung charakteristische instrumentelle Perspektive auf den Körper zu verdeutlichen, bei der auch »der Leib in den Fokus kal-

60 Nicht zu allen Zeiten jedoch hatten die Menschen tatsächlich eine Vorstellung davon, einen Körper zu haben. Vgl. Gabriele Klein, »Bewegung denken. Ein soziologischer Entwurf«, in: dies. (Hg.), *Bewegung. Sozial- und kulturwissenschaftliche Konzepte*, Bielefeld 2004, S. 131-154, hier S. 142 f.

61 Helmuth Plessner, »Lachen und Weinen. Eine Untersuchung der Grenzen menschlichen Verhaltens«, in: ders., *Gesammelte Schriften Bd. VII: Ausdruck und menschliche Natur*, hg. von Günter Dux u. a., Frankfurt/M. 1982 [1941], S. 201-387, hier S. 238, Hervorhebung im Original.

62 Gesa Lindemann, »Leiblichkeit und Körper«, in: Robert Gugutzer u. a. (Hg.), *Handbuch Körpersoziologie. Band 1: Grundbegriffe und theoretische Perspektiven*, Wiesbaden 2017, S. 57-66, hier S. 58.

63 Helmuth Plessner, »Der Mensch als Lebewesen. Adolf Portmann zum 70. Geburtstag«, in: ders. *Gesammelte Schriften Bd. VIII: Conditio humana*, hg. von Günter Dux u. a., Frankfurt/M. 1985 [1967], S. 314-327, hier S. 321.

64 Vgl. Lindemann, »Leiblichkeit und Körper«, S. 63, S. 65.

kulativer Kulturtechniken der Selbstkontrolle« gerät. Damit ist der Leib nicht mehr »einzig, subjektiv und inkommensurabel«, sondern die »leibliche Performanz [kann] sicht- und damit optimierbar« gemacht werden. Durch eine quantifizierende Selbstvermessung kann man »in spezifischer Weise aus der vorreflexiven Erfahrung des Leibes heraustreten und diesen zu einem Objekt reflexiver Beobachtung und strategischer Interventionen machen«.[65] Körperliche Praktiken haben demnach immer auch eine leibliche Dimension. Wenn im Folgenden von Selbstoptimierung in Form körperlicher Praktiken die Rede ist, wird diese leibliche Dimension stets mitgedacht, auch wenn sie nicht eigens genannt wird.

Führt nun aber ein direkter Schritt von strategisch-instrumentellen Manipulationen am und im Körper zu Formen der Verdinglichung des Selbst? Ist also Selbstoptimierung immer auch ein Zeichen für oder Symbol von Verdinglichung, oder kann sie auch im Sinne einer (relativen) Autonomie der Subjekte erfolgen? Hartmut Rosa vertritt im Rahmen seiner Resonanztheorie die Verdinglichungsperspektive. Dort beschreibt er die »Verdinglichung des Selbstverhältnisses« damit, dass die »Schnittstellt zwischen Körper und Selbst [...] zu Zwecken der Steigerung des Körperkapitals« instrumentalisiert wird. Sobald es also um Formen der »gezielten und intendierten Steigerung seiner Leistungsfähigkeit« geht, so Rosa, »herrscht eine prädominant stumme Weltbeziehung vor«, selbst wenn das subjektive Gefühl dem nicht entspreche wie etwa bei Leistungssportlern. Er sieht daher bei vorwiegend instrumentellen, auf gezielte Leistungssteigerung setzenden Selbstverhältnissen klare Indizien für eine »fundamentale Störung« der je individuellen Resonanzbeziehung zu sich und der Welt und darin eine Form der Verdinglichung des Selbst.[66]

Mithilfe der von Michael Makropoulos herausgearbeiteten Unterscheidung von Versachlichung und Verdinglichung hingegen wird es möglich, optimierende Interventionen am oder im Körper nicht von vornherein als Form der Verdinglichung zu brandmarken, sondern zunächst einmal als Prozess der Versachlichung zu

65 Uwe Vormbusch, Karolin Kappler, »Leibschreiben. Zur medialen Repräsentation des Körperleibes im Feld der Selbstvermessung«, in: Thorben Mämecke u. a. (Hg.), *Bedeutende Daten. Modelle, Verfahren und Praxis der Vermessung und Verdatung im Netz*, Wiesbaden 2016, S. 207-231, hier S. 208 f., S. 227.

66 Rosa, *Resonanz*, S. 176 f.

verstehen.[67] Versachlichung bedeutet, dass der Körper zu einem Instrument wird, zu einem Material, das weitgehend beliebig manipulierbar ist, vermessen, trainiert oder auch technisch erweitert werden kann. Versachlichung verweist auf die »weitgehende Objektivierung der Phänomene«, in deren Folge sie zum »sinnentleerten Material selbstmächtiger menschlicher Konstruktionen« werden, was wiederum »die prinzipielle Voraussetzung« für die Schaffung der »menschengerechten Kulturwelt« darstellt. Versachlichung ist »die notwendige Voraussetzung wissenschaftlich-technischer Naturbeherrschung als organisierte Realisierung des konstruktiven Vermögens des Menschen«.[68] Im Rahmen von Selbstoptimierung nun geht es nicht um die Beherrschung der äußeren Natur, sondern um die Beherrschung, Manipulation und Bearbeitung des eigenen Körpers (und Leibes). Der Zugriff ist instrumentell und erfolgt über konkrete Praktiken. Versachlichung ist »eine technische Kategorie, die auf Verfügbarkeit verweist« – in Bezug auf den Körper auf das schier unerschöpfliche Reservoir auszubeutender Kräfte und Potenziale.

Davon lässt sich das Konzept der Verdinglichung abgrenzen, das »auf Unverfügbarkeit verweist«. Das Konzept der Verdinglichung »beschreibt die im Warenverhältnis generierte Entfremdung der Produkte menschlicher Tätigkeit zu einer vom Menschen unabhängigen Objektivität, deren Eigengesetzlichkeit ihm als unverfügbare gegenübersteht, ihn beherrscht und ihn am Ende als fremde Wirklichkeit sogar bedroht«. Ein zentraler Anstoß der Kritik im Rahmen der Verdinglichungsdiskussion ist die Anonymität und der Zwangscharakter gesellschaftlicher Strukturen, die »nicht nur heteronome Verhaltenskonditionierungen, sondern auch heteronome Wertbestimmungen« zur Folge haben.[69] Die »eigene Tätigkeit« des Menschen wird zu »etwas Objektive[m], von ihm Unabhängige[m], ihn durch menschenfremde Eigengesetzlichkeit Beherrschende[m]«.[70]

67 Dies gilt nicht für Vertreter humanistisch-religiöser Positionen, die jegliche rational-technisch operierende Veränderung am Menschen moralisch verurteilen.

68 Michael Makropoulos, »›Lebensführung‹, ›steuerloses Treiben‹ und ›außengeleitete Lebensweise‹«, in: Anja Röcke u. a. (Hg.), *Soziale Ungleichheit der Lebensführung*, Weinheim, Basel 2019, S. 8-43, hier S. 32 f.

69 Ebd., S. 33 f.

70 Georg Lukács, *Geschichte und Klassenbewußtsein. Studien über marxistische Dialektik*, Neuwied 1970, S. 175. Wie im fünften Kapitel deutlich wurde, ist diese

Selbstoptimierung basiert zunächst einmal auf Versachlichung und nicht, zumindest nicht notwendigerweise, auf Verdinglichung. Versachlichung geht mit Objektivierung einher. Eine Form der »Selbstobjektivierung« findet sich beispielsweise bei Personen mit Körpermodifikationen wie Tattoos oder Piercings. Laut einer Studie von Appel et al. besteht ein »präferierter Aspekt [dieser Personengruppe] im Verhältnis zum eigenen Körper« darin, »de[n] Körper als Objekt«« zu erleben, »den man aktiv gestalten kann und der primär dem Ausdruck der eigenen Identität und Persönlichkeit dient«. Dieser »›objekthafte‹ Erlebensaspekt des Körpers« sei bei diesen Personen deutlich stärker ausgeprägt als bei Personen ohne Körpermodifikationen.[71] Erst aber, wenn dieser objektivierte Körper oder einzelne seiner Teile eine ›vom Menschen unabhängige Objektivität‹ erreichen, wenn sie sich der eigenen Kontrolle entziehen und man sich nicht mehr mit ihnen identifizieren kann, kommt eine Dynamik der Verdinglichung oder auch der Entfremdung ins Spiel. Im extremen Fall werden der Körper oder seine Facetten dann zu einer kapitalistischen Ware, zu Rohstoffen, die gemäß der kapitalistischen Profitakkumulation maximal ausgebeutet werden sollen.[72] Diese Dynamiken sind aber, anders als es in der Perspektive einer alles durchdringenden Ökonomisierung des Sozialen oft erscheint, nicht von vornherein gesetzt. Dies macht in der Sache einen enormen Unterschied, weil somit auch die potenziell freiheitlichen oder emanzipativen Formen der Selbstoptimierung in den Blick geraten, die ansonsten unter dem Mantel der umfassenden Kritik verborgen bleiben. Diese freiheitlichen Formen mögen in der gegenwärtigen gesellschaftlichen Situation eher die Ausnahme als die Regel sein; gleichwohl ist es im Sinne eines differenzierten Verständnisses von Selbstoptimierung notwendig, sie mit zu berücksichtigen. Dafür soll nun die Ebene der Praktiken näher beleuchtet werden.

Perspektive im Rahmen der Diskussionen zur Ökonomisierung des Sozialen von zentraler Bedeutung. Möglichkeiten von Autonomie oder Emanzipation werden dadurch weitgehend negiert.

71 Antonia Appel u. a., »Körperbild und Körperschmuck«, in: *Psychotherapeut* 60 (2015), S. 505-510, hier S. 509.

72 Vgl. Paula-Irene Villa, *Schön normal. Manipulationen am Körper als Technologien des Selbst*, Bielefeld 2008, S. 254. Zu Entfremdung vgl. Rahel Jaeggi, *Entfremdung. Zur Aktualität eines sozialphilosophischen Problems*, Frankfurt/M. 2005.

VI.4 Selbstoptimierung als Praxis

Die Reflexion über Selbstoptimierung als Praxis erfolgt in zwei Schritten: Zum ersten geht es darum, ein grundlegendes Verständnis von Selbstoptimierung als Praxis zu vermitteln. Zum zweiten wird die Struktur selbstoptimierender Praktiken genauer unter die Lupe genommen.

Die Logik der Praxis

Praxistheorien bilden spätestens seit dem »Practice Turn« ein breites, interdisziplinäres und heterogenes Feld in der Sozialtheorie wie auch darüber hinaus.[73] Praxistheorien zielen darauf, »eine Reihe etablierter philosophischer und soziologischer Dichotomien zu überwinden«, wie etwa die Differenz zwischen Handlung und Struktur oder zwischen Individuum und Gesellschaft. An ihre Stelle rückt eine Perspektive, in der sich Individuum und Gesellschaft gleichermaßen über die Ebene der Praktiken konstituieren. Praktiken werden dabei nicht isoliert gedacht, sondern immer als ein Feld zusammenhängender Praktiken.[74] Damit lässt sich ein deutlich umfassenderes und komplexeres Bild zeichnen, als dies etwa mit dem klassischen Verständnis sozialen Handelns eines Max Weber möglich ist. Mit Weber würde man Selbstoptimierung primär als Ausdruck zweckrationalen Handelns beschreiben, das sich an »Zweck, Mitteln und Nebenfolgen orientiert und dabei sowohl die Mittel gegen die Zwecke, wie die Zwecke gegen die Nebenfolgen, wie endlich auch die verschiedenen möglichen Zwecke gegeneinander rational abwägt«[75] und in der der Zweck eben in der Optimierung der eigenen Fähigkeiten oder auch des eigenen Aussehens liegt. Nun hat Weber selbst sehr deutlich gemacht, dass seine vier Handlungstypen (zweckrational, wertrational, traditional, affektu-

73 Theodore R. Schatzki, Kathrin Knorr-Cetina, Eike von Savigny (Hg.), *The Practice Turn in Contemporary Theory*, London 2001.

74 Hilmar Schäfer, »Einleitung. Grundlagen, Rezeption und Forschungsperspektiven der Praxistheorie«, in: ders. (Hg.), *Praxistheorie. Ein soziologisches Forschungsprogramm*, Bielefeld 2016, S. 9-25, hier S. 11.

75 Max Weber, *Wirtschaft und Gesellschaft. Grundriß der verstehenden Soziologie*, hg. von Johannes Winckelmann, Tübingen 1972 [1921], S. 13, Hervorhebung weggelassen.

ell) Idealtypen darstellen, also als solche in der sozialen Realität nie in Reinform anzutreffen sind. Ganz im Gegenteil verläuft Weber zufolge das »reale Handeln [...] in der großen Masse seiner Fälle in dumpfer Halbbewußtheit oder Unbewußtheit seines ›gemeinten‹ Sinns«; der Handelnde »fühlt« diesen mehr, »als daß er ihn wüßte oder ›sich klar machte‹«, ja »in der Mehrzahl der Fälle« handelt er »triebhaft oder gewohnheitsmäßig«.[76] Auch wenn man dies mitberücksichtigt und bei Weber keinen rationalistischen *bias* am Werke sieht, ermöglicht es der Begriff der Praxis, ein weitaus umfassenderes Bild von Selbstoptimierung zu entwickeln. Im Begriff der Praxis werden einige der von Weber durchaus mitgedachten Unstimmigkeiten bei Handlungsprozessen wie etwa zwischen Planung und realem Verlauf selbst integriert. Der Begriff umfasst zudem mehr Dimensionen, wie etwa die Materialität, Körperlichkeit oder auch Zeitlichkeit von Praktiken. Daher wird hier die Praxisperspektive bevorzugt, wenngleich nicht alle theoretischen Implikationen mitgetragen werden (siehe unten).

Die Logik der Praxis folgt keinen engen Bestimmungen, wie sie oben für den analytischen Kern von Selbstoptimierung präzisiert wurden, sondern ihrer eigenen »praktischen Logik«.[77] Dies bedeutet, dass es Selbstoptimierung in analytischer Reinform in der Praxis nicht gibt, ja nicht geben kann. Im Rahmen einer Logik der Praxis kommen stets auch andere Bezüge mit ins Spiel. Auf der Ebene der sinnhaften Orientierungen etwa kann sich eine im engeren Sinn optimierende Perspektive beispielsweise mit dem Streben nach mehr Selbstachtsamkeit, nach mehr Glück und Zufriedenheit oder auch mit dem Wunsch verbinden, sich gesünder zu ernähren oder sportlicher zu werden. Derartige hybride Formen von Sinnorientierungen sind die Regel, nicht die Ausnahme. Nichtsdestotrotz ist es möglich und im Sinne eines theoretischen Zugriffs auch notwendig, ausgehend von allgemeinen Prämissen der Praxistheorie die Struktur selbstoptimierender Praktiken möglichst präzise zu beschreiben.

Andreas Reckwitz listet in einem synthetisierenden Zugriff vier allgemeine Charakteristika von Praxistheorien auf, die auch in Hinsicht auf selbstoptimierende Praktiken relevant sind. Das ers-

76 Ebd., S. 10, Hervorhebung weggelassen.

77 Bourdieu, Pierre, *Entwurf einer Theorie der Praxis auf der ethnologischen Grundlage der kabylischen Gesellschaft*, Frankfurt/M. 1976, S. 228-317.

te Charakteristikum ist die »Materialität der Praktiken«. Praktiken bezeichnen demnach »in aller Regel einen Umgang von Menschen mit ›Dingen‹, ›Objekten‹«, wobei er zwei materielle »Instanzen« besonders hervorhebt: den »menschlichen ›Körper‹ und die ›Artefakte‹«. Im Unterschied zu zahlreichen Handlungstheorien »betont die Praxistheorie die Körperlichkeit der Praktiken«, was für ein Phänomen wie Selbstoptimierung von zentraler Bedeutung ist, denn genau darum geht es hier. Die Körperlichkeit der Praxis wiederum »umfasst die beiden Aspekte der ›Inkorporiertheit‹ von [explizitem und implizitem] Wissen und der ›Performativität‹ des Handelns«.[78]

Als zweites Charakteristikum identifiziert Reckwitz die »Materialität der Dinge«:[79] »Spezifische Artefakte – von Computern bis zu Gebäuden, von Flugzeugen bis zu Kleidungsstücken – sind als ein Teilelement von sozialen Praktiken zu begreifen«. Diese Praktiken setzen bisweilen auch bestimmte Artefakte voraus, um zu entstehen.[80] Bezüglich der Selbstoptimierung spielen hier technisch-digitale Gadgets eine große Rolle, aber auch pharmazeutische Substanzen verschiedenster Art, Gegenstände wie Ratgeberbücher oder Instrumente zur Bearbeitung der körperlichen Außen- und Innenstruktur. Schlaf, Aktivitäten, Körperstoffe – alles kann mithilfe von Artefakten genau analysiert und mittels Technologie umgehend visualisiert werden.

Als dritten Punkt führt Reckwitz die »implizite Logik der Praxis« auf. Dies bedeutet, »dass Handeln im Rahmen von Praktiken zuallererst als wissensbasierte Tätigkeit begriffen werden kann, als Aktivität, in der ein praktisches Wissen, ein Können im Sinne eines ›know how‹ und eines praktischen Verstehens zum Einsatz kommt«.[81] In der Praxistheorie geht es dabei primär um Formen impliziten Wissens, um den »praktischen Sinn«[82] der Akteure. Dies trifft auch auf Selbstoptimierung zu, wobei hier ebenso expli-

78 Reckwitz, »Grundelemente einer Theorie sozialer Praktiken«, S. 290.

79 Ebd.

80 So hat beispielsweise der Buchdruck »einen ganzen Komplex von sozialen Praktiken erst ermöglicht« (ebd., S. 291), die es ohne dieses neuartige Kommunikationsmedium nie, zumindest nicht in dieser Form, gegeben hätte, wie den wachsenden Austausch, den Vergleich und die systematische Ordnung von Wissensvorräten oder auch den Wandel der religiösen Kultur.

81 Ebd., S. 291 f.

82 Pierre Bourdieu, *Sozialer Sinn. Kritik der theoretischen Vernunft*, Frankfurt/M. 1987.

zite Wissensformen zum Einsatz kommen. In Praktiken wie dem Neuroenhancement oder Doping verfügen Akteure in der Regel über zumindest basale Kenntnisse bezüglich der Wirkung spezifischer Substanzen; es ist schließlich in der Regel genau dieses Wissen um die Wirkung dieser Substanzen, das deren Konsum motiviert.[83] Reckwitz verweist hier noch auf einen weiteren Aspekt. Ihm zufolge können wissensbasierte Praktiken in dreierlei Hinsicht »sozial« sein: in einem »intersubjektiven« Sinn (zwischen mehreren Personen), einem »interobjektiven« Sinn (zwischen Subjekten und Objekten) und einem »auf sich selbst bezogen[en]« Sinn. Derartige Praktiken seien zwar in einem weiteren Sinn immer sozial strukturiert, »das ›accomplishment‹ der wissensbasierten sozialen Praktik selbst braucht [aber] nicht die Form einer ›sozialen Interaktion‹ oder von ›sozialem Handeln‹ zu besitzen«.[84]

Viertens betont Reckwitz das Spannungsfeld, das zwischen »Routinisiertheit« einerseits und »Unberechenbarkeit der Praktiken« andererseits besteht. Beide Aspekte gehören seiner Lesart zufolge zusammen und bilden die beiden Seiten der ›Logik der Praxis‹.[85] Vier Aspekte charakterisieren die »Unberechenbarkeit und damit Offenheit« der Praxis. Dazu gehört, erstens, die *Kontextualität* der Praktiken. »Die Überraschungen des Kontextes können dazu führen, dass die Praktik misslingt oder zu misslingen droht, dass sie modifiziert oder gewechselt werden kann oder muss etc.« Hinzu kommt, zweitens, »die *Zeitlichkeit* des Vollzugs einer Praktik«. Praktiken vollziehen sich innerhalb eines bestimmten zeitlichen Rahmens und bergen damit immer auch eine »Zukunftsungewissheit« darüber, »inwiefern ein weiteres Handeln im Rahmen der Praktik gelingen wird«. Mit Bezug auf selbstoptimierende Praktiken lässt sich an dieser Stelle hinzufügen, dass sich auch die Kriterien ihrer Bewertung im Verlauf der Zeit verändern können, abhängig von den jeweils bereits erreichten Ergebnissen, den kontextuellen Bedingungen

83 Das heißt aber nicht, dass ein solches Wissen zwangsläufig zum Konsum aller zur Leistungssteigerung verfügbaren Mittel und Substanzen führt. Zudem sind die Übergänge zwischen hochdosierten Präparaten zur Nahrungsergänzung und legalen oder auch illegalen Formen der psychopharmakologischen Leistungssteigerung fließend. Vgl. Mischa Kläber, »Medikamentenaffinität und Suchtpotentiale im Fitness-Studio«, in: Antje Dresen u.a. (Hg.), *Dopingforschung. Perspektiven und Themen,* Schorndorf 2015, S. 201-216, hier S. 211.

84 Reckwitz, »Grundelemente einer Theorie sozialer Praktiken«, S. 292.

85 Ebd., S. 294.

oder auch den Reaktionen aus dem sozialen Umfeld. Praktiken sind demnach veränderungsoffen, was, drittens, damit zusammenhängt, dass »die soziale Welt *lose gekoppelte Komplexe* von Praktiken [bildet], die häufig nur bedingt und widerspruchsvoll aufeinander abgestimmt oder gegeneinander abgegrenzt sind«. Derartige Komplexe lassen sich laut Reckwitz aus zweierlei Perspektiven betrachten: aus einer der »sozialen Felder«, die die Praktiken »der Sache nach« als zusammenhängend betrachtet, und aus einer der »›Lebensformen‹, in denen Praktiken [...] so miteinander zusammenhängen, dass sie die gesamte Lebens- und Alltagszeit der beteiligten Subjekte strukturieren.« Der vierte und letzte Punkt ist die Bestimmung der »*Struktur des Subjekts als eines lose gekoppelten Bündels von Wissensformen*«.[86] Das Subjekt erscheint demnach als »Kreuzungspunkt unterschiedlicher Verhaltens/Wissenskomplexe sozialer Praktiken«. Während im dritten Punkt die Verknüpfung ähnlicher Praktiken bis hin zu einer vergleichsweise einheitlichen ›Lebensform‹ betont wird, hebt der vierte Aspekt stärker die zentrifugalen Kräfte hervor. Beides ist gleich möglich. Darauf hebt auch die weiter unten ausgeführte Differenz zwischen Selbstverhältnis und Praktiken ab.

Während Praktiken auf der einen Seite eine offene Struktur aufweisen, sind sie auch zu verstehen als »Routinehandeln« oder als »routinisierter Strom der Reproduktion typisierter Praktiken«. Diese Sichtweise der Praxistheorie, so Reckwitz, unterscheidet sich fundamental von Webers Handlungstheorie, die »dem rationalen Handeln – vor allem in Form des zweckrationalen Handelns – das theoretische Primat« zuschreibt.[87] Die Theorie der Praxis »überwindet«, mit anderen Worten, »den Intentionalismus des Akteur-Konzepts der Soziologie. Die ›Intentionen‹ der sogenannten Akteure sind durch die Praxis erzeugte Dispositionen, die sich in die Körper eingeschrieben haben und die auf diese Weise sozialisierte Körper zur Beteiligung an Praxis befähigen.« Trotz dieser grundlegenden Skepsis gegenüber der »scholastische[n] Festlegung von

86 Ebd., S. 295 f., Hervorhebungen im Original.

87 Reckwitz, »Grundelemente einer Theorie sozialer Praktiken«, S. 294. An dieser Stelle muss aber zwischen Webers historischer Interpretation und seinem analytisch konzipierten Handlungsbegriff unterschieden werden. Zwar basiert Webers Zeitdiagnose auf der Annahme einer immer weiter reichenden Rationalisierung, auf der analytischen Ebene der Handlungstypen besteht aber kein Primat der Zweckrationalität.

Handlungsmotiven und -intentionen«[88] im Rahmen (mancher) praxistheoretischer Überlegungen ist es meiner Meinung nach für eine theoretische Perspektive auf ein Thema wie Selbstoptimierung durchaus sinnvoll und auch notwendig, sich über die zugrundeliegenden Motive oder Gründe für selbstoptimierende Praktiken Gedanken zu machen. Dies bedeutet nicht, davon auszugehen, dass die Subjekte stets bewusst an ihrer Optimierung arbeiten; dies ist aber eine mögliche – und gerade auch für den Beginn einer solchen Praxis naheliegende – Option. An dieser Stelle also weicht die hier verfolgte Perspektive von einer im engeren Sinne praxistheoretischen Bestimmung deutlich ab.

Vor dem Hintergrund dieser theoretischen Ausführungen ergibt sich bereits ein genaueres Bild selbstoptimierender Praktiken. Sie bilden eine mehr oder minder lose zusammenhängende Sequenz, die sich in der Zeit erstreckt, ein bestimmtes Wissen impliziert – beispielsweise über die richtige Art der Ernährung oder über die Wirksamkeit spezifischer Substanzen zur Leistungssteigerung – und auch eine materiale Dimension aufweist, insofern sie einen bestimmten Umgang mit dem Körper beziehungsweise körperlichen Facetten pflegt oder auch (aber nicht notwendigerweise) technische Artefakte gebraucht. Die in diese Praktiken involvierten Akteure verfolgen entweder explizit oder auch implizit Ziele und Interessen, ihr Handeln wird aber maßgeblich auch von der Entfaltung des Prozesses selbst (in seiner zeitlichen, materialen wie auch sozialen Struktur) geprägt. Diese im allgemeinen Sinne praxistheoretische Bestimmung von Selbstoptimierung enthält bereits eine Reihe wichtiger Punkte, ist aber noch nicht vollständig. Aus diesem Grund wird nun ein genaueres Bild entwickelt, das einen Teil der genannten Aspekte aufnimmt, diesen aber weitere hinzufügt. Es handelt sich dabei nicht um ein Abbild konkreter Praktiken, sondern um eine Art analytisches Gerüst.[89]

88 Frank Hillebrand, »Die Soziologie der Praxis als poststrukturalistischer Materialismus«, in: Hilmar Schäfer (Hg.), *Praxistheorie. Ein soziologisches Forschungsprogramm*, Bielefeld 2016, S. 71-94, hier S. 78, S. 89.

89 Vgl. den von der Intention her ähnlichen Beitrag von Jürgen Straub u. a., »Menschen besser machen. Terminologische und theoretische Aspekte vielgestaltiger Optimierungen des Humanen«, in: Anna Sieben u. a. (Hg.), *Menschen machen. Die hellen und die dunklen Seiten humanwissenschaftlicher Optimierungsprogramme*, Bielefeld 2012, S. 27-75.

Die Struktur selbstoptimierender Praktiken

Die allgemeine Struktur selbstoptimierender Praktiken beinhaltet zehn Elemente: Subjekt, Objektbereich, Grundorientierung, Intentionalität/Routine, Ziele, Zielkonflikte, Mittel, offene Prozesslogik, Spannungsfeld von Autonomie/Heteronomie, Fehlen letztgültiger Kriterien zur (normativen) Bewertung. Die einzelnen Punkte werden nun der Reihe nach präsentiert, wobei manche kürzer abgehandelt werden können und andere mehr Raum erfordern.

(1) Das *Subjekt* selbstoptimierender Praktiken ist in der Regel diejenige Person, die die optimierende Handlung an sich selbst auch ausführt oder gegebenenfalls gewollt ausführen lässt (siehe unten). Auf einer ersten Ebene bezeichnet Selbstoptimierung daher eine Form individueller Praxis, die aber immer mehr oder weniger stark sozial eingebettet ist, an die Bedingungen des soziohistorischen Kontextes gebunden ist und eine mehr oder weniger stark ausgeprägt materielle Dimension hat. Gerade im Bereich der technisch basierten Körperpraktiken wird das sehr deutlich. Personen, die sich selbst vermessen, sind »weder allein, noch vollbringen sie einen singulären Akt. Sie nehmen an einer Praktik teil, in die Sensoren, Smartphones, Körper(teile), Thematisierungen in sozialen Zusammenhängen und in den Medien, ansozialisierte Körperschemata, Strukturen ökonomischer Märkte und typisierte Orte und Zeiten involviert sind«.[90] Es ist zwar möglich, dass Praktiken der Selbstoptimierung im Verlauf der Praxis vorwiegend selbstbezogen ablaufen, beispielsweise bei spezifischen individuellen Extremsportarten wie dem Ultralangstreckenlauf; aber auch hier ist diese Praxis immer auch in einen spezifischen historischen, soziokulturellen, technisch-materiellen und ökonomischen Kontext eingebettet.

Wird die im eigentlichen Sinne modifizierende Handlung von einer dritten Person ausgeführt, wie es etwa im Fall von Schönheitsoperationen der Fall ist, handelt es sich um eine *fremdexekutive* Form der Selbstoptimierung im Gegensatz zur *selbstexekutiven* Version. Solange die Person, die die optimierende Maßnahme durch-

90 Jörg Strübing, Beate Kasper, Lisa Staiger, »Das Selbst der Selbstvermessung. Fiktion oder Kalkül? Eine pragmatistische Betrachtung«, in: Stefanie Duttweiler u.a. (Hg.), *Leben nach Zahlen. Self-Tracking als Optimierungsprojekt?*, Bielefeld 2016, S. 271-291, hier S. 279.

führt, dafür von dem entsprechenden Akteur beauftragt wurde, also weitgehend sein exekutives Organ ist, handelt es sich immer noch um eine Form der Selbstoptimierung. Die Schönheitschirurgin arbeitet nur, weil ihr die entsprechende Anweisung dazu gegeben wurde. Es ist keine Selbstoptimierung mehr, wenn die Modifikation des Körpers gegen den Willen des jeweiligen Akteurs durchgeführt wird.[91]

Jemand optimiert also *sich selbst*, ist Subjekt der Handlung. Jemand optimiert aber auch das *Selbst*, das somit zum Objekt wird. Mit anderen Worten: Jemand optimiert selbst sein Selbst.[92]

(2) Der *Objektbereich* selbstoptimierender Praktiken umfasst in erster Linie den eigenen Körper, die eigene Psyche oder auch die eigene Lebensgestaltung (das Selbst als Objekt). Beim Körper geht es in der Regel um einzelne Facetten, etwa Körperfunktionen, Muskelmasse, Ernährung, Aussehen; bei der Psyche um Aspekte wie Stimmungen und Wohlbefinden und bei der Lebensgestaltung um die praktische Planung von Alltag, Freizeit, Beruf, Familie und Freundeskreis. Einen Grenzbereich stellt die Einwirkung auf andere Personen aus dem intimen sozialen Umfeld dar, wie beispielsweise die eigenen Kinder, LebenspartnerInnen oder enge FreundInnen. Einerseits wird hier die Grenze des Selbst offensichtlich überschritten, da es sich um andere Personen handelt. Andererseits können Selbst- und Fremdbezug beziehungsweise Selbst- und Fremdoptimierung so eng miteinander verzahnt sein, dass es legitim ist, den Bereich der sozialen Beziehungen zumindest am Rande mitzuberücksichtigen.[93]

91 Darum geht es im Kinofilm von Pedro Almodóvar »Die Haut, in der ich wohne«.

92 Diese Formulierungen sind gebildet in Analogie zu Beschreibungen des Ausdrucks »Selbstformung« bei Kipke, *Besser werden*, S. 49.

93 Ein historisches Beispiel für eine derartige Verflechtung von Selbst- und Fremdoptimierung stellt der Bereich der Ehe- und Fortpflanzungsratgeber dar. Gerade die Frauen wurden seit dem 17. Jahrhundert in einer Vielzahl von bisweilen äußerst erfolgreichen Ratgebern in die Pflicht genommen, im Interesse des optimalen Nachwuchses (wie auch der Größe der Nation) auf die eigene Lebensführung und eine geeignete Partnerwahl zu achten. Vgl. Maren Lorenz, »Optimierung als ästhetisiertes und naturalisiertes Ideal«, in: *Zeitschrift für Pädagogik* 1 (2020), S. 56-63; dies, *Menschenzucht. Frühe Ideen und Strategien 1500-1870*, Göttingen 2018. Auch im Erziehungsbereich können Selbst- und Fremdoptimierung eng miteinander verzahnt sein, wenn im Sinne einer »inter-generationale[n] Status-

(3) Die *Grundorientierung* von Selbstoptimierungsprozessen ist doppelt bestimmbar. Grundmovens der Selbstoptimierung ist eine Orientierung am Ideal der prinzipiellen Verbesserbarkeit, wie oben gezeigt wurde. Gleichzeitig folgt aus dieser Orientierung gleichsam automatisch, dass der gegenwärtige Zustand als unbefriedigend, mangelhaft beziehungsweise suboptimal wahrgenommen wird. Wenn man alles immer noch besser machen kann, sind kein Zustand und kein Ergebnis dauerhaft zufriedenstellend. Norbert Ricken wiederum deutet Selbstoptimierung vor allem als eine »Umgangsform[] mit Negativität«, die darauf ziele, auf einen abstrakten oder »konkreten Mangel zu antworten und letztlich Mangel überhaupt, und damit Negativität und Entzogenheit aufzuheben oder gar aufzulösen«.[94] Da dies nicht ein für alle Male gelingen kann, ist die nächste Schleife im Prozess der Selbstoptimierung schon vorprogrammiert. Das Bestreben, Unzulänglichkeiten zu beseitigen beziehungsweise erreichte Ergebnisse noch weiter zu verbessern, bringt immer neue Zustände des Noch-nicht-Genügens hervor. Perfektibilitätsstreben und die Orientierung an (vermeintlich) vorhandenen Mängeln oder Unzulänglichkeiten sind wie zwei Seiten einer Medaille.

Dies bedeutet, dass Prozesse der Selbstoptimierung sowohl Praktiken der *Wertung* (»ein etwaiger Gegenstand [wird] überhaupt als potenziell wertvoll oder wertlos definiert«) beinhalten als auch

arbeit« von Mittelschichtsangehörigen die Bildung des Nachwuchses gefördert wird, um darüber den eigenen Status zu erhalten oder zu verbessern. Vgl. Schimank et al., *Statusarbeit unter Druck? Zur Lebensführung der Mittelschichten*, Weinheim, Basel 2014, S. 66; Steffen Mau, Fabian Gülzau »Selbstoptimierung, Selbstverwirklichung, investive Statusarbeit. Zur Verkopplung dreier Praxisformen«, in: *Zeitschrift für Pädagogik* 1 (2020), S. 29-34, hier S. 32. Eine noch weiter gehende Verzahnung findet sich bei der Modifikation von Erbanlagen etwa bei radikalen Formen des Biohackings, wobei dieses Feld den Kernbereich dessen, worum es in diesem Buch geht, überschreitet.

94 Norbert Ricken, »An den Grenzen des Selbst«, in: Ralph Mayer u. a. (Hg.), *Inszenierung und Optimierung des Selbst. Zur Analyse gegenwärtiger Selbsttechnologien*, Wiesbaden 2013, S. 239-258, hier S. 252. Lupton wiederum erklärt Praktiken der Selbstvermessung aus dem negativen Gefühl der »ethischen Unvollständigkeit« heraus, das mit den »moralischen Verpflichtungen der Arbeit am Selbst« zusammenhänge und mit dazu beitrage, dass Menschen an sich arbeiten (wollten). Deborah Lupton, *The Quantified Self. A Sociology of Self-Tracking*, Cambridge 2016, S. 68.

solche der *Bewertung* »im Sinne von Abwägungen, durch die Objekte, Praktiken und Personen vergleichend nach bestimmten Kriterien als besser oder schlechter beurteilt werden«.[95] Anders als bei der (Be-)Wertung konkreter Gegenstände oder Personen handelt es sich hier allerdings zunächst um einen zukünftigen Zustand, dem mehr Wert beigemessen wird. Mit Praktiken der Selbstoptimierung soll dieser Zustand erreicht werden. Es ist dabei zumindest für die Begriffsbildung zweitrangig, ob die gesetzten Ziele auch tatsächlich erreicht werden. Was zählt, ist der Versuch.[96] Für den jeweils handelnden Akteur macht es gleichwohl einen großen Unterschied für das eigene Selbstbild und den eigenen Selbstwert, ob man vorankommt oder immer wieder an den gesetzten Zielen scheitert. Im letztgenannten Fall kann dies dazu führen, ein »mangelnde[s] Selbstwertgefühl«[97] zu verstärken, was im schlimmsten Fall zu einer emotionalen Abwärtsspirale und zur Ausbildung psychischer Störungen führt, aus denen die Personen aus eigener Kraft nicht mehr herausfinden.[98]

(4) Praktiken der Selbstoptimierung sind, zumindest am Anfang, in der Regel *intentional*, erfordern also eine bewusste Absicht und passieren nicht ›einfach so‹. Dies beinhaltet eine minimale Reflexion seitens der agierenden Akteure darüber, mit welchen Mitteln sie welches Ziel erreichen möchten. Dies wiederum impliziert ein zumindest ungefähres Wissen darüber, wie beziehungsweise wie lange die eingesetzten Mittel oder Techniken wirken, etwa Substanzen zur Leistungssteigerung oder das Botox für die Haut.[99] Gleichzeitig

95 Anne K. Krüger, Martin Reinhart, »Wert, Werte und (Be)Wertungen. Eine erste begriffs- und prozesstheoretische Sondierung der aktuellen Soziologie der Bewertung«, in: *Berliner Journal für Soziologie* 45/4 (2016), S. 485-500, hier S. 497.

96 Vgl. Kipke, *Besser werden*, S. 59.

97 Niels Uhlendorf u. a., »›Immer so dieses Gefühl, nicht gut genug zu sein‹. Optimierung und Leiden«, in: *Psychoanalyse im Widerspruch* 55 (2016), S. 31-50, hier S. 46.

98 Die psychischen Dispositionen sind dabei auch mit sozialstrukturellen Faktoren verkoppelt, also mit dem Vorhandensein von materiellem, kulturellem oder auch sozialem Kapital. Vgl. Faustine Régnier, Louis Chauvel, »Digital Inequalities in the Use of Self-Tracking Diet and Fitness Apps. Interview Study on the Influence of Social, Economic, and Cultural Factors«, in: *JMIR mHealth and uHealth* 6-4 (2018), S. 6.

99 Auch hier gibt es Graubereiche, etwa wenn LeistungssportlerInnen von ihren

können derartige Praktiken, wie oben bereits ausgeführt, auch Teil eines weitgehend *routinisierten*, also halbbewussten Handlungsvollzugs sein oder werden. Dies gilt umso mehr, je länger das Geschehen dauert und je unaufwendiger die Optimierungspraktiken sind. Gerade bei einem längeren zeitlichen Verlauf, der sich über mehrere Wochen oder Monate erstreckt, kann eine gänzlich andere Dynamik entstehen als ursprünglich vielleicht intendiert war.[100] Ein extremes Beispiel dafür sind »Doping-Karrieren«, die »bei nicht wenigen Kraftsportlern völlig aus dem ›Ruder‹ [laufen], obwohl sie planvoll kalkulierenden Ursprungs« sind.[101] Wenn sich selbstoptimierende Praktiken also über einen längeren Zeitraum erstrecken, gibt es eine hohe Wahrscheinlichkeit dafür, dass sie sich nicht nur inhaltlich verändern, sondern auch bezüglich der ihnen zugrunde liegenden Handlungsorientierungen eine andere Dynamik entwickeln als zu Beginn (eventuell) geplant.

(5) Das übergreifende *Ziel* selbstoptimierender Praktiken ist die Selbstverbesserung, aber nicht in einem moralischen, sondern in einem strategisch-instrumentalistischen Sinne: Selbstoptimierung soll ›etwas bringen‹. Im Vordergrund steht also die Generierung eines Mehrwertes. Dies bedeutet im übertragenen Sinn, dass Körper und Psyche (sowie gegebenenfalls auch Kinder, PartnerInnen oder FreundInnen) zum Kapital werden, in das man investiert und das einen abzuschöpfenden Mehrwert erzeugen soll. Das Selbst wird also nicht nur zum manipulierbaren Objekt, sondern zur Ressource, die sich in materieller und immaterieller Hinsicht ausbeuten lässt. Dies ist etwa dann der Fall, wenn Veränderungen der körperlichen Außenfläche darauf zielen, »die eigene Wirkung auf andere im Hinblick auf Anerkennung erfolgreich zu inszenieren und da-

Coaches oder MitstreiterInnen ein Mix aus Substanzen verabreicht bekommen, von dem sie die genaue Wirksamkeit gerade nicht mehr einschätzen können oder wollen.

100 Dies gilt nicht nur für Selbstoptimierung, sondern potenziell für alle Handlungen. Vgl. Robert K. Merton, »Die unvorhergesehenen Folgen zielgerichteter sozialer Handlung«, in: Hans Peter Dreitzel (Hg.), *Sozialer Wandel. Zivilisation und Fortschritt als Kategorien der soziologischen Theorie*, Neuwied, Berlin 1967; Renate Mayntz, Brigitta Nedelmann, »Eigendynamische soziale Prozesse«, in: *Kölner Zeitschrift für Soziologie und Sozialpsychologie* 39/4 (1987), S. 633-647.

101 Karl-Heinrich Bette, Uwe Schimank, *Doping im Hochleistungssport. Anpassung durch Abweichung*, Frankfurt/M. 2006, S. 180.

mit instrumentell zu nutzen«, um seine persönlichen »Erfolgsaussichten« zu steigern.[102]

Neben der Mehrwertorientierung beinhaltet die Zieldimension auch eine Orientierung am situativ bestmöglichen Ergebnis. Dies beinhaltet in der Regel, dass man versucht, die Grenzen dessen, was gemeinhin als normal gilt, zu überschreiten. Der zu erreichende Mehrwert entsteht nicht aus den üblichen Praktiken der Regeneration und Selbsterhaltung (reguläres Schlafen, Essen, Bewegung, Sport, Gesundheitsvorsorge), sondern aus der Überbietung des Mittelwerts oder der Norm. »Selbstoptimierungen reparieren oder heilen nicht nur, sondern steigern, überschreiten, erweitern und ersetzen Vorhandenes.«[103] Es gibt dabei keinen absoluten Mehrwert, sondern dieser bemisst sich relational je nach den einsetzbaren Mitteln und den gegebenen Vergleichsparametern. Bei älteren und alten Personen beispielsweise orientiert sich der Zielhorizont sehr viel stärker daran, die gegebene Situation (in Bezug auf den Gesundheitszustand, das Aussehen oder die Leistung) zu erhalten, als diese zu übertreffen.

Aus *ökonomischer* Perspektive erreicht man Mehrwert, indem man Personen oder Sachen einer kapitalistischen Verwertungslogik unterwirft. Dies beinhaltet zum einen die Steigerung von Effizienz und Effektivität, zum anderen eine Orientierung an der Logik »unbegrenzter Kapitalakkumulation durch den Einsatz formell friedlicher Mittel«.[104] Es gilt also ›herauszuholen, was geht, und es geht immer mehr‹. Nun gibt es beim Menschen keinen Wirtschaftskreislauf und kein externes Kapital, sondern der Körper und die Psyche *sind* das Kapital. Diese Perspektive ist in der Figur des »unternehmerischen Selbst« ausführlich beschrieben worden.[105]

102 Nina Degele, *Sich schön machen. Zur Soziologie von Geschlecht und Schönheitshandeln*, Wiesbaden 2004, S. 15.

103 Oswald Balandis, Jürgen Straub, »Selbstoptimierung und Enhancement. Der sich selbst verbessernde Mensch – ein expandierendes Forschungsfeld« in: *Journal für Psychologie* 26/1 (2018), ⟨https://www.journal-fuer-psychologie.de/index.php/jfp/article/view/548/614⟩, letzter Zugriff 25. 9. 2020.

104 Luc Boltanski, Ève Chiapello, *Der neue Geist des Kapitalismus*, Konstanz 2003, S. 39.

105 Bröckling, *Das unternehmerische Selbst*; Rose, *Inventing Our Selves*. Paula-Irene Villa (*Schön normal*, S. 254) spricht davon, dass der Körper und seine Facetten »rohstoffisiert« werden.

In *kultureller* Perspektive wird Mehrwert erzeugt, indem man sich zu einer besonderen Persönlichkeit mit charakteristischen Alleinstellungsmerkmalen entwickelt. Das Ziel ist es, »singulär« zu werden, wie bereits Simmel im Rahmen seiner Unterscheidung zwischen quantitativem und qualitativem Individualismus schrieb und wie es Reckwitz mit Blick auf die Gegenwart ausführlich dargestellt hat. Das Streben nach Besonderheit und Einzigartigkeit meint dabei mehr, als in dem Spruch des »Management-Gurus« Tom Peters »Sei besonders – oder du wirst ausgesondert!« zum Ausdruck kommt. Es wurzelt in einem auf die Tradition der Romantik zurückgehenden Streben nach Selbstverwirklichung, nimmt also die kulturelle Norm auf, sich zu einer autonomen, selbstbestimmten Persönlichkeit zu entwickeln.[106] In der Spätmoderne breitet sich Reckwitz zufolge eine sozial-performative Version des Strebens nach Selbstverwirklichung aus:

> Selbstverwirklichung und Authentizität werden so nicht nur im Verhältnis des Subjekts zu sich selber verhandelt, sondern zu Darstellungen von Selbstverwirklichung und Authentizität vor anderen: vor dem Kreis der Freunde und Familie, vor den ›Freunden‹ in den erweiterten sozialen Netzwerken (in denen man das ›demonstrative Erleben‹ in Form von Fotos postet), vor den Kolleginnen und Kollegen und schließlich auch vor einer größeren gesellschaftlichen Öffentlichkeit.[107]

Damit wird das akkumulierte »Singularitätskapital«[108] auch zum Gegenstand im Wettbewerb um knappe Güter, verschafft also Vorteile im gesellschaftlichen Konkurrenzkampf, mit anderen Worten: *soziales* Kapital. Darüber hinaus ist es auch Quelle für *symbolisches* Kapital. Es sorgt dafür, von anderen Anerkennung zu erfahren, indem man sich als attraktivste, schönste, interessanteste, fitteste, ›besonderste‹ Person, also als Subjekt mit spezifischen Alleinstellungsmerkmalen positioniert. Zusammengefasst entsteht der Mehrwert im Fall von Selbstoptimierung also durch Effizienz- und Effektivitätsgewinne (keine Energie oder Tätigkeit soll überflüssig sein,

106 Vgl. Hans-Peter Müller, »Wie ist Individualität möglich? Strukturelle und kulturelle Bedingungen eines modernen Kulturideals«, *Zeitschrift für Theoretische Soziologie* 4/1 (2015), S. 89-111, hier S. 107, S. 92.

107 Andreas Reckwitz, *Die Gesellschaft der Singularitäten. Zum Strukturwandel der Moderne*, Berlin 2017, S. 306 f. Vgl. ausführlicher Kapitel V.2.

108 Ebd., S. 307.

nichts verschwendet werden, alles optimal ineinandergreifen), durch die Steigerung von Leistung oder einem anderen messbaren ›Output‹ (durch die Einnahme leistungssteigernder Substanzen, gezieltes körperliches Training oder die Verwendung technischer Artefakte), durch die Erweiterung körperlicher Funktionen, die Generierung von »Schönheitskapital« (durch minimalinvasive Eingriffe, Schönheitsoperationen etc.) sowie durch die nach außen wie nach innen orientierte Arbeit daran, sich zu einer einzigartigen Persönlichkeit zu entwickeln und darüber Vorteile gegenüber Dritten zu erreichen.

(6) Da Praktiken der Selbstoptimierung immer mehrere Parameter beinhalten, die in einem interdependenten Verhältnis zueinander stehen können, kommt es auch unweigerlich zu *Zielkonflikten*. Nicht alle Parameter lassen sich gleichermaßen und zugleich verbessern, sondern die Optimierung des einen kann häufig nur auf Kosten der Optimierung des anderen geschehen. Im Bereich der Technik ist es beispielsweise unmöglich, ein Auto zu konstruieren, das zugleich sehr schnell, sehr sicher und im Benzinverbrauch äußerst sparsam ist.[109] Hinzu kommen zeitliche Restriktionen. Personen können nicht gleichzeitig viel sportlich trainieren, viel arbeiten und sich viel um ihre Kinder kümmern (oder auch nur zwei Interessenbereiche sehr intensiv verfolgen). Das Ziel mag zwar sein, mehr von allem zu haben, dies lässt sich aber nur über ein möglichst ausgeklügeltes Gleichgewicht zwischen den Parametern erreichen. Die Alternative dazu besteht darin, einem Aspekt Priorität zuzumessen. Was das Auto-Beispiel betrifft, entscheidet man sich eben für einen Rennwagen, eine Familienkutsche *oder* ein Elektroauto. Zielkonflikte können nicht nur zwischen einzelnen Parametern auftreten, sondern auch zwischen lokalen Optima und dem Gesamtergebnis. Eine eiweiß- und proteinreiche Ernährungsweise mag hinsichtlich des Muskelaufbaus das Beste sein; ob es aber für die Gesundheit insgesamt zuträglich ist, täglich Unmengen von Eiweißprodukten, Fleisch und Nahrungsergänzungsmitteln zu verzehren, steht zu bezweifeln.

109 Ève Chiapello, »Optimisation in a Context of Financialisation«, in: Vera King u. a. (Hg.), *Lost in Perfection. Impacts of Optimisation on Culture and Psyche*. London, New York 2019, S. 13-23, hier S. 14.

(7) Die zu Zwecken der Selbstoptimierung einsetzbaren *Mittel* sind äußerst vielseitig. Sie beinhalten die Konsultation von Ratgeberbüchern und Podcasts, die Inanspruchnahme von Coaching, den Konsum spezifischer Substanzen (Psychopharmaka, Nahrungsergänzungsmittel, Mikro- und Makronährstoffe etc.), die Anwendung von Produkten zur Verbesserung der äußeren Erscheinung wie etwa Hyaluronsäure (in Form von Crèmes, hochdosierten Tabletten oder als Spritze unter die Haut), das Trainieren mit spezifischen Sport- und Fitnessgeräten, das Durchführen von Schönheitsoperationen oder minimalinvasiven Eingriffen sowie den großen Bereich der Verwendung technisch-digitaler Artefakte. Zu Letzteren gehören äußere Objekte, wie beispielsweise Geräte zur Selbstvermessung (Fitness-Armband, im Smartphone installierte Apps etc.) und Artefakte, die ›unter die Haut‹ gehen und damit die körperliche Beschaffenheit selbst verändern, im extremsten Fall bis hin zu Manipulationen am eigenen Erbgut.

(8) Selbstoptimierende Praktiken haben eine *strukturell offene und dynamische Prozesslogik der permanenten Adaptation und Überschreitung* erreichter Zielmarken. Jedes erreichte Ergebnis kann und soll selbst wiederum geändert, weiter verbessert werden. Dies erfordert eine permanente Kontrolle erreichter Zielmarken sowie eine fortlaufende und flexible Neujustierung der involvierten Parameter und verfolgten Ziele. Die Änderungen ergeben sich dabei aus dem zeitlichen Vollzug der Praktiken selbst und wirken sich mehr oder weniger auf sämtliche beteiligten Parameter aus. Der Weg zur Erreichung konkreter (Zwischen-)Ziele ist planbar, der gesamte Prozess ist es aber nicht. Es gibt kein ein für alle Male feststehendes, vordefiniertes Ende und auch kein übergreifendes, letztgültiges Ziel, wie es noch in der Vergangenheit im Gedanken einer nicht mehr steigerbaren Vollendung zum Ausdruck gekommen ist. Die Logik der Optimierungspraxis ist strukturell offen.

(9) Praktiken der Selbstoptimierung stehen in einem *Spannungsfeld von Autonomie und Heteronomie*. In Bezug auf Praktiken der Selbstvermessung etwa spricht Uwe Vormbusch davon, dass sie »zwischen Verdinglichung und Autonomiesteigerung« oszillieren, also einerseits ein »emanzipatives Potential« besitzen, andererseits aber auch eine Form »instrumenteller Rationalität« verkörpern kön-

nen.[110] Die Verwobenheit oder auch »widersprüchliche Gleichzeitigkeit«[111] von Autonomie und Heteronomie, Freiheit und Zwang ist bei weitem keine Besonderheit von Selbstoptimierung. Hier stellt sich die Frage nach diesem Verhältnis aber in einer besonders akuten Form.

In grundlegender Hinsicht sind Menschen als soziale Subjekte auf andere angewiesen. Auf diese »konstitutive Angewiesenheit« verweisen nicht nur die Entwicklungspsychologie und die soziologische Rollentheorie in der Tradition von George H. Mead, sondern auch feministische TheoretikerInnen, die sich kritisch mit der Figur des vermeintlich autonomen (und männlichen) bürgerlichen Subjekts beschäftigen.[112] In der poststrukturalistischen Theorietradition wird darüber hinaus (und wie oben schon dargelegt) argumentiert, dass eine »Doppelstruktur« aus Freiheit und Unterworfensein für (moderne) Subjekte konstitutiv ist.[113] Einerseits sind die Subjekte also »die agierende, beobachtende, selbstbestimmte Instanz«, andererseits aber »als ›subiectum‹ dasjenige, das unterworfen ist, das bestimmten Regeln unterliegt und sich ihnen unterwirft«.[114] Subjekte sind immer in soziale Gefüge und damit auch in Machtverhältnisse eingebunden, besitzen aber gleichzeitig auch reale Handlungsspielräume: »Machtbeziehung und Widerspenstig-

110 Uwe Vormbusch, »Taxonomien des Selbst. Zur Hervorbringung subjektbezogener Bewertungsordnungen im Kontext ökonomischer und kultureller Unsicherheit«, in: Stefanie Duttweiler u. a. (Hg.), *Leben nach Zahlen*, S. 45-62, hier S. 48.

111 Heide von Felden, »Selbstbestimmte Anpassung? Regierungs- und Selbsttechniken und der Eindruck eigenständiger Handlungsfähigkeit«, in: dies. (Hg.), *Selbstoptimierung und Ambivalenz. Gesellschaftliche Appelle und ambivalente Rezeptionen*, Wiesbaden 2019, S. 97-116, hier S. 97.

112 »[D]as bürgerliche Subjekt als Privatperson und Privateigentümer in seiner vermeintlichen Autonomie [konnte] historisch ›funktionieren‹, indem es als ›Mann‹ auftrat, der alle Abhängigkeiten der Zwischenmenschlichkeit verleugnen konnte; diese wurden in der ›Frau‹ verkörpert und damit in gewisser Weise aus der menschlichen Normalität ausgelagert.« Hanna Meißner, *Jenseits des autonomen Subjekts: Zur gesellschaftlichen Konstitution von Handlungsfähigkeit im Anschluss an Butler, Foucault und Marx*, Bielefeld 2014, S. 266.

113 Ralf Mayer, Christiane Thompson, »Inszenierung und Optimierung des Selbst. Eine Einführung«, in: dies. u. a. (Hg.), *Inszenierung und Optimierung des Selbst. Zur Analyse gegenwärtiger Selbsttechnologien*, Wiesbaden 2013, S. 7-28, hier S. 7 f. Vgl. oben Abschnitt 3 dieses Kapitels.

114 Andreas Reckwitz, *Subjekt*, Bielefeld 2008, S. 14.

keit der Freiheit lassen sich also nicht voneinander trennen.«[115]

Jenseits dieser grundlegenden Perspektive stellt sich für die selbstoptimierenden Praktiken konkret die bis dato wenig thematisierte Frage, was sie so attraktiv macht. Worin besteht trotz der damit verbundenen Anstrengungen, Kosten und potenziellen Enttäuschungen das Lohnende, Verlockende und Verführerische der Selbstoptimierung?[116] Wieso wollen sich Menschen optimieren? Jürgen Straub und Oswald Balandis machen hierfür eine Reihe »motivierender Erfahrungen« verantwortlich. Sie hängen ihnen zufolge erstens daran, dass selbstoptimierende Praktiken konkrete Erfolgserlebnisse bieten, »die das Selbstbewusstsein, Selbstwertgefühl, Erlebnis- und Handlungspotenzial einer Person« stärken, ihre Stimmung heben »und das Subjekt zu neuen Unternehmungen animieren« können. Zweitens gewähre die Erreichung der selbst gesetzten Ziele »starke Selbstwirksamkeitserfahrungen«, da sie die eigene »Handlungsmacht« in klarer und unmissverständlicher Form bestätige. Besonders stark seien diese Selbstwirksamkeitserfahrungen, drittens, immer dann, wenn es um die eigene Verbesserung geht. Viertens biete ein Rückbezug auf die eigene Person in einer komplexen Welt »kompensatorische Funktionen«, zumal das Selbst als »unerschöpfliche Quelle selbstoptimierenden Handelns und der damit verwobenen ›positiven Erlebnisse‹ attraktiv und faszinierend sei. Fünftens stellen die Autoren die prinzipielle Offenheit der Selbstoptimierung in ein positives Licht. Sie führe nicht zu permanenter Enttäuschung und Unzufriedenheit, sondern ganz im Gegenteil zu »kumulativen Selbstwirksamkeitserfahrungen«, was sechstens auch Gefühle von Stolz über die eigene Leistung hervorrufen oder zur Anerkennung seitens Dritter führen kann. Beides sei gleichermaßen motivierend.[117]

Selbstoptimierende Praktiken beinhalten demnach eine Form der emotionalen Involviertheit der Subjekte, die mit und durch diese Praktiken gestützt wird. Es kann sich ein »affektiv positiv besetzte[r] ›sense of achievement‹« einstellen, der Befriedigung ver-

115 Michel Foucault, »Subjekt und Macht«, in: ders., *Schriften in vier Bänden. Dits et Ecrits. Band IV*, hg. von Daniel Defert und François Ewald, Frankfurt/M. 2005 [1982], S. 269-294, hier S. 287.

116 Jürgen Straub, Oswald Balandis »Niemals genug!«, S. 79.

117 Ebd., S. 77-79. Der Text enthält noch weitere Gründe, die hier aber nicht aufgegriffen wurden.

schafft.[118] Die Subjekte folgen also dem Leitbild der Selbstoptimierung beileibe nicht immer nur aus einem externen Zwang heraus, sondern »weil sie ihrem eigenen Begehren folgen. Der Imperativ der Selbstoptimierung muss sich nämlich mit der libidinösen Ökonomie der Individuen verbinden, da er sonst keinerlei Wirksamkeit besäße«, zumindest nicht auf Dauer.[119] Daraus folgt, dass manche Subjekte Optimierungsanforderungen »begeistert« aufgreifen, um etwa »den Lebensentwurf einer forcierten, von Beziehungsansprüchen gleichsam ungestörten Unternehmerinnenkarriere realisieren und steigern zu können«.[120] Dahinter steht ein am ökonomischen Unternehmen orientiertes Exzellenzideal, das auf die eigene Person übertragen wird und auf absolute Leistungsfähigkeit, »totale Qualität« und »Null Fehler haben« abzielt.[121] Mit und gegen Hartmut Rosa könnte man auch sagen, dass diese Personen eben nicht verdinglicht, sondern in einem positiven Sinne emotional affiziert sind. Dies gilt freilich nur so lange, als sie primär ihren eigenen Zielen und Werten folgen und sich hier immer auch die Frage danach stellt, wie selbstbestimmt diese Orientierung letzten Endes ist. Erbringen die Subjekte die Leistung freiwillig »im Sinne eines selbst auferlegten Ethos«,[122] dann handeln sie stärker am autonomen Pol. Werden sie dazu gezwungen, verschiebt sich die Balance in Richtung des heteronomen Pols: Wenn man sich etwa im Arbeitskon-

118 Steffen Mau, Fabian Gülzau, »Selbstoptimierung, Selbstverwirklichung, investive Statusarbeit«, in: *Zeitschrift für Pädagogik* 1 (2020), S. 29-34, hier S. 31. Reckwitz spricht in Bezug auf das »Kreativitätsdispositiv« von einem »affektive[n] Strukturkern«, dessen Stabilität auf »einer Konstellation aus Kreativitätsimperativen und Kreativitätswünschen« basiert. Andreas Reckwitz, *Die Erfindung der Kreativität. Zum Prozess gesellschaftlicher Ästhetisierung*, Berlin 2012, S. 314.

119 Michael Wimmer, »Perfektionierung des Unverbesserlichen: unvermeidbar und unmöglich«, in: *Psychosozial* 38/3 (2015), S. 81-102, hier S. 87.

120 Julia Schreiber u. a., »Optimierung zwischen Zwang und Zustimmung. Institutionelle Anforderungen und psychische Bewältigung im Berufsleben«, in: *Psychosozial* 38/3 (2015), S. 27-42, hier S. 38.

121 Nicole Aubert, Vincent de Gaulejac, *Le coût de l'excellence*, Paris 1991, S. 63, Übersetzung A. R.

122 Gunter Gebauer, »Selbstführung im Spitzensport«, in: Anja Röcke, Steven Sello (Hg.), *Lebensführung, Lebenskunst, Lebenssinn. Im Spannungsfeld von Autonomie und Heteronomie*, Weinheim, Basel 2021, S. 161-172, hier S. 162, Hervorhebung weggelassen. Vgl. dazu auch die Ausführungen von Foucault zur antiken Lebenskunst in Kapitel VI.1.

text optimieren muss, um mit immer enger getakteten Zeitplänen oder einem vergrößerten Aufgabenbereich zurechtzukommen, oder wenn die Erwartungshaltung im engeren oder weiteren sozialen Umfeld eine Selbstoptimierung einfordert und der Verzicht darauf mit hohen (sozialen, symbolischen oder auch materiellen) Kosten verbunden wäre. Eine wichtige Dimension bei der Frage nach Autonomie oder Heteronomie ist also die, ob die Optimierungsorientierung eher von der Person selbst oder vom Kontext ausgeht,[123] wobei Letzteres auch die Vermittlung über technische Artefakte miteinschließt. Orientieren sich die Akteure primär an extern festgelegten Standards wie etwa einer bestimmten, von digitalen Geräten beziehungsweise von dahinterstehenden Algorithmen (mehr oder weniger willkürlich) festgesetzten zu erreichenden Schrittzahl pro Tag oder stärker an selbst gesetzten Zielen? Geht die Optimierungsrichtung also »von der Person« aus oder stattdessen »von einem zuvor als Kategorie gesetzten Zustand/Maßstab in Richtung auf die Person, die in diesen Zustand gewissermaßen ›emporgehoben‹ und eingefügt werden soll«?[124] Zwischen diesen beiden Möglichkeiten bestehen zahlreiche Zwischenformen.

(10) Der letzte Punkt betrifft die Tatsache, dass es *keine letztgültigen Kriterien zur (normativen) Bewertung selbstoptimierender Praktiken* gibt, die angeben könnten, ob das erreichte Ergebnis ›gut‹ oder ›schlecht‹ ist, ob es sich ›gelohnt‹ hat oder nicht, ob es eine wirkliche Verbesserung, eine »Art kalkulierter Verschlimmbesserung«[125] oder

123 Es kann auch zu einer »Verschmelzung von äußeren gesellschaftlichen Zwängen und individuellen Bestrebungen« kommen, die immer dort besonders wirksam ist, »wo sich äußerer Flexibilisierungs- und Optimierungsdruck mit konstanten inneren Dispositionen verbindet und wo die Subjekte somit Gewinn aus der Anpassung ziehen können. Der institutionell verankerte Diskurs der Optimierung kann dementsprechend an psychische Motive anknüpfen, die ihn subjektiv bedeutsam und wirksam werden lassen.« Vgl. Vera King u. a., »Überforderung als neue Normalität. Widersprüche optimierender Lebensführung und ihre Folgen«, in: Thomas Fuchs u. a. (Hg.), *Das überforderte Subjekt. Zeitdiagnosen einer beschleunigten Gesellschaft,* Berlin 2018, S. 227-254, hier S. 254.

124 Barbara Rendtorff, »Lässt sich Geschlecht optimieren?« Vortragsmanuskript, Köln 2020.

125 Babette Babich, »Körperoptimierung im digitalen Zeitalter: Verwandelte Zauberlehrlinge und zukünftige Übermenschen«, in: Andreas Beinsteiner, Tanja Kohn (Hg.), *Körperphantasien. Technisierung – Optimierung – Transhumanismus,* Innsbruck 2016, S. 203-226, hier S. 221.

letztlich nicht doch eine Verschlechterung darstellt. Die Bewertung hängt von den Kriterien und Normen ab, die man individuell anlegt, die aber direkt oder indirekt auch immer eine gesellschaftliche Dimension haben. Sind überzeugte SelbstoptimiererInnen, wie sie einem im Alltag bisweilen in Fitness-Studios oder im Arbeitskontext begegnen, Vorbild oder Schreckbild? Die gleiche Frage ließe sich zur Figur des Cyborgs stellen, die für Transhumanisten eine positive Utopie, für Personen, die aus einer humanistisch-ethischen Warte heraus argumentieren, eine Dystopie darstellen. Während für die einen der Weg in eine bessere Zukunft vorgezeichnet scheint, in der sich die Menschen nicht mehr oder zumindest deutlich weniger mit ihrem störanfälligen und endlichen Leib auseinandersetzen müssen, erweiterte kognitive Fähigkeiten besitzen und sich auf eine »Lebenserwartung von mehr als 500 Jahren«[126] freuen können, perhorreszieren die anderen »die Vision eines perfekten, transhumanen Wesens, das reibungslos funktioniert und dem alles Menschliche fremd geworden ist«.[127]

Die Darstellung dieser zehn Punkte gibt – in Erweiterung der Tabelle zu den Typen selbstoptimierender Praktiken in Kapitel III – eine Vorstellung von der ungeheuren Varianz der Ausformungen selbstoptimierender Praktiken auf der Ebene der Ziele, der zur Anwendung kommenden Mittel sowie der Erträge und Folgen. Die zehn Punkte vermitteln ein genaueres Bild von der allgemeinen Struktur selbstoptimierender Praktiken: ihrer grundlegenden Orientierung an Verbesserbarkeit und Mängelbeseitigung, ihrer offenen Strukturlogik und ihrer Oszillation zwischen Autonomie und Heteronomie. Selbstoptimierende Praktiken können in bestimmten Fällen ungeheuer frustrierend sein und mittel- und langfristig negative psychische Folgen nach sich ziehen. In anderen Fällen sind sie hingegen äußerst motivierend und erhöhen die Selbstwirksamkeitserfahrung der Subjekte. Beide Seiten können auch miteinander verschränkt sein, was von den individuellen psychischen

126 Nick Bostrom, *Die Zukunft der Menschheit. Aufsätze*, Berlin 2018, S. 38.

127 Konrad Paul Liessmann (Hg.), *Neue Menschen! Bilden, optimieren, perfektionieren*, Wien 2016, S. 8 f. Siehe auch Stefanie Borgmann, »Do you dare to be human? Ambivalente Rezeptionen des Menschseins und des Lebenslangen Lernens«, in: Heide von Felden (Hg.), *Selbstoptimierung und Ambivalenz. Gesellschaftliche Appelle und ambivalente Rezeptionen*, Wiesbaden 2019, S. 17-32.

Dispositionen und der jeweiligen Kapitalausstattung abhängt, aber auch am sozialen Kontext liegt, innerhalb dessen diese Praktiken zur Anwendung kommen. Muss ich mich optimieren, soll ich mich optimieren wollen, oder will ich mich optimieren? Und wenn ich mich optimieren möchte: Kann ich das auch? Habe ich genug Ausdauer, Disziplin und materielle, kulturelle, soziale und nicht zuletzt zeitliche Ressourcen dafür? Schließlich stellt sich die Frage, wie weitreichend diese Optimierungsanstrengungen sind oder sein können. Darum dreht sich der folgende Abschnitt.

VI.5 Selbstoptimierung als Subjektivierung und als Lebensführung

Der praxistheoretischen Lesart zufolge wirken sich Praktiken immer auch auf das Selbstverhältnis der Akteure beziehungsweise auf die Art der Subjektivierung aus. Über Praktiken wird man zum Subjekt, beide Ebenen sind also konstitutiv aufeinander verwiesen.[128] Gleichwohl können Differenzen hinsichtlich der Reichweite einzelner Praktiken bestehen; das gilt gerade auch für selbstoptimierende Praktiken. Von ihnen wirken sich manche mehr und andere weniger auf das Selbstverhältnis aus. Dafür gibt es verschiedene Gründe, die hier nicht voll ausgearbeitet werden können, aber angedeutet werden sollen.

Als Erstes ist die schiere *Quantität* der Praktiken und die Diversität der Anwendungsbereiche zu nennen. Es macht einen Unterschied, ob selbstoptimierende Praktiken vereinzelt Anwendung finden oder gehäuft, ob sie nur einen einzelnen Lebensbereich (z.B. die Arbeit oder Freizeit) betreffen oder mehrere. Man kann beispielsweise nur in einer Ausnahmesituation wie einer Prüfung zu Ritalin oder ähnlichen leistungssteigernden Mitteln greifen oder den Konsum regelmäßig in den Alltag integrieren, einmal die Woche trainieren oder jede freie Minute im Fitness-Studio verbringen, ab und an einen spezifischen Bereich vermessen (z.B. den Schlaf) oder alle möglichen Bereiche dauerhaft überwachen etc.

Auch die *Qualität* der Praktiken unterscheidet sich je nach-

128 Siehe oben, Abschnitt VI.3.

dem, wie weitreichend die Auswirkungen auf die körperliche und emotional-affektive Konstitution der Akteure sind, ob sich diese dauerhaft verändert oder nur kurzzeitig beeinflusst wird. Es macht einen grundlegenden Unterschied, seine Ernährung oder Alltagsorganisation zu optimieren oder in die Struktur und Biologie des Körpers selbst einzugreifen. Zu Letzterem zählt das Enhancement als eine Form von Selbstoptimierung. Enhancement umfasst »alle naturwissenschaftlich fundierten und technologisch begründeten sowie technisch voraussetzungsvollen und apparativ aufwendigen Varianten der Selbstoptimierung, die in den Körper und das Selbst eingreifen und mitunter sogar zu irreversiblen Veränderungen führen.«[129] Die Grenze zwischen derart weitreichenden und weniger weitreichenden Varianten ist fließend.

Schließlich können Praktiken danach differieren, welche Bedeutsamkeit oder auch *Wertigkeit* sie für die Subjekte annehmen, also ob sie eigene starke Wertorientierungen berühren oder nicht. Charles Taylor beispielsweise spricht von »starken« oder »schwachen« Wertungen, je nachdem, wie sehr sie an »Unterscheidungen von Richtig und Falsch, Besser und Schlechter, Höher und Niedriger« gebunden sind oder nicht.[130] Ist das Subjekt von der Richtigkeit der selbstoptimierenden Praktiken zutiefst überzeugt, handelt es sich um eine starke Wertung. Es folgt seinem »Selbstentwurf«, das heißt den Wünschen, »die den eigenen langfristigen Überzeugungen, Werten und Idealen in Bezug auf die eigene Persönlichkeit entsprechen«.[131] Stellen diese Praktiken hingegen eher eine Spielerei oder ein Experiment dar, oder werden sie sogar eigentlich für falsch gehalten, dann ist die Wertigkeit schwach ausgeprägt beziehungsweise fällt die Wertung negativ aus. Es ist beispielsweise möglich, sich vorwiegend aus akademischer Neugierde für ein Jahr dem Optimierungsgedanken zu verschreiben und sämtliche möglichen Optimierungspraktiken durchzuprobieren, ohne dass sich dies notwendigerweise dauerhaft beziehungsweise überhaupt auf die eigene grundlegende Werteorientierung auswirkt.[132]

129 Jürgen Straub, Oswald Balandis, »Niemals genug!«, S. 74.

130 Charles Taylor, *Quellen des Selbst. Die Entstehung der neuzeitlichen Identität*, Frankfurt/M. 1996, S. 17. Vgl. auch Rosa, *Resonanz*, S. 225-235.

131 Kipke, *Besser werden*, S. 62 f.

Der letzte damit zusammenhängende Punkt berührt die Frage, inwiefern derartige Praktiken eine *biografietragende* Bedeutung erhalten, also in die »Beschreibung und sinnhafte Rahmung des Lebensweges« eingehen.[133] Unter Biografie wird »im soziologischen Sinne die subjektiv (re-)konstruierte Lebensgeschichte verstanden«. Im Rahmen von Biografien werden gemachte Erfahrungen in einen für die Menschen »nachvollziehbaren Sinnzusammenhang« integriert. Sie »spiegeln [...] die durch die Menschen gegliederte und strukturierte Aufschichtung des Erlebten wider« und erscheinen »als ein geordnetes und mehr oder weniger integriertes Ganzes«. Wenn Idee oder Praxis der Selbstoptimierung Teil dieser Biografie werden, werden sie Teil der eigenen Lebensgeschichte und somit auch der eigenen Identität.[134] Unter Umständen werden sie dann auch Teil des »narrativen Selbst«. Darunter versteht Gallagher ein »mehr oder weniger kohärentes Selbst (oder Selbstbild), das in den zahlreichen Geschichten, die wir und andere über uns erzählen, eine Vergangenheit und eine Zukunft hat«.[135] Selbstoptimierung wird zum Bestandteil dieser Selbst-Erzählung beziehungsweise des narrativen Selbst, wenn Personen berichten, wann sie mit bestimmten Praktiken begonnen haben und wie sich das auf ihren Alltag oder den Bereich der sozialen Beziehungen ausgewirkt hat. Davon zu unterscheiden sind Konstellationen, in denen selbstoptimierende Ideen und Praktiken nicht mit in

132 Vgl. Carl Cederström, André Spicer, *Auf der Suche nach dem perfekten Ich. Ein Jahr in der Optimierungsindustrie*, Berlin 2018. Einen weiteren Erfahrungsbericht dazu hat eine Gruppe von drei »Turbostudenten« geliefert, die ihr Studium durch extreme Verdichtung in Rekordzeit absolviert haben. Vgl. Anja Röcke, »Lebensführung und Optimierung. Vom Turbostudium und Bologna-Menschen«, in: Erika Alleweldt u. a. (Hg.), *Lebensführung heute. Klasse, Bildung, Individualität*, Weinheim, Basel 2016, S. 148-168.

133 Larissa Pfaller, *Anti-Aging als Form der Lebensführung*, Wiesbaden 2016, S. 187.

134 Vgl. Ludger Pries, *Soziologie. Schlüsselbegriffe, Herangehensweisen, Perspektiven*, Weinheim, Basel 2019, S. 169-171. Zur kritischen Diskussion dazu, ob man in der Gegenwart überhaupt noch von einer einheitlichen Form der Identität oder Biografie sprechen kann, vgl. exemplarisch Richard Sennett, *Der flexible Mensch. Die Kultur des neuen Kapitalismus*, Berlin 1998; Hartmut Rosa, *Beschleunigung. Die Veränderung der Zeitstrukturen in der Moderne*, Frankfurt/M. 2005.

135 Shaun Gallagher, »Philosophical Conceptions of the Self. Implications for Cognitive Science«, in: *Trends in Cognitive Sciences* 4/1 (2000), S. 14-21, hier S. 15, Übersetzung A. R.

die Erzählung über die eigene Person einfließen, etwa weil sie gesellschaftlich oder im jeweiligen sozialen Umfeld nicht anerkannt sind.[136]

Selbstoptimierung wird also erst dann zu einer Form der Subjektivierung im starken Sinn des Wortes, wenn ihre Idee und die entsprechenden Praktiken nicht an der Oberfläche verbleiben, sondern sich auf tiefer gehende Prozesse der Identitäts- und Persönlichkeitsbildung der Subjekte beziehen. Dies ist dann der Fall, wenn die Selbstoptimierungspraktiken in die Erzählung über die eigene Person und das eigene Leben eingehen, wenn sie die persönlichen Wertorientierungen reflektieren, wenn sie die körperliche Struktur und die emotional-affektive Verfasstheit der Akteure dauerhaft beeinflussen oder auch schlicht im quantitativen Sinne so stark die Organisation des Alltags bestimmen, dass dies kaum ohne Konsequenzen für tiefer gehende Persönlichkeitsmerkmale bleiben kann.

Es gibt ein weiteres Konzept, das eine solche subjektbildende Ausprägung von Selbstoptimierung auf der individuellen Ebene zu denken erlaubt, aber etwas anders gelagert ist: das der Lebensführung. Der Begriff der Lebensführung geht maßgeblich auf Max Weber zurück, der ihn zwar nie letztgültig definiert hat, dessen Studien aber »in letzter Instanz auf den Menschen und seine Lebensführung ausgerichtet« sind und der den Begriff als »Scharnier zur Relationierung von Individuum und Gesellschaft« begreift.[137] Auf der Mikro-Ebene der Akteure bedeutet Lebensführung für Weber mehr als die eher äußerliche Stilisierung des Lebens (etwa durch die Wahl der Kleidung oder den Konsum). Die Führung des eigenen Lebens umfasst einen spezifischen Sinn- und Wertehorizont, nach dem das Leben ausgerichtet wird. Weber spricht hier auch vom »Dämon«, der des »Lebens Fäden hält« und den jeder finden müsse.[138] Dieser Dämon leitet »von innen heraus« die praktische Gestaltung des Alltags systematisch an und prägt sie somit in

136 Für den Akteur können gleichwohl auch nach außen verschwiegene Praktiken eine hohe biografische Bedeutung haben.

137 Hans-Peter Müller, »Lebensführung«, in: ders., Steffen Sigmund (Hg.), *Max Weber Handbuch. Leben – Werk – Wirkung*, Stuttgart, Weimar 2014, S. 84-87, hier S. 84.

138 Max Weber, »Wissenschaft als Beruf«, in: ders, *Gesammelte Aufsätze zur Wissenschaftslehre*, hg. von Johannes Winckelmann, Tübingen 1988 [1919], S. 582-613, hier S. 613.

entscheidender Art und Weise.[139] Bei Mitgliedern religiöser Glaubensgemeinschaften ist der Dämon der religiöse Glaube. Es gibt aber auch weltliche Substitute dafür, etwa die Leidenschaft für ein politisches Ideal. Entscheidend für eine Lebensführung im Sinne Webers ist es, dass sie »durch einen zentralen Sinn oder ein positives Ziel zusammengehalten« wird. Es entsteht dann »eine Systematisierung des praktischen Handelns in Gestalt seiner Orientierung an einheitlichen Werten«.[140] Lebensführung umschreibt also, mit anderen Worten, eine »prinzipiengeleitete Lebensweise«, in der sich der übergreifende Werthorizont in der tagtäglichen Gestaltung des Alltags wie des Lebens insgesamt widerspiegelt. Dies setzt voraus, dass die leitenden Werte »als weitgehend formale Prinzipien verinnerlicht und prozedural angewendet werden können«. Erst dann nämlich haben sie »eine derart intensive handlungsorientierende Kraft, daß sie einzelne Situationen übergreifen, im Extremfall alle Lebensbereiche systematisch durchdringen, eine ganze Biographie, gar die Geschichte sozialer Gruppen unter eine einheitsstiftende Idee bringen können«.[141]

Was nun bedeutet Selbstoptimierung als Lebensführung? Folgt man der hier skizzierten, engen Begriffsdefinition, so wird man der Selbstoptimierung heute kaum diese Reichweite und prägende Kraft zusprechen können. Dies beginnt beim Kriterium der einheitlichen Werteorientierung. Es ist zumindest fraglich, ob Selbstoptimierung überhaupt einen einheitlichen Wertehorizont schaffen kann, der von innen heraus die Lebensgestaltung im Sinne eines einheitlichen Prinzips anzuleiten vermag. Kann dies die Trias aus prinzipieller Verbesserbarkeit, Optimierungsgedanken und Überbietung, die oben als analytischer Kern der Selbstoptimierung herausgearbeitet wurde, leisten? Zweitens verweisen verschiedene soziologische Diagnosen etwa zur Individualisierung, zu fluiden Identitäten, zur Pluralisierung von Lebensstilen oder auch zum »Sinn-Basteln« darauf, dass im Kontext spätmoderner Gesellschaften eine derartige Form der Einheitlichkeit der Lebensführungsprinzipien überhaupt nicht (mehr) möglich ist. Der »einzelne moderne Mensch« sei »typischerweise in eine Vielzahl von disparaten Beziehungen, Orientierungen

139 Weber, »Resultat: Konfuzianismus und Taoismus«, S. 199.

140 Weber, *Wirtschaft und Gesellschaft*, S. 320 f.

141 Jürgen Habermas, *Theorie des kommunikativen Handelns. Band 1. Handlungsrationalität und gesellschaftliche Rationalisierung*, Frankfurt/M., S. 244.

und Einstellungen verstrickt«, »mit ungemein heterogenen Situationen, Begegnungen, Gruppierungen, Milieus und Teilkulturen konfrontiert« und müsse daher »folglich (sozusagen ständig) mit mannigfaltigen, nicht aufeinander abgestimmten Deutungsmustern und Handlungsschemata umgehen«.[142] Und drittens wurde bereits darauf hingewiesen, dass selbstoptimierende Praktiken in der Regel nur zeitlich begrenzt ausgeübt werden und eben gerade nicht die Lebensgestaltung insgesamt prägen. Zudem konzentrieren sich selbstoptimierende Praktiken häufig auf einzelne Bereiche (Sport, Bildung, Arbeit, Körper...), kommen also nicht immer und überall zur Anwendung.

Es mag einzelne Ausnahmen geben, bei denen sich tatsächlich so etwas wie eine Selbstoptimierung als Lebensführung herausgebildet hat. Beispiele finden sich unter InfluencerInnen, Extrem- und LeistungssportlerInnen, VerfasserInnen von Ratgeberbüchern oder Podcasts, BiohackerInnen oder OrganisatorInnen spezifischer Veranstaltungsformate. In der Breite dominieren diese Personen jedoch nicht das Bild von Selbstoptimierung, wie auch Eberhard Wolff festhält:

> Wie viele Menschen kennen Sie, die marionettenhaft jeden Schritt, jede Kalorie, jede Gemütsbewegung, ihren Puls, Blutdruck und Blutzucker messen und sich dabei ständig verbessern wollen? Es mag sie vereinzelt geben. Ich kenne aber viele, die kleine Selbsttests mit Trackern gemacht und diese amüsiert oder gelangweilt nach einer Schnupperphase wieder aufgegeben haben. Ich kenne auch Menschen, die Tracking hier und da produktiv einsetzen, selbst bestimmen, wie viel Ernst und wie viel humorvolles Spiel sie darin sehen wollen. Menschen, die sich selbst kennenlernen wollen, mit sich selbst umgehen wollen.[143]

142 Ronald Hitzler, »Sinnbasteln. Zur subjektiven Aneignung von Lebensstilen«, in: Ingo Mörth, Gerhard Fröhlich (Hg.), *Das symbolische Kapital der Lebensstile. Zur Kultursoziologie der Moderne nach Pierre Bourdieu*, Frankfurt/M., New York 1994, S. 75-92, hier S. 82f. Gegen diese Ausprägungen der spätmodernen Kultur formieren sich allerdings vermehrt Gegenbewegungen (siehe z.B. Cornelia Koppetsch, *Die Gesellschaft des Zorns. Rechtspopulismus im globalen Zeitalter*, Bielefeld 2019), und gerade auch vermittelt über soziale Medien können sich äußerst homogene und nach außen hin abgeschlossene Milieus bilden.

143 Eberhard Wolff, »›Selbstoptimierung‹: Ein Skandaltypus«, in: *Uni Nova. Das Wissenschaftsmagazin der Universität Basel* 132 (2018) ⟨https://www.unibas.ch/de/Forschung/Uni-Nova/Uni-Nova-132/Uni-Nova-132-Essay.html⟩, letzter Zugriff 17.8.2020.

In der Regel findet man demnach keine Selbstoptimierung als Lebensführung im engen Sinne, aber durchaus Formen einer selbstoptimierten Lebensführung im weiteren Verständnis einer pragmatischen Lebensführung, die gelegentlich auch auf Optimierungspraktiken zurückgreift.

VI.6 Zusammenfassung

Das Kapitel hat sich dem Phänomen der Selbstoptimierung in drei Schritten genähert: Zuerst wurde der begrifflich-analytische Kern der Selbstoptimierungsidee herausgearbeitet, dann die Strukturlogik der Selbstoptimierungspraxis analysiert und schließlich Selbstoptimierung als Form der Subjektivierung und als Teil einer Lebensführung diskutiert. Es gibt demnach nicht *die* Selbstoptimierung, sondern verschiedene Ausprägungen oder Formen. Die Herauspräparierung des analytischen Kerns führte zu einem eher engen Verständnis der Idee von Selbstoptimierung: In zeitlicher Hinsicht ist Selbstoptimierung durch einen Prozess der Verstetigung und damit der Entgrenzung charakterisiert, in sachlicher Hinsicht beruht sie auf der Trias aus Perfektibilitätsstreben, prinzipieller Überbietbarkeit und Optimierung und in sozialer Hinsicht weist sie einen ausgeprägten individuellen Selbstbezug auf. In Reinform ist diese Idee in der Realität nicht anzutreffen, sondern sie tritt in der Regel in Verbindung mit anderen Elementen auf, auf der Ebene der Praktiken wie auch der Selbstverhältnisse.

Als Nächstes wurde ein analytisches Gerüst für die Logik und Struktur selbstoptimierender Praktiken entwickelt und vorgestellt. Im Allgemeinen stehen selbstoptimierende Praktiken für einen instrumentellen wie auch rational kalkulatorischen Zugriff auf das Selbst beziehungsweise Aspekte des Selbst. Sie sind grundlegend an Verbesserbarkeit beziehungsweise Mängelbeseitigung orientiert, haben eine offene, auf permanente Überbietung basierende Struktur, unterziehen die erreichten Ergebnisse einer permanenten Kontrolle und oszillieren zwischen Autonomie und Heteronomie. In einer autonomen Form wirken sie motivierend und steigern die Selbstwirksamkeitserfahrung der Subjekte, in einer eher heteronomen Form können sie äußerst negative Folgen für Körper und Psyche haben. Selbstoptimierende Praktiken wirken zudem nicht präventiv oder kurativ, sondern zielen darauf, den Mittelwert zu überschreiten. Je nach kontextuellen Bedingungen kann das unter Umständen aber auch heißen, einen möglichen Verfall etwa der körperlichen Leistungsstärke oder des Aussehens aufzuhalten. Die zehn Punkte beschreiben die grundlegende Struktur selbstoptimierender Praktiken, die sich aber mit anderen Praxisformen verbinden und hybride Kombinationen eingehen können. Bei Körperpraktiken wie Yoga oder Meditation etwa verbindet sich häufig eine Form von Selbstoptimierung mit einer der Selbstsorge, was in manchen Fällen auch mit einer spirituellen Orientierung einhergeht.[144]

Prägen Idee und Praxis der Selbstoptimierung die grundlegenden Werte der Akteure beziehungsweise die Prozesse ihrer Identitäts- und Persönlichkeitsbildung, werden sie zu einer Form der Subjektivierung. Hinsichtlich der Reichweite und Prägekraft von Idee und Praxis gibt es aber erhebliche Unterschiede. Bei weitreichenderen Formen der Selbstoptimierung werden Idee und Praxis zu einem Teil der eigenen Wertorientierung, sie prägen den Alltag, wirken sich auf die körperliche Struktur und/oder die emotional-affektive Verfasstheit der Akteure aus und werden in die eigene Lebenserzählung integriert. Bei weniger weitreichenden Formen sind diese Aspekte entsprechend weniger stark ausgeprägt, wobei die Übergänge zwischen den Formen fließend sind. Versteht man Selbstoptimierung mit Weber als Lebensführung, schreibt man ihr einen einheitsstiftenden Ethos zu, der von innen heraus die gesamte Art der Lebensgestaltung, ja das Leben insgesamt prägt. Derart weitreichende Formen der Selbstoptimierung als Lebensführungsprojekt oder gar als transhumane bio-technische Artifizierung des Menschen stellen gegenwärtig eher die Ausnahme als die Regel dar. Es sind aber gerade diese Ausnahmen, die eine hohe mediale Aufmerksamkeit finden und als Vorbilder wirken können. Ihre VertreterInnen erscheinen als Avantgarde, die möglicherweise mit ihren Ideen und Praktiken den zukünftigen Alltag vieler vorwegnehmen. Ist es daher übertrieben zu behaupten, dass wir im Zeitalter der

144 Vgl. Marlene Halser »Die Spiritualisierung des Abendlandes«, *TAZ am Wochenende* (22.4.2019), S.20-22.

SelbstoptimiererInnen[145] leben? Welche gesellschaftliche Relevanz und Bedeutung hat Selbstoptimierung heute?

145 Corinna Mühlhausen, Peter Wippermann, *Das Zeitalter der Selbstoptimierer*, Hamburg 2013.

VII
Selbstoptimierung heute

Selbstoptimierung ist ein schillernder Begriff und ein zentraler Topos der Gegenwart. Wie sich gezeigt hat, liegen die Wurzeln des Optimierungsbegriffs in einer ökonomisch-technischen Gedankenwelt, die mit dem Zusatz ›Selbst‹ auf den Menschen übertragen werden. Genau darin sehen die einen das Skandalon, die anderen hingegen einen Anreiz zur Selbstbearbeitung. Die einen kritisieren den allgegenwärtigen Optimierungssprech als Ausdruck eines »NewLiberalSpeak«,[1] für die anderen steht der Begriff für ein positiv besetztes individuelles und gesellschaftliches Leitbild. Es handelt sich also um keinen unschuldigen Begriff (wenn es so etwas überhaupt gibt), sondern um einen, in dem sich gesellschaftliche Tendenzen wie unter einem Brennglas bündeln. Genau das macht ihn so interessant für die Soziologie wie auch für die anderen Kultur- und Sozialwissenschaften.

Selbstoptimierung umschreibt zudem eine vielfältige Praxis, die sich auf den eigenen Körper, auf die eigene Psyche sowie auf die eigenen Handlungen bezieht und auf immer weiter gehende Verbesserungen zielt. Die konkreten Praktiken reichen von der Einnahme leistungssteigernder Mittel über Modifikationen und technisch-digitale Ergänzungen der körperlich-psychischen Struktur bis hin zu spezifischen Formen der Ernährung, Bewegung und Alltagsgestaltung. Es gibt alltägliche und radikale Versionen von Idee und Praxis der Selbstoptimierung, solche, die bei den Subjekten gewissermaßen an der Oberfläche verbleiben, und solche, die einen tiefer gehenden Einfluss auf die Werte und Persönlichkeitseigenschaften haben und zu einer Form der Subjektivierung oder Lebensführung werden können. Im letztgenannten Fall bildet sich unter dem Leitbild der Selbstoptimierung ein instrumentelles Selbstverhältnis heraus, das zuvorderst und vor allem darauf gerichtet ist, eine Form von ökonomischem, kulturellem, sozialem und/oder symbolischem Mehrwert zu erzielen. Die Mehrwertori-

1 Pierre Bourdieu, Loïc Wacquant, »NewLiberalSpeak: Notes on the New Planetary Vulgate«, in: *Radical Philosophy* 105/1 (1991), S. 2-5.

entierung sowie das zweckrationale, die erzielten Ergebnisse systematisch kontrollierende Vorgehen gehören zum Grundgedanken der Optimierung. Optimierung, Perfektibilitätsstreben und Überbietbarkeit bilden den sachlichen Kern von Selbstoptimierung, das Prinzip der Entgrenzung macht ihre zeitliche Dimension aus und ein individueller Selbstbezug ihre soziale.

Diese inhaltliche Ausgestaltung der Selbstoptimierungsidee basiert wiederum auf bestimmten kulturellen Voraussetzungen, die sich erst mit der Entwicklung der (westlichen) modernen Gesellschaft herausgebildet haben und für die hier exemplarisch die Ideen von Bildung, Fortschritt und Rationalisierung betrachtet wurden. Mit Bildung wird das Terrain für den moralischen Appell einer auf Selbstverbesserung zielenden Arbeit an sich selbst vorbereitet. Der Fortschrittsgedanke beinhaltet die Idee einer strukturell offenen Prozessdynamik, die sich von Vorstellungen eines festen und begrenzten Zielhorizonts löst. Mit Rationalisierung ist der Gedanke verbunden, dass es einen klar bestimmbaren, bestmöglichen Weg zur Verbesserung gibt, sofern sämtliche Einheiten genau bestimmt und in ihrer Funktionsweise und in ihrem Zusammenwirken analysiert werden. Selbstoptimierung basiert in der einen oder anderen Form auf diesen drei Ideen. Sie ist daher in einem allgemeinen Sinn eine moderne Idee, die aber erst im Verlauf des 20. Jahrhunderts und insbesondere in der Zeit um die Jahrtausendwende eine konkretere Gestalt annimmt. Gustav Großmanns Projekt der Selbstrationalisierung aus den 1920er-Jahren nimmt schon einiges vorweg, hat aber mit dem primären Fokus auf Arbeit und Beruf einen eingeschränkten Wirkungsbereich und steht noch klar in der tayloristischen Tradition der Suche nach dem ›one best way‹.[2]

Erst ab den 1950er-Jahren kommen sukzessive verschiedene Elemente zusammen, die für die Ausbildung der Idee von Selbstoptimierung in einem engeren Sinne wichtig sind. Dazu gehören auf struktureller Ebene Faktoren wie die Ausbreitung sozialer Mobilität und die zunehmende Orientierung an Konkurrenz und Wettbewerb im Zuge des ökonomischen Strukturwandels. Im Bereich der kulturellen Entwicklung spielen Prozesse der wachsenden

2 Auch der moderne Hochleistungssport ist aufgrund seiner endemischen Wettbewerbsorientierung, quantifizierenden Vermessung und seines ausgeprägten Körperbezugs ein Bereich, in dem sich frühe Ausprägungen der Idee und Praxis von Selbstoptimierung finden lassen.

Individualisierung, des Strebens nach Selbstverwirklichung und Besonderheit ebenso wie die Ausbreitung von Ideen personenbezogener Leistungsparameter wie Exzellenz, individuelle Performanz und Fitness eine Rolle. Im Bereich der Technik kommen heute die digitalen Technologien sowie die biotechnischen und neurowissenschaftlichen Entwicklungen hinzu. Dadurch werden erst die technischen Voraussetzungen für neuartige Praktiken der Vermessung, technischen Ergänzung und äußeren oder auch inneren Manipulationen am Selbst geschaffen.[3] Anders als noch bis weit ins letzte Drittel des 20. Jahrhunderts hinein erreicht der instrumentelle Zugriff nun dank neuartiger (bio-)technischer Methoden und digitaler Artefakte zur Vermessung und Erweiterung der körperlichen Strukturen ungleich intimere Bereiche, ja erstreckt sich bis hin zur genetischen Manipulation des Menschen selbst. Daraus resultiert auch eine neue Qualität und Reichweite möglicher Risiken und Gefahren für die körperliche und psychische Gesundheit der betroffenen Personen wie auch für die menschliche Gattung insgesamt.[4]

Grundsätzlich verweist Selbstoptimierung nicht auf ein Leben in Genuss und Muße, sondern in Arbeit und Anstrengung, denn selbstoptimierende Praktiken sind »ohne vorstellbaren Endzustand und ohne erreichbare Erfüllung und Vollendung«.[5] Gleichzeitig steigt im Rahmen der fortwährenden Selbstoptimierungsprozesse die Sensibilität für bestehende Unzulänglichkeiten bei sich und auch bei anderen – und wer sucht, der findet. Dies ist nicht nur anstrengend, sondern macht womöglich unglücklich, krank und depressiv. Die Qualität sozialer Beziehungen kann zudem durch

3 Alain Ehrenberg, *Die Mechanik der Leidenschaften. Gehirn, Verhalten, Gesellschaft*, Berlin 2019; Petra Gehring, *Was ist Biomacht? Vom zweifelhaften Mehrwert des Lebens*, Frankfurt/M., New York 2006.

4 Des Weiteren tauchen neue Problemlagen auf, etwa die Frage, was mit den Unmengen an aktiv oder passiv, selbst- oder fremdgenerierten individuellen Körper- und Aktivitätsdaten passieren soll. Diese Frage stellt sich umso mehr dann, wenn kommerzielle Unternehmen wie Anbieter von Self-Trackern im Spiel sind, die keinen oder nur eingeschränkten ethischen Standards folgen.

5 Michael Wimmer, »Perfektionierung des Unverbesserlichen: unvermeidbar und unmöglich«, in: *Psychosozial* 38/3 (2015), S. 81-102, hier S. 87. Dies gilt zumindest für die prinzipielle Idee von Selbstoptimierung. Im konkreten Anwendungsfall sind selbstoptimierende Praktiken nicht notwendigerweise unersättlich: Man kann ein konkretes Ziel optimieren wollen und damit zufrieden sein.

die bisweilen extreme Form von Selbstbezogenheit leiden, die mit Selbstoptimierung einhergeht. Gleichwohl erfahren manche Akteure in selbstoptimierenden Praktiken auch eine Form der individuellen Erfüllung und Bestätigung, begreifen sich also genau darüber als selbstwirksame, leistungsstarke, erfolgreiche, schöne oder auch als kreative und technikaffine Subjekte. Je nach Faktoren wie Alter, Geschlecht, sozialer Schichtzugehörigkeit und Kapitalausstattung optimieren sich die Menschen auf unterschiedliche Art und Weise und in unterschiedlicher Intensität. Manche optimieren sich, weil sie strukturell dazu genötigt werden, andere, weil sie »extrem neugierig« hinsichtlich möglicher Veränderungen an Körper und Psyche sind und geradezu spielerisch damit umgehen.[6] Wiederum andere optimieren sich schlicht deshalb, weil es technisch möglich ist, weil es gesellschaftlich gewünscht und gefordert wird, weil es Selbstbestätigung und individuelles Vorankommen verspricht beziehungsweise weil es den verinnerlichten Wertmaßstäben entspricht.

Selbstoptimierung wirkt nicht nur individualisierend, sondern auch vergesellschaftend. Über selbstoptimierende Praktiken lässt sich eine Form der Zugehörigkeit zu bestimmten sozialen Gruppen herstellen, etwa wenn im Fitness-Studio der Anschluss an diejenigen gesucht wird, die leistungssteigernde Mittel konsumieren. Selbstoptimierung hat demnach eine »paradoxe Funktion«: Sie »stärkt Individualitätsgefühle« und ist gleichzeitig »ein Nachweis der Konformität und Loyalität in Kulturen und Gesellschaften, die ihre Mitglieder auf Selbstoptimierung verpflichten«.[7] Zwar mag sich Selbstoptimierung vor allem bei gebildeten Mittelschichtsangehörigen in den urbanen Zentren finden, sie ist aber auch jenseits dieser sozialen Gruppe verbreitet und richtet sich potenziell an alle. Dies liegt auch am zunehmenden Wissen über ›optimale‹ Formen der Ernährung, Bewegung und Lebensführung sowie an der Ver-

6 Persönliches Interview mit einem Biohacker, Helsinki, November 2019. Vgl. zu diesem Unterschied auch Hartmut Rosa, der zwischen dem von Sennett beschriebenen *Drifter* und der Figur des *Spielers* unterscheidet. Während sich die erste Figur äußeren Anforderungen passiv ausgesetzt fühlt, ist die zweite in der Lage, damit spielerisch und souverän umzugehen. Hartmut Rosa, »Beschleunigung und Depression – Überlegungen zum Zeitverhältnis der Moderne«, in: *Psyche* 65/11 (2011), S. 1041-1060.

7 Jürgen Straub, Oswald Balandis, »Niemals genug! Selbstoptimierung und Enhancement. Attraktive Praktiken für verbesserungswillige Menschen?«, in: *Familiendynamik. Systemische Praxis und Forschung* 1 (2018), S. 72-83, hier S. 80.

marktung entsprechender Produkte und Handlungsprogramme – Selbstoptimierung beschreibt nicht zuletzt einen riesigen expandierenden Produktmarkt. Darüber hinaus hält die Massen- und Konsumgesellschaft für jeden das passende Angebot bereit – McFIT oder Holmes Place, Nahrungsergänzungsmittel der Drogerie-Hausmarke oder vom exquisiten Spezial-Internethandel, die noble Schönheitsklinik oder das günstige Angebot für den kleinen Geldbeutel. Den konsumbasierten Formen selbstverwirklichender oder *lifestyle*-orientierter Selbstoptimierung sind daher keine Grenzen gesetzt, aber auch der soziale und ökonomische Wettbewerb sowie die medialen Formate der Selbstpräsentation sorgen dafür, dass sich Idee und Praxis von Selbstoptimierung vermutlich weiter ausbreiten werden. Zusammengenommen verweisen diese Faktoren auf eine gesellschaftliche Dimension von Selbstoptimierung, die historisch einzigartig und spezifisch für gegenwärtige Gesellschaften westlichen Typs ist. Noch nie zuvor hat es das Phänomen der Selbstoptimierung in dieser umfassenden Form und mit dieser gesellschaftlichen Reichweite gegeben.

Wofür nun steht Selbstoptimierung heute? Welche gesellschaftliche Relevanz und zeitdiagnostische Bedeutung hat sie? Welche Folgen, allgemeineren gesellschaftlichen Dynamiken und Konflikte sind mit ihr verbunden? Die Beantwortung dieser Fragen ist eng mit dem allgemeinen Verständnis gegenwärtiger Gesellschaften verbunden, dem man folgt. Es macht beispielsweise einen Unterschied, ob man aus einer Steigerungs- oder aus einer Suffizienzperspektive auf die Gesellschaft blickt. Es können hier selbstredend nicht alle möglichen Betrachtungsweisen von Gesellschaft mit Blick auf ihre Relevanz für Selbstoptimierung abgebildet werden. Die folgende Diskussion einiger aktueller Gesellschaftsdiagnosen versteht sich daher nur als Beitrag zu einer viel breiteren Diskussion. Sie zeigt einige zentrale Perspektiven auf, liefert aber kein erschöpfendes Bild der gegenwärtigen Rolle und Bedeutung von Selbstoptimierung.

Ein wichtiger Repräsentant der gesellschaftlichen Steigerungsperspektive ist Hartmut Rosa. Er vertritt in seinem Buch *Resonanz* unter anderem die These, dass ein zentrales Charakteristikum gegenwärtiger Gesellschaften in einer dynamischen, auf Steigerung zielenden Form der Stabilisierung liegt.[8] Mit »dynamischer Stabi-

8 Auch Andreas Reckwitz sieht im Rahmen des von ihm analysierten Kreativitätsdispositivs einen »*Steigerungsimperativ* des Kreativen«. Andreas Reckwitz, *Die Er-*

lisierung« bezeichnet Rosa diejenige Lage, in der sich die »Basisinstitutionen der Gesellschaft« aus den Bereichen Politik, Ökonomie, Arbeit, Sozialstaatlichkeit und Bildung »nur im Modus der Steigerung zu reproduzieren und zu erhalten vermögen, dass sie mithin also systematisch auf (ökonomisches) Wachstum, auf (technische und kulturelle) Beschleunigung sowie auf politische Aktivierung [...] angewiesen sind, um ihren Status quo zu stabilisieren und ihre Struktur zu erhalten«.[9] Die gegenwärtige Gesellschaft ist damit nicht nur in einem allgemeinen Sinn produktiv, sondern ihre Logik ist analog zur Welt der kapitalistischen Produktion »im Kern *dynamisch*: Sie erzwingt eine fortwährende Veränderung (oder ›Umwälzung‹) der materialen und sozialen Strukturen der Gesellschaft«.[10]

Überträgt man diesen Gedanken auf die individuelle Ebene und auf die Idee der Selbstoptimierung, so erscheint diese als eine Form der dynamischen Stabilisierung des Selbst. Selbstoptimierung bildet hier die Voraussetzung für eine ›optimale Funktionsweise‹[11] in der Gesellschaft wie auch dafür, nicht den Anschluss an eine dynamische Umwelt zu verlieren. Eine auf dynamischer Steigerung basierende gesellschaftliche Struktur setzt demnach Individuen voraus und bringt solche zugleich hervor, die ebenfalls auf permanente Aktivität, Anpassung und Steigerung setzen. Mit anderen Worten: Selbstoptimierung stabilisiert und perpetuiert gesellschaftliche Prozesse auf der Mikro-Ebene der Akteure. Selbstoptimierende Praktiken führen vielleicht auch zu besseren Ergebnissen der persönlichen Leistungsbilanz und liefern damit die notwendige motivationale Grundlage zum Weitermachen, stellen aber vor allem sicher, nicht den Anschluss zu verlieren. So wie technische Gerätschaften auf regelmäßige Updates und neue Betriebssysteme angewiesen sind, um

findung der Kreativität. Zum Prozess gesellschaftlicher Ästhetisierung, Berlin 2012, S. 347, Hervorhebung im Original.

9 Hartmut Rosa, *Resonanz. Eine Soziologie der Weltbeziehung*, Berlin 2016, S. 518 f.

10 Hartmut Rosa, »Kapitalismus als Dynamisierungsspirale – Soziologie als Gesellschaftskritik«, in: Klaus Dörre u. a., *Soziologie – Kapitalismus – Kritik. Eine Debatte*, Frankfurt/M. 2012, S. 87-125, hier S. 97, Hervorhebung im Original.

11 Der amerikanische Psychologe und Psychotherapeut Carl Rogers, Ende der 1950er-Jahre Mitbegründer der Humanistischen Psychologie, sprach in einem »›visionären‹ Sinn« von der »fully functioning person«. Vgl. Jürgen Straub, »Selbstoptimierung im Zeichen der ›Auteronomie‹. Paradoxe Strukturen der normierten Selbststeigerung: von der ›therapeutischen Kultur‹ zur ›Optimierungskultur‹«, in: *Psychotherapie & Sozialwissenschaft* 15/2 (2013), S. 5-38, hier S. 26.

noch funktionstüchtig zu bleiben, müssen demnach auch die Subjekte beständig an ihrer Optimierung arbeiten, um im Rennen zu bleiben. Selbstoptimierende Praktiken werden im Rahmen dieser Interpretation also zu einer ebenso notwendigen wie naheliegenden Handlungsstrategie. Über sie läuft die gesellschaftliche Anpassung, sie halten die Menschen auf Trab und bieten ihnen eine Form der persönlichen Befriedigung im Streben nach permanenter Aktivität und individueller Leistungssteigerung.

Welche Bedeutung aber erhalten Idee und Praxis der Selbstoptimierung, wenn sich die Gesellschaft nicht mehr, oder zumindest nicht mehr ausschließlich, im Steigerungsmodus befindet? Ein derartiges Setting beschreibt Denis Hänzi mit dem »Potentialitätsregime« gegenwärtiger Gesellschaften. Hänzis These lautet, dass sich in gegenwärtigen Gesellschaften ein »Ideal[] der (Selbst-)Investition« herausbildet, das Teil ebendieses Regimes ist und in der »unserer Tage fast allgegenwärtigen Rede von ›Potenzialen‹ seinen diskursiven Ausdruck findet«.[12] In so verschiedenen gesellschaftlichen Feldern wie Bildung, Kunst, Arbeit, Sport, Landwirtschaft, Finanzwirtschaft und noch vielen mehr gehe es an zentraler Stelle letztlich immer um die Frage der Entdeckung, Aktualisierung und Realisierung gegebener oder zukünftiger Potenziale. Hänzi zufolge basiert diese gesellschaftliche Orientierung aber nicht mehr nur auf einer unbegrenzten Steigerungslogik, sondern auch auf einem »Algorithmus der (Selbst-)Suffizienz«:

> Alles in allem also produziert das Potenzialitätsregime durchaus *auch*, wenn nicht zuvorderst Momente der (Selbst-)Begrenzung, zeitigt das Praxisideal der Potenzialverwirklichung also durchaus *auch*, wenn nicht bevorzugt Effekte eines – zweifellos eher konservativen denn möglichkeitserweiternden – ›Sichklammern[s] an das unmittelbar Vorhandene‹ (Mannheim 1984, 111), wie es unserer Tage etwa mittels Potenzialanalysen dingfest gemacht werden will oder kurzerhand unter Rekurs auf eben *das* geltend gemacht werden kann, was einen als Individuum – oder auch als Institution – der innersten und ureigensten Potenzialität nach ausmache.[13]

12 Denis Hänzi, »Verheißungsvolle Potenziale. Ein neues Ideal der zukunftssicheren (Selbst-)Investition?«, in: *Berliner Journal für Soziologie* 25/1-2 (2015), S. 215-236, hier S. 218. Vgl. ebenfalls Ehrenberg, *Die Mechanik der Leidenschaften*.

13 Denis Hänzi, »Die Regulierung der Potenzialität. Versuch über den Künstler im Zeitalter seiner sozialen Mustergültigkeit«, in: *Schweizerische Zeitschrift für Soziologie* 43/2 (2017), S. 423-443, hier S. 435 f., Hervorhebungen im Original.

In diesem Fall passt die Entgrenzungslogik der Selbstoptimierung nicht eins zu eins zum gesamtgesellschaftlichen Kontext als dessen Stabilisierungsform auf der individuellen Ebene. Stattdessen ergeben sich für Idee und Praxis der Selbstoptimierung verschiedene mögliche Bedeutungen. Selbstoptimierende Praktiken können in diesem Rahmen für eine experimentell eigensinnige Logik stehen, der zufolge die Akteure trotz eines vermeintlich feststehenden ›inneren Bauplans‹ (Maria Montessori) auf Grenzüberschreitungen zielen, etwa in Form völlig neuer körperlicher oder psychischer Erfahrungen. Sie können aber auch ein Mittel sein, sich der Gesellschaft anzupassen, indem sie innerhalb der bestehenden Grenzen das Potenzial bestmöglich zu mobilisieren helfen. Selbstoptimierung wird hier für die Akteure gleichsam zum Mittel, um den vorgesehenen gesellschaftlichen Platz einzunehmen; der für die Idee der Selbstoptimierung charakteristische Moment der Überbietung kommt also nur in einem sehr eingeschränkten Maße zur Geltung. Daraus ergibt sich auch die dritte Bedeutungsebene von Selbstoptimierung in diesem Kontext. Sie gerinnt zur Ideologie, wenn den Menschen nur vorgetäuscht wird beziehungsweise sie selbst davon überzeugt sind, dass ihrem Selbstentfaltungs- und Steigerungsstreben keine Grenzen gesetzt sind, tatsächlich aber jeder nur gemäß verschiedener Potenzialitätskriterien bestimmten Funktionen oder Kategorien zugeordnet wird.

Eine weitere Perspektive auf Selbstoptimierung ergibt sich, wenn man als herausragendes Charakteristikum gegenwärtiger Gesellschaften ihre Komplexität und Unübersichtlichkeit hervorhebt. Gemeint sind hier nicht die klassischen Diskussionen zur funktionalen Differenzierung moderner Gesellschaften, sondern der Argumentationsstrang, der die gar nicht mehr so »neue Unübersichtlichkeit« thematisiert, die aber in Zeiten von globaler Klimakrise und Corona-Pandemie besonders akut zu sein scheint: »So viel Wissen über unser Nichtwissen und über den Zwang, unter Unsicherheit handeln und leben zu müssen, gab es noch nie.«[14] Dieses Wissen

Zum eingeschobenen Mannheim-Zitat vgl. Karl Mannheim, *Konservatismus. Ein Beitrag zur Soziologie des Wissens*, Frankfurt/M. 1984.

14 Jürgen Habermas, »So viel Wissen über unser Nichtwissen gab es noch nie«. Interview zur Corona-Pandemie, *Frankfurter Rundschau*, 15.4.2020 ⟨https://www.fr.de/kultur/gesellschaft/juergen-habermas-coronavirus-krise-covid19-interview-13642491.html⟩, letzter Zugriff 5.9.2020; Jürgen Habermas, *Die neue Unübersichtlichkeit. Kleine politische Schriften V*, Frankfurt/M. 1984.

über das Nichtwissen wirkt bei manchen politisch mobilisierend, bei anderen befördert es hingegen Apathie und Resignation. Für eine dritte Gruppe ist es der Grund, sich nur mehr mit sich selbst zu beschäftigen. Idee und Praxis der Selbstoptimierung werden hier also zur Antwort auf gesellschaftliche Unübersichtlichkeiten, denn sie bieten einen klaren Handlungsrahmen, Orientierung und Sinn:

> Die individuozentrische Rückbeziehung und der selbstbesorgte oder selbstgefällige Rückzug auf sich gestatten es, das gestaltende, produktive Handeln auch dann fortzusetzen, wenn eine Person in der ›äußeren‹ Welt nichts mehr auszurichten hat (oder zu sagen und zu gestalten zu haben glaubt). Der Erfolg rekursiven selbstoptimierenden Handelns hängt nicht davon ab, dass ich andere und anderes ändere, sondern ›allein‹ mich selbst. Dieses Handeln kann kompensatorische Funktionen übernehmen in einer Welt, in der das Subjekt auch deswegen auf sich zurückgeworfen ist, weil diese Welt intransparent und unübersichtlich und selbst durch kollektives (politisches) Handeln nicht mehr gestaltbar, kontrollierbar und steuerbar erscheint. Das eigene Selbst ist und bleibt es – jedenfalls in einigen Dimensionen und Aspekten und insgesamt sogar in so vielen (und immer wieder anderen, neuen), dass es als unerschöpfliche Quelle selbstoptimierenden Handelns und der damit verwobenen ›positiven Erlebnisse‹ attraktiv und faszinierend ist.[15]

Das Selbst wird hier vielleicht nicht zum einzigen, aber doch zu einem paradigmatischen Feld für Verbesserungen.[16] Doch für welche sozialen Gruppen trifft das zu? Im ersten Kapitel wurde die »neue Mittelklasse«[17] als zentrale Trägerschicht von Selbstoptimierung benannt. Teile ihrer Anhängerschaft scheinen eine Manifestation jenes »menschlichen Typus« zu sein, der gegenwärtig, zumindest in der westlichen Welt, »die optimalen Chancen« hat, »zum herrschenden zu werden«,[18] denn niemand hat den »strukturinduzierte[n] Aktivierungsimperativ«[19] so sehr internalisiert und in seine alltägliche Lebensführung implementiert wie sie. Doch diese (vermutete)

15 Straub/Balandis, »Niemals genug!«, S. 79.

16 Zygmunt Bauman, *Retrotopia*. Berlin 2017, S. 148. Vgl. auch Kapitel I.

17 Vgl. Andreas Reckwitz, *Die Gesellschaft der Singularitäten. Zum Strukturwandel der Moderne*, Berlin 2017.

18 Max Weber, »Der Sinn der ›Wertfreiheit‹ der soziologischen und ökonomischen Wissenschaften«, in: ders., *Gesammelte Aufsätze zur Wissenschaftslehre*, hg. von Johannes Winckelmann, Tübingen 1988 [1917], S. 489-540, hier S. 517.

19 Dörre u. a. *Soziologie – Kapitalismus – Kritik. Eine Debatte*, S. 297.

Vormachtstellung bleibt nicht ohne Widerstand, wie sich gegenwärtig in besonders dringlicher Weise zeigt.[20]

Cornelia Koppetsch liefert in ihrer Studie *Die Gesellschaft des Zorns* eine Argumentationsfolie, mit deren Hilfe sich Idee und Praxis von Selbstoptimierung als Ausdruck gesellschaftlicher Kräfteverhältnisse und von Machtkämpfen um die kulturelle Deutungshoheit verstehen lassen. In ihrem Buch geht es vor allem darum, die Genese und Verbreitung rechtspopulistischer Strömungen zu erklären. Koppetsch interpretiert die Zunahme rechtspopulistischer Bewegungen unter anderem vor dem Hintergrund einer Spaltung der Mittelschicht in ein oberes Segment der »akademisch ausgebildete[n] urbane[n] Mittelschicht« und in ein mittleres und unteres Segment, das »in den Regionen und Kleinstädten« zu finden ist. Unter Rückgriff auf die Zivilisationstheorie von Norbert Elias argumentiert sie, dass es im mittleren und unteren Segment mitunter zu Formen der »De-Zivilisierung« kommt, die maßgeblich mit Machtverlust und ökonomischen wie kulturellen Deklassierungserfahrungen zusammenhängen. Im oberen Segment hingegen, das sie auch als »das postindustrielle Bürgertum« bezeichnet, ist das Zivilisationsniveau stark gestiegen, was seinen Ausdruck in facettenreichen Praktiken findet. Gleichzeitig ist es an einen Zuwachs von Selbstkontrolle, Selbstdisziplin und Selbstzwang gekoppelt, was »bis in emotionale und physiologische Tiefenschichten« vordringt.[21] Auch Idee und Praxis der Selbstoptimierung, so könnte man diesen Gedanken weiterentwickeln, werden hier zur habituellen Disposition. Nicht die selbstoptimierenden Praktiken bedürfen demnach einer Begründung (zumindest nicht ihre moderateren Ausprägungen), sondern der (womöglich demonstrative) Verzicht auf sie: also das Rauchen, die ungesunde Ernährungsweise, die verweigerte Weiterbildung etc.

> Das postindustrielle Bürgertum kultiviert […] ein Maximum an zivilisatorischer Selbstbindung. Dabei hat es entgegen dem von ihm selbst gepflegten Selbstbild, sozial inklusiv zu sein, ein historisch nahezu unübertroffenes Niveau an Exklusivität erlangt. Lebenslanges Lernen, der Konsum schier unerschöpflicher Mengen von Wissens- und Konsumgütern, Kodeverfei-

20 Vgl. Oliver Nachtwey, *Die Abstiegsgesellschaft. Über das Aufbegehren in der regressiven Moderne*, Berlin 2016.

21 Cornelia Koppetsch, *Die Gesellschaft des Zorns. Rechtspopulismus im globalen Zeitalter*, Bielefeld 2019, S. 20, S. 229 f., S. 215.

nerungen und die permanente Optimierung aller Lebensvollzüge ist der Preis, den die Privilegierten für ihre Zugehörigkeit zu entrichten haben. Weniger begünstigte Milieus, die vor dem Hintergrund dieser avancierten Standards als weniger kultiviert, weniger gesundheitsbewusst und weniger selbstdiszipliniert erscheinen, werden von den Mitgliedern des postindustriellen Bürgertums intuitiv aussortiert und wirkungsvoll daran gehindert, in die Machtzentren aufzuschließen.[22]

Selbstoptimierung wird hier zur logischen und praktischen Konsequenz der Aussage, dass es »kein Recht auf Faulheit« (Gerhard Schröder) gibt. In der gesellschaftlichen Aufforderung zur Selbstoptimierung werden also potenziell jene exkludiert, die dazu nicht (mehr) willens oder in der Lage sind. Seitens der (vermeintlich) weniger kultivierten Personen wiederum werden die selbstoptimierenden Praktiken womöglich kritisiert, ignoriert beziehungsweise durch andere Sinnorientierungen ersetzt. Koppetsch deutet entsprechend die Orientierung an »Tradition, Region oder Nation« auch als Gegenmodell zu individualistischen Selbst- und Gesellschaftsentwürfen, für die die Selbstoptimierung paradigmatisch steht.[23] Die Kritik an Selbstoptimierung und anderen vergleichbaren Ideen und Praktiken ist hier Teil der Kritik einer spezifisch spätmodernen »Lebensform«.[24] Im Rahmen dieser Perspektive erschöpft sich die Bedeutung von Selbstoptimierung also nicht im Aufzeigen einer primär selbstzentrierten Lebensweise, sondern sie wird zum Symbol und zum Ausdruck für politische, soziale, kulturelle und symbolische Spaltungs- und Konfliktlinien in der Gesellschaft. In diese Richtung deutet auch die Interpretation von Oliver Nachtwey, die er im Rahmen seiner Analyse zur »Abstiegsgesellschaft« liefert. Ihm zufolge setzen die Menschen vor allem bei mangelnden Aufstiegschancen und dem Wegbrechen solidarischer Handlungsmöglichkeiten auf selbstoptimierende Strategien, die hier klar am heteronomen Pol verortet sind. Sie »laufen auf eine intensivierte, beinahe völlige Hingabe an den Wettbewerb hinaus« und umfassen unter anderem die Zunahme, Entgrenzung und Verdichtung von Arbeit sowie »Stress und Sinnverlust«.[25]

Und Corona? Welche Auswirkungen hat die globale Pande-

22 Ebd., S. 225, Hervorhebungen weggelassen.

23 Ebd., S. 121. Siehe auch Kapitel I.

24 Rahel Jaeggi, *Kritik von Lebensformen*, Berlin 2014.

25 Nachtwey, *Die Abstiegsgesellschaft*, S. 165.

mie auf Idee und Praxis der Selbstoptimierung? Im Lichte von COVID-19 verstärken sich grob gesagt manche gesellschaftlichen Tendenzen, andere schwächen sich ab und wieder andere ändern ihre zugrundeliegende Logik.[26] Letzteres konstatiert Ulrich Bröckling mit Blick auf das Optimierungsprinzip, dem er, wie im fünften Kapitel gezeigt, eine prägende gesellschaftliche Bedeutung zuspricht. In der aktuellen Pandemie-Lage aber dreht sich sein Vorzeichen um. Das Ergebnis sind »inverse Optimierungen«:

> Nicht mehr das Erreichen des Bestmöglichen, sondern die Verhinderung des Schlimmstmöglichen beziehungsweise, wenn auch das nicht länger realistisch erscheint, Resilienz gegenüber dem Unvermeidbaren stehen fortan auf der Agenda. Prävention und Präemption verdrängen Perfektionierung, Nachhaltigkeit wird wichtiger als Steigerung [...]. Formal gesehen verbleibt diese Umkehrung im Rahmen ökonomischer Rationalität, für die sich gleichermaßen jeder vermiedene Verlust als Gewinn wie jeder nicht realisierte Gewinn als Verlust darstellen lässt. Im Hinblick auf ihre affektive Aufladung und die in Anschlag gebrachten Praktiken macht es allerdings einen großen Unterschied, ob die Optimierung unter positivem oder negativem Vorzeichen steht. Dispositive der Angst und Sorge operieren anders als jene, die den Ehrgeiz kitzeln oder mit Versprechen von Erfolg, Wohlstand und Gesundheit locken.[27]

Diese Analyse erscheint plausibel, doch trifft sie auch auf die Optimierung des Selbst zu? Formen der Selbstoptimierung unter negativem Vorzeichen wurden im sechsten Kapitel kurz thematisiert, als die Diversität möglicher Ziele dargelegt und argumentiert wurde, dass es unter bestimmten Umständen auch darum gehen kann, ein erreichtes Niveau einfach nur zu erhalten. Im Angesicht einer global grassierenden Pandemie bestünde Selbstoptimierung dann entsprechend vor allem darin, gesund zu bleiben, also nicht krank zu werden. Es sind allerdings Zweifel angebracht, ob dies noch ein sinnvoller Begriff von Selbstoptimierung ist oder ob es hier nicht schlicht um etwas anderes, nämlich den Erhalt der Gesundheit,

26 Vgl. für Analysen zu verschiedenen Feldern die Beiträge in Michel Volkmer, Karin Werner (Hg.), *Die Corona-Gesellschaft. Analysen zur Lage und Perspektiven für die Zukunft*, Bielefeld 2020.

27 Ulrich Bröckling, »Optimierung, Preparedness, Priorisierung. Soziologische Bemerkungen zu drei Schlüsselbegriffen der Gegenwart« ⟨https://www.soziopolis.de/beobachten/gesellschaft/artikel/optimierung-preparedness-priorisierung/⟩, letzter Zugriff 19. 8. 2020.

geht. Zwar kann man versuchen, die Mittel für den Erhalt der Gesundheit zu optimieren, im Vordergrund steht nunmehr aber nicht mehr der Gedanke der grenzenlosen Verbesserbarkeit, sondern der des Erhalts von etwas Bestehendem. Gleichzeitig stellt sich die Frage, ob in Zeiten eines generalisierten Homeoffice die Möglichkeiten wie auch der Zwang zu selbstoptimierenden Praktiken nicht eher noch steigen. Es kann mehr Möglichkeiten geben, weil andere, etwa soziale Aktivitäten wegfallen oder zumindest deutlich reduziert werden (müssen) und somit mehr Zeit für optimierende Praktiken da ist.[28] Der Zwangscharakter kann aber ebenfalls zunehmen, wenn man beispielsweise das Homeschooling der Kinder und die fortlaufende berufliche Arbeit miteinander kombinieren muss, also mehr Aufgaben im selben Zeitrahmen zu bewältigen sind.[29] Selbstoptimierung folgt hier wie bei Hänzi weniger einer Logik der Steigerung als vielmehr einer der notwendigen Begrenzung des Aufwandes. Nach wie vor geht es darum, das jeweils Bestmögliche zu erreichen, nun aber nach dem Motto: ›Mehr war nicht drin‹.

Idee und Praxis von Selbstoptimierung sind demnach, wie die in diesem Buch zusammengetragenen Elemente und Perspektiven nahelegen, in einem Spannungsfeld verortet, das auf verschiedenen Ebenen jeweils zwischen zwei Polen oszilliert. Diese sind:

a) (Mittel-)Klassencharakter versus gesellschaftsweite Tendenzen;
b) Suche nach individueller Besonderheit versus Massenkonsum;
c) Heilssuche versus Pragmatismus;
d) Selbstexpertise versus (technisch-digitaler oder personaler) Fremdexpertise;
e) Neue Formen (technisch gestützter) Selbsterfahrung versus Oktroyierung äußerer Maßstäbe durch Prozesse der Objektivierung, Rationalisierung und Ökonomisierung des Selbst;
f) Radikale Selbstreferentialität versus struktureller Außen- und Wettbewerbsorientierung;

28 Zur veränderten Wahrnehmung des Körpers im Lichte der Pandemie vgl. Thomas Alkemeyer, Bernd Bröskamp, »Körper – Corona – Konstellationen. Die Welt als (körper-)soziologisches Reallabor«, in: Volkmer/Werner (Hg.), *Die Corona-Gesellschaft*, S. 67-78.

29 An dieser Stelle kommt das Thema Geschlecht stark zum Tragen, denn in vielen Haushalten ist es im Zuge der Pandemie zu einer »Re-Traditionalisierung« der Geschlechterrollen gekommen. Vgl. Sarah Speck, »Zu Hause arbeiten. Eine geschlechtersoziologische Betrachtung des ›Homeoffice‹ im Kontext der Corona-Krise«, in: Volkmer/Werner (Hg.), *Die Corona-Gesellschaft*, S. 135-141, hier. S. 139.

g) Selbststeigerung versus Selbstbegrenzung;
h) Eigenwertcharakter versus Mittelcharakter;
i) Konkrete Zielverfolgung versus strukturelle Offenheit;
j) Freiheit versus Unterdrückung;
k) Spielerei versus Zwang und Askese;
l) Befriedigung versus Leid.

Was mit dieser Aufzählung durchaus heterogener Aspekte deutlich wird, ist die konstitutive Ambivalenz der Selbstoptimierung, die symptomatisch für die gesellschaftlichen Ambivalenzen in der Moderne und der Spätmoderne insgesamt ist. Mit diesen Ambivalenzen müssen die Menschen umgehen können – oder sie verweigern sich ihnen. Selbstoptimierung ist sowohl Symptom als auch Triebkraft der aufgezeigten gesellschaftlichen Entwicklungen. Diese Entwicklungen sind zu heterogen, als dass sie sich unter *ein* Label, etwa einer ›Gesellschaft der SelbstoptimiererInnen‹, bringen ließen. Zudem gilt es zu differenzieren, denn auch wenn sich die Grenzen dessen, was als normal, schön, gut und ausreichend gilt, sukzessive verschieben, auch wenn stets mehr gefordert wird, man fitter, schlauer, gesünder, glücklicher, einfach besser sein beziehungsweise werden soll, sagt das noch nichts darüber aus, in welchem Grad sich diese Ideen auf die Lebensgestaltung tatsächlich auswirken und welche individuellen und gesellschaftlichen Konsequenzen dies hat. Hierzu bedarf es nicht nur weiterführender theoretischer Überlegungen, sondern insbesondere auch konkreter empirischer Analysen.

Es gibt genug Gründe für eine Kritik an Idee und Praxis der Selbstoptimierung. Sie kann Formen der Ausschließung, gesellschaftlichen Druck und großes psychisches Leid verursachen, die körperlich-leibliche Struktur nicht nur verändern, sondern auch dauerhaft verletzen sowie zu Formen der Entfremdung, Verdinglichung und Ausbeutung führen. In den gegenwärtigen, an Wettbewerb, Konsum, individueller Exzellenz und Performanz orientierten Gesellschaften schlägt das Pendel zwischen Autonomie und Heteronomie eher in Richtung der heteronomen Seite von Selbstoptimierung, auch wenn das die autonome Seite nicht gänzlich zum Verschwinden bringt und sie in manchen Fällen sogar dominant sein kann. An Selbstoptimierung zeigen sich zudem Formen der digitalen, sozialen, kulturellen, symbolischen, politischen und ökonomischen Ungleichheit und der damit verbundenen Konflikte. Auch lässt sich der Zugriff auf selbstgetrackte Daten problemlos mit neuen Möglichkeiten der digitalen Überwachung kombinieren – ein Aspekt, der in diesem Buch nicht untersucht wurde, aber eine vertiefende Betrachtung verdient.

Dieses Buch verfolgte den Anspruch, ein differenziertes Bild von Selbstoptimierung zu liefern. Dies schließt eine Reflexion über die verschiedenen Formen und Ausprägungen einer Optimierung des Selbst genauso mit ein wie die Frage nach ihrer historischen Genese und gegenwärtigen Bedeutung. Es sollte deutlich geworden sein, dass eine kulturkritische Abwehrhaltung gegenüber Selbstoptimierung der Komplexität des Phänomens nicht gerecht wird. Eine derartige Haltung übersieht, dass Selbstoptimierung tief in der Struktur gegenwärtiger Gesellschaften wie auch spätmoderner (insbesondere mittelschichtsbasierter) Subjektstrukturen verwurzelt ist. Sie markiert einerseits die kulturelle Spielseite des Neoliberalismus, ist aber andererseits auch mit weitaus älteren Traditionen der Selbstbildung, Selbstrationalisierung und Selbstdisziplinierung verzahnt. Das Thema wird daher, ob mit oder ohne Corona, auf der gesellschaftlichen Agenda bleiben.

Literaturverzeichnis

Ahlheim, Hannah (2013): »Die Vermessung des Schlafs und die Optimierung des Menschen. Eine deutsch-amerikanische Geschichte, 1930-1960«, *Zeithistorische Forschungen/Studies in Contemporary History* 10 (1), S. 13-37.

Alkemeyer, Thomas (2013): »Subjektivierung in sozialen Praktiken. Umrisse einer praxeologischen Analytik«, in: Thomas Alkemeyer, Gunilla Budde, Dagmar Freist (Hrsg.), *Selbst-Bildungen. Soziale und kulturelle Praktiken der Subjektivierung*. Bielefeld: transcript, S. 33-68.

Alkemeyer, Thomas; Bröskamp, Bernd (2020): »Körper – Corona – Konstellationen. Die Welt als (körper-)soziologisches Reallabor«, in: Michael Volkmer, Karin Werner (Hrsg.), *Die Corona-Gesellschaft. Analysen zur Lage und Perspektiven für die Zukunft*. Bielefeld: transcript, S. 67-78.

Amershi, Julian; Rieck, Martin (2017): »Der Motivationstrainer«, NDR.

Appel, Antonia, Hofmeister, Dirk, Brähler, Elmar, Borkenhage, Ada (2015): »Körperbild und Körperschmuck«, *Psychotherapeut* 60 (2015), S. 505-510.

Assmann, Aleida; Assmann, Jan (Hrsg.) (2010): *Vollkommenheit. Archäologie der literarischen Kommunikation X*. München: Fink.

Aubert, Nicole; Gaulejac, Vincent de (1991): *Le coût de l'excellence*. Paris: Éditions du Seuil.

Aulenbacher, Brigitte; Dammayr, Maria (2014): *Für sich und andere sorgen. Krise und Zukunft von Care in der modernen Gesellschaft*. Weinheim und Basel: Beltz Juventa.

Babich, Babette (2016): »Körperoptimierung im digitalen Zeitalter: Verwandelte Zauberlehrlinge und zukünftige Übermenschen«, in: Andreas Beinsteiner, Tanja Kohn (Hrsg.), *Körperphantasien. Technisierung – Optimierung – Transhumanismus*. Innsbruck: Universitätsverlag Innsbruck, S. 203-226.

Baethge, Martin (1991): »Arbeit, Vergesellschaftung, Identität – Zur zunehmenden normativen Subjektivierung der Arbeit«, *Soziale Welt* 42 (1), S. 6-19.

Balandis, Oswald; Straub, Jürgen (2018): »Selbstoptimierung und Enhancement. Der sich selbst verbessernde Mensch – ein expandierendes Forschungsfeld«, *Journal für Psychologie* 26 (1) (2018), S. 131-155.

Balandis, Oswald; Straub, Jürgen (2019): »Selbstoptimierung und Enhancement: Begriffe, Befunde und Perspektiven für die Geschlechterforschung«, in: Beate Kortendiek, Birgit Riegraf, Katja Sabisch (Hrsg.), *Handbuch Interdisziplinäre Geschlechterforschung*. Wiesbaden: Springer VS, S. 1233-1241.

Bauman, Zygmunt (2017): *Retrotopia*. Berlin: Suhrkamp.

Baumgarten, Franz; Wolff, Wanja; Brand, Ralf (2015): »Neuroenhancement zur Steigerung der kognitiven Leistungsfähigkeit im Alltag«, in: Antje Dresen, Laurens Form, Ralf Brand (Hrsg.), *Dopingforschung. Perspektiven und Themen.* Schorndorf: Hofmann, S. 217-232.

Beck, Ulrich (1986): *Risikogesellschaft. Auf dem Weg in eine andere Moderne.* Frankfurt am Main: Suhrkamp.

Beinsteiner, Andreas; Kohn, Tanja (Hrsg.) (2016): *Körperphantasien. Technisierung – Optimierung – Transhumanismus.* Innsbruck: Universitätsverlag Innsbruck.

Benner, Dietrich (2003): *Wilhelm von Humboldts Bildungstheorie. Eine problemgeschichtliche Studie zum Begründungszusammenhang neuzeitlicher Bildungsreform.* Weinheim und München: Juventa Verlag.

Bertling, Christoph; Wassong, Stephan (2016): »Striving for Athletic Excellence: A Core Value and Challenge for the Profile of the Ancient and Modern Olympic Games«, *The International Journal for the History of Sport* 33 (4), S. 434-450.

Bette, Karl-Heinrich; Schimank, Uwe (2000): »Doping als Konstellationsprodukt. Eine soziologische Analyse«, in: Michael Gamper, Jan Mühlethaler, Felix Reidhaar (Hrsg.), *Doping. Spitzensport als gesellschaftliches Problem.* Zürich: Verlag Neue Zürcher Zeitung, S. 91-112.

Bette, Karl-Heinrich; Schimank, Uwe (2006): *Doping im Hochleistungssport. Anpassung durch Abweichung.* Frankfurt am Main: Suhrkamp.

Bluma, Lars (2005): *Norbert Wiener und die Entstehung der Kybernetik im Zweiten Weltkrieg. Eine historische Fallstudie zur Verbindung von Wissenschaft, Technik und Gesellschaft.* Münster: Lit.

Blumenberg, Hans (1997): »Alles über Futurologie. Ein Soliloquium«, in: ders., *Ein mögliches Selbstverständnis. Aus dem Nachlaß.* Stuttgart: Reclam.

Böll, Heinrich (2018 [1958]): *Doktor Murkes gesammeltes Schweigen und andere Satiren.* Köln: Kiepenheuer & Witsch.

Boltanski, Luc; Chiapello, Ève (2003): *Der neue Geist des Kapitalismus.* Konstanz: Universitätsverlag Konstanz.

Bonacker, Thorsten; Reckwitz, Andreas (Hrsg.) (2007): *Kulturen der Moderne. Soziologische Perspektiven der Gegenwart.* Frankfurt am Main und New York: Campus.

Borgmann, Stefanie (2019): »Do you dare to be Human? Ambivalente Rezeptionen des Menschseins und des Lebenslangen Lernens«, in: Heide von Felden (Hrsg.), *Selbstoptimierung und Ambivalenz. Gesellschaftliche Appelle und ambivalente Rezeptionen.* Wiesbaden: Springer VS, S. 17-32.

Bostrom, Nick (2016): *Superintelligenz. Szenarien einer kommenden Revolution.* Berlin: Suhrkamp.

Bostrom, Nick (2018): *Die Zukunft der Menschheit. Aufsätze.* Berlin: Suhrkamp.

Bourdieu, Pierre (1976): *Entwurf einer Theorie der Praxis auf der ethnologischen Grundlage der kabylischen Gesellschaft*. Frankfurt am Main: Suhrkamp.

Bourdieu, Pierre (1987): *Sozialer Sinn. Kritik der theoretischen Vernunft*. Frankfurt am Main: Suhrkamp.

Bourdieu, Pierre (2000): *Die zwei Gesichter der Arbeit. Interdependenzen von Zeit- und Wirtschaftsstrukturen am Beispiel einer Ethnologie der algerischen Übergangsgesellschaft*. Konstanz: Universitätsverlag Konstanz.

Bourdieu, Pierre; Wacquant, Loïc (1991): »NewLiberalSpeak: Notes on the New Planetary Vulgate«, *Radical Philosophy* 105 (1), S. 2-5.

Brockhaus Enzyklopädie in 20 Bänden (1971), 17. Auflage: *Mot-Oss*. Wiesbaden: Brockhaus.

Bröckling, Ulrich (2000): »Totale Mobilmachung. Menschenführung im Qualitäts- und Selbstmanagement«, in: Ulrich Bröckling, Susanne Krasmann, Thomas Lemke (Hrsg.), *Gouvernementalität der Gegenwart. Studien zur Ökonomisierung des Sozialen*. Frankfurt am Main: Suhrkamp, S. 131-167.

Bröckling, Ulrich (2003): »You are not responsible for being down, but you are responsible for getting up. Über Empowerment«, *Leviathan* 31 (3), S. 323-344.

Bröckling, Ulrich (2007): *Das unternehmerische Selbst. Soziologie einer Subjektivierungsform*. Frankfurt am Main: Suhrkamp.

Bröckling, Ulrich (2013): »In der Optimierungsfalle. Zur Soziologie der Wettbewerbsgesellschaft«, *Supervision: Mensch, Arbeit, Organisation* 31 (4), S. 4-11.

Bröckling, Ulrich (2017): *Gute Hirten führen sanft. Über Menschenregierungskünste*. Berlin: Suhrkamp.

Bröckling, Ulrich (2020): »Optimierung, Preparedness, Priorisierung. Soziologische Bemerkungen zu drei Schlüsselbegriffen der Gegenwart« ⟨https://www.soziopolis.de/beobachten/gesellschaft/artikel/optimierung-preparedness-priorisierung/⟩ (Zugriff 19. 8. 2020).

Bröckling, Ulrich; Krasmann, Susanne; Lemke, Thomas (Hrsg.) (2000): *Gouvernementalität der Gegenwart. Studien zur Ökonomisierung des Sozialen*. Frankfurt am Main: Suhrkamp.

Bröckling, Ulrich; Paul, Axel T.; Kaufmann, Stefan (Hrsg.) (2004): *Vernunft – Entwicklung – Leben. Schlüsselbegriffe der Moderne*. Festschrift für Wolfgang Eßbach. München: Fink.

Bröckling, Ulrich; Peter, Tobias (2014): »Mobilisieren und Optimieren. Exzellenz und Egalität als hegemoniale Diskurse im Erziehungssystem«, *Zeitschrift für Erziehungswissenschaft* 17 (3), S. 129-147.

Bublitz, Hannelore (2001): »Der ›Schatten der Wahrheit‹: Gesellschaft als dasjenige, von dem man später sagen wird, daß es existiert hat«, in:

Alex Demirović (Hrsg.), *Komplexität und Emanzipation. Kritische Gesellschaftstheorie und die Herausforderung der Systemtheorie Niklas Luhmanns.* Münster: Westfälisches Dampfboot, S. 73-100.

Bublitz, Hannelore (2005): *In der Zerstreuung organisiert. Paradoxien und Phantasmen der Massenkultur.* Bielefeld: transcript.

Bublitz, Hannelore (2008): »Soziologie«, in: Clemens Kammler, Elke Reinhardt-Becker (Hrsg.), *Foucault-Handbuch. Leben, Werk, Wirkung.* Stuttgart: J.B. Metzler, S. 385-395.

Bublitz, Hannelore (2010): *Im Beichtstuhl der Medien. Die Produktion des Selbst im öffentlichen Bekenntnis.* Bielefeld: transcript.

Bublitz, Hannelore; Kaldrack, Irina; Röhle, Theo u. a. (2013), »Einleitung«, in: Hannelore Bublitz, Irina Kaldrack, Theo Röhle, Mirna Zeman (Hrsg.), *Automatismen – Selbst-Technologien.* München: Fink, S. 9-41.

Bubner, Rüdiger (1993): »Nachdenken über die Idee des Fortschritts«, in: ders., *Zwischenrufe. Aus den bewegten Jahren.* Frankfurt am Main: Suhrkamp, S. 153-166.

Bude, Heinz (2011): *Bildungspanik. Was unsere Gesellschaft spaltet.* München: Hanser Verlag.

Bude, Heinz (2019): *Solidarität. Die Zukunft einer großen Idee.* München: Hanser Verlag.

Bundeszentrale für politische Bildung (Hrsg.) (2018): *Der Neue Mensch.* Bonn: Bundeszentrale für politische Bildung.

Burkart, Günter (2006): »Einleitung«, in: ders. (Hrsg.), *Die Ausweitung der Bekenntniskultur – neue Formen der Selbstthematisierung?*, Wiesbaden: Springer VS, S. 7-40.

Cederström, Carl; Spicer, André (2018): *Auf der Suche nach dem perfekten Ich. Ein Jahr in der Optimierungsindustrie*, Berlin: Edition Tiamat.

Chaignot, Nicolas (2012): *La servitude volontaire aujourd'hui. Esclavages et modernité.* Paris: Presses Universitaires de France.

Chiapello, Ève (2019): »Optimisation in a Context of Financialisation«, in: Vera King, Benigna Gerisch, Hartmut Rosa (Hrsg.), *Lost in Perfection. Impacts of Optimisation on Culture and Psyche.* London und New York: Routledge, S. 13-23.

Condorcet, Jean Antoine Nicolas de Caritat de (1963 [1794]): *Entwurf einer historischen Darstellung der Fortschritte des menschlichen Geistes.* Frankfurt am Main: Europäische Verlagsanstalt.

Conrad, Ruth; Kipke, Roland (Hrsg.) (2015): *Selbstformung. Beiträge zur Aufklärung einer menschlichen Praxis.* Münster: mentis.

Conradi, Elisabeth (2001): *Take care. Grundlagen einer Ethik der Achtsamkeit.* Frankfurt am Main und New York: Campus.

Coué, Emil (1998 [1922]): *Mentaltraining und Autosuggestion.* Zürich: Oesch Verlag.

DAK Forschung (2009): *DAK Gesundheitsreport 2009*. Hamburg.

Dantzig, George B. (2002): »Linear Programming«, *Operations Research* 50 (1), S. 42-47.

Dardot, Pierre; Laval, Christian (2013 [2009]): *The New Way of the World. On Neo-liberal Society*. London: Verso.

Degele, Nina (2004): *Sich schön machen. Zur Soziologie von Geschlecht und Schönheitshandeln*. Wiesbaden: VS Verlag für Sozialwissenschaften.

Dejours, Christophe (2009 [1998]): *Souffrance en France. La banalisation de l'injustice sociale*. Paris: Éditions du Seuil.

DGÄPC (Deutsche Gesellschaft für Ästhetisch-Praktische Chirurgie) (2018): *DGÄPC-Statistik 2018*. Berlin ⟨https://www.dgaepc.de/wp-content/uploads/2018/10/DGAEPC-Statistik_2018.pdf⟩ (Zugriff 27. 3. 2020).

Dickel, Sascha (2018): »Der neue Mensch – ein (technik)utopisches Upgrade: Der Traum vom Human Enhancement«, in: Bundeszentrale für politische Bildung (Hrsg.), *Der Neue Mensch*. Bonn: Bundeszentrale für politische Bildung, S. 85-95.

Dietz, Pavel, Dresen, Antje; Franke, Andreas G. (2015): »Substanzgebrauch im Freizeit- und Breitensport«, in: Antje Dresen, Laurens Form, Ralf Brand (Hrsg.), *Dopingforschung. Perspektiven und Themen*. Schorndorf: Hofmann, S. 185-200.

Dittes, Frank-Michael (2015): *Optimierung. Wie man aus allem das Beste macht*. Berlin: Springer Vieweg.

Dornes, Martin (2016): *Macht der Kapitalismus depressiv? Über seelische Gesundheit und Krankheit in modernen Gesellschaften*. Frankfurt am Main: S. Fischer.

Dörre, Klaus; Lessenich, Stephan; Rosa, Hartmut (2012): *Soziologie – Kapitalismus – Kritik. Eine Debatte*. Frankfurt am Main: Suhrkamp.

Duden (2001): *Duden, Herkunftswörterbuch. Etymologie der deutschen Sprache*. Mannheim: Dudenverlag.

Dunk, Hermann W. von der (2004): *Kulturgeschichte des 20. Jahrhunderts. Band I*. München: DVA.

Durkheim, Émile (1977 [1938]): *Die Entwicklung der Pädagogik: Zur Geschichte und Soziologie des gelehrten Unterrichts in Frankreich*. Weinheim: Beltz.

Duttweiler, Stefanie (2007): *Sein Glück machen. Arbeit am Glück als neoliberale Regierungstechnologie*. Konstanz: Universitätsverlag Konstanz.

Duttweiler, Stefanie (2013): »Vom Treppensteigen, Lippenziehen und anderen alltäglichen Praktiken der Subjektivierung oder: die kybernetische Form des Subjekts«, in: Andreas Gelhard, Thomas Alkemeyer, Norbert Ricken (Hrsg.), *Techniken der Subjektivierung*. München: Fink, S. 247-258.

Duttweiler, Stefanie (2015): »Glück durch dich Selbst. Subjektivierungsformen in der Ratgeberliteratur der 1920er-1940er Jahre«, in: Stephanie Kleiner, Robert Suter (Hrsg.), *Guter Rat. Glück und Erfolg in der Ratgeberliteratur 1900-1940*. Berlin: Neofelis Verlag, S. 41-60.

Duttweiler, Stefanie (2016): »Alltägliche (Selbst)Optimierung in neoliberalen Gesellschaften«, *Aus Politik und Zeitgeschichte* 66 (37-38), S. 27-32.

Duttweiler, Stefanie; Gugutzer, Robert; Passoth, Jan-Hendrik; Strübing, Jörg (Hrsg.) (2016): *Leben nach Zahlen. Self-Tracking als Optimierungsprojekt?*, Bielefeld: transcript.

Duttweiler, Stefanie; Passoth, Jan-Hendrik (2016): »Self-Tracking als Optimierungsprojekt?«, in: Stefanie Duttweiler, Robert Gugutzer, Jan-Hendrik Passoth, Jörg Strübing (Hrsg.), *Leben nach Zahlen. Self-Tracking als Optimierungsprojekt?*, Bielefeld: transcript, S. 9-42.

Ehrenberg, Alain (1991): *Le culte de la performance*. Paris: Calmann-Lévy.

Ehrenberg, Alain (2004): *Das erschöpfte Selbst. Depression und Gesellschaft in der Gegenwart*. Frankfurt am Main und New York: Campus.

Ehrenberg, Alain (2012): *Das Unbehagen in der Gesellschaft*. Berlin: Suhrkamp.

Ehrenberg, Alain (2019): *Die Mechanik der Leidenschaften. Gehirn, Verhalten, Gesellschaft*. Berlin: Suhrkamp.

Ehrenreich, Barbara; Gockel, Gabriele; Steckhan, Barbara (2010): *Smile or die. Wie die Ideologie des positiven Denkens die Welt verdummt*. München: Kunstmann.

Eisenstadt, Shmuel N. (2000): *Die Vielfalt der Moderne. [Heidelberger Max-Weber-Vorlesungen 1997]*. Weilerswist: Velbrück Wissenschaft.

Eisermann, Gottfried (1987): *Vilfredo Pareto. Ein Klassiker der Soziologie*. Tübingen: J.C.B. Mohr (Paul Siebeck).

Elias, Norbert (1999): *Über den Prozeß der Zivilisation. Soziogenetische und psychogenetische Untersuchungen. Zweiter Band. Wandlungen der Gesellschaft. Entwurf zu einer Theorie der Zivilisation*. Frankfurt am Main: Suhrkamp.

Etzemüller, Thomas (2009): *Die Ordnung der Moderne. Social Engineering im 20. Jahrhundert*. Bielefeld: transcript.

Eulenbach, Marcel; Fuchs, Thorsten (Hrsg.) (2021, i. E.): *Selbstoptimierung – theoretische und empirische Erkundungen*. Weinheim und Basel: Juventa Verlag.

Feierabend, Sabine; Plankenhorn, Theresa; Rathgeb, Thomas (2017): *JIM 2017. Jugend, Information, (Multi-)Media. Basisstudie zum Medienumgang 12- bis 19-Jähriger in Deutschland*. Stuttgart: Medienpädagogischer Forschungsverbund Südwest.

Felden, Heide von (Hrsg.) (2019): *Selbstoptimierung und Ambivalenz. Ge-*

sellschaftliche Appelle und ambivalente Rezeptionen. Wiesbaden: Springer VS.

Felden, Heide von (2019): »Selbstbestimmte Anpassung? Regierungs- und Selbsttechniken und der Eindruck eigenständiger Handlungsfähigkeit«, in: dies. (Hrsg.), *Selbstoptimierung und Ambivalenz. Gesellschaftliche Appelle und ambivalente Rezeptionen*, Wiesbaden: Springer VS, S. 97-116.

Fenner, Dagmar (2020): »Selbstoptimierung« ⟨http://www.bpb.de/gesellschaft/umwelt/bioethik/311818/selbstoptimierung⟩ (Zugriff 10. 9. 2020).

Forster, Edgar (2020): »Die brüchige Welt der Optimierung«, *Zeitschrift für Pädagogik* 1, S. 15-20.

Foucault, Michel (1966): *Les mots et les choses.* Paris: Gallimard.

Foucault, Michel (1969): *Archéologie du savoir.* Paris: Gallimard.

Foucault, Michel (1972): *Histoire de la folie à l'âge classique.* Paris: Gallimard.

Foucault, Michel (1975): *Surveiller et punir.* Paris: Gallimard.

Foucault, Michel (1983 [1976]): *Der Wille zum Wissen. Sexualität und Wahrheit 1.* Frankfurt am Main. Suhrkamp.

Foucault, Michel (1993 [1980]): »About the Beginning of the Hermeneutics of the Self«, *Political Theory* 21 (2), S. 198-227.

Foucault, Michel (1994): *Dits et Ecrits 1954-1988. Band 1: 1954-1969*, hrsg. von Daniel Defert; François Ewald. Gallimard, Paris.

Foucault, Michel (1994): *Dits et Ecrits 1954-1988. Band 2: 1970-1975*, hrsg. von Daniel Defert; François Ewald. Gallimard, Paris.

Foucault, Michel (1994): *Dits et Ecrits 1954-1988. Band 3: 1976-1979*, hrsg. von Daniel Defert; François Ewald. Gallimard, Paris.

Foucault, Michel (1994): *Dits et Ecrits 1954-1988. Band 4: 1980-1988*, hrsg. von Daniel Defert; François Ewald. Gallimard, Paris.

Foucault, Michel (1999 [1975]): *Überwachen und Strafen. Die Geburt des Gefängnisses.* Frankfurt am Main: Suhrkamp.

Foucault, Michel (1999 [1975-1976]): *In Verteidigung der Gesellschaft. Vorlesungen am Collège de France (1975-1976)*, hrsg. von Michaela Ott. Frankfurt am Main: Suhrkamp.

Foucault, Michel (2000 [1978]): »Die Gouvernementalität«, in: Ulrich Bröckling, Susanne Krasmann, Thomas Lemke (Hrsg.), *Gouvernementalität der Gegenwart. Studien zur Ökonomisierung des Sozialen.* Frankfurt am Main: Suhrkamp, S. 41-67.

Foucault, Michel (2004): *Naissance de la biopolitique. Cours au Collège de France (1978-1979)*, hrsg. von François Ewald; Alessandro Fontana; Michel Sennelart. Paris: Gallimard, Seuil.

Foucault, Michel (2004): *Die Geburt der Biopolitik. Vorlesung am Collège de France (1978-1979)*, hrsg. von Michel Sennelart. Frankfurt am Main: Suhrkamp.

Foucault, Michel (2005 [1982]): »Technologien des Selbst«, in: ders., *Schriften in vier Bänden. Dits et Ecrits. Band IV*, hrsg. von Daniel Defert; François Ewald. Frankfurt am Main: Suhrkamp, S. 966-998.

Foucault, Michel (2005 [1982]): »Die Hermeneutik des Subjekts«, in: ders., *Schriften in vier Bänden. Dits et Ecrits. Band IV*, hrsg. von Daniel Defert; François Ewald. Frankfurt am Main: Suhrkamp, S. 423-438.

Foucault, Michel (2005 [1982]): »Subjekt und Macht«, in: ders., *Schriften in vier Bänden. Dits et Ecrits. Band IV*, hrsg. von Daniel Defert; François Ewald. Frankfurt am Main: Suhrkamp, S. 269-294.

Foucault, Michel (2005 [1983]): »Zur Genealogie der Ethik: Ein Überblick über die laufende Arbeit«, in: ders., *Schriften in vier Bänden. Dits et Ecrits. Band IV*, hrsg. von Daniel Defert; François Ewald. Frankfurt am Main: Suhrkamp, S. 461-499.

Foucault, Michel (2005 [1983]): »Gebrauch der Lüste und Techniken des Selbst«, in: ders., *Schriften in vier Bänden. Dits et Ecrits. Band IV*, hrsg. von Daniel Defert; François Ewald. Frankfurt am Main: Suhrkamp, S. 658-686.

Foucault, Michel (2005 [1984]): »Zur Genealogie der Ethik: Ein Überblick über die laufende Arbeit«, in: ders., *Schriften in vier Bänden. Dits et Ecrits. Band IV*, hrsg. von Daniel Defert; François Ewald. Frankfurt am Main: Suhrkamp, S. 747-776.

Foucault, Michel (2005 [1984]): »Die Ethik der Sorge um sich als Praxis der Freiheit«, in: ders., *Schriften in vier Bänden. Dits et Ecrits. Band IV*, hrsg. von Daniel Defert; François Ewald. Frankfurt am Main: Suhrkamp, S. 875-902.

Foucault, Michel (2005 [1984]): »Ästhetik der Existenz«, in: ders., *Schriften in vier Bänden. Dits et Ecrits. Band IV*, hrsg. von Daniel Defert; François Ewald. Frankfurt am Main: Suhrkamp, S. 902-909.

Foucault, Michel (2007): *Ästhetik der Existenz. Schriften zur Lebenskunst*, hrsg. von Daniel Defert; Martin Saar. Frankfurt am Main: Suhrkamp.

Foucault, Michel (2015 [1984]): *Der Gebrauch der Lüste. Sexualität und Wahrheit 2*. Frankfurt am Main: Suhrkamp.

Foucault, Michel (2015 [1984]): *Die Sorge um sich. Sexualität und Wahrheit 3*. Frankfurt am Main: Suhrkamp.

Foucault, Michel (2016 [1981-1982]): *Hermeneutik des Subjekts. Vorlesungen am Collège de France (1981/82)*. Frankfurt am Main: Suhrkamp.

Fourcade, Marion (2016): »Ordinalization: Lewis A. Coser Memorial Ordinalization: Award for Theoretical Agenda Setting 2014«, *Sociological Theory* 34 (3), S. 175-195.

Franke, Andreas et al. (2011): »Non-Medical Use of Prescription Stimulants and Illicit Use of Stimulants for Cognitive Enhancement in Pupils and Students in Germany«, *Pharmacopsychiatry* 44 (2), S. 60-66.

Fuchs, Thomas; Iwer, Lukas; Micali, Stefano (Hrsg.) (2018): *Das überforderte Subjekt. Zeitdiagnosen einer beschleunigten Gesellschaft*. Berlin: Suhrkamp.

Gallagher, Shaun (2000): »Philosophical Conceptions of the Self. Implications for Cognitive Science«, *Trends in Cognitive Sciences* 4 (1), S. 14-21.

Gamm, Gerhard (2013): »Das Selbst und sein Optimum. Selbstverbesserung als das letzte Anliegen der modernen Kultur«, in: Ralf Mayer, Christiane Thompson, Michael Wimmer (Hrsg.), *Inszenierung und Optimierung des Selbst. Zur Analyse gegenwärtiger Selbsttechnologien*. Wiesbaden: Springer VS, S. 31-56.

Gebauer, Gunter (2021) »Selbstführung im Spitzensport«, in: Anja Röcke, Steven Sello (Hrsg.), *Lebensführung, Lebenskunst, Lebenssinn. Im Spannungsfeld von Autonomie und Heteronomie*. Weinheim und Basel: Beltz Juventa, S. 161-172.

Gehring, Petra (2006): *Was ist Biomacht? Vom zweifelhaften Mehrwert des Lebens*. Frankfurt am Main und New York: Campus.

Georg, Eva (2020): *Das therapeutisierte Subjekt. Arbeiten am Selbst in Psychotherapie, Beratung und Coaching*. Bielefeld: transcript.

Geyer, Christian (2008): »Wie fit hätten Sie mich denn gerne?«, *Frankfurter Allgemeine Zeitung*, 28. 4. 2008.

Goethe, Johann Wolfgang von (1998): *Goethes Werke, Gedichte und Epen I*, hrsg. von Erich Trunz. Hamburger Ausgabe, Band I. München: C.H. Beck.

Goleman, Daniel (1996): *Emotionale Intelligenz*. München: Hanser.

Gotzler, Max (2018): *Biohacking – optimiere dich selbst. Besser schlafen, mehr leisten, ausgeglichener sein, länger leben*. München: riva.

Grieger & Cie Marktforschung (2016): *Quantified Wealth Monitor 2016. Potenziale für die Monetarisierung von Self Tracking und Kunden-Daten*. Hamburg ⟨https://docplayer.org/32147952-Dr-grieger-cie-marktforschung.html⟩ (Zugriff 10. 9. 2020).

Groh-Samberg, Olaf; Mau, Steffen; Schimank, Uwe (2014): »Investieren in den Status: Der voraussetzungsvolle Lebensführungsmodus der Mittelschichten«, *Leviathan* 42 (2), S. 219-248.

Gros, Frédéric (2016): »Situierung der Vorlesungen«, in: Michel Foucault, *Hermeneutik des Subjekts. Vorlesungen am Collège de France (1981/82)*. Frankfurt am Main: Suhrkamp, S. 616-668.

Großmann, Gustav (1927): *Sich selbst rationalisieren. Mit Mindestaufwand persönliche Bestleistungen erzeugen*. Stuttgart: Verlag für Wirtschaft und Verkehr.

Großmann, Gustav (1967 [1927]): *Sich selbst rationalisieren. Die Planung des Berufserfolges*. 20. Auflage. München: Ratio-Verlag Treu Großmann.

Groys, Boris; Hagemeister, Michael (2005): *Die Neue Menschheit. Biopolitische Utopien in Russland zu Beginn des 20. Jahrhunderts*. Frankfurt am Main: Suhrkamp.

Gugutzer, Robert (2013): »Der Kult um den Körper. Idealtypische Körperpraktiken der Selbstoptimierung«, *EB Erwachsenenbildung* 59 (2), S. 67-70.

Habermas, Jürgen (1984): *Die neue Unübersichtlichkeit. Kleine politische Schriften V*. Frankfurt am Main: Suhrkamp.

Habermas, Jürgen (1995): *Theorie des kommunikativen Handelns. Band 1. Handlungsrationalität und gesellschaftliche Rationalisierung*. Frankfurt am Main: Suhrkamp.

Habermas, Jürgen (2001): *Die Zukunft der menschlichen Natur. Auf dem Weg zu einer liberalen Eugenik?* Frankfurt am Main: Suhrkamp.

Hagemeister, Michael (2005): »›Unser Körper muß unser Werk sein‹. Beherrschung der Natur und Überwindung des Todes in russischen Projekten des frühen 20. Jahrhunderts«, in: Boris Groys, Michael Hagemeister (Hrsg.), *Die Neue Menschheit. Biopolitische Utopien in Russland zu Beginn des 20. Jahrhunderts*. Frankfurt am Main: Suhrkamp, S. 19-67.

Hahn, Alois (1982): »Zur Soziologie der Beichte und anderer Formen institutionalisierter Bekenntnisse: Selbstthematisierung und Zivilisationsprozeß«, *Kölner Zeitschrift für Soziologie und Sozialpsychologie* 34 (3), S. 407-434.

Han, Byung-Chul (2014): *Psychopolitik. Neoliberalismus und die neuen Machttechniken*. Frankfurt am Main: S. Fischer.

Handerer, Josua; Thom, Julia; Jacobi, Frank (2018): »Die vermeintliche Zunahme der Depression auf dem Prüfstand. Epistemologische Prämissen, epidemiologische Daten, transdisziplinäre Implikationen«, in: Thomas Fuchs, Lukas Iwer, Stefano Micali (Hrsg.), *Das überforderte Subjekt. Zeitdiagnosen einer beschleunigten Gesellschaft*. Berlin: Suhrkamp, S. 159-209.

Hänzi, Denis (2015): »Verheißungsvolle Potenziale. Ein neues Ideal der zukunftssicheren (Selbst-)Investition?«, *Berliner Journal für Soziologie* 25 (1-2), S. 215-236.

Hänzi, Denis (2017): »Die Regulierung der Potenzialität. Versuch über den Künstler im Zeitalter seiner sozialen Mustergültigkeit«, *Schweizerische Zeitschrift für Soziologie* 43 (2), S. 423-443.

Hegel, Georg Wilhelm Friedrich (1961 [1837]): *Vorlesungen über die Philosophie der Geschichte*, hrsg. von Theodor Litt; Friedrich Brunstäd. Stuttgart: Reclam.

Helmchen, Jürgen (2017): »›Bildung‹ im Transit. Brückenzölle und Sonderabgaben beim Versuch, einen Begriff auf Reisen mitzunehmen – und

Gedanken zu ihrer Entstehung. Brief an einen französischen Kollegen«, *Lendemains – Études comparées sur la France* 42 (165), S. 124-133.

Helmstetter, Rudolf (2015): »Wille und Wege zum ›Erfolg‹. Zu den Anfängen der Erfolg-Propaganda in Deutschland«, in: Stephanie Kleiner, Robert Suter (Hrsg.), *Guter Rat. Glück und Erfolg in der Ratgeberliteratur 1900-1940*. Berlin: Neofelis Verlag, S. 61-92.

Herrmann, Britta (2018): *Über den Menschen als Kunstwerk. Zu einer Archäologie des (Post-)Humanen im Diskurs der Moderne (1750-1820)*. Paderborn: Fink.

Heßdörfer, Florian (2017): »Die Leere der Optimierung. Versuch über eine Ideologie ohne Idee«, *Politische Psychologie* 1, S. 110-123.

Hillebrand, Frank (2016): »Die Soziologie der Praxis als poststrukturalistischer Materialismus«, in: Hilmar Schäfer (Hrsg.), *Praxistheorie. Ein soziologisches Forschungsprogramm*. Bielefeld: transcript, S. 71-94.

Hillmann, Karl-Heinz (1994): *Wörterbuch der Soziologie*. Stuttgart: Kröner.

Hitzler, Ronald (1994), »Sinnbasteln. Zur subjektiven Aneignung von Lebensstilen«, in: Ingo Mörth, Gerhard Fröhlich (Hrsg.), *Das symbolische Kapital der Lebensstile. Zur Kultursoziologie der Moderne nach Pierre Bourdieu*. Frankfurt am Main und New York: Campus, S. 75-92.

Hölscher, Lucian (1999): *Die Entdeckung der Zukunft*. Frankfurt am Main: S. Fischer.

Höppner, Grit; Schmidt, Sigrid (2013): »Erfolgreich optimiert? Das neuropharmakologische Optimierungsparadigma und dessen geschlechtliche Implikationen«, *GENDER – Zeitschrift für Geschlecht, Kultur und Gesellschaft* 5 (1), S. 39-55.

Hornig, Gottfried (1980): »Perfektibilität«, *Archiv für Begriffsgeschichte* XXIV (1), S. 221-273.

Houellebecq, Michel (2019): *Serotonin*. Köln: DuMont Buchverlag.

Humboldt, Wilhelm von (1980 [1792]): *Ideen zu einem Versuch, die Gränzen der Wirksamkeit des Staates zu bestimmen*, in: ders., *Schriften zur Anthropologie und Geschichte*, hrsg. von Andreas Flitner; Klaus Giel. Darmstadt: Wissenschaftliche Buchgesellschaft, S. 56-233.

Humboldt, Wilhelm von (1980 [1793]): »Theorie der Bildung des Menschen. Bruchstück«, in: ders., *Schriften zur Anthropologie und Geschichte*, hrsg. von Andreas Flitner; Klaus Giel. Darmstadt: Wissenschaftliche Buchgesellschaft, S. 234-240.

Illouz, Eva (2009): *Die Errettung der modernen Seele. Therapien, Gefühle und die Kultur der Selbsthilfe*. Frankfurt am Main: Suhrkamp.

ISAPS (International Society of Aesthetic Plastic Surgery) (2018): *Global Survey 2018 Press Release* ⟨https://www.isaps.org/wp-content/uploads/2019/12/ISAPS-Global-Survey-2018-Press-Release-English.pdf⟩ (Zugriff 27.3.2020).

Jaeggi, Rahel (2005): *Entfremdung. Zur Aktualität eines sozialphilosophischen Problems*. Frankfurt am Main: Suhrkamp.

Jaeggi, Rahel (2014): *Kritik von Lebensformen*. Berlin: Suhrkamp.

Joas, Hans; Wiegandt, Klaus (Hrsg.) (2005): *Die kulturellen Werte Europas. 3. Kolloquium der Stiftung »Forum für Verantwortung – Stiftung für Wissenschaftliche Nachberufliche Bildung« zu dem Thema »Die Kulturellen Werte Europas« vom 26. bis 31. März 2004 in Otzenhausen*. Frankfurt am Main: S. Fischer.

Kammler, Clemens; Reinhardt-Becker, Elke (Hrsg.) (2008): *Foucault-Handbuch. Leben, Werk, Wirkung*. Stuttgart: J.B. Metzler.

Kierkegaard, Søren (1985 [1849]): *Die Krankheit zum Tode. Der Hohepriester – der Zöllner – die Sünderin*, hrsg. von Emanuel Hirsch; Hayo Gerdes. Gütersloh: Gütersloher Verlagshaus Gerd Mohn.

King, Vera; Gerisch, Benigna; Rosa, Hartmut (Hrsg.) (2019): *Lost in Perfection. Impacts of Optimisation on Culture and Psyche*. London und New York: Routledge.

King, Vera; Gerisch, Benigna; Rosa, Hartmut; Schreiber, Julia; Salfeld-Nebgen, Benedikt (2018): »Überforderung als neue Normalität. Widersprüche optimierender Lebensführung und ihre Folgen«, in: Thomas Fuchs, Lukas Iwer, Stefano Micali (Hrsg.), *Das überforderte Subjekt. Zeitdiagnosen einer beschleunigten Gesellschaft*. Berlin: Suhrkamp, S. 227-257.

Kipke, Roland (2011): *Besser werden. Eine ethische Untersuchung zu Selbstformung und Neuro-Enhancement*. Paderborn: mentis.

Kipke, Roland (2012): »Ignoriert, dementiert, kritisiert: menschliche Selbstformung im Schatten der technischen Optimierungsstrategien«, in: Anna Sieben, Katja Sabisch, Jürgen Straub (Hrsg.), *Menschen machen. Die hellen und die dunklen Seiten humanwissenschaftlicher Optimierungsprogramme*. Bielefeld: transcript, S. 269-303.

Kläber, Mischa (2015): »Medikamentenaffinität und Suchtpotentiale im Fitness-Studio«, in: Antje Dresen, Laurens Form, Ralf Brand (Hrsg.), *Dopingforschung. Perspektiven und Themen*. Schorndorf: Hofmann, S. 201-216.

Kläber, Mischa (2016): »Entgleister ›Körperkult‹ und Medikamentenmissbrauch im Breitensport«, *Pharmakon* 4 (1), S. 43-48.

Klein, Gabriele (2004): »Bewegung denken. Ein soziologischer Entwurf«, in: dies. (Hrsg.), *Bewegung. Sozial- und kulturwissenschaftliche Konzepte*. Bielefeld: transcript, S. 131-154.

Kleiner, Stephanie; Suter, Robert (2015): »Konzepte von Glück und Erfolg in der Ratgeberliteratur (1900-1940). Eine Einleitung«, in: Stephanie Kleiner, Robert Suter (Hrsg.), *Guter Rat. Glück und Erfolg in der Ratgeberliteratur 1900-1940*. Berlin: Neofelis Verlag, S. 9-40.

Klix, Friedhart (1971): *Information und Verhalten. Kybernetische Aspekte der organismischen Informationsverarbeitung. Einführung in naturwissenschaftliche Grundlagen der allgemeinen Psychologie*. Berlin: Deutscher Verlag der Wissenschaften.

Klopotek, Felix (2016): »On Time Run. Immer unterwegs, niemals ankommen, auf dem Weg durch die Zonen der Selbstoptimierung«, in: Felix Klopotek, Peter Scheiffele (Hrsg.), *Zonen der Selbstoptimierung. Berichte aus der Leistungsgesellschaft*. Berlin: Matthes & Seitz, S. 9-34.

Koller, Hans-Christoph (2012): *Bildung anders denken. Einführung in die Theorie transformatorischer Bildungsprozesse*. Stuttgart: Kohlhammer.

Konersmann, Ralf (2017): *Wörterbuch der Unruhe*. Frankfurt am Main: S. Fischer.

Koppetsch, Cornelia (2019): *Die Gesellschaft des Zorns. Rechtspopulismus im globalen Zeitalter*. Bielefeld: transcript.

Korczak, Dieter (2010): »Schönheitsoperationen im Licht der empirischen Sozialwissenschaften«, *Face – ZWP* Spezial_Sozialwissenschaften, S. 53-57. ⟨https://epaper.zwp-online.info/epaper/966/export-article/53⟩ (Zugriff 27. 3. 2020).

Koselleck, Reinhart (1979): »Fortschritt«, in: Otto Brunner, Werner Conze, Reinhart Koselleck (Hrsg.), *Geschichtliche Grundbegriffe. Historisches Lexikon zur politisch-sozialen Sprache in Deutschland*, Bd. 2, E-G. Stuttgart: Klett-Cotta, S. 351-423.

Koselleck, Reinhart (1989): »›Neuzeit‹. Zur Semantik moderner Bewegungsbegriffe«, in: ders., *Vergangene Zukunft. Zur Semantik geschichtlicher Zeiten*. Frankfurt am Main: Suhrkamp, S. 300-348.

Koselleck, Reinhart (1989): »›Erfahrungsraum‹ und ›Erwartungshorizont‹ – zwei historische Kategorien«, in: ders., *Vergangene Zukunft. Zur Semantik geschichtlicher Zeiten*. Frankfurt am Main: Suhrkamp, S. 349-375.

Kracauer, Siegfried (1971): »Die Angestellten. Aus dem neuesten Deutschland« [1929], in: ders., *Schriften I. Soziologie als Wissenschaft. Der Detektiv-Roman. Die Angestellten*. Frankfurt am Main: Suhrkamp, S. 205-304.

Krähnke, Uwe (2007): *Selbstbestimmung. Zur gesellschaftlichen Konstruktion einer normativen Leitidee*. Weilerswist: Velbrück Wissenschaft.

Kroll, Frank-Lothar (2003): »Endzeit, Apokalypse, Neuer Mensch – Utopische Potentiale im Nationalsozialismus und im Bolschewismus«, in: Uwe Backes (Hrsg.), *Rechtsextreme Ideologien in Geschichte und Gegenwart*. Köln: Böhlau, S. 139-157.

Krüger, Anne K.; Reinhart, Martin (2016): »Wert, Werte und (Be)Wertungen. Eine erste begriffs- und prozesstheoretische Sondierung der aktuellen Soziologie der Bewertung«, *Berliner Journal für Soziologie* 45 (4), S. 485-500.

Küenzlen, Gottfried (2018): »Der alte Traum vom Neuen Menschen – Ideengeschichtliche Perspektiven«, in: Bundeszentrale für politische Bildung (Hrsg.), *Der Neue Mensch*. Bonn: Bundeszentrale für politische Bildung, S. 13-23.

Lasch, Christopher (1979): *The Culture of Narcissism: American Life in an Age of Diminishing Expectations*. New York: W. W. Norton.

Leibniz, Gottfried Wilhelm (1968 [1710]): *Die Theodizee*. Hamburg: Verlag von Felix Meiner.

Lemke, Thomas (1997): *Eine Kritik der politischen Vernunft. Foucaults Analyse der modernen Gouvernementalität*. Berlin: Argument-Verlag.

Lemke, Thomas (2000): »Neoliberalismus, Staat und Selbsttechnologien. Ein kritischer Überblick über die *governmentality studies*«, *Politische Vierteljahresschrift* 41 (1), S. 31-47.

Lemke, Thomas; Krasmann, Susanne; Bröckling, Ulricht (2000): »Gouvernementalität, Neoliberalismus und Selbsttechnologien«, in: Ulrich Bröckling, Susanne Krasmann, Thomas Lemke (Hrsg.), *Gouvernementalität der Gegenwart. Studien zur Ökonomisierung des Sozialen*. Frankfurt am Main: Suhrkamp, S. 7-40.

Lessenich, Stephan (2003): »Der Arme in der Aktivgesellschaft – zum sozialen Sinn des ›Förderns und Forderns‹«, *WSI-Mitteilungen* 56 (4), S. 214-220.

Lessenich, Stephan (2016): *Neben uns die Sintflut. Die Externalisierungsgesellschaft und ihr Preis*. München: Hanser Berlin.

Liessmann, Konrad Paul (Hrsg.) (2016): *Neue Menschen! Bilden, optimieren, perfektionieren*. Wien: Paul Zsolnay Verlag.

Lindemann, Gesa (2017): »Leiblichkeit und Körper«, in: Robert Gugutzer, Gabriele Klein, Michael Meuser (Hrsg.), *Handbuch Körpersoziologie. Band 1: Grundbegriffe und theoretische Perspektiven*. Wiesbaden: Springer VS, S. 57-66.

Lindner, Diana (2016): »Institutionalisierung von Optimierung. Organisation als intermediärer Ort der Fortschrittsgestaltung«, *Psychosozial* 39 (1), S. 25-37.

Link, Jürgen (1997): *Versuch über den Normalismus. Wie Normalität produziert wird*. Opladen: Westdeutscher Verlag.

Loo, Hans van der; Reijen, Willem van (1992): *Modernisierung. Projekt und Paradox*. München: dtv.

Lorenz, Maren (2018): *Menschenzucht. Frühe Ideen und Strategien 1500-1870*. Göttingen: Wallstein Verlag.

Lorenz, Maren (2020): »Optimierung als ästhetisiertes und naturalisiertes Ideal«, *Zeitschrift für Pädagogik* 1, S. 56-63.

Luhmann, Niklas (1980): *Gesellschaftsstruktur und Semantik. Studien zur Wissenssoziologie der modernen Gesellschaft*. Frankfurt am Main: Suhrkamp.

Luhmann, Niklas (1992): *Beobachtungen der Moderne*. Opladen: Westdeutscher Verlag.

Luhmann, Niklas (1998): *Die Gesellschaft der Gesellschaft*. Frankfurt am Main: Suhrkamp.

Lukács, Georg (1970): *Geschichte und Klassenbewußtsein. Studien über marxistische Dialektik*. Neuwied: Luchterhand.

Lupton, Deborah (2016): *The Quantified Self. A Sociology of Self-Tracking*. Cambridge: Polity.

Maasen, Sabine; Duttweiler, Stefanie (2012): »Neue Subjekte, neue Sozialitäten, neue Gesellschaften«, in: Sabine Maasen (Hrsg.), *Handbuch Wissenschaftssoziologie*. Wiesbaden: Springer VS, S. 417-428.

Makropoulos, Michael (1991): »Tendenzen der Zwanziger Jahre. Zum Diskurs der klassischen Moderne in Deutschland«, *Deutsche Zeitschrift für Philosophie* 39 (6), S. 675-687.

Makropoulos, Michael (1997): *Modernität und Kontingenz*. München: Fink.

Makropoulos, Michael (1998): »Foucaults Moderne«, in: Joseph Jurt (Hrsg.), *Zeitgenössische französische Denker. Eine Bilanz*. Freiburg i.Br.: Rombach, S. 103-118.

Makropoulos, Michael (1999): »Grenze und Horizont. Zwei soziale Abschlußparadigmen«, in: Claudia Honegger, Stefan Hradil, Franz Traxler (Hrsg.), *Grenzenlose Gesellschaft? Verhandlungen des 29. Kongresses der Deutschen Gesellschaft für Soziologie, des 16. Kongresses der Österreichischen Gesellschaft für Soziologie, des 11. Kongresses der Schweizerischen Gesellschaft für Soziologie in Freiburg i.Br. 1998*. Wiesbaden: VS Verlag für Sozialwissenschaften, S. 387-396.

Makropoulos, Michael (2001): »Historische Kontingenz und soziale Optimierung«, in: Rüdiger Bubner, Walter Mesch (Hrsg.), *Die Weltgeschichte – das Weltgericht? Stuttgarter Hegel-Kongreß 1999*. Stuttgart: Klett-Cotta, S. 75-89.

Makropoulos, Michael (2008): *Theorie der Massenkultur*. München: Fink.

Makropoulos, Michael (2015): »Blumenberg und die Ontologie des ästhetischen Gegenstandes«, in: Michael Heidgen, Matthias Koch, Christian Köhler (Hrsg.), *Permanentes Provisorium. Hans Blumenbergs Umwege*. Paderborn: Fink, S. 93-112.

Makropoulos, Michael (2016): »Kontingenzkultur und Optimierungsgesellschaft. Ein historisch-systematischer Aufriß«. Vortragsmanuskript. Workshop »Optimierung – begriffsgeschichtliche und konzeptionelle Analysen«, 11.-12. 11. 2016, Berlin.

Makropoulos, Michael (2019): »›Lebensführung‹, ›steuerloses Treiben‹ und ›außengeleitete Lebensweise‹«, in: Anja Röcke, Maria Keil, Erika Alleweldt (Hrsg.), *Soziale Ungleichheit der Lebensführung*. Weinheim und Basel: Beltz Juventa, S. 8-43.

Mannheim, Karl (1964 [1928]): »Die Bedeutung der Konkurrenz im Gebiete des Geistigen«, in: ders., *Wissenssoziologie. Auswahl aus dem Werk*, hg. von Kurt H. Wolff. Berlin: Luchterhand, S. 566-613.

Mannheim, Karl (1984): *Konservatismus. Ein Beitrag zur Soziologie des Wissens*. Frankfurt am Main: Suhrkamp.

Martschukat, Jürgen (2020): *Das Zeitalter der Fitness. Wie der Körper zum Zeichen für Erfolg und Leistung wurde*. Bonn: Bundeszentrale für politische Bildung.

Mau, Steffen (2017): *Das metrische Wir. Über die Quantifizierung des Sozialen*. Berlin: Suhrkamp.

Mau, Steffen (2018): »Die Quantifizierung des Sozialen«, *Zeitschrift für Theoretische Soziologie* (2), S. 274-292.

Mau, Steffen; Gülzau, Fabian (2020): »Selbstoptimierung, Selbstverwirklichung, investive Statusarbeit. Zur Verkopplung dreier Praxisformen«, *Zeitschrift für Pädagogik* 1 (2020), S. 29-35.

Maxeiner, Dirk; Miersch, Michael (2014): »Selbstoptimierung ist die neue erste Bürgerpflicht«, *Die Welt*, 3. 3. 2014 ⟨https://www.welt.de/debatte/kolumnen/Maxeiner-und-Miersch/article125771182/Selbstoptimierung-ist-die-neue-erste-Buergerpflicht.html⟩ (Zugriff 9. 9. 2020).

Mayer, Ralf; Thompson, Christiane (2013): »Inszenierung und Optimierung des Selbst. Eine Einführung«, in: Ralf Mayer, Christiane Thompson, Michael Wimmer (Hrsg.), *Inszenierung und Optimierung des Selbst. Zur Analyse gegenwärtiger Selbsttechnologien.* Wiesbaden: Springer VS, S. 7-28.

Mayntz, Renate; Nedelmann, Birgitta (1987): »Eigendynamische soziale Prozesse«, *Kölner Zeitschrift für Soziologie und Sozialpsychologie* 39 (4), S. 633-647.

McGuigan, Jim (2014): »The Neoliberal Self«, *Culture Unbound. Journal of Current Cultural Research* 6 (1), S. 223-240.

Mead, George H. (1973) [1934]: *Geist, Identität und Gesellschaft aus der Sicht des Sozialbehaviorismus*. Frankfurt am Main: Suhrkamp.

Meier, Christian (1995): *Die Entstehung des Politischen bei den Griechen*. Frankfurt am Main: Suhrkamp.

Meißner, Hanna (2014): *Jenseits des autonomen Subjekts: Zur gesellschaftlichen Konstitution von Handlungsfähigkeit im Anschluss an Butler, Foucault und Marx*, Bielefeld: transcript.

Meißner, Stefan (2016): »Selbstoptimierung durch Quantified Self? Selbstvermessung als Möglichkeit von Selbststeigerung, Selbsteffektivierung und Selbstbegrenzung«, in: Stefan Selke (Hrsg.), *Lifelogging. Digitale Selbstvermessung und Lebensprotokollierung zwischen disruptiver*

Technologie und kulturellem Wandel. Wiesbaden: Springer VS, S. 217-236.

Merton, Robert K. (1967 [1936]): »Die unvorhergesehenen Folgen zielgerichteter sozialer Handlung«, in: Hans Peter Dreitzel (Hrsg.): *Sozialer Wandel. Zivilisation und Fortschritt als Kategorien der soziologischen Theorie.* Neuwied und Berlin: Luchterhand, S. 169-183.

Meyers Neues Lexikon in acht Bänden (1963): *Sechster Band: Muskat-Ribot.* Leipzig: VEB Bibliographisches Institut.

Mishra, Pankaj (2017): *Das Zeitalter des Zorns. Eine Geschichte der Gegenwart.* Frankfurt am Main: S. Fischer.

Mühlhausen, Corinna; Wippermann, Peter (2013): *Das Zeitalter der Selbstoptimierer.* Hamburg: New Business Verlag.

Müller, Hans-Peter (2014): »Lebensführung«, in: ders., Steffen Sigmund (Hrsg.), *Max Weber Handbuch. Leben – Werk – Wirkung.* Stuttgart und Weimar: Verlag J.B. Metzler, S. 84-87.

Müller, Hans-Peter (2014): »Rationalität, Rationalisierung, Rationalismus«, in: ders., Steffen Sigmund (Hrsg.), *Max Weber Handbuch. Leben – Werk – Wirkung.* Stuttgart und Weimar: Verlag J.B. Metzler, S. 108-113.

Müller, Hans-Peter (2015): »Wie ist Individualität möglich? Strukturelle und kulturelle Bedingungen eines modernen Kulturideals«, *Zeitschrift für Theoretische Soziologie* 4 (1), S. 89-111.

Müller, Hans-Peter (2017): »The Conduct of Life between Self-Improvement and Self-Realization«, Vortragsmanuskript, Università del Sacro Cuore, Mailand.

Nachtwey, Oliver (2016): *Die Abstiegsgesellschaft. Über das Aufbegehren in der regressiven Moderne.* Berlin: Suhrkamp.

Nassehi, Armin (2012): »Editorial«, in: ders. (Hrsg.), *Kursbuch 171.* Hamburg: Murmann, S. 1-5.

Neckel, Sighard (2008): *Flucht nach vorn. Die Erfolgskultur der Marktgesellschaft.* Frankfurt am Main und New York: Campus.

Neckel, Sighard; Wagner, Greta (Hrsg.) (2013): *Leistung und Erschöpfung. Burnout in der Wettbewerbsgesellschaft.* Berlin: Suhrkamp.

Nida-Rümelin, Julian (2015): *Die Optimierungsfalle. Philosophie einer humanen Ökonomie.* München: btb-Verlag.

Noji, Eryk; Vormbusch, Uwe (2018): »Kalkulative Formen der Selbstthematisierung und das epistemische Selbst«, *Psychosozial* 41 (2), S. 16-34.

Pareto, Vilfredo (1994 [1906]): *Manuale di economia politica.* Pordenone: Ed. Studi Tesi.

Peter, Tobias (2014): *Genealogie der Exzellenz.* Weinheim und Basel: Beltz Juventa.

Peters, Thomas J.; Waterman, Robert H. (1982): *In Search of Excellence. Lessons from America's Best-Run Companies*. New York: Harper and Row.

Peukert, Detlev (1989): *Max Webers Diagnose der Moderne*. Göttingen: Vandenhoeck & Ruprecht.

Pfaller, Larissa (2016): *Anti-Aging als Form der Lebensführung*. Wiesbaden: Springer Fachmedien.

Pinker, Steven (2018): *Enlightment Now. The Case for Reason, Science, Humanism, and Progress*. New York: Viking.

Plessner, Helmuth (1982 [1941]): »Lachen und Weinen. Eine Untersuchung der Grenzen menschlichen Verhaltens«, in: ders., *Gesammelte Schriften Bd. VII: Ausdruck und menschliche Natur*, hrsg. von Günter Dux; Odo Marquard; Elisabeth Ströker. Frankfurt am Main: Suhrkamp, S. 201-387.

Plessner, Helmuth (1985 [1967]): »Der Mensch als Lebewesen. Adolf Portmann zum 70. Geburtstag«, in: ders., *Gesammelte Schriften Bd. VIII: Conditio humana*, hrsg. von Günter Dux; Odo Marquard; Elisabeth Ströker. Frankfurt am Main: Suhrkamp, S. 314-327.

Predöhl, Andreas (1937): »Weltwirtschaft vom völkischen Standpunkt«, Vortrag gehalten in der Gesellschaft der Kaufleute im Hansischen Hochschulring zu Hamburg am 2. November 1937. Hamburg: Hanseatische Verlagsanstalt.

Pries, Ludger (2019): *Soziologie. Schlüsselbegriffe, Herangehensweisen, Perspektiven*. Weinheim und Basel: Beltz Juventa.

Pritz, Sarah Miriam (2016): »Mood Tracking. Zur digitalen Selbstvermessung der Gefühle«, in: Stefan Selke (Hrsg.), *Lifelogging. Digitale Selbstvermessung und Lebensprotokollierung zwischen disruptiver Technologie und kulturellem Wandel*. Wiesbaden: Springer VS, S. 127-150.

Pritz, Sarah Miriam; Wagner, Greta (2018): »Zeitdiagnostische Konkurrenzen. Selbstoptimierung im Spannungsfeld von Quantifizierung und Singularisierung«, *Zeitschrift für Theoretische Soziologie* (2), S. 293-302.

Rabinbach, Anson (2001): *Motor Mensch. Kraft, Ermüdung und die Ursprünge der Moderne*. Wien: Turia und Kant.

Radkau, Joachim (1998): *Das Zeitalter der Nervosität. Deutschland zwischen Bismarck und Hitler*. Darmstadt: Wissenschaftliche Buchgesellschaft.

Reckwitz, Andreas (2003): »Grundelemente einer Theorie sozialer Praktiken. Eine sozialtheoretische Perspektive«, *Zeitschrift für Soziologie* 32 (4), S. 282-301.

Reckwitz, Andreas (2004): »Die Gleichförmigkeit und die Bewegtheit des Subjekts: Moderne Subjektivität im Konflikt von bürgerlicher und avantgardistischer Codierung«, in: Gabriele Klein (Hrsg.), *Bewegung. Sozial- und kulturwissenschaftliche Konzepte*. Bielefeld: transcript S. 155-184.

Reckwitz, Andreas (2006): *Das hybride Subjekt. Eine Theorie der Subjektkulturen von der bürgerlichen Moderne zur Postmoderne.* Weilerswist: Velbrück.

Reckwitz, Andreas (2008): *Subjekt.* Bielefeld: transcript.

Reckwitz, Andreas (2012): *Die Erfindung der Kreativität. Zum Prozess gesellschaftlicher Ästhetisierung.* Berlin: Suhrkamp.

Reckwitz, Andreas (2017): *Die Gesellschaft der Singularitäten. Zum Strukturwandel der Moderne.* Berlin: Suhrkamp.

Régnier, Faustine; Chauvel, Louis (2018): »Digital Inequalities in the Use of Self-Tracking Diet and Fitness Apps: Interview Study on the Influence of Social, Economic, and Cultural Factors«, *JMIR mHealth and uHealth* 6 (4). ⟨https://doi.org/10.2196/mhealth.9189⟩ (Zugriff 20. 9. 2020).

Rehlinghaus, Franziska (2016): »Sich selbst rationalisieren – Sich selbst optimieren? Planung, Praxis und Spiritualität in der Großmann-Methode und im HelfRecht-System«, Vortragsmanuskript, Workshop »Optimierung – begriffsgeschichtliche und konzeptionelle Analysen«, 11.-12. 11. 2016, Berlin.

Rendtorff, Barbara (2020): »Lässt sich Geschlecht optimieren?« Vortragsmanuskript, DGfE-Kongress, Köln.

Ricken, Norbert (2013): »An den Grenzen des Selbst«, in: Ralf Mayer, Christiane Thompson, Michael Wimmer (Hrsg.), *Inszenierung und Optimierung des Selbst. Zur Analyse gegenwärtiger Selbsttechnologien.* Wiesbaden: Springer VS, S. 239-258.

Rieger, Stefan (2002): »Arbeit an sich. Dispositive der Selbstsorge in der Moderne«, in: Ulrich Bröckling, Eva Horn (Hrsg.), *Anthropologie der Arbeit.* Tübingen: Narr, S. 79-96.

Riesman, David; Denney, Reuel; Glazer, Nathan (1955): *Die einsame Masse. Eine Untersuchung der Wandlungen des amerikanischen Charakters.* Darmstadt: Luchterhand.

Riesman, David; Roseborough, Howard (1973 [1955]): »Laufbahnen und Konsumverhalten«, in: David Riesman, *Wohlstand wofür? Essays.* Frankfurt am Main: Suhrkamp, S. 17-50.

Röcke, Anja (2016): »Lebensführung und Optimierung. Vom Turbostudium und Bologna-Menschen«, in: Erika Alleweldt, Anja Röcke, Jochen Steinbicker (Hrsg.), *Lebensführung heute. Klasse, Bildung, Individualität.* Weinheim und Basel: Beltz Juventa, S. 148-168.

Röcke, Anja (2017): »(Selbst)Optimierung. Eine soziologische Bestandsaufnahme«, *Berliner Journal für Soziologie* 27 (2), S. 319-335.

Röcke, Werner; Weitbrecht, Julia (2010): »Einleitung«, in: dies. (Hrsg.), *Askese und Identität in Spätantike, Mittelalter und Früher Neuzeit.* Berlin und New York: De Gruyter, S. 1-8.

Rosa, Hartmut (2005): *Beschleunigung. Die Veränderung der Zeitstrukturen in der Moderne.* Frankfurt am Main: Suhrkamp.

Rosa, Hartmut (2011): »Beschleunigung und Depression – Überlegungen zum Zeitverhältnis der Moderne«, *Psyche* 65 (11), S. 1041-1060.

Rosa, Hartmut (2012): »Kapitalismus als Dynamisierungsspirale – Soziologie als Gesellschaftskritik«, in: Klaus Dörre, Stephan Lessenich, Hartmut Rosa, *Soziologie – Kapitalismus – Kritik. Eine Debatte*. Frankfurt am Main: Suhrkamp, S. 87-125.

Rosa, Hartmut (2016): *Resonanz. Eine Soziologie der Weltbeziehung*. Berlin: Suhrkamp.

Rose, Nikolas (1998): *Inventing Our Selves. Psychology, Power, and Personhood*. Cambridge und New York: Cambridge University Press.

Rose, Nikolas (2000): »Das Regieren von unternehmerischen Individuen«, *Kurswechsel* (2), S. 8-27.

Rose, Nikolas (2003): »Neurochemical Selves«, *Society* 41 (1), S. 46-59.

Rousseau, Jean-Jacques (1990 [1755]): *Diskurs über die Ungleichheit. Discours sur l'inégalité*, hrsg. von Heinrich Meier. Paderborn: Ferdinand Schöningh.

Saar, Martin (2013): »Analytik der Subjektivierung. Umrisse eines Theorieprogramms«, in: Andreas Gelhard, Thomas Alkemeyer, Norbert Ricken (Hrsg.), *Techniken der Subjektivierung*. Paderborn: Fink, S. 17-28.

Sandel, Michael (2007): *The Case Against Perfection: Ethics in the Age of Genetic Engineering*. Cambridge: Harvard University Press.

Sarasin, Philipp (2003): »Die Rationalisierung des Körpers. Über ›Scientific Management‹ und ›biopolitische Rationalisierung‹«, in: ders., *Geschichtswissenschaft und Diskursanalyse*. Frankfurt am Main: Suhrkamp, S. 61-99.

Schäfer, Alfred (2011): *Das Versprechen der Bildung*. Paderborn: Ferdinand Schöningh.

Schäfer, Hilmar (2016): »Einleitung. Grundlagen, Rezeption und Forschungsperspektiven der Praxistheorie«, in: ders. (Hrsg.), *Praxistheorie. Ein soziologisches Forschungsprogramm*. Bielefeld: transcript, S. 9-25.

Schaffner, Anna Katharina (2021, i. E.): *The Art of Self-Improvement: Ten Timeless Truths*. New Haven und London: Yale University Press.

Schatzki, Theodore R.; Knorr-Cetina, Kathrin; Savigny, Eike von (Hrsg.) (2001): *The Practice Turn in Contemporary Theory*. London: Routledge.

Scheuplein, Christoph (2009): »Wirtschaftliches Maximum, völkisches Optimum: Raumwirtschaftstheorie und -politik bei Andreas Predöhl«, in: Heinrich Mäding, Wendelin Strubelt (Hrsg.), *Vom Dritten Reich zur Bundesrepublik. Beiträge einer Tagung zur Geschichte von Raumforschung und Raumplanung*. Hannover: ARL, S. 84-106.

Schimank, Uwe; Mau, Steffen; Groh-Samberg, Olaf (2014): *Statusarbeit unter Druck? Zur Lebensführung der Mittelschichten*. Weinheim und Basel: Beltz Juventa.

Schimank, Uwe; Volkmann, Ute (2008): »Ökonomisierung der Gesellschaft«, in: Andrea Maurer (Hrsg.), *Handbuch der Wirtschaftssoziologie.* Wiesbaden: VS Verlag für Sozialwissenschaften, S. 382-393.

Schirach, Ariadne von (2014): *Du sollst nicht funktionieren. Für eine neue Lebenskunst.* Stuttgart: Tropen-Verlag.

Schmid, Wilhelm (1995): »Selbstsorge«, in: Joachim Ritter, Karlfried Gründer (Hrsg.), *Historisches Wörterbuch der Philosophie*, Bd. 9: Se-Sp. Basel, S. 528-535.

Schrage, Dominik (2004): »Optimierung und Überbietung. ›Leben‹ in produktivistischer und in konsumistischer Perspektive«, in: Ulrich Bröckling, Axel T. Paul, Stefan Kaufmann (Hrsg.), *Vernunft – Entwicklung – Leben. Schlüsselbegriffe der Moderne. Festschrift für Wolfgang Eßbach.* München: Fink, S. 291-303.

Schreiber, Julia; Uhlendorf, Niels; Lindner, Diana; Gerisch, Benigna; King, Vera; Rosa, Hartmut (2015): »Optimierung zwischen Zwang und Zustimmung. Institutionelle Anforderungen und psychische Bewältigung im Berufsleben«, *Psychosozial* 38 (3), S. 27-42.

Schulze, Gerhard (2003): *Die Beste aller Welten. Wohin bewegt sich die Gesellschaft im 21. Jahrhundert?* München: Hanser.

Schwinn, Thomas (2013): »Aspekte und Probleme eines pluralen Moderneverständnisses«, *Österreichische Zeitschrift für Soziologie* 38 (4), S. 333-354.

Sennett, Richard (1998): *Der flexible Mensch. Die Kultur des neuen Kapitalismus.* Berlin: Berlin-Verlag.

Seyfert, Robert (2018): »Foucault-Rezeption in der deutschsprachigen Soziologie«, in: Stephan Moebius, Andrea Ploder (Hrsg.), *Handbuch Geschichte der deutschsprachigen Soziologie.* Wiesbaden: Springer, S. 637-661.

Simmel, Georg (1989 [1901]): *Philosophie des Geldes.* Frankfurt am Main: Suhrkamp.

Simmel, Georg (1992 [1908]): *Soziologie. Untersuchungen über die Formen der Vergesellschaftung*, hrsg. von Otthein Rammstedt. Frankfurt am Main: Suhrkamp.

Sloterdijk, Peter (2014): *Du mußt dein Leben ändern. Über Anthropotechnik.* Berlin: Suhrkamp.

Speck, Sarah (2020): »Zu Hause arbeiten. Eine geschlechtersoziologische Betrachtung des ›Homeoffice‹ im Kontext der Corona-Krise«, in: Michael Volkmer, Karin Werner (Hrsg.), *Die Corona-Gesellschaft. Analysen zur Lage und Perspektiven für die Zukunft.* Bielefeld: transcript, S. 135-141.

Spreen, Dierk (2015): *Upgradekultur. Der Körper in der Enhancement-Gesellschaft.* Bielefeld: transcript.

Spreen, Dierk; Flessner, Bernd; Hurka, Herbert M.; Rüster, Johannes (Hrsg.) (2018), *Kritik des Transhumanismus. Über eine Ideologie der Optimierungsgesellschaft.* Bielefeld: transcript.

Stäheli, Urs (1998): »Zum Verhältnis von Sozialstruktur und Semantik«, *Soziale Systeme* 4 (2), S. 315-340.

Statista (2018): *Dossier: Buchmarkt.* ⟨https://de.statista.com/statistik/studie/id/10912/dokument/buchmarkt-statista-dossier/⟩ (Zugriff 27. 3. 2020).

Statista (2018): *Dossier: Fitness Apps.* ⟨https://de.statista.com/statistik/daten/studie/859815/umfrage/nutzung-von-fitness-apps-in-deutschland⟩ (Zugriff 27. 3. 2020).

Statista (2019), *Dossier: Podcasts.* ⟨https://de.statista.com/statistik/studie/id/50128/dokument/podcasts⟩ (Zugriff 27. 3. 2020).

Statistisches Bundesamt (2018): *Statistisches Jahrbuch 2018*. Roggentin: IBRo Versandservice GmbH.

Steinfeld, Thomas (2012): »Pionier der Selbstoptimierung«, *Süddeutsche Zeitung. Magazin*, Heft 2.

Steinfeld, Thomas (2016): *Ich will, ich kann. Moderne und Selbstoptimierung*. Konstanz: Konstanz University Press.

Stichweh, Rudolf (2013): *Wissenschaft, Universität, Professionen. Soziologische Analysen*. Bielefeld: transcript.

Stoff, Heiko (2015): »*Der erfolgreiche Mensch*. Ludwig Lewins transatlantisches Projekt, 1928«, in: Stephanie Kleiner, Robert Suter (Hrsg.), *Guter Rat. Glück und Erfolg in der Ratgeberliteratur 1900-1940*. Berlin: Neofelis Verlag, S. 135-160.

Straub, Jürgen (2013): »Selbstoptimierung im Zeichen der ›Auteronomie‹. Paradoxe Strukturen der normierten Selbststeigerung: von der ›therapeutischen Kultur‹ zur ›Optimierungskultur‹«, *Psychotherapie & Sozialwissenschaft* 15 (2), S. 5-38.

Straub, Jürgen (2019): »Rationalising life by Means of Self-Optimisation: The Obsessive-Compulsive Excess of Gustav Großmann. A striking Example for the Rationalistic Bookkeeper-Personality«, in: Vera King, Benigna Gerisch, Hartmut Rosa (Hrsg.), *Lost in Perfection. Impacts of Optimisation on Culture and Psyche*. London und New York: Routledge, S. 153-188.

Straub, Jürgen; Balandis, Oswald (2018): »Niemals genug! Selbstoptimierung und Enhancement. Attraktive Praktiken für verbesserungswillige Menschen?«, *Familiendynamik. Systemische Praxis und Forschung* 1 (2018), S. 72-83.

Straub, Jürgen; Sabisch-Fechtelpeter, Katja; Sieben, Anna (2012): »Menschen besser machen. Terminologische und theoretische Aspekte vielgestaltiger Optimierungen des Humanen«, in: Anna Sieben, Katja Sabisch, Jürgen Straub (Hrsg.), *Menschen machen. Die hellen und die dunklen Seiten humanwissenschaftlicher Optimierungsprogramme*. Bielefeld: transcript, S. 27-75.

Strübing, Jörg; Kasper, Beate; Staiger, Lisa (2016): »Das Selbst der Selbstvermessung. Fiktion oder Kalkül? Eine pragmatistische Betrachtung«, in: Stefanie Duttweiler, Robert Gugutzer, Jan-Hendrik Passoth, Jörg Strübing (Hrsg.), *Leben nach Zahlen. Self-Tracking als Optimierungsprojekt?*, Bielefeld: transcript, S. 271-291.

Swaddling, Judith (2004): *Die Olympischen Spiele der Antike*. Stuttgart: Reclam.

Take, Gunnar (2019): *Forschen für den Wirtschaftskrieg. Das Kieler Institut für Weltwirtschaft im Nationalsozialismus*. Berlin: De Gruyter Oldenbourg.

Taylor, Charles (1996): *Quellen des Selbst. Die Entstehung der neuzeitlichen Identität*. Frankfurt am Main: Suhrkamp.

Taylor, Frederick Winslow (1977 [1911]): *Die Grundsätze wissenschaftlicher Betriebsführung*, hrsg. von Walter Volpert. Weinheim: Beltz.

Tenorth, Heinz-Elmar (1988): *Geschichte der Erziehung. Einführung in die Grundzüge ihrer neuzeitlichen Entwicklung*. Weinheim und München: Juventa.

Thompson, Christiane (2016): »Eltern als ›Bildungsunternehmer‹. Zur Ausweitung und Radikalisierung optimiert-optimierender Bildung«, *Psychosozial* 38 (3), S. 13-26.

Traue, Boris (2010): *Das Subjekt der Beratung. Zur Soziologie einer Psycho-Technik*. Bielefeld: transcript.

Trotzki, Leo (1968 [1924]): *Literatur und Revolution*, hrsg. von Eugen Schaefer; Wolfgang Schmidt. Berlin: Gerhardt Verlag.

Trüeb, Ralph M. (2006): *Anti-Aging. Von der Antike zur Moderne*. Darmstadt: Steinkopff Verlag.

Uhlendorf, Niels; Schreiber, Julia; King, Vera; Gerisch, Benigna; Rosa, Hartmut; Busch, Katharina (2016): »›Immer so dieses Gefühl, nicht gut genug zu sein‹. Optimierung und Leiden«, *Psychoanalyse im Widerspruch* 55, S. 31-50.

Verheyen, Nina (2018): *Die Erfindung der Leistung*. München: Hanser Berlin.

Vierhaus, Rudolf (1972): »Bildung«, in: Otto Brunner, Werner Conze, Reinhart Koselleck (Hrsg.), *Geschichtliche Grundbegriffe. Historisches Lexikon zur politisch-sozialen Sprache in Deutschland*, Bd. 1: A-D. Stuttgart: Klett-Cotta, S. 509-551.

Villa, Paula-Irene (Hrsg.) (2008): *Schön normal. Manipulationen am Körper als Technologien des Selbst*. Bielefeld: transcript.

Villa, Paula-Irene (2008): »Habe den Mut, Dich Deines Körpers zu bedienen! Thesen zur Körperarbeit in der Gegenwart zwischen Selbstermächtigung und Selbstunterwerfung«, in: Paula-Irene Villa (Hrsg.), *Schön normal. Manipulationen am Körper als Technologien des Selbst.* Bielefeld: transcript, S. 245-272.

Volkmer, Michael; Werner, Karin (Hrsg.) (2020): *Die Corona-Gesellschaft. Analysen zur Lage und Perspektiven für die Zukunft.* Bielefeld: transcript.

Vormbusch, Uwe (2016): »Taxonomien des Selbst. Zur Hervorbringung subjektbezogener Bewertungsordnungen im Kontext ökonomischer und kultureller Unsicherheit«, in: Stefanie Duttweiler, Robert Gugutzer, Jan-Hendrik Passoth, Jörg Strübing (Hrsg.), *Leben nach Zahlen. Self-Tracking als Optimierungsprojekt?*, Bielefeld: transcript, S. 45-62.

Vormbusch, Uwe; Kappler, Karolin (2016): »Leibschreiben. Zur medialen Repräsentation des Körperleibes im Feld der Selbstvermessung«, in: Thorben Mämecke, Jan-Hendrik Passoth, Josef Wehner (Hrsg.), *Bedeutende Daten. Modelle, Verfahren und Praxis der Vermessung und Verdatung im Netz.* Wiesbaden: Springer VS, S. 207-231.

Voß, G. Günter; Pongratz, Hans J. (1998): »Der Arbeitskraftunternehmer. Eine neue Grundform der Ware Arbeitskraft«, *Kölner Zeitschrift für Soziologie und Sozialpsychologie* 50 (1), S. 131-158.

Wagner, Greta (2014): *Selbstoptimierung. Praxis und Kritik von Neuroenhancement.* Frankfurt am Main und New York: Campus.

Wagner, Peter (2018): *Fortschritt. Zur Erneuerung einer Idee.* Frankfurt am Main und New York: Campus.

Weber, Max (1972 [1921]): *Wirtschaft und Gesellschaft. Grundriß der verstehenden Soziologie*, hrsg. von Johannes Winckelmann. Tübingen: J.C.B. Mohr (Paul Siebeck).

Weber, Max (1988 [1904]): »Die ›Objektivität‹ sozialwissenschaftlicher und sozialpolitischer Erkenntnis«, in: ders., *Gesammelte Aufsätze zur Wissenschaftslehre*, hrsg. von Johannes Winckelmann. Tübingen: J.C.B. Mohr (Paul Siebeck), S. 146-214.

Weber, Max (1988 [1908]): »Die Grenznutzenlehre und das ›psychophysische Grundgesetz‹«, in: ders., *Gesammelte Aufsätze zur Wissenschaftslehre*, hrsg. von Johannes Winckelmann. Tübingen: J.C.B. Mohr (Paul Siebeck), S. 384-399.

Weber, Max (1988 [1917]): »Der Sinn der ›Wertfreiheit‹ der soziologischen und ökonomischen Wissenschaften«, in: ders., *Gesammelte Aufsätze zur Wissenschaftslehre*, hrsg. von Johannes Winckelmann. Tübingen: J.C.B. Mohr (Paul Siebeck), S. 489-540.

Weber, Max (1988 [1919]): »Wissenschaft als Beruf«, in: ders., *Gesammelte Aufsätze zur Wissenschaftslehre*, hrsg. von Johannes Winckelmann. Tübingen: J.C.B. Mohr (Paul Siebeck), S. 582-613.

Weber, Max (1988 [1920]): *Gesammelte Aufsätze zur Religionssoziologie I*, hrsg. von Marianne Weber. Tübingen: J.C.B. Mohr (Paul Siebeck).

Weber, Max (1989 [1915-1920]): *Die Wirtschaftsethik der Weltreligionen. Konfuzianismus und Taoismus. Schriften 1915-1920*, Studienausgabe der Max Weber-Gesamtausgabe, Band I/19, hrsg. von Helwig Schmidt-Glintzer. Tübingen: J.C.B. Mohr (Paul Siebeck).

Weber, Max (1989 [1915-1920]): »Resultat: Konfuzianismus und Taoismus«, in: ders., *Die Wirtschaftsethik der Weltreligionen. Konfuzianismus und Taoismus. Schriften 1915-1920*, Studienausgabe der Max Weber-Gesamtausgabe, Band I/19, hrsg. von Helwig Schmidt-Glintzer. Tübingen: J.C.B. Mohr (Paul Siebeck), S. 193-208.

Weber, Max (1995 [1908/09]): *Zur Psychophysik der Arbeit. Schriften und Reden 1908-1912*, Max Weber Gesamtausgabe, Band I/11, hrsg. von Wolfgang Schluchter; Sabine Frommer. Tübingen: J.C.B. Mohr (Paul Siebeck).

Wiedemann, Lisa (2016): »›Vom Piksen zum Scannen, vom Wert zu Daten‹. Digitalisierte Selbstvermessung im Kontext Diabetes«, in: Stefanie Duttweiler, Robert Gugutzer, Jan-Hendrik Passoth, Jörg Strübing (Hrsg.), *Leben nach Zahlen. Self-Tracking als Optimierungsprojekt?*, Bielefeld: transcript, S. 293-324.

Wiesing, Urban (2006): »Zur Geschichte der Verbesserung des Menschen. Von der restituo ad integrum zur transformatio ad optimum?«, *Zeitschrift für medizinische Ethik* 52 (4), S. 323-338.

Williams, Raymond (1976): *Keywords*. London: Picador.

Wimmer, Michael (2015): »Perfektionierung des Unverbesserlichen: unvermeidbar und unmöglich«, *Psychosozial* 38 (3), S. 81-102.

Wolff, Eberhard (2018): »›Selbstoptimierung‹: Ein Skandaltypus«, *Uni Nova. Das Wissenschaftsmagazin der Universität Basel* 132 (2018) ⟨https://www.unibas.ch/de/Forschung/Uni-Nova/Uni-Nova-132/Uni-Nova-132-Essay.html⟩ (Zugriff 17. 8. 2020).

Verzeichnis von Abbildungen und Tabellen

Abbildungen

Tabellen

Danksagung

Dieses Buch ist die überarbeitete Fassung meiner Habilitationsschrift, die ich am Institut für Sozialwissenschaften der Humboldt-Universität zu Berlin geschrieben habe. Mein Dank gilt insbesondere Hans-Peter Müller und Stephan Lessenich, die das Projekt die letzten Jahre über inhaltlich begleitet und abschließend begutachtet haben. Karin Lohr hat mit ihrem Gutachten wichtige Hinweise für die Überarbeitung gegeben, ebenso Anne K. Krüger, Michael Makropoulos, Steven Sello und Yves Sintomer, die zu einem früheren Zeitpunkt Teile der Arbeit gelesen und kommentiert haben. Viele weitere Personen haben mit ihrer inhaltlichen, methodischen, praktischen oder anderen Form der Unterstützung zur Realisierung dieses Buches beigetragen. Dazu gehören unter anderem Talja Blokland, Fabian Gülzau, Steffen Mau, Henrik Schulze und Vera Simon. Cosima Langer, Jakob Schultz und Laurin Schwartz haben Literatur besorgt, Korrektur gelesen und inhaltliche Anregungen gegeben, Carsten Braband und Julian Heide die bibliographischen Angaben kontrolliert. Henri Band hat für ein sorgfältiges Lektorat gesorgt, ebenso wie Philipp Hölzing vom Suhrkamp Verlag, der zudem den gesamten Produktionsprozess begleitet hat. Ihnen allen gilt mein herzlicher Dank.

Bedanken möchte ich mich schließlich bei meiner Familie für ihre Geduld und für ihre große Unterstützung: bei meinen Eltern, bei meinem Bruder samt Familie, bei meinen Töchtern und bei Fabian, für alles.

Soziologie
im Suhrkamp Verlag
Eine Auswahl

Dirk Baecker
- Beobachter unter sich. Eine Kulturtheorie. Gebunden. 309 Seiten
- Form und Formen der Kommunikation. stw 1828. 285 Seiten
- Neurosoziologie. Ein Versuch. eu 52. 262 Seiten
- Organisation und Management. stw 1614. 348 Seiten
- Organisation und Störung. stw 2012. 336 Seiten
- Studien zur nächsten Gesellschaft. stw 1856. 229 Seiten
- Womit handeln Banken? stw 946. 207 Seiten
- Wozu Theorie? stw 2177. 292 Seiten

Ulrich Beck
- Nachrichten aus der Weltinnenpolitik. es 2619. 150 Seiten
- Reflexive Modernisierung. Eine Kontroverse. Zusammen mit Anthony Giddens und Scott Lash. es 1705. 368 Seiten
- Risikogesellschaft. es 1365. 396 Seiten
- Weltrisikogesellschaft. Auf der Suche nach der verlorenen Sicherheit. st 4038. 439 Seiten

Herbert Blumer. Symbolischer Interaktionismus. Aufsätze zu einer Wissenschaft der Interpretation. Herausgegeben von Heinz Bude und Michael Dellwing. stw 2069. 187 Seiten

Pierre Bourdieu
- Entwurf einer Theorie der Praxis. stw 291. 493 Seiten
- Die feinen Unterschiede. Kritik der gesellschaftlichen Urteilskraft. stw 659. 912 Seiten
- Homo academicus. stw 1002. 455 Seiten
- Die männliche Herrschaft. stw 2031. 211 Seiten

NF 178/1/6.16

- Manet. Eine symbolische Revolution. Gebunden. 921 Seiten
- Sozialer Sinn. Kritik der theoretischen Vernunft. stw 1066. 512 Seiten
- Über den Staat. Gebunden. 722 Seiten

Ulrich Bröckling. Das unternehmerische Selbst. Soziologie einer Subjektivierungsform. stw 1832. 327 Seiten

Eva Illouz
- Die Errettung der modernen Seele. Therapien, Gefühle und die Kultur der Selbsthilfe. stw 1997. 412 Seiten
- Gefühle in Zeiten des Kapitalismus. stw 1857. 170 Seiten
- Israel. Soziologische Essays. es 2683. 229 Seiten
- Der Konsum der Romantik. Liebe und die kulturellen Widersprüche des Kapitalismus. stw 1858. 343 Seiten
- Warum Liebe weh tut. stw 2057. 467 Seiten

Stefan Kühl. Ganz normale Organisationen. Zur Soziologie des Holocaust. stw 2130. 411 Seiten

Jörn Lamla. Verbraucherdemokratie. Politische Soziologie der Konsumgesellschaft. stw 2072. 507 Seiten

Bruno Latour
- Eine neue Soziologie für eine neue Gesellschaft. stw 1967. 488 Seiten
- Existenzweisen. Eine Anthropologie der Modernen. Gebunden. 665 Seiten
- Die Hoffnung der Pandora. Untersuchungen zur Wirklichkeit der Wissenschaft. stw 1595. 386 Seiten
- Jubilieren. Über religiöse Rede. stw 2186. 247 Seiten
- Die Ökonomie als Wissenschaft der leidenschaftlichen Interessen. Eine Einführung in die ökonomische Anthropologie Gabriel Tardes. Zusammen mit Vincent Lépinay. Broschur. 120 Seiten

NF 178/2/6.16

- Das Parlament der Dinge. Für eine politische Ökologie. stw 1954. 364 Seiten
- Wir sind nie modern gewesen. Versuch einer symmetrischen Anthropologie. stw 1861. 205 Seiten

Martina Löw
- Prostitution. Herstellungsweisen einer anderen Welt. Zusammen mit Renate Ruhne. es 2632. 215 Seiten
- Raumsoziologie. stw 1506. 320 Seiten
- Soziologie der Städte. stw 1976. 289 Seiten

Niklas Luhmann
- Die Gesellschaft der Gesellschaft. stw 1360. 1164 Seiten
- Kontingenz und Recht. Gebunden. 348 Seiten
- Die Kunst der Gesellschaft. stw 1303. 517 Seiten
- Liebe als Passion. stw 1124. 231 Seiten
- Liebe. Eine Übung. Gebunden. 94 Seiten
- Macht im System. stw 2089. 156 Seiten
- Die Moral der Gesellschaft. stw 1871. 402 Seiten
- Der neue Chef. Gebunden. 120 Seiten
- Politische Soziologie. stw 2068. 499 Seiten
- Das Recht der Gesellschaft. stw 1183. 598 Seiten
- Soziale Systeme. Grundriß einer allgemeinen Theorie. stw 666. 675 Seiten
- Die Wirtschaft der Gesellschaft. stw 1152. 360 Seiten

Hans-Peter Müller. Pierre Bourdieu. Eine systematische Einführung. stw 2110. 372 Seiten

Armin Nassehi
- Geschlossenheit und Offenheit. Studien zur Theorie der modernen Gesellschaft. stw 1636. 352 Seiten
- Gesellschaft der Gegenwarten. Studien zur Theorie der modernen Gesellschaft II. stw 1996. 362 Seiten
- Der soziologische Diskurs der Moderne. stw 1922. 481 Seiten

NF 178/3/6.16

Andreas Reckwitz. Die Erfindung der Kreativität. Zum Prozess gesellschaftlicher Ästhetisierung. stw 1995. 408 Seiten

Hartmut Rosa
- Beschleunigung. Die Veränderung der Zeitstrukturen in der Moderne. stw 1760. 537 Seiten
- Beschleunigung und Entfremdung. Entwurf einer kritischen Theorie spätmoderner Zeitlichkeit. Broschur. 145 Seiten
- Resonanz. Gebunden. 816 Seiten
- Weltbeziehungen im Zeitalter der Beschleunigung. Umrisse einer neuen Gesellschaftskritik. stw 1977. 446 Seiten

Robert Schmidt. Soziologie der Praktiken. Konzeptionelle Studien und empirische Analysen. stw 2030. 288 Seiten

Georg Simmel. Gesamtausgabe in 24 Bänden. Gebunden oder Broschur.

Silke Steets. Der sinnhafte Aufbau der gebauten Welt. Eine Architektursoziologie. stw 2139. 274 Seiten

Rudolf Stichweh
- Der Fremde. Studien zu Soziologie und Sozialgeschichte. stw 1924. 213 Seiten
- Die Weltgesellschaft. Soziologische Analysen. stw 1500. 274 Seiten

Wolfgang Streeck. Gekaufte Zeit. Die vertagte Krise des demokratischen Kapitalismus. stw 2133. 351 Seiten

Gabriel Tarde
- Die Gesetze der Nachahmung. stw 1883. 400 Seiten
- Monadologie und Soziologie. stw 1884. 153 Seiten

Gunter Weidenhaus. Soziale Raumzeit. stw 2138. 240 Seiten

NF 178/4/6.16

Pierre Bourdieu im Suhrkamp Verlag

Algerische Skizzen. Übersetzt von Andreas Pfeuffer, Achim Russer, Bernd Schwibs u. a. 523 Seiten. Gebunden

Ein soziologischer Selbstversuch. Übersetzt von Stephan Egger. Mit einem Nachwort von Franz Schultheis. es 2311. 151 Seiten

Entwurf einer Theorie der Praxis. Übersetzt von Cordula Pialoux und Bernd Schwibs. Mit Abbildungen. stw 291. 493 Seiten

Die feinen Unterschiede. Kritik der gesellschaftlichen Urteilskraft. Übersetzt von Bernd Schwibs und Achim Russer. Gebunden und stw 658. 910 Seiten

Homo academicus. Übersetzt von Bernd Schwibs. Gebunden, kartoniert und stw 1002. 455 Seiten

Die männliche Herrschaft. Übersetzt von Jürgen Bolder. 211 Seiten. Gebunden

Meditationen. Zur Kritik der scholastischen Vernunft. Übersetzt von Achim Russer. Gebunden und stw 1695. 335 Seiten

Praktische Vernunft. Zur Theorie des Handelns. Übersetzt von Hella Beister. es 1985. 226 Seiten

Rede und Antwort. Übersetzt von Bernd Schwibs. es 1547. 237 Seiten

Reflexive Anthropologie. Mit Loïc J. D. Wacquant. Übersetzt von Hella Beister. stw 1793. 351 Seiten

NF 147/1/10.15

Die Regeln der Kunst. Genese und Struktur des literarischen Feldes. Übersetzt von Bernd Schwibs und Achim Russer. stw 1539. 552 Seiten

Sozialer Sinn. Kritik der theoretischen Vernunft. Übersetzt von Günther Seib. stw 1066. 503 Seiten

Soziologische Fragen. Übersetzt von Hella Beister und Bernd Schwibs. es 1872. 256 Seiten

Über den Staat. Vorlesungen am Collège de France 1989-1992. Übersetzt von Horst Brühmann und Petra Willim. 722 Seiten. Gebunden

Zur Soziologie der symbolischen Formen. Übersetzt von Wolfgang Fietkau. stw 107. 201 Seiten

Schriften

Band 7: Politik. Schriften zur Politischen Ökonomie 2. Herausgegeben von Franz Schultheis und Stephan Egger. Übersetzt von Roswitha Schmid, Hella Beister, Eva Kessler, Achim Russer und Bernd Schwibs. stw 2056. 374 Seiten

Band 12.1: Kunst und Kultur. Zur Ökonomie symbolischer Güter. Schriften zur Kultursoziologie 4. Herausgegeben von Franz Schultheis und Stephan Egger. Übersetzt von Hella Beister. stw 2106. 256 Seiten

Band 12.2: Kunst und Kultur. Kunst und künstlerisches Feld. Schriften zur Kultursoziologie 4. Herausgegeben von Franz Schultheis und Stephan Egger. Übersetzt von Michael Tillmann, Bernd Schwibs, Hella Beister, Wolfgang Fietkau und Bernhard Dieckmann. stw 2126. 546 Seiten

NF 147/2/10.15

Band 12.3: Kunst und Kultur. Kultur und kulturelle Praxis. Schriften zur Kultursoziologie 4. Herausgegeben von Franz Schultheis und Stephan Egger. Übersetzt von Bernd Schwibs, Achim Russer, Udo Rennert, Michael Tillmann und Hella Beister. stw 2146. 684 Seiten

Band 13: Religion. Schriften zur Kultursoziologie 5. Herausgegeben von Franz Schultheis und Stephan Egger. Übersetzt von Andreas Pfeuffer, Hella Beister und Bernd Schwibs. stw 1975. 278 Seiten

Zu Pierre Bourdieu

Bourdieu und Luhmann. Ein Theorienvergleich. Herausgegeben von Armin Nassehi und Gerd Nollmann. stw 1696. 350 Seiten

Pierre Bourdieu: Deutsch-französische Perspektiven. Herausgegeben von Catherine Colliot-Thélène, Etienne François und Gunter Gebauer. stw 1752. 329 Seiten

Hans-Peter Müller. Pierre Bourdieu. Eine systematische Einführung. stw 2110. 372 Seiten

Soziologie ist ein Kampfsport. Pierre Bourdieu im Portrait. Von Pierre Carles. fes 5. DVD, OmU, 140 min.

NF 147/3/10.15

Andreas Reckwitz
im Suhrkamp Verlag

Ästhetik und Gesellschaft. Grundlagentexte aus Soziologie und Kulturwissenschaften. Hg. zus. mit Sophia Prinz und Hilmar Schäfer. stw 2118. 455 Seiten

Das Ende der Illusionen. Politik, Ökonomie und Kultur in der Spätmoderne. es 2735. 305 Seiten

Die Erfindung der Kreativität. Zum Prozess gesellschaftlicher Ästhetisierung. stw 1995. 408 Seiten

Die Gesellschaft der Singularitäten. Zum Strukturwandel der Moderne. 480 Seiten. Klappenbroschur

Das hybride Subjekt. Eine Theorie der Subjektkulturen von der bürgerlichen Moderne zur Postmoderne. Überarbeitete Neuauflage. stw 2294. 709 Seiten

Poststrukturalistische Sozialwissenschaften. Hg. zus. mit Stephan Moebius. stw 1869. 471 Seiten

NF 181/1/6.20

Hartmut Rosa
im Suhrkamp Verlag

Beschleunigung. Die Veränderung der Zeitstrukturen in der Moderne. stw 1760. 537 Seiten

Beschleunigung und Entfremdung. Entwurf einer kritischen Theorie spätmoderner Zeitlichkeit. Broschur. 145 Seiten

Resonanz. Gebunden. 816 Seiten

Weltbeziehungen im Zeitalter der Beschleunigung. Umrisse einer neuen Gesellschaftskritik. stw 1977. 446 Seiten

Soziologie – Kapitalismus – Kritik. Eine Debatte. Zusammen mit Klaus Dörre und Stephan Lessenich. stw 1923. 327 Seiten

NF 177/1/6.16

Georg Simmel
im Suhrkamp Verlag

Gesamtausgabe in 24 Bänden. Herausgegeben von Otthein Rammstedt. Die Bände sind auch einzeln lieferbar.

- Band 1: Das Wesen der Materie nach Kant's Physischer Monadologie. Abhandlungen 1882-1884. Rezensionen 1883-1901. Herausgegeben von Klaus Christian Köhnke. Gebunden und stw 801. 527 Seiten
- Band 2: Aufsätze 1887 bis 1890. Über sociale Differenzierung (1890). Die Probleme der Geschichtsphilosophie (1892). Herausgegeben von Heinz-Jürgen Dahme. Gebunden und stw 802. 434 Seiten
- Band 3: Einleitung in die Moralwissenschaft. Eine Kritik der ethischen Grundbegriffe. Erster Band. Herausgegeben von Klaus Christian Köhnke. Gebunden und stw 803. 461 Seiten
- Band 4: Einleitung in die Moralwissenschaft. Eine Kritik der ethischen Grundbegriffe. Zweiter Band. Herausgegeben von Klaus Christian Köhnke. Gebunden und stw 804. 427 Seiten
- Band 5: Aufsätze und Abhandlungen 1894-1900. Herausgegeben von Heinz-Jürgen Dahme und David P. Frisby. Gebunden und stw 805. 690 Seiten
- Band 6: Philosophie des Geldes. Herausgegeben von David P. Frisby und Klaus Christian Köhnke. Gebunden und stw 806. 787 Seiten
- Band 7: Aufsätze und Abhandlungen 1901-1908, Band I. Herausgegeben von Rüdiger Kramme, Angela Rammstedt und Otthein Rammstedt. Gebunden und stw 807. 382 Seiten
- Band 8: Aufsätze und Abhandlungen 1901-1908, Band II. Herausgegeben von Alessandro Cavalli und Volkhard Krech. Gebunden und stw 808. 463 Seiten

NF 137/1/9.16

- Band 9: Kant. Die Probleme der Geschichtsphilosophie (1905/1907). Herausgegeben von Guy Oakes und Kurt Röttgers. Gebunden und stw 809. 485 Seiten
- Band 10: Philosophie der Mode (1905). Die Religion (1906/1912). Kant und Goethe (1906/1916). Schopenhauer und Nietzsche (1907). Herausgegeben von Michael Behr, Volkhard Krech und Gert Schmidt. stw 810. 497 Seiten
- Band 11: Soziologie. Untersuchungen über die Formen der Vergesellschaftung. Herausgegeben von Otthein Rammstedt. stw 811. 1051 Seiten
- Band 12: Aufsätze und Abhandlungen 1909-1918, Band I. Herausgegeben von Rüdiger Kramme und Angela Rammstedt. 586 Seiten. Gebunden. stw 812. 592 Seiten
- Band 13: Aufsätze und Abhandlungen 1909-1918, Band II. Herausgegeben von Klaus Latzel. Gebunden und stw 813. 431 Seiten
- Band 14: Hauptprobleme der Philosophie. Philosophische Kultur. Herausgegeben von Rüdiger Kramme und Otthein Rammstedt. Gebunden und stw 814. 530 Seiten
- Band 15: Goethe. Deutschlands innere Wandlung. Das Problem der historischen Zeit. Rembrandt. Herausgegeben von Uta Kösser, Hans-Martin Kruckis, Otthein Rammstedt. Gebunden und stw 815. 678 Seiten
- Band 16: Der Krieg und die geistigen Entscheidungen. Grundfragen der Soziologie. Vom Wesen des historischen Verstehens. Der Konflikt der modernen Kultur. Lebensanschauung. Herausgegeben von Gregor Fitzi und Otthein Rammstedt. Gebunden und stw 816. 516 Seiten
- Band 17: Miszellen, Glossen, Stellungnahmen, Umfrageantworten, Leserbriefe, Diskussionsbeiträge 1889-1918. Anonyme und pseudonyme Veröffentlichungen 1888-1920. Bearbeitet und herausgegeben von Klaus Christian Köhnke unter Mitarbeit von Cornelia Jaenichen und Erwin Schullerus. Gebunden und stw 817. 626 Seiten

NF 137/2/9.16

- Band 18: Englischsprachige Veröffentlichungen 1893-1910. Herausgegeben von David P. Frisby. Gebunden und stw 818. 548 Seiten
- Band 19: Französisch- und italienischsprachige Veröffentlichungen. Mélanges de philosophie relativiste. Herausgegeben von Christian Papilloud, Angela Rammstedt und Patrick Watier. Gebunden und stw 819. 464 Seiten
- Band 20: Postume Veröffentlichungen, Ungedrucktes, Schulpädagogik. Herausgegeben von Torge Karlsruhen und Otthein Rammstedt. Gebunden und stw 820. 628 Seiten
- Band 21: Kollegheft und Mitschriften. Herausgegeben von Angela Rammstedt und Cécile Rol. Gebunden und stw 821. 1343 Seiten
- Band 22: Briefe 1880-1911. Herausgegeben von Klaus Christian Köhnke. Gebunden und stw 822. 1094 Seiten
- Band 23: Briefe 1912-1918. Jugendbriefe. Herausgegeben von Otthein und Angela Rammstedt. Gebunden und stw 823. 1200 Seiten
- Band 24: Nachträge. Dokumente. Bibliographien. Auflistungen. Indices. Bearbeitet und herausgegeben von Otthein Rammstedt unter Mitarbeit von Angela Rammstedt und Erwin Schullerus. Gebunden und stw 824. 1089 Seiten

Die Großstädte und das Geistesleben. Gebunden. 47 Seiten

Individualismus der modernen Zeit und andere soziologische Abhandlungen. Ausgewählt und mit einem Nachwort von Otthein Rammstedt. stw 1873. 394 Seiten

Das individuelle Gesetz. Philosophische Exkurse. Herausgegeben und eingeleitet von Michael Landmann. Neuausgabe 1987 mit einem Nachwort von Klaus Christian Köhnke. Broschur. 275 Seiten

NF 137/3/9.16

Jenseits der Schönheit. Schriften zur Ästhetik und Kunstphilosophie. Ausgewählt und mit einem Nachwort von Ingo Meyer. stw 1874. 437 Seiten

Schriften zur Soziologie. Eine Auswahl. Herausgegeben und eingeleitet von Heinz-Jürgen Dahme und Otthein Rammstedt. stw 434. 310 Seiten

Zu Georg Simmel

Georg Simmel und die Moderne. Neue Interpretationen und Materialien. Herausgegeben von Heinz-Jürgen Dahme und Otthein Rammstedt. Mit Beiträgen von David P. Frisby, Lewis A. Coser, Birgitta Nedelmann, Bruno Accarino, Michael Landmann, Kurt H. Wolff, Hannes Böhringer, Sibylle Hübner-Funk, Heinz-Jürgen Dahme, Klaus Lichtblau, Peter-Ernst Schnabel, Donald N. Levine, Klaus Christian Köhnke, Heinz-Jürgen Dahme und Otthein Rammstedt. stw 469. 486 Seiten

Georg Simmels ›Philosophie des Geldes‹. Aufsätze und Materialien. Herausgegeben von Otthein Rammstedt unter Mitwirkung von Christian Papilloud, Natàlia Cantó i Milà und Cécile Rol. stw 1584. 350 Seiten

Klaus Christian Köhnke. Der junge Simmel in Theoriebeziehungen und sozialen Bewegungen. Gebunden. 569 Seiten

NF 137/4/9.16